My Autobiography
by Mark Twain

马克·吐温自传

马克·吐温 —— 著 姜贵梅 楚春礼 —— 译

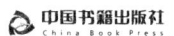

前　言

在写这部自传的过程中，我会一直铭记，这些话都是我死后躺在坟墓里面说的，事实也是如此，因为此书出版的时候，我肯定早就不在人世了。

活着的时候不说，而非要躺在坟墓里借死人的嘴来述说自己的一生，这是因为，只有这样，我才觉得自己能畅所欲言，无所顾忌。一个人写一本关于自己私生活的书，如果在活着的时候就要被广为传阅，那么他肯定会有所顾忌，难以做到直言不讳，无论如何努力，都无法做到这一点。由此，他也意识到，这对何一个活着的人来说都是不可能完成的任务。人类在写情书的时候可以最坦诚、最自由地表达自己最私密的思想和情感。因为情书中的话是单为心上人说的，她是唯一的既定读者，因而便可以在信中无所顾忌、毫无保留地倾诉衷情。当然，世事难料，有的情书最终也会被印刷出版。此时，写情书的人心里就像打翻了百味瓶，如果早料到这种结果，他是无论如何也不会如此敞开心扉、如此坦诚了。这倒不是说情书中有什么不真实、不诚实，或不体面的内容，但是不管怎么说，如果事先知道要被出版，他总会有所保留。

我亦如此。如果这一切是发生在我死了以后，那时已经无知无觉，我也就眼不见心不烦了。因此，内心中抱着如此的想法，不让人们在我去世之前读到自传中的内容，我就能够像写情书一样袒露心声、随性发挥，不拘泥于世事，专心地讲述自己的故事。

目　录
CONTENTS

第 1 章
001 / 我的出生地

第 2 章
005 / 姨父的农场

第 3 章
017 / 农场的快乐时光

第 4 章
022 / 我的家庭

第 5 章
034 / 童　年

第 6 章
043 / 少年趣事

第 7 章
060 / 我是催眠表演头牌

第 8 章
072 / 黑人秀

第 9 章
079 / 我的同学

第 10 章
095 / 船上的朋友

第 11 章
101 / 奥利安大哥

第 12 章
106 / 我当印刷学徒工

第 13 章
120 / 亨利之死

第 14 章
126 / 奥利安的仕途

第 15 章
133 / 我给希格比找工作

第 16 章
141 / 决斗之风

第 17 章

149 / 在旧金山的记者生涯

第 18 章

155 / 早年的布勒特·哈特

第 19 章

163 / 上帝眷顾的傻瓜

第 20 章

174 / 吉姆·吉利斯

第 21 章

181 / 初入文坛

第 22 章

194 / 步入演讲界

第 23 章

223 / 我的妻子

第 24 章

233 / 女儿苏西

第 25 章

258 / 牧师的劫难

第 26 章

263 / 奥利安的后半生

第 27 章
272 / 我的理财经—出版与投机

第 28 章
283 / 自己来做出版商

第 29 章
293 / 与格兰特将军的交往

第 30 章
305 / 公司倒闭

第 31 章
317 / 罗杰斯

第 32 章
325 / 我作品背后的故事

第 33 章
336 / 几个与写作相关的问题

第 34 章
344 / 有趣的朋友

第 35 章
358 / 晚年的哈特

第 36 章
378 / 在佛罗伦萨的日记

第 37 章
389 / 苏西去世

第 38 章
393 / 失去妻子

第 39 章
406 / 克拉拉的艰难任务

第 40 章
422 / 我们是盎格鲁—撒克逊人

第 41 章
425 / 荣誉学位

第 42 章
428 / 三个讨厌的女人

第 43 章
451 / 吉恩离世

464 / 译后记

第 1 章
我的出生地

1835年11月13日，我出生在密苏里州门罗县的一个不起眼的小村子佛罗里达。我的父母在30年代初搬到这里，我已记不清具体是哪天了，因为我没赶得及在当时出生，当然我也不关心这些事。在当时，搬家要走很远的路，旅途劳顿，肯定是一件辛苦而烦人的事。佛罗里达村一共100人，我的出生使村子的人口增长了1%，单从这点来说，我的贡献超过了历史上很多杰出的人物对一个小镇所能做出的贡献。虽然这样讲有些不太谦虚，但事实就是如此。历史记载中，还没有人创造过这样的记录，连莎士比亚也没有做到，而我却做到了，因此，我总是觉得，不管在哪里我都能做到这一点，哪怕是在伦敦。

不久前，有人从密苏里州给我寄来一张我出生时那个老房子的照片。以前，我总把它夸耀成一座宫殿，但是以后我说话可得谨慎一点了。

这个村子一共有两条南北大道，每条长约200码，其余的路就是一些小巷子，两侧是栅栏和玉米田。街道和巷子都是土路，雨天泥泞不堪，晴天则尘土飞扬。

村里大部分房子都是用原木搭建的，只有三四座除外，是框架结构的，没有石头房，也没有砖房。村子里有一座原木搭建的教堂，铺着半圆木料的地板，放置着平板长凳。人们把原木从中间锯开，用锛子将切面削平，铺在地上，做成地板，原木之间留有巨大的缝隙，上面也没有铺地毯，因此，只要比桃子小的东西都会从这些缝隙里漏下去。教堂是用短原木架起来的，将地板隔离地面两三英尺高，下面作猪窝。每逢礼拜，狗就会钻到下面追着猪乱跑，牧师们只得停下来，直到骚乱平息。冬天，刺骨的寒风会透过地板钻进屋里，而夏天，跳蚤则多得足以把人吞掉。

长凳是用原木的外截面做成的，树皮面朝下，两端凿了洞，装上四条腿，没有靠背，也没有坐垫儿。教堂的墙上挂着锡质烛台，里边点着牛油蜡烛，发出微弱的光。而在平时，这个教堂就当学校使用。

村子里有两个小店，其中一所是我的姨父约翰·埃·夸尔斯经营的。店面很小，零星几捆女人用的印花布放在五六个货架上，柜台后面的几个桶里放着腌制的马鲛鱼、咖啡和新奥尔良白糖，扫帚、铁锹、斧头、锄头、耙子等放得到处都是，男帽、女帽和锡器被成串系在绳子上，从墙上悬挂下来。屋子另一头的柜台上放了几袋子铅弹、一两块奶酪和一小桶火药，几个盛钉子的小桶和几块铅块放在柜台前面，一两桶新奥尔良甜蜜和用黍米酿制的当地产的散装威士忌酒放在柜台后面。只要花上五到十美分，一个男孩就可以从桶里抓半把糖。只要买上几码花布,女人除了免费获得正常所需的"辅料"外,还能额外得到一轴线。而只要是男人来店里买东西,他则可以免费从桶里面打一大杯威士忌酒,一饮而尽。

小店里的东西都很便宜,苹果、桃子、甘薯、爱尔兰土豆和玉米,十美分一蒲式耳;鸡,十美分一只;黄油,六美分一磅;鸡蛋,三美分一打;咖啡或糖,五美分一磅;威士忌,十美分一加仑。我不知道现在密苏里州老家的物价如何,但是我了解康涅狄格州哈特福德市的物价。苹果三美元一蒲式耳;桃子五美元一蒲式耳;爱尔兰土豆(上等的百慕大大土豆)五美元一蒲式耳;鸡,根据重量,1～1.5美元一只;黄油45～60美分一磅;鸡蛋15～60美分一打;咖啡45美分一磅;我平时喝的那种苏格兰威士忌,如果一次买两加仑的话,是十美元一加仑——买的越少价格越高,本地威士忌,我猜可能4～5美元一加仑。

三四十年以前,在密苏里州那边,花30美分就能买到100支普通的雪茄,但是大部分人都不愿意花这份钱,因为这里盛产烟草,抽自己的烟斗根本就不花钱。现在,康涅狄格州也开始种植烟草了,而买100支本地雪茄要十美元,买100支进口雪茄要15～25美元。

最初我父亲也有自己的奴隶,不过后来逐渐卖掉了,转而从其他农场主那里雇佣,这些奴隶都按年收费。一个15岁的女孩每年12美元,外给两身棉麻上衣和一双粗皮靴,这都花不了几个钱;一个25岁的黑人女佣,每年25美元,外给一双粗皮靴;一个40岁的壮实女人,干洗衣做饭等杂物,一年40美元,外给两身棉麻上衣;一个身强力壮的男人,一年75～100美元,外给两身牛仔衣和两双粗皮靴——全套都下来大约要三美元。

曾经有件不可思议的事一直盘旋在我的脑海中，我总好像记得刚满一周的弟弟亨利自己走进了门外的一个火堆。更不可思议的是，我对这个怪想法居然坚信了 30 年，而且相信自己真的记着这件事——当然，实际上这件事不可能发生，因为那时他根本不会走路。如果能认真想一想，我就不会这么久一直装着这些虚幻的记忆垃圾。很多人都认为，孩子两岁前的记忆保存期不会超过五年，但是这是错误的。本威努托·切利尼和火蜥蜴的故事早已得到大家的认可，此外，海伦·凯勒不平凡而又真实的经历也证实了这一点。多年来，我一直记得自己六个星期大的时候就曾伺候爷爷喝威士忌甜酒，不过，现在我不再提这些事了，因为我觉得自己老了，记忆力没有当年那么活跃了。年轻时，我什么都记得，无论是发生过的，还是没有发生过的。现在，这种机能正在退化，估计过不了多久，除了那些没有发生的事情，我什么都记不得了。垮成这样，很让人难过，但这就是自然规律，谁都避免不了。

第 2 章
姨父的农场

除了开店以外，在距离佛罗里达村四英里的地方，我的姨父约翰·夸尔斯还经营着一个农场。他育有8个孩子，养着15～20个黑奴。我从没有遇到过比他脾气更好的人。从我家搬到汉尼拔的第四年开始，每年我都要到他家住上两三个月，直到十一二岁大。我从未刻意地把他和他的妻子安排进我写的书中，但是，在创作的过程中，却不止一次，很自然地用到了他的农场。在《哈克贝利·费恩历险记》和《汤姆·索亚侦探》中，我把他的农场搬到了阿肯色州，虽然两地相距600英里，但对我来说轻而易举。那个农场大约500英亩，不是很大，不过，即使它再大一倍，我搬起来也照样毫不费力。至于这样做是否得体，我就不管了，为了文学创作，即使是一个州，我也照搬不误。

姨父的农场是男孩儿的乐园。房子由双层原木搭建，正房和厨房之间是一个宽敞的带顶长廊。夏天，我在长廊中间放一张长桌，树影斑驳，微风拂面，我们共进美食。每当想起当时的情景，心底的赞美之词就自然涌出。油炸仔鸡、野火鸡、家养火鸡、鸭、鹅；烤猪肉、鹿肉、松鼠肉、兔肉、野鸡肉、鹌鹑肉、家养鸡；饼干、热奶油蛋糕、荞麦薄饼、小麦面包、玉米饼；煮玉米、毛豆、棉豆、菜豆、西红柿、豌豆、马铃薯、乳酪、甜奶、酸奶；西瓜、甜瓜、香瓜；苹果派、桃子派、南瓜派、苹果布丁、蜜桃水果馅饼；还有好多我已经记不清了。时令瓜果都是从农场的菜园里新摘的，美味佳肴，特别是烹制方式更让人赞叹，尤其是其中的几种食物，例如，玉米面包、热饼干、热小麦面包，以及炸仔鸡。在北方，这些东西从来都没有被精细地烹制过——事实上，据我所知，北方人根本学不会这些烹饪技艺。北方人自认为很会做玉米面包，但实际上，这绝对是谣言。所以说，哪儿的面包都比不上南方的玉米面包，而哪儿的面包都比北方的面包强。北方人从不试着做油炸仔鸡，因为在梅森和狄克逊线以北，或者欧洲的任何地方，没有人能学会这门手艺。这绝不是臆断，而是经验之谈。在欧洲，人们以为美国人都喜欢用各种热气腾腾的面包招待客人，其实，这大错特错，这只不过是美国南部的习俗，而北部并不这样。在美国北部和欧洲，热面包都被认为是不健康的，就像欧洲人错误地认为冰水是不健康的一样。在欧洲，人们并不需要冰水，他们也不喝，尽管如此，但是他们赋予"冰水"一词的含义却比我们更为贴切。在欧洲，"冰水"被称为"被冰冻"的水，描述了冰水的特征，而我们将冰融化后得到的水称为"冰水"——一种没有任何特色的饮料，平时也不常喝。

在世界上，很多美味佳肴仅仅因为它们不是那么卫生就被拒之门外，这实在是件令人惋惜的事。我认为，除了细菌以外，上帝赐给我们的食品，只要食用适量，都不会损害我们的健康。可惜，却有一些人，只要一听说某个东西有一点问题，不管是吃的、喝的还是吸的，就将其拒之千里。为了健康，他们付出了多么大的代价啊！他们的一生仅仅是为了追求健康，这多么奇怪！这就像我们花光所有的钱却只是买了一头挤不出奶的奶牛一样！

姨父的农舍有一个很大的院子，三面都是横木围栏，屋后是尖头高栅栏，一个熏制室和高栅栏并列，而高栅栏的后面是一个果园，果园后面是黑奴居住区和烟草种植区。院子前面是一个过篱笆梯，是用锯断的原木按照高低排列搭建起来的。我印象中没有大门。在前院的一角，耸立着12棵高高的山核桃树和12棵黑胡桃木树，每年到了采摘季节，树上都结满了果实。

离正屋不远有一个小木屋，与正屋前后并排，位置稍靠后，沿着尖头栅栏搭建。长满树木和花草的小山绵延至此突然陡峭起来，向前经过谷仓、玉米垛、马棚、烟叶室，一直蜿蜒前行，直至一条清澈见底的小溪。小溪底部铺满了碎石，两岸栽满了树木和葡萄树，在树叶和蔓藤的倒影中，小溪欢快地向前流淌，这里是戏水的天堂。此外，还有一个可以游泳的池塘。虽然大人不允许，但是我们还是经常偷偷地跑到这里来嬉戏。因为我们都是小基督徒，所以我们很早就从亚当与夏娃的故事中知道了偷吃禁果所带来的乐趣。

小木屋里长年住着一个满头白发、卧床不起的女奴，我们每天都去看她，并且都有些怕她，因为我们坚信她都一千多岁了，还跟摩西说过话。这些都是那些年轻的黑奴告诉我们的，他们说起这些事情的时候那么一本正经，让我们深信不疑。我们坚信她是在摩西带领犹太人逃离埃及、穿越沙漠的漫漫长途中把身体搞垮了，以后再也没能恢复健康。她的头顶上有一小块圆圆的秃顶，我们认为那是她看到法老淹死时受到惊吓后留下来的，因此，总是悄悄地围在她身旁，满怀敬畏地看着那个地方。按照南方的习俗，我们喊她"汉纳姑姑"。跟很多黑奴一样，她是一个虔诚的教徒。她非常相信祈祷的力量，每逢遇到什么着急的事情，她都会祈祷，不过也有例外，那就是当事情的结果已经没有什么悬念的时候。每次有女巫来的时候，她就会把自己所剩不多的白发用白线扎成一簇一簇的，认为这样可以立刻使女巫的法力失效。

所有的黑奴都是我们的朋友，实质上，我们和那些年龄差不多的孩子都是伙伴。之所以用"实质上"来修饰，是因为我们既是伙伴，又不是伙伴，肤色和地位的差异在我们之间划下了一条不可见的界限，我们彼此心里都很清楚，这使得我们之间很难亲密无间。我们有一个忠诚的好朋友，他极富耐心，还是我们的支持者和指导者，他就是"丹尼尔大伯"，一个中年黑奴。在黑人当中，他算是最有头脑的，而且为人真诚，从来不会耍花招。他一直为我服务了好多年。尽管我们已经分开了大约半个世纪，但是在精神上，他从未离开过我。在我的作品里面，他经常出现，要么用他的真名，要么就叫他"吉姆"。我让他四处游历——或者到汉尼拔，乘着木筏顺密西西比河漂流；或者到撒哈拉沙漠，坐在热气球里面飞行——在这些传奇般的经历中，他都依靠自己天生的坚韧、耐心、和善和真诚顺利地克服了各种挑战。农场的生活使我深深喜欢上了他的种族，并且从心底里欣赏他们的一些优良品质。这种喜欢和欣赏在随后的60年里丝毫没有减少,那张真诚的黑脸,无论是过去还是现在,都让我都一如既往地感到愉快。

在读小学的时候,我对奴隶制没有任何反感,也不知道那有什么不好。我从未听过任何人指责它,当地的报纸也从未批评过它;当地的牧师教导我们说那是经过上帝许可的,是一件神圣的事情,心存疑虑的人如果想搞清楚只要翻一翻《圣经》就行了;如果哪个黑奴痛恨奴隶制的话,他们也会非常聪明,什么也不说。在汉尼拔,我们也很少看到哪个黑奴受到虐待,在农场上更是没有。

但是,在我很小的时候,还是发生了一件跟奴隶制有关的事情,事情虽小,但是对我触动很大,时隔多年,岁月蹉跎,这件事却一直深深地印在我的脑海里,一切都历历在目。我们从汉尼拔雇来一个黑奴小孩,他来自马里兰东海岸,几乎跨越了半个美洲大陆,远离亲人朋友,被卖到了这里。他性格活泼、天真、温顺,但是却无比喧闹。他整天唱啊、叫啊、喊啊、笑啊,这样疯疯癫癫的,全然不顾他人感受,让人难以忍受。终于有一天我受不了,怒气冲冲地去找我妈妈告状,说桑迪已经唱了整整一个小时了,我再也受不了了,请妈妈去让他闭嘴别唱了。我说完这些话,看到妈妈的眼里充满了泪水,她嘴唇有些颤抖:

"可怜的小东西。他唱歌,说明他没有在回想过去,我会感到很欣慰;反之,如果他沉默不语,说明他在想心事,那样我会非常难过。他再也见不到他的妈妈了。他能唱歌,我不能阻止他,这是一件好事,我们应该感到高兴。等你再大一些,你就会明白我的话了,到那个时候,这样一个孤苦伶仃的孩子的吵闹声只会让你感到高兴。"

这番话虽然没有华丽的辞藻，但是却句句说到了我的心坎上。自此，我再也不觉得桑迪烦人了。妈妈讲话从来不讲上纲上线，但是她却有一种天赋，用朴实的语言就能让我们理解深刻的道理。她活到了近九十岁，直到生命的最后时刻，仍然思路清晰，语言犀利——特别是有些卑鄙、不平的事情让她感到愤慨的时候。有好多次，我都顺手把她写进我的书里，比如让她扮演汤姆·索亚的波莉姨妈，我特意为她配上了方言，并想尽办法把她写得好一点，但是却没有成功。我也写过桑迪一次，在《汤姆·索亚历险记》里，我本打算让他把栅栏粉刷一遍，但是也失败了，至于他在书里叫什么名字，我已经记不得了。

农庄至今仍时常浮现在我的眼前，所有的一切，所有的细节，都深深地印在我的脑海中。起居室的一角放着一张带"脚轮"的矮床，另一角放着一架手动纺车，纺车纺线时发出高低起伏的"呜呜"声，远远听来，就像有人在呜咽，让人不由得悲从中来，思乡之情悠然而起，周围的空气似乎都凝固了，只剩下幽灵在四处游荡。在这冬夜里，大壁炉里的山胡桃木柴烧得正旺，柴火截面不断冒出蜜糖泡，这些蜜汁可没有浪费掉，我们把它刮下来，吃在嘴里，甜甜的。一只猫咪慵懒地躺在炉底粗糙的石面上，惬意地伸着懒腰，小狗们耷拉着眼靠着壁炉侧面，打着盹。姨妈坐在烟囱旁织东西，姨父坐在另外一边悠闲地抽烟斗。橡木地板没有铺地毯，光滑的地面闪闪发亮，炉火的影子模模糊糊地在地板上飞舞，火炉里噼啪燃烧的木柴不时溅出火星，落到地板上，渐渐黯淡下去，只留下斑斑点点的灰烬。我们六七个孩子就在这忽明忽暗的火光中嬉戏打闹。底部裂开的椅子放得到处都是，其中有些还是摇椅，一个闲置的摇篮还在满怀信心地等待着下一个婴儿的到来。清晨，严寒仍未退去，一群孩子穿着衬衣挤在炉边，磨磨蹭蹭地不肯离开，谁也不愿意离开这温暖舒适的地方走到正屋和厨房中间那寒冷的走廊上，到洋铁水池里去洗漱。

正房前面的篱笆外面是条乡间大路，晴天的时候尘土飞扬，蛇最喜欢那里了——它们喜欢躺在大路上晒太阳。如果是黑蛇、黑蝇蛇或者传说中的"箍环"一类的蛇，我们就会弄死它；如果是响尾蛇或者是鼓腹毒蛇，我们就会立马逃走；而如果是"家蛇"或者"束带蛇"，我们就会捉住它带回家，把它藏在帕翠姨妈的针线篮里，她最怕蛇了。好多次，她把针线篮放在膝盖上刚要做活，突然看到蛇从篮子里爬出来，一下子就吓得瘫软了，手足无措。虽然有几次她尝试着要克服这种恐惧，但都以失败告终。她也不喜欢蝙蝠，虽然在我看来蝙蝠与小鸟一样好玩儿。妈妈对蛇和蝙蝠的恐惧也是与生俱来的。蝙蝠摸起来十分柔软，如丝般顺滑，我从未觉得有任何东西能比蝙蝠摸起来更让人感觉舒服快乐。距离汉尼拔三英里的一个大山洞里聚集着很多蝙蝠，我经常把它们带回家捉弄妈妈。平时这是非常容易的，因为我都要去上学，理论上没有时间去捉蝙蝠，但是我的妈妈又非常单纯，很少怀疑别人。因此，当我对妈妈说，"我给您带回一件礼物，在衬衫口袋里面"时，她就会毫不犹豫地伸手去拿，但是她很快就会把手抽出来，根本不用我告诉她里面是什么。

我一直十分奇怪，她为什么总是无法喜欢蝙蝠，好像这样玩的次数越多，她越是感觉如此。

我觉得，她这一辈子可能都没有去过那个山洞。除她以外，别人都去过，甚至还有很多人从小溪上下游很远地方专门来这里参观。山洞深几英里，里面高低不平，杂草丛生，到处都是又窄又高的裂缝，通道蜿蜒曲折，人们在这里极易迷路，连蝙蝠都不例外。有一次，我在里面迷了路，和我一起的还有一位女士，最后一根蜡烛都要燃尽了，我们才好不容易发现远处搜救队若隐若现的火把。

印第安·乔是一个混血儿，也曾经在这里迷过一次路，如果不是蝙蝠的数量充足的话，他肯定饿死了。他把这段经历一五一十地讲给我听，我把他安排在小说《汤姆·索亚历险记》中，只是修改了结局，最后，他被活活饿死在山洞中，但这纯粹是出于艺术的需要，现实并非如此。

在吉米·费恩搬来之前，盖恩斯"将军"是我们小镇上的第一个酒鬼，他也曾迷失在山洞里一个星期，最后，在小河下游离洞口几英里远的一个小山顶上，有人发现他从一个小孔里塞出来的一条手帕，这才将他挖了出来。除了那条手帕，他并没有给人们留下太多谈资。我认识他好多年，但已对他没有太多的记忆，只是对他那个特殊的鼻子还有些许印象。

那个山洞里曾经放置了一具尸体，那是一个14岁的小姑娘，这让山洞变得更为神秘。尸体浸泡在水晶柱的酒精中，外面裹着一副铜棺材，悬挂在狭窄的通道桥的围栏上。据说曾有泼皮无赖揪着尸体的头发想把她拉出来看看她的脸。这个女孩儿的父亲是著名的圣·路易斯医生，他是一名外科医生，医术高明，但为人古怪，总是做一些荒诞的事，就是他把可怜的女儿放在这么一个凄凉的地方。

圣·路易斯有位了不起的麦克道尔医生，精通内外科。很多时候，他总能在药物无能为力的时候另辟蹊径，治病救人。在当家庭医生的时候，有一次他和主家闹翻了，并解除了服务关系。后来，这家的女主人得了重病，其他医生都束手无策，认为她无药可救了，他又被请了回来。他走进屋子，静静地环顾四周，站在那里沉思。他戴着硕大的宽边软帽，胳膊下面夹着一张超级大的姜饼，足有1/4英亩那么大。他一边看一边想，时不时地掰下一块儿姜饼放进嘴巴咀嚼，发出"吧唧吧唧"的声音，饼渣子顺着前胸洒落在地板上。女主人躺在床上一动不动，面色苍白，双目紧闭。其他人围在床的周围，或站着，或跪着，默默地啜泣，屋子里气氛凝重。看了一会儿，医生走过去拿起女主人的药瓶，不屑地闻了闻，一抬手都扔出了窗外；然后，径直走到床边，把大姜饼往病人的胸口一放，厉声喊道：

"你们这群傻瓜还哭哭啼啼的干什么？！她纯粹就是个骗子，屁病也没有。你们都给我住嘴！"

所有人立马都停止了哭泣，转而开始愤怒地谴责医生，病人都快死了还说这样让人伤心的话。但是医生并没有停止，而是更加粗鲁地打断他们，并大声漫骂：

"真是一群只知道哭哭啼啼的蠢货！你们有个屁资格教训我这个医生！我告诉你们，这个女人其实一点儿病也没有，就是懒，她就是想吃牛排，要洗热水澡。她太没教养，她……"

话音未落。床上那个看上去已经奄奄一息的女人一下子坐了起来，像斗鸡一样伸长了脖子，对着医生劈头盖脸一顿大骂——就像是火山爆发，天崩地裂，飞沙走石，电闪雷鸣。这正是医生所期望得到的效果，她的病就这样好了。在南北战争爆发前的十年，麦克道尔医生还在世时，他在密西西比河流域家喻户晓，备受敬仰，而他的逝世也让大家惋惜不已。

在蛇晒太阳的那条大路的外面是浓密葱郁的灌木丛，顺着一条1/4英里长的幽径穿过灌木丛，眼前突然呈现出一大片草原。星星点点的野草莓将草原点缀得分外美丽，草原的四周是茂密的森林。在草莓成熟的季节，我们常常在静谧的清晨来到这里，闻草莓散发出诱人的香气，看露珠在草叶上晶莹剔透，听鸟儿在丛林中唱动听的歌儿。

沿着森林走下斜坡，左边有一个用山胡桃树皮做成的秋千。干树皮让秋千变得很危险，如果荡到40英尺高，秋千很可能就会折断，每年都会有很多孩子因此而摔坏骨头。我还好，一直比较幸运，但是我的堂兄妹们却无一幸免，算起来，他们8个人一共摔折了14条胳膊。由于医生是按年付费的，大约每家每年25美元，所以，治疗他们的骨折没有花太多钱。在我的记忆中，佛罗里达村一共有两个医生——筹宁医生和梅瑞狄斯医生。他们不仅要给一大家子看病，还要提供药品。另外，他们还常常给镇上的人提供各种草药。草药的剂量很大，蓖麻油是主要的配料，每次的剂量是半勺，外加半勺新奥尔良甜蜜，以便于下咽，但实际上仍旧十分难喝。其次是要加甘汞，还要加大黄、球根牵牛。那时，他们还给病人放血，然后再抹上芥末膏。这种方法治疗过程十分吓人，但是死亡率还好，不算太高。甘汞有个副作用，就是病人会口水不断，从而为此付出要掉几颗牙的代价。在当时还没有牙医，如果有牙齿腐烂或者牙痛，那么医生只能拿起钳子将病牙拔出来，而牙根没有拔出来留在嘴里也是常有的事。

日常的小病都不用请医生，每家的祖母都可以处理这些小问题。每个老太太都是医生，她们在树林里面采摘草药，她们知道如何配置剂量，即使最凶猛的狗服下也要躁动一番。另外，还有"印第安医生"，一个表情凝重的土著人，是他们部落的幸存者，精通神灵，了解草药神秘的特性。大部分居住在边远地区的人们都非常佩服他的本领，也流传着很多他的传奇故事。在人迹罕至的毛里求斯，也有一个类似的"印第安医生"，他是一个黑人，并未受过专业培训，但是却能治愈一种连医生都无法治愈的疾病。一旦有人犯病，他们就会去找他，这种奇怪的病对孩子来说可能是致命的，这个黑人根据他家传的药方自配草药，就能治愈孩子。他不让任何人看到药方，也不告诉任何人配方。因此，人们都担心，药方会随着他的去世而失传，到那时，毛里求斯肯定会发生恐慌。这些都是一个人在1896年告诉我的。

更早一些，我们这里还有一个"信念疗法"的医师，是一位妇人，专治牙疼。她是一个农场主的妻子，生活在距离汉尼拔五英里远的地方。治病时，她把手放在病人的下颚上，嘴里喊着："信！"治疗过程非常短。我清楚地记得她的名叫厄特巴克，我曾跟我妈妈骑马去找过她两次，并亲眼目睹她给我妈妈治病。

梅瑞狄斯医生不久也搬到了汉尼拔，并成为我们的家庭医生，他曾多次救过我的命。

经常有人跟我说，小时候，我整天病怏怏的，让家人操碎了心，不知道我是否能活下来。七岁之前的我简直就是一个小药坛子。在妈妈88岁的时候，为了验证这些说法的真实性，我问她：

"我猜那时您一直为我担惊受怕吧？"

"是的，那段时间一直那样。"

"担心我活不下来？"

她稍微停顿了一下——显然是在回想当时的情况——"不，是担心你活下来！"

听起来这像编的一样，但是，这确实是发生在我身上的事。

第 3 章
农场的快乐时光

乡下的学校距离姨父的农庄大约三英里。学校建在树林里的一块空地上,能容纳 25 个孩子,每周上课一到两次。夏天的早晨,我们沿着林间小道走着去上学,一路上清清爽爽;黄昏,我们踏着夜色原路返回家里;中午,我们一起在树荫下享用午餐,所有好吃的都装在篮子里,有玉米饼,还有乳酪等食物。每逢回想起这段学习时光,我的内心都充满了甜蜜。我七岁开始上学。当我第一次去学校的时候,一个 15 岁的女孩,身材高大,戴着时髦的太阳帽,穿着印花布衣服,问我是否嚼过烟草,我说"没有"。她鄙夷地看着我,当着所有孩子的面大声说:

"这儿竟然有个七岁还不会嚼烟草的小屁孩!"

所有不屑的眼光一下子都向我射来,我感觉自己就像一个白痴婴儿一样,羞愧得无地自容。为此,我尝试着去嚼烟草,结果,被呛得直呕吐,我根本无法学会这项技能。后来,我学会了吸烟,但是,这并没有改变他们对我的看法,在他们眼里,我仍然是个大笨蛋。我更加渴望赢得尊重，不过，最终也没能赢得多少，孩子的眼里是容不得一点沙子的。

我曾经说过，自己每年都要在农场住上几个月，直到十二三岁。那里的生活带给我无限的乐趣，那段时间的记忆充满了快乐。森林深处黎明时分的庄严与静谧，泥土散发的气息，野花淡淡的清香，雨水洗刷后闪闪发光的植物，在微风吹拂下沙沙作响的树木，嘟嘟地敲着树干的啄木鸟，森林深处咕噜咕噜叫的野鸡，偶尔受到惊扰在草丛里乱窜的小动物，所有这些，都清晰地印在我的记忆中，活灵活现。

我还记得在那片静谧的大草原上，在碧蓝的天空中，一只苍鹰展翅翱翔。树木披上了秋装，紫红色的橡树，金色的山胡桃树，血红的枫树和漆树，闪着耀眼的光泽，穿行其中，能听到片片落叶沙沙作响。一串串蓝色的野葡萄悬挂在树枝上，那诱人的香气、甜美的味道，至今仍让人难以忘怀。野生的黑莓、八婆果、榛子、柿子，看上去五彩斑斓，吃起来满嘴余香。严寒的拂晓，我们出去采山胡桃果和胡桃果，那些原本是野猪们的食物。突然一阵强风刮过，树上的坚果噼里啪啦落下来，就像瓢泼大雨打在头上。黑莓果曾掉在我的衣服上留下漂亮的瘢痕，胡桃果也曾落在我的身上弄脏我的衣服，它们都很难用水和肥皂洗掉，因而，沾上它们让我吃尽了苦头。我知道枫树汁液的味道，也知道什么时候能采集到它，知道如何在树枝上挖槽，如何用管子把汁液导引出来，如何将采集到的汁液煮成好喝的枫树汁。煮好后，我还会偷点糖加在里面。偷来的糖吃起来比买来的要甜得多，谁还会管别人的那些议论呢。瓜蔓上大大小小的西瓜，根据它们在太阳光下晒的浑圆程度，我就能挑出最好吃的西瓜，根本不用敲打瓜皮来判断它是否熟透。把西瓜放在床底的盆里冷却，等待的时间永远是那么漫长。祭祀的时候，西瓜放在厨房和正房之间那个长廊的桌子上，孩子们被召集在一起，没有一个人能忍住不流口水。水果刀一碰上，西瓜"啪"的一下就裂开了，露出了鲜红的果肉，黑色的种子整齐地排列着，西瓜瓤一览无余。我知道一个孩子看着那一片片足有一码长的西瓜切片的感觉，因为以前我就曾那样一直盯着。买来的西瓜一个味道，偷来的则是另一个味道，尽管两者都非常好吃，但是，只有真正经历过的人才知道哪个更好吃。青青的苹果、鲜红的桃子、金黄的鸭梨，挂在树梢，看着它们，让人垂涎欲滴。成熟的季节，树下的果实堆成金字塔形，赏心悦目。冬天，冻苹果放在地窖的大桶里，一口咬上去，只能咬下点皮，凉冰冰的，冻得牙疼，但是，味道却是那么的甜美。老人们通常会选出带锈斑的苹果给孩子们，但是一次偶然的机会，我学会了挑选好苹果的更好方法。在冬季的夜晚，火炉上的烤苹果嘶嘶作响，冒着热气，加上一点糖，再加一点奶油，一口咬上去，心里有说不出的舒坦。我知道如何使用锤子在烙铁上敲山胡桃能够让核桃仁保持完整，我知道如何用坚果、冬苹果、苹果酒、圈饼让那些老人们声情并茂地讲述那些古老的传说和笑话，让人沉醉入迷，漫长的冬夜就在不知不觉中消逝。当我还是一个孩子的时候，在某些晚上，我可以获得特许参观丹尼尔大伯的厨房，看到黑人和白人儿童围坐在壁炉周围，炉火映照在他们的脸上，他们的影子在墙上闪动。想到这些，我似乎又听到丹尼尔大伯在讲那些不朽的神话，而雷默斯·哈里斯大叔一直要把这些故事收集到他的书中，让世人分享这份快乐。每次听他讲"金手臂"的鬼故事，那种惊恐的快乐让人全身震颤，还有一种意犹未尽的失落感，因为它是晚上的最后一个故事，听完以后就必须要睡觉了。

在姨父的房子里有一个没有任何装饰的木质楼梯，在楼梯口的平台向左转，就是我的床，上面就是椽子和倾斜的房顶。窗子上没挂窗帘，夜晚的月光透射进来，方方正正地映在地板上，从窗户向外望去，是白茫茫的一片冰天雪地。在暴风雪的夜晚，狂风呼号，电闪雷鸣，我紧紧裹在舒服暖和的毯子里，静静地倾听。雪花从窗户钻进屋里，堆积在窗户框上，早晨一睁眼就看到这些雪，一股寒气直蹿后背，即使想起床，也会赖在被窝里。月黑风高的夜晚，屋子里一片漆黑，半夜突然醒来，周围死一般的寂静，那些被遗忘的罪孽从隐秘的记忆角落成群结队地浮出，要求申诉，它们来的可真不是时候。夜黑风号，猫头鹰发出怪异的呜呜声，野狼哀嚎，就连晚风都夹杂着一股悲怆之音。

夏天的晚上，暴雨肆虐地敲击着屋顶，窗外电光闪闪，雷声轰鸣，滚滚而来。躺在床上听着雨声是多么惬意的一件事情，这个房间是听雨的最好所在。窗外有一根避雷针，把手伸出去就能摸到，是个可爱但是不能摆弄的东西。夏天的晚上，如果有事需要一个人单独行动的时候，就可以顺着它自由地爬上爬下。

我记得晚上跟黑奴们一起出去捉树狸和负鼠。一群人在漆黑阴暗的树丛中穿行，听到远处传来的猎狗叫声，每个人都兴奋不已，这说明猎物已经被赶上树了。大家急急忙忙爬过荆棘丛，翻过灌木丛，走过野草地，赶到那里，点燃一堆篝火，将树放倒，狗儿和黑人们都乐疯了，这一切都映在红红的火光中——我记得那么清楚，除了那只浣熊，每个人的脸上都洋溢着兴奋的笑容。

我记得在鸽子活跃的旺季，数百万只鸽子蜂拥而至，黑压压地落了一树，树枝都被压断了。很多鸟用棍子就能打死，根本用不着枪。我还记得去猎松鼠、野鸡、火鸡等小动物。清晨，天还黑沉沉的，虽然天气阴寒，我们还是一大早就整装出发了，因为错过任何一次都会让我无比懊悔。只要铁皮号角一吹，一群猎狗就应召而来，比我们需要的还多一倍，它们兴奋地上蹿下跳，你追我赶，撞倒了小孩子，嘈杂声无休无止。但是只要一声令下，它们很快就会消失在树林里，我们则跟在它们后面静静地向前移动，周围一片昏暗。但是很快，天边悄悄地泛起了鱼肚白，鸟儿也婉转啼鸣，太阳升起来了，阳光洒满大地，一切都是那么清新，露水晶莹，花香怡人，生命又是一片盎然。经过三个小时的跋涉，我们终于回到家中，满身的疲倦但是却满载而归，肚子开始咕咕叫，吃早饭的时间到了！

第 4 章
我的家庭

我的父亲叫约翰·马歇尔·克莱门斯，弗吉尼亚州人，我的母亲叫简·兰普顿，肯塔基州人。克莱门斯家族在弗吉尼亚州历史悠久，可以回溯到诺亚时代。据传，在伊丽莎白时代，家族中有些人曾经做过海盗，也曾贩卖过黑奴。这不是什么丢脸的事情，因为德雷克和霍金斯将军以及其他很多人都做过这样的事。那时候，这是非常体面的生意，各国君主们都曾参与其中。我自己也十分渴望能去做海盗。后来，据传，在詹姆斯一世或者查理一世时代，克莱门斯家族的一位祖先担任驻西班牙大使，在那里娶妻生子，为我们家族延续了一支融合了西班牙血统的族人。又据传，这一分支或是另外一支分支中一名叫杰弗里·克莱门斯的人曾经参与处死查理一世。

我从没有亲自核实过这些传说，一方面我个性懒散，另一方面我还忙于为我们这一分支光耀门楣，好让它更耀眼一些，但是克莱门斯家族其他分支的人声称他们已经做过调查了，证实这些传说都是真的。因而，我也就常常想当然地认为自己也为超度查理一世做出了贡献，只不过是通过祖先的手而已，我的本能驱使我相信了这件事。每当我们有一种强烈、持久、根深蒂固的本能的时候，我们都会认为这种本能不是来源于我们自己，而是从久远的先人那里遗传下来的，而且，经过时间的打磨，变得更加稳固和完美。我一直不喜欢查理一世，我坚信这种感觉是从我那个法官前辈的心脏，通过血管一代又一代地淌进我的身体里的，因为我很少因为个人原因对某个人产生厌恶感。我不讨厌杰弗里斯，我本该痛恨他，可是实际上却没有。这也说明我那生活在詹姆斯二世时期的先辈们对他并不是很关注。我也不知道这是为什么，我也从来没有找到过答案，但它暗含的就是这个意思。此外，我一直感觉撒旦很友好，当然，肯定我的祖先也是这样感觉的，是他们遗传给我的，因为我自己是没法形成这种想法的。

同样，本能的驱使，再加上其他克莱门斯族人的验证声明，我就不得不相信杰弗里·克莱门斯，那个处死暴君的人，是我的祖先，因而对他敬重、喜爱，并以他为荣。这对我并非是件好事，它使我变得虚荣。这是一个缺点，这让我在那些没有什么知名祖先的人面前产生了一种优越感，使我有时驳了人家的面子，说些不合时宜的话，让我的朋友们下不了台。

几年前，在柏林发生了这样一件事。威廉·沃尔特·费尔普斯是当时的美国驻德国公使。一天晚上，他邀请我参加晚宴，介绍我认识 S 伯爵 —— 当时的内阁部长。这位贵族出生于一个有着悠久历史的显赫的家族，当然，我也一直想说我的祖上也有不少名人，不过我不想直接揪着他们的耳朵把他们从坟墓里拽出来炫耀，而是想在看似漫不经心的时候把他们摆出来，但是总也找不到机会。同时，我猜费尔普斯也与我一样，他看起来总是心神不宁——他似乎也想在不经意间夸耀一下自己的祖先，但是又苦于找不到这样一个无意的偶然机会。终于，晚饭过后，他忍不住了。他带我们欣赏客厅墙上的画，最后在一幅制作粗糙的古雕版画前停了下来，画的内容是查理一世接受庭审，法官成金字塔形排坐在上面，戴着清教徒式的垂边帽，下面是三个没戴帽子的书记员，坐在一张桌子旁。菲尔普斯用手指着这三人中的一位，用得意而又漫不经心的口吻说道：

"我的一位祖先。"

我用手指着其中的一位法官，看似漫不经心，但实际上很尖刻地回应道：

"我的祖先。不过这一位也算不得什么，还多的是呢。"

我这样做非常没有绅士风度，后来我也一直为此感到后悔，但是，当时一下子就把他的气焰打压下去了，我不知道他当时的感觉，不过这并没有影响我们的友谊，而这也恰恰说明，尽管他出身低微，但为人却非常善良，品德非常高尚。同样，我能不在乎他的低微出身也表示我有值得称赞的地方，我对他始终态度如一，从没有任何改变。

在弗吉尼亚州，克莱门斯家族还有两个成员——杰尔和谢拉德。杰尔·克莱门斯是远近闻名的神枪手，这本事还曾经让他摆平了不讲道理的反对派鼓手。有一次，他在弗吉尼亚州各地进行参选演讲，反对派雇了一些鼓手聚集在演讲台前，只要他一演讲，他们就开始敲鼓。在演讲开始之前，他拿出自己的左轮手枪，放在面前，柔和而优雅地说道：

"我不想伤到任何人，也不准备这么做，但是我为所有六面鼓都准备了一颗子弹，如果你们要敲鼓的话，请不要站在鼓的后面。"

谢拉德·克莱门斯在战争期间就是西弗吉尼亚州共和党的国会议员，后来去了圣路易斯州，詹姆斯·克莱门斯的那一脉一直生活在那里。在那里，谢拉德变成了一个活跃的反对派分子，不过这已经是战后的事了。当他是共和党人的时候，我是反对派；但是当他变成反对派的时候，我却（临时）变成了一名共和党人。不管多难，克莱门斯家族的人总是尽最大努力来维持政治上的平衡。我不知道最后谢拉德·克莱门斯怎么样了，但是有一次我在纽约的共和党人大会上介绍霍利参议员，不久就收到谢拉德从圣路易斯写来一封措辞激烈的信，他说北方的共和党人——不，应该叫"低贱的北方佬"——已经用炮火和利剑将南方古老的贵族统治一扫而空，而作为贵族血统的一员，跟那种卑鄙下贱之流沆瀣一气，实在是太不合适了。我是否忘记了自己还有一半兰普顿血统呢？

兰普顿指的是我母亲这边的家族。我母亲姓兰普顿（Lambtons），原本这个姓的拼写里面有个字母 P（Lamptons），但是在早些年他们家族的一些人发不好这个音，因此就慢慢地拼成了 Lambton，这个姓氏就这样毁在了他们手中。1823 年，我母亲嫁给了我的父亲，当时她 20 岁，他 24 岁。他们两人都不太富裕，我想她的陪嫁也就是两三个黑奴，别无他物。他们搬到田纳西州东部一个偏僻的小山村詹姆斯敦，并在那里生下他们第一波孩子，由于我是后来出生的，所以记不得之前的这些事。我一直拖着——拖着，最后出生在密苏里州，那是一个新成立的州，没什么名气，需要我来为其增加魅力。

我的大哥奥利安、姐姐帕梅拉和玛格丽特以及二哥本杰明都出生在詹姆斯敦村，我拿不准还有没有其他兄妹没有存活下来。我父母的到来让那个小村庄士气大振，大家都希望他们能定居下来，这样小村庄就有望发展成一个小城市了。他们本来也计划留在那里的，所以当时小村庄繁华一时。但是不久他们就搬走了，物价随之下跌，直到很多年以后詹姆斯敦村才有了起色。我在《镀金时代》这本书中曾经写到詹姆斯敦村，但我只是根据传闻写的，并不是我的亲身经历。

我的父亲一次性买了大约十万英亩那么大一块土地，总共花掉大约400美元。在当时，一次付清这么多钱，可不是一个小数目，至少在田纳西州东部芬特雷斯县的坎伯兰松林和丘陵地带大家是这样认为的。付清那笔巨款之后，父亲转过身，站在詹姆斯敦法院门口，望着他那一大片产业，欣慰地说："无论今后我发生什么事，我的子女们都有保障了，虽然有生之年我不能亲眼看到这些土地变成金银财宝，但是，我的孩子们将来一定能看到。"如此一来，带着对我们最美好的祝愿，父亲在我们的肩膀压上了一个发财的沉重诅咒。直到去世，他一直都坚信自己为我们做了一件好事，可实际上这真是一个可悲的错误，幸运的是，他永远都不知道。

他还说："这一片土地蕴藏着丰富的铁矿，还有一些别的矿石，有数千英亩全美国最好的黄松，可以把木材编成筏子，沿着奥博兹河顺流而下，到坎伯兰，然后再运往俄亥俄，密西西比，到了那里就可以把木材运到任何需要它的地方去了。这一大片松林，能够生产取之不尽的焦油、松脂和松节油。这里还是一个天然的葡萄酒产区，在美国的其他地方，无论是种植的还是天然的，都没有这里出产的野生葡萄好。这里有牧场、玉米地、小麦田、甘薯地，有各种各样的木材——这片广袤的土地，地上和地下，资源应有尽有，价值无法估量。美国有1400万人口，其中有1100万是近40年内增长的，以后还会增长得更快。我的孩子们将会亲眼目睹移民大潮挺进田纳西的芬特雷斯县。到那时，他们坐拥十万英亩的沃土，一定会无比富裕。"

父亲对这片土地生产力的预测完全正确，他还应该再补充一些，就是那里还有取之不竭的煤矿，但是他可能对这个知之甚少，因为淳朴的田纳西人还不习惯用煤作燃料。此外，父亲其实还可以在土地的价值方面再加上一条，那就是它离诺克斯维尔市只有100英里远，将来从辛辛那提南行的铁路线必将穿过那里，可惜他从来没有见过铁路，甚至都没有听说过。虽然有些不可思议，不过直到1860年左右，一些生活在詹姆斯敦附近的人还从来没有听说过铁路，也绝不会相信有轮渡这样的东西。在芬特雷斯县，没有人给杰克逊投票，票全投给了华盛顿。当地一位德高望重的老妇人提起她的儿子时，说："吉姆从凯恩塔克回来了，还带回来一个高傲自大的女孩儿，天知道他们怎么会有那么多新奇的想法，简直让人受不了！他们看不上木屋，真是的！他们还弄了一些黏糊糊看上去很恶心的东西把房间都刷了一遍，他们说，在凯恩塔克，所有上等的人家都这样做，他们把那叫'抹灰泥'。"

父亲做这笔大交易时，我大哥只有四五岁，大姐还在襁褓中，其他的孩子在以后的十年里陆续出生，我们在家庭中占很大比例。四年以后，爆发了1834年金融大危机，我父亲也在那场风暴里破产了。之前，他是芬特雷斯县最受尊敬和让人羡慕的富人，除了购买的大片土地外，他的家产要超过3500美元；然而，一夜之间，他的财产便缩水到不足原来的1/4。我的父亲不善言辞，严于律己，同时有很强的自尊心，他不想沉溺于昔日的辉煌而在现实中却要成为大家同情的对象。他把全家集合起来，向当时被称为"遥远的西部"进军，长途跋涉，穿越了人迹罕至的荒野，终于来到了密苏里州的佛罗里达村，在那里搭起了自己的帐篷，休养生息了几年，但是也没交到什么好运，只有我的出生算是一件值得慰藉的事了。不久之后，又搬到汉尼拔，从此才稍有转运，他被选举为治安法官，并当上了遗嘱检验法院的书记官，在当时还没有人敢小看法院的传票。在汉尼拔的头几年，他一直做得还不错，可惜好景不长，命运再次捉弄了他。他为朋友伊拉·斯托特做担保，然而伊拉却利用新破产法的漏洞，逃跑了，舒舒服服地过完了下半辈子，而我父亲却被他毁了。直到去世，他也没能摆脱贫穷，我们这些后代也被迫和他一起为了生计苦苦挣扎。即使这样，每当想起田纳西那一大片土地，父亲还是精神振奋，即使在临终之际，他对这片土地仍然信心百倍。他说这片土地很快就能让我们变得富有而幸福，他的临终遗训是"坚守这片土地，耐心等待，千万别被人骗走"。

父亲去世以后，我们重新整理了一下家业，但也只是权宜之计，想卖了那些土地后再做长远打算。哥哥借了500美元，买下了一家毫无价值的周报，我们认为现在没有必要那么认真地去工作，只要土地一卖，我们可以发挥聪明才智大干一番了。刚开始我们租住了一座大房子，但是后来不得不换了一个相对便宜的小房子，因为我们原本期望很高的交易最终并没能得到满意的结果（买家只想要一部分土地，我们讨论之后认为，要么全卖，要么不卖）。

如前所述，20年之前，我的父亲在田纳西买下了那一大片土地。在他手中，这片土地一直完好无损，1847年他去世以后我们开始接手管理。之后的20年里，大部分田地都被我们管理没了，只剩下一万英亩，但并没有卖到什么钱；1887年，也许还早一点，那一万英亩也卖了，哥哥用它在宾夕法尼亚州油区的考瑞镇上换了一座房子和一块地皮；大约在1894年，他把那些产业卖了250美元，到此为止，田纳西那块地就彻底没有了。

除此以外，我已经不太记得父亲这笔英明的投资还有什么其他回报了，哦，不，我还漏了一个细节。这些事为塞勒斯上校和我的一本书提供了背景，我从那本书上赚到了15000～20000美元，从那个剧本上赚到了75000～80000美元——差不多每英亩一美元。当父亲买这块地的时候我还没有出生，因此他应该不是故意偏向我，不过，我却成了家里这笔投资的唯一受益人。在以后的故事中，我可能还会不时提到这片土地，因为这片土地在超过一代人的时间里以这样或者那样的方式影响着我们的生活，每逢情况变糟，它就会站出来，就像塞勒斯伸出希望之手一样，不断地鼓励我们："不要怕，相信我，耐心等待！"我们日思夜盼40年，而它最后却遗弃了我们；

它让我们将能力束之高阁，成为空想家，好逸恶劳，我们总是走在赶往明年发财的路上——根本无暇工作。生来是穷人也好，是富人也罢，这都无所谓，而最怕的就是生来是穷人，却整天憧憬着一夜暴富！没有亲身经历过这种想法的人很难想象它有多么害人。

我母亲最喜欢的堂兄詹姆斯·兰普顿——《镀金时代》中塞勒斯上校的原型——总是在谈论那块地，而且每次说起来都是兴致高涨："那块地值几百万——几百万啊！"虽然他说什么东西都是这样，而且总是判断错误，但是唯独这一次他是正确的。这也说明了一个道理，永远不要打击那些喜欢四处预言说大话的人，就像一个人扛着一把枪，如果看到什么都扫射一番，那么他迟早会击中点什么东西，这正是预言家之道。

很多人都认为塞勒斯上校是一个虚构的人物，纯属捏造，极度夸张，我因为"创造"了这个人物而受到了他们的赞赏，但是他们错了。我只是用笔如实地把他本人的事迹记录了下来，绝无半点夸张。无论是书中还是舞台剧中那些最为夸张的事情都不是我捏造的，而是他生活的真实写照，我曾在现实中亲眼见证了这一切的发生。以往，观众们在约翰·特·雷蒙德剧院中看到塞勒斯上校吃萝卜那一幕，都会笑得死去活来。不过，尽管这一幕中荒诞的情节看起来太夸张，但是这都是生活的真实再现，它就发生在兰普顿上校家里，而我亲眼所见。实际上，我就是那个吃萝卜的客人。在雷蒙德这位伟大演员的刻画之下，那悲惨的场景足以让每个有血性的男儿潸然泪下，同时，又会让他们笑折肋骨。不过，雷蒙德的伟大只是在诠释幽默方面，而在其他方面则演技一般。我所熟悉的那个实际生活中的塞勒斯上校，也就是我的表舅詹姆斯·兰普顿，是一个满怀同情心而又心地善良之人。他富有男子气概，为人正直，受人尊敬，同时又心胸宽广，毫不利己，不会耍任何心眼儿，简直就是一个天生受人爱戴的人，他受到所有朋友的喜欢，受到所有家人的敬重，他几乎就是他们的上帝。真正的塞勒斯上校从来没能被完全地展现在舞台上，舞台上的角色只饰演了半个他，雷蒙德不具备展现他另一半特征魅力的能力。因为雷蒙德本身完全不具备这些魅力特征，他没有男子汉气概，不受人爱戴，也不是一个诚实的人，他无情、自私、粗鄙、无知。在他身上原本应该有一颗心的位置却空荡荡的。只有一个人能够完全刻画出塞勒斯上校的形象，他就是弗兰克·梅奥。

这个世界真奇妙，你越是觉得不可能发生的事，它就越会发生。当我在书中拟定塞勒斯这个名字的时候，与我一起创作的查尔斯·达德利·沃纳建议更换塞勒斯的教名。十年前，他曾在西部某个遥远的地方遇到一个名叫艾斯克尔·塞勒斯的人，他认为这个名字离奇有趣、出人意料，最切合书中的人物塞勒斯，我也觉得这个名字不错，不过就是担心原本叫这个名字的人会找上门来找麻烦。沃纳认为等到这本书出版的时候那个人肯定已经死了。实际上，不管他是否死了，我们都要用这个名字，因为这个名字实在是太恰当了。最后，我们采用了这个名字。在小说中，这个人物是一个粗鲁、卑贱的农民。这本书出版了一个星期以后，一位穿着考究、举止威严、看上去受过大学教育的绅士赶到哈特福德，他显然已经出离愤怒了，说要控告我们诽谤,他的名字正是艾斯克尔·塞勒斯!他从未听说过还有一个艾斯克尔·塞勒斯,方圆1000英里范围之内都没有。这位受伤的贵族目标明确:美国出版公司必须停止发行已经印好的版本,并改掉印版上的名字,否则就要追求法律责任,并要求赔偿自己损失一万美元。最终,公司再三向他道歉,并承诺将小说中的人物名字改回原来的马尔贝利·塞勒斯上校,他才不再追究了。这件事充分说明,没有什么是不可能发生的。两个完全不相干的人同时都叫艾斯克尔·塞勒斯——这样一个几乎不可能有人叫的名字——竟然都发生了。

詹姆斯·兰普顿整天都沉溺于那些不切实际的宏图美梦中,直到终老死去也没能见到这些美梦成真。我最后一次见他是在1884年,这时距离我在他家吃下一盆生萝卜、又喝下一桶水把萝卜咽下去已经有26年了。他已经老了,白发苍苍,但仍然像以前那样谈笑风生,让我笑个不停。他那兴高采烈的眼神、对未来无限的憧憬、令人信服的措辞,以及他的奇思妙想——一切都没有变。在我还没能回过神来之前,他已经擦亮了他的阿拉丁神灯,把世界的神秘宝藏展现在我面前。我对自己说,"我对他的描写一点也没有言过其实,我只是如实地展现他的过去,如今他仍旧还是这样一个人。凯布尔肯定会认出他来的。"我请他稍等片刻,跑进隔壁凯布尔的房间。那时我和凯布尔正在进行全国旅行政治演讲,我对凯布尔说:

"我那里有一个非常有趣的人,我把你的门开着,你听听他说话。"

我重新回来,问兰普顿现在忙些什么。他开始给我讲自己让儿子在新墨西哥州搞的一个"小投资":"只是一桩小买卖,真是微不足道，不过是为了给自己找点乐子，也是防止资产闲置浪费，但主要是为了锻炼一下儿子。财富之轮永不停止，总有一天，他也得自己工作来维持生计。"

本就是一个小买卖，他最初提到时也是这样，但是，经过他的描绘，这个小买卖不断成长，开花结果，不断壮大，大到超乎想象。大约半个小时后，他终于停下来，最后用一种十分崇敬的态度和轻描淡写的口吻总结道：

"这不过是小事一桩，不过却挺有意思，能够消磨时间。小孩子总是把它想得很了不起，你知道，他们太小嘛，总是爱幻想，缺乏处理大事的经验，缺乏将想象变成现实、提高自己判断力的经历。我估计这个买卖可能会赚200万，也可能是300万，但绝不会太多。不过，对于一个刚刚起步的孩子来说，这已经不错了。我并没有想他赚大钱，那是长大以后的事，现在就发财会冲昏他的头脑，在很多方面都会对他造成伤害。"

接下来，他又开始说他已经把皮夹子放在家里主卧室的桌子上，现在银行已经下班了，而且……

我打断了他，并求他给我和凯布尔一个面子，作为嘉宾出席我们的演讲会。他答应了，并向我们示意感谢，但是神态就像一个国王开恩赏赐一样。我之所以打断他关于钱的话题，是因为我知道他想找我要演讲会的票，并允许他明天付钱；而且，我知道如果欠下债务他一定会偿还的，即使是不得不把衣服当掉。又聊了一会儿，他热情地和我握了握手，然后就离开了。凯布尔从门外伸进头来，说：

"他就是塞勒斯上校！"

第 5 章
童　年

我四岁半开始上学,那时,密苏里还没有公立学校,村里有两家私立学校,霍尔太太在主街道南端一个小木屋子里教小孩子,萨姆克·罗斯先生在山上的一个框架校舍中教更大一点的学生。我被送往霍尔太太的学校,尽管已经过去 65 年了,我还清清楚楚地记得那天的情形,至少记得那天发生的小插曲。我违反了校规,被警告不能再犯,否则就要挨鞭子。可惜我又犯了。霍尔太太便叫我出去找一条软枝条,我非常高兴她指派我去找,因为我自信自己比其他孩子更加明智,肯定能找到最适合这场合的鞭子。

在烂泥里,我找到了一根箍桶匠削的那种旧式橡木条,两英寸宽,四分之一英寸厚,一端稍微有点弯曲,虽然旁边还有很多新削的木条,同样的材质,我还是选择了这根,虽然它有点腐烂了。我把它拿回来,交给霍尔太太,然后毕恭毕敬地站在她面前,打算博得她的好感和同情。可惜我错了,她极其不满地狠狠瞪了我和那木条一眼,大喊我的名字,而且是全名—萨缪尔·兰亨·克莱门斯——

这大概是我第一次听到别人把我的名字一长串叫出来，她说真替我害臊。后来我得知，如果老师叫学生的全名，那他可要麻烦了。霍尔太太说她会再找一个判断力比我好的学生去找鞭子，当时曾经有多少张渴望的面孔因想获得这个任务而大放光彩，我至今想起来还觉得伤心。吉姆·邓莱普被派了出去，一会儿，他拿着枝条回来了，我一看就知道，他是这方面的行家。

霍尔太太是一位来自新英格兰的中年妇女，行事具有新英格兰的风格和原则。她通常在授课前都要祷告，并从《新约》中选一章朗读，而且她还会对此做个简短的解说。有一次，她详细给我们讲解"祈求，你就会得到"这句话，说不管是谁，只要真诚地祈祷一件事情，那么他的愿望就一定会实现。

这让我很动心，没想到祈祷能够带来这么好的机遇，这可是前所未闻，我高兴极了。我觉得自己应该尝试一下，我十分信任霍尔太太，也从未怀疑过这句话的真实性。我祈祷可以得到一块姜饼。玛格丽特·库纳曼是面包师的女儿，每天早晨都会带一块姜饼到学校，她总是把姜饼藏起来不让别人看见。但是，等我完成祈祷，抬眼一看，姜饼正放在离我很近的地方，触手可及，而她也正在向别处张望。我一生中没有哪次祈祷应验所带来的快乐能超过那次，我也成了祈祷的皈依者。我的欲望没有止境，它们经常都难以满足，不过,我一直希望能满足欲望、延伸欲望,如今,我终于找到了方法。

但是，这个美梦就像我们生活中所有其他的美梦一样，实际上真的只是梦。在接下来的两三天内,我做的祈祷一点不比其他人少，而且我觉得，自己已经非常虔诚了，却没有任何结果。我发现，即使最强大的祈祷者，也无法再次拿到那块姜饼了。最后，我得出的结论是，如果一个人坚持忠实于他的姜饼，并一直盯着，那就不需要再浪费时间去祷告了。

可能我的某些行为举止让母亲感到了不安。她把我叫到一边，忧心忡忡地盘问我，我并不想告诉她发生的一些不同的事，因为那样会让她难过，而我会心痛。不过最后，我还是流着眼泪承认自己不再是基督徒了。她非常难过，问我为什么会这样。我说因为我发现自己成为基督徒仅仅是为了得到好处，想到这一点，我实在难以忍受，觉得那样太卑鄙了。她把我抱在怀里，安慰我。从她的言语中我领悟到，只要保持一颗忏悔之心，一颗真我之心，我就永远不会感到孤独。

母亲为我操了很多的心，不过我觉得她并没有为此厌烦，对我弟弟也是如此。亨利比我小两岁，我觉得，他一成不变的善良、坦率和顺从一定给母亲造成了很大的负担，而我则完全是另外一个风格，这对她是调剂，是一种不一样的感觉。我对她来说就像是一副大有裨益的补药，我以前从来没有意识到这点，直到现在我才觉察到。亨利从来没有对我或对其他人做过任何坏事——他总是做别人认为正当的事，有时候对我却是一种灾难。例如，举报我是他的任务，当我需要向妈妈汇报做过的事情，而我却一时疏忽抛之脑后时，总是他忠实地完成了那项任务。他便是《汤姆·索亚历险记》中的那个席德的原型，不过席德却不是亨利，因为亨利要比席德更善良，人品更好。

正是亨利的汇报让母亲发现了我游泳的事，母亲把我的衣领缝起来，希望这样能防止我去游泳，但是缝衣领的丝线变了颜色，如果不是亨利提醒，母亲绝对发现不了。证据如此确凿，可是她那犀利的眼光却没有注意到，这让母亲非常恼火。如果能找到借口，我们通常会把自己的错误转嫁到别人身上。不过那没什么，只要有不公平的事情，就会有相应的补偿。有时，在我还未做一些坏事之前，我就会提前从亨利那里索取补偿，特别是当有很强的诱惑摆在面前的时候，我就提前预支一下。我并不需要从母亲那里学到这种做法，实际上也不可能从她那里学到，这很有可能是我自己发明的，不过肯定与她不时地使用这条原则有一定的关系。

如果打破糖钵的事件被我写进了《汤姆·索亚历险记》——我不记得是否写进去了——那就是一个例子。母亲知道，亨利从不会在她没有看见的时候拿糖吃，但是对于我，她就没有那样的信心了，甚至，不仅仅是怀疑，她知道我肯定就会这么做。有一天，母亲不在的时候，亨利从她视如珍宝的老式英国糖钵里取糖，那个糖钵可是家里的传家宝。可是，他把糖钵打碎了。这使我第一次获得机会去告发亨利，兴奋之情简直难以言表。我告诉亨利，我要告发他，可是他却没有丝毫惊慌。母亲回来以后，看到地板上糖钵的碎片，沉默了有一分钟。我没有打破这份沉寂，我觉得这肯定能增加效果。我一直等着母亲问是谁打破的，那样我就可以抛出自己的信息了。但是我的如意算盘打错了。母亲终于回过神来，她并没有问一个字，手上的顶针就狠狠地往我头上敲下去，疼痛一下子就透到了脚跟。受了这么大冤屈，我一下子叫嚷起来，希望她能为自己错误的惩罚感到难过。我还希望她能有一丝悔恨和同情，我告诉她并不是我弄坏的，而是亨利。但没有任何作用，她冷冷地说："这算不了什么，错了也无所谓，这些都是你应得的，你总会背着我做坏事。"

屋子外边有一条通往二楼后面的楼梯。一天，亨利奉命上楼送些东西。他拿着一个锡桶，我知道楼梯是他必经之路，所以提前跑上去，在里边锁住门，然后跑下来，进了花园。花园刚犁过，到处都是结实的黑土块，我捡了许多，准备伏击他。等他攀上楼梯，快到楼梯顶部又无法逃掉的时候，我就用黑土块打他。他只好举起锡桶进行防御，但还是中了很多弹，因为我可是个神枪手。黑土块打在护墙板上发出梆梆的声音，引得母亲出来看个究竟。我辩解说是在跟亨利闹着玩，不过，他们俩立马向我追来，还好我知道怎么从那高高的木板栅栏爬过去，这才得以逃脱。大约一两个小时以后，我开始摸索着往回走，周围没有一个人，我以为事情就这样结束了，但我想错了，亨利也伏击了我。他从未瞄得那样准，一下就用一块石头砸中了我的脑袋，我的脑袋上立刻起了一个大包，我觉得足有马特峰那么高。我径直来找妈妈，希望博得些同情，可她却根本没当回事儿。她好像觉得只要我多受几次这样的教训就能改过自新，所以这不过是一个小教训，我把它看得太严重了。

如今我已经知道不应该给猫吃"止痛药"，以后我也不会再这样做了。但是，在我的"汤姆·索亚"时代，看着小猫彼得在药性的影响下的行为，我得到了极大的乐趣和满足。佩里·戴维斯的止痛药是世界上最让人憎恶的药了，佩里先生的黑奴有着很好判断力，同时又十分好奇，他想试验一下那个药，我也没有阻止他，他得出的结论是，那个药简直是用地狱之火做成的。

在1849年霍乱肆虐的日子，密西西比河流域的人们对这场瘟疫闻风丧胆，能跑的都跑了，很多人在逃亡中死于惊吓过度，惊吓致死的人已经达到了因霍乱而死的人数的三倍。无法逃走的人只好灌服一些预防霍乱的药，母亲让我喝的就是佩里·戴维斯的止痛药。对自己，她没有太多的忧虑，也没有喝任何预防的药物，不过她要求我每天必须吞服一羹匙止痛药。开始，我还愿意信守承诺，不过那个时候我还不了解止痛药的效果，但一次过后我就知道了。她十分信任亨利，因此也不检查他的药瓶，但是对我，她每天都用铅笔在我的瓶子上画上标记线，并每天检查。家里的地板上没有地毯，地板的裂缝清晰可见，我将止痛药倒进这些裂缝中，而效果也非常好，地板底下没有发生一点霍乱。

有一次，我正在往地板底下倒药，那只叫彼得的小猫摇着尾巴过来玩，非要喝止痛药。喝了之后，彼得一下就发疯般折腾起来，把家里所有的家具都撞了个遍，最后从敞开的窗户跳了出去，还带倒了一只花盆。这时母亲恰巧从外边回来，看到这一切，她简直惊待在了，问道："天啊，彼得到底是怎么了？"

我已经不记得当时自己是怎么解释的了，不过，如果《汤姆·索亚历险记》中有这段的话，里面的解释肯定不是真实的。

每次我做出这样出格的行为之后，母亲不仅当场惩罚我，而且还要让我星期天的晚上去教堂。对此，有的时候我还能忍耐，而大多情况下，按照我的性格，我都要想法逃掉。如不亲自查验，母亲是绝不相信我会去教堂的，她会要求我说出在教堂讲述的经文，这对我来说就是小菜一碟。我根本不需要去教堂听取经文，而是自己随便挑选一篇。这一招一直很灵，直到有一天，我选出的那段经文与从教堂回来的邻居说的不一致，这件事就露馅了。从此以后，我母亲开始想其他的办法，不过，我如今已经记不太清楚都是些什么办法了。

那年月，男人和男孩子们冬天都穿长袍，黑色的长袍配上闪亮耀眼的苏格兰格子花呢衬里。有一天晚上，我去教堂为一周里所犯的过错还账。到了教堂，我把长袍藏在门口附近，跑出去和其他的男孩子玩耍，一直到礼拜结束我才回家。可惜，黑暗中我把长袍穿反了，进屋以后，把袍子脱下来放在一边，然后接受例行检查。我一直回答得很好，直到母亲谈到教堂的温度问题，母亲说："这么冷的晚上，那里一定很冷吧？"我并没有意识到这话里面有话，还傻傻地说是很冷，所以在教堂里我一直穿着长袍。母亲接着问我是否一直穿着长袍回到家里。我还是没有意识到这个问题的潜在含义，回答说是这样的。然后她说："你一直把红色的苏格兰格子花呢衬里穿在外边，那么鲜艳，难道没有引起别人的注意么？"当然，对话到此也就没有再继续下去的必要了，于是我不再说什么，老老实实地接受惩罚。

汤姆·纳什是和我一样大小的男孩，他是邮政局长的儿子。大约在1849年，密西西比河结冰了，一天晚上，我们两个一起去河上滑冰。我不明白为什么我们要在晚上出去滑冰，除非是偷偷溜出去的，否则如果没有人反对的话，实在没有什么乐趣值得我们大半夜出去滑冰。大约在午夜，我们已经向着伊利诺伊河岸滑出了超过半英里。我们听到在我们与家之间的河面上，发出隆隆、咔咔、啪啪的声音，这是危险的信号，我们意识到情况不妙——河冰要裂开了。我们实在被吓坏了，赶快往回滑。我们全速滑行，借着穿过云层透过来的月光，我们还能区分水和冰。只要看到可以利用的冰，我们立马向前滑行，遇到河水就再停一会儿，焦急地盼着大块冰能赶紧漂过来，可以把水面重新连接起来。我们一直处于极度恐惧和痛苦中。最后，我们终于来到了离河岸很近的地方，但却必须停下来，等待一块可以搭桥用的冰。在我们的周围，大块的冰突然就陷进河水里，不停地碎裂，对我们来说，危险一点没有消退，我们更加急切地想回到岸上。所以，我们并没有等时机完全成熟，就从一块小冰跳到另一块小冰。汤姆没算准冰块间的距离，一下就掉到了河里，变成了落汤鸡。幸好他距离岸边已经很近了，仅仅扑通了两下，脚就够到了河底，爬到了岸上。一会儿，我也上岸了，没发生什么意外。我们浑身都湿透了。汤姆这次落水给他带来了巨大的灾难，此后，他一直卧病在床，得了一系列的病，最后还引发了猩红热，虽然保住了性命，但是耳朵再也听不到声音了。一两年后，语言能力也自然而然地丧失了。直到很多年之后，他才又开始学说话——但是别人常常无法分辨他说的到底是什么，当然，他也无法调整自己的音量，因为他根本听不到自己的声音。当他觉得自己在低声说些小秘密的时候，哪怕你在伊利诺伊州都能听见他的声音。

四年前，我应密苏里大学之邀到那里接受法学博士的名誉学位，趁机在汉尼拔逗留了一个星期。曾经的村庄如今已经变成了城市，这时距离我和汤姆·纳什的那次冒险已经有55个年头了。当我在火车站准备离开汉尼拔的时候，一大群人聚在那里。我看见汤姆·纳什正向我走来，我立马认出了他，也举步向他走去。他已经老了，满头白发，但是我仍旧在他的身上看到了那个15岁少年的影子。他走向我，将双手握成喇叭的形状对着我的耳朵，一边向周围的人们点点头，一边很机密地对我说——那声音听起来就像是发警报的雾鸣喇叭一样："萨姆，你还是当年的老样子，傻瓜蛋一个！"

第 6 章
少年趣事

1849年我14岁的时候,全家还住在位于密西西比河畔的汉尼拔,五年前,我父亲在这里新盖了一栋"框架"结构的房子,我们家一部分人住在新房子里,另外一部分住在新房后面与之相连的老房子里。那年秋天,我姐姐办了一个晚会,邀请村里所有到了婚龄的青年男女参加。我当时还太小,太害羞,不会和年轻的姑娘们在这样的场合打交道。总之,姐姐没有邀请我——至少不是整个晚会都让我参加。我只能在那里待在十分钟,我要在一个小神话剧中扮演一只熊,一直裹在棕毛做成的假熊道具中。大约十点半左右,他们通知我进入房间穿上道具,在半个小时之内准备妥当。在准备的时候我忽然改变了主意,想提前练习一下,可是那个屋子太小了,我就来到大街拐角旁那间大一点的空房子,但是却没想到还有十几个年轻人也要在那里化妆。我叫上一个名叫桑迪的黑人小男孩与我一起来到了二楼一个空着的大房间,我们一边聊天一边往上走,两个年轻的女孩儿的妆刚化到一半,听到动静马上藏到了帘幕后面。

她们的长袍和其他物品都挂在门后的钩子上，但我并没有注意到，桑迪一心想着剧情，关门的时候也忽略了这些东西。

帘幕已经很旧了，上面满是破洞。我根本没想到会有女孩子藏在后边，因此毫无顾忌。窗帘没有拉上，皎洁的月光直接透射进来，我脱掉衣服，由于没什么可害羞的，所以我很快就脱得一丝不挂，然后开始练习。我信心十足，决定要一鸣惊人，我一定要通过扮演这只熊出名，好有更多的人邀请我扮演，有了这份野心，我放开手脚演了起来。我手脚并用，从屋子的这一端到那端来回跳跃，桑迪见状兴奋地直拍手，我像熊一样直立前行，模仿熊吼叫、撕咬、咆哮，我倒立，翻跟头，把手掌弯曲起来，像熊一样笨拙地跳舞，假装用大熊嘴嗅来嗅去。我表演了所有熊能做的动作，还有熊不能做的动作，甚至还有熊不屑于做的动作。当然，我根本不可能想到，除了桑迪，还有其他观众。最后，我头顶着地，保持那个姿势休息一下，沉默了一会儿，桑迪兴高采烈地说道：

"萨姆少爷，你有没有见过干鲱鱼？"

"没有，那是什么东西？"

"它是一种鱼。"

"哦，它做什么用呢，它有什么特别的呢？"

"嗯，当然了，熊吃这鱼是连内脏一起吞掉的。"

这时，突然从帘幕后面发出女孩儿吃吃的笑声。我一下就泄了气，就像一座塔轰然倒塌下来，身体把窗帘也带了下来，姑娘们被埋在下面，突受惊吓，两个姑娘大声尖叫起来，也许还有其他人呢。我顾不上这些，抓起衣服，拔腿逃到一楼漆黑的大厅里，桑迪也跟了来。我匆忙穿好衣服，从原路跑了出去。我要求桑迪发誓决不能把这事说出去，然后我们一起跑掉，找了个地方躲起来，一直到晚会结束。我的野心一下就消失得无影无踪，经历这次事件之后，我实在没法面对那些让我眼晕的表演同伴，因为其中有两个人看到了我的隐私，她们肯定一直在偷偷地笑话我。姐姐她们找我，但是找不到，最后没办法，只好找了一个穿着考究的青年绅士去扮演熊。当我回到家里的时候，大家都睡着了，屋子静悄悄的，我心情沉重，因感到丢脸而情绪低落。在枕头上，我发现一张别在上面的纸条，上面的话再次让我脸皮烧得发烫。纸上的字故意写得让人认不出笔迹，内容充满嘲笑和讽刺：

虽然你没能扮成熊，但是你的裸体戏演得非常出色！哦，应该是极其出色！

我们总认为男孩是粗线条的，不容易受到伤害，但是，并非所有时候都是这样的。每个男孩都有一两个敏感的地方，如果你能发现它们，只要稍加触动，就一定能让他如坐针毡。那次经历让我受到了极大伤害。我以为这件事在第二天早晨会传遍全村，但是没有。这个秘密除了我只有两个女孩和桑迪知道，这还让我觉得稍微放松点，但主要的伤痛依然存在：我感觉，四只嘲讽的眼睛始终在盯着我，而且，很有可能是1000只，因此任何一个女孩的眼睛都可能变成我害怕的眼睛。接下来的几周内，我不敢抬眼看任何女孩儿的脸，每逢女孩儿向我微笑、打招呼，我就会慌慌张张地垂下眼帘，我对自己说，"她就是她们中的一员"，然后迅速逃开。当然，我随处都可能遇到那两个女孩儿，但是，即使她们的笔迹露出什么端倪，我也没那么聪明，很难根据这个把她们找出来。四年后，当我离开汉尼拔的时候，这仍然是一个谜团，我一直没有猜出那两个女孩儿是谁，便不再对找出她们抱什么希望了。

有一个女孩，是我们村最可爱、最漂亮的女孩之一，我在这里把她称作玛丽·威尔逊，当然，这不是她的本名。她大约20岁，长相甜美，面若桃花，高贵、优雅，又十分可爱。我对她敬若天人，觉得她神圣不可侵犯，是我这样普通的孩子不可能接近的。我从来没有怀疑到那两个姑娘中会有一个是她，但是——

现在让我们把背景换到加尔各答——47年以后。1896年，我在演讲旅途中来到了那里。当我进入旅馆时，一个身影一晃而过，正是我逝去的童年时代的玛丽·威尔逊，沐浴在印度那灿烂的日光里。实在是太激动人心了。我还沉浸在兴奋和惊喜中，还没来得及跟她说句话，她已经走出了旅馆。我以为那只是个幻影，但那真的是玛丽，是活生生的玛丽，她那时已经成了小玛丽的祖母了。小玛丽如今是个寡妇，就在旅馆楼上，派人邀请我上去。老玛丽虽然年纪大了，头发已经花白，但看起来依旧很年轻，依旧端庄美丽。我们一起坐下来，谈起往事。过往的岁月就像美酒，让我们两个已经干涸的灵魂重新又恢复了生气，我们沉浸在对往昔的回忆中，那些悲惨的日子，那些美好的岁月，那些让人又哭又笑的往昔。我们重新说起50年来未再提及的名字，就像享受歌声那么美妙；我们谈起童年玩伴中那些已经去世的人，谈起与他们一起快乐的过往；我们开启尘封的记忆，谈起一桩又一桩往事，一个又一个可笑的故事，一次又一次愚蠢的行为，为当年的快乐而欢喜，为当年的痛苦而流涕。最后，没有任何征兆，玛丽突然说道：

"告诉我！干鲱鱼有什么特别的吗？"

在这么一个神圣的时刻，她的问题很奇怪，我一下子愣住了。不过，很快，我就意识到了记忆深处某些地方开始微微颤动，我不由得陷入了沉思 —— 回忆 —— 搜寻中。干鲱鱼，干鲱鱼？干鲱鱼有什么特别的呢……我抬头一瞥，她面色依然凝重，但是眼神中却有一丝不易觉察的光芒在闪烁，猛然间，我仿佛听到很久以前有个声音在呢喃："熊吃这鱼是连内脏一起吞掉的！"

"啊，原来是你！我终于找到你了，另外一个是谁？"

但是，到此为止了，她坚决不告诉我另外一个是谁。

可惜的是，一个男孩的生活记忆绝不仅仅是这些让人一笑而过的荒诞喜剧，其中还包含了很多痛苦的回忆。那个喝醉后被烧死在村子监狱里的流浪汉，在我的良知里徘徊了一百多个晚上，久久挥之不去，过后则是可怕的噩梦。在噩梦中，那副活生生的悲惨面容，靠在窗户格子上，火舌在他身后跳跃，在梦境中他向我苦苦哀求。那张脸好像在对我说："如果不是你给我火柴，我绝不会被烧死的，我要你负责。"我并没有太大的责任，因为我给他火柴并不是要害他，而完全是出于一片好心；但是，不管怎么样，我的良心是受过基督教长老会训练的，只知道一种责任，不管什么理由，不论什么时候，都要追逐、折磨被它俘获的奴隶，特别是没有道理和理由的时候。那个流浪汉不过受了十分钟的苦，而我这个并不需要负责的人，则受了整整三个月的折磨。

正午时分，在大街上中弹倒下的那个可怜的老斯马尔更是平添了我许多噩梦。在梦中，我总是看到那幅怪异的结尾图——不知哪个独出心裁的笨蛋把大幅家庭《圣经》摊开在那渎神的老人的胸膛上，随着呼吸而不断地上下起伏，这加重了垂死挣扎的老人的痛苦。人类生来就那么怪异，那么多长吁短叹、貌似同情的观望者中，却没有任何人意识到，即使是一个铁砧放在那里也比《圣经》要好一些，更不容易受到讽刺性的批评，而加速死亡的效果会更好些。许多夜晚，在噩梦中，我都在那本大书的重压下挣扎，喘不过气来。

每隔几年，我们就会遭遇两三个悲剧，而且不幸的是，每次我都正好在现场。我亲眼看见，一个黑奴因为一点小事，活生生地被铁渣饼打死。一个年轻的加利福尼亚移民，被一个喝醉了的同伴，用一个猎刀刺死了。我亲眼看见，鲜红的血液从他的胸膛汩汩流出。还有那两个流氓兄弟和他们善良的叔叔，他们一个将老人摁倒在地，用膝盖抵住老人的胸膛，另外一个则不断尝试用一把艾伦左轮手枪杀掉他，不过枪没有响，整个过程我都亲眼目睹。

还有，一个年轻的加利福尼亚移民喝醉了，非要一个人在漆黑的、暴雨即将来临的晚上去袭击"威尔士人的房子"。那所房子矗立在霍利迪山的半山腰，里面只住着一个贫穷却品行端庄的寡妇和她那个清清白白的女儿。那个恶汉满嘴下流的喊叫和粗鄙的恐吓惊醒了全村人，我和约翰·布里格斯一起赶到了那里，本来是去观望和听风的。那个男人的长相看不大清楚，那个女人在她家的走廊上，在漆黑的屋顶下也看不大清楚，我们只听到那个年老女人的叫声，她拿着一把上膛的老式步枪，警告那个男人，如果她数到十他还留在原地的话她就开枪。她开始慢慢地数，他就大声地笑。当数到六的时候,他停住了笑声,在无边的沉寂中,"七——八——九——",又是长长的沉寂,我们屏住呼吸——"十!"一道火光划破黑夜,那个男人直挺挺地倒下了,胸膛出了一个大窟窿。紧接着,大雨倾盆而下,雷电轰鸣,停下来的人们在电光闪闪中蚂蚁般的爬上山坡。他们只看到了后来的结果,而我则见到了整个过程。

我所受过的教育让我能透过这些悲剧的现象看到背后的本质,这是缺少教育的普通人很难做到的。我知道这一切都是为什么。我试图不去探究里面的真相,但是,在我困惑的内心最深处,我是懂得的——我知道我是懂得的。一切都是上帝所为,他是想诱骗我过更好的生活,这种说法在今天听起来仿佛太过天真、太过自负,甚至是骗人,但是对于我来说实在没有什么可奇怪的,这种方式与我所了解的上帝体贴、贤明的方式是完全一致的。如果上帝为了保护像我这样的人而杀掉整个人类,我也不会觉得太奇怪,太受宠若惊。我所受的教育告诉我,这些从来都被认为是公正的,是值得的。为什么上帝会这么关照这些人?这我从来没有想过,在我生活的那个小村落也从来没有人想过这个问题,因为没有人会有这种想法。

我把这些悲剧都归因于我自己,每次有不幸的事情发生的时候,我都会把它们历数一遍,一边叹气,一边自言自语:"又走了一个——都是因为我。我应该为此悔改,即使是上帝,忍耐也是有限度的。"然而,私底下我认为上帝是会继续忍耐的,但这仅限于白天,晚上就不行了。太阳慢慢地落下去,我的信心也随之沉落,内心那些不安的恐惧爬上心头。此时,我才真正忏悔。那些晚上太可怕了,充满着绝望,充斥着死亡的阴影。每次惨剧发生,我就意识到这是上帝的警示，就开始忏悔和祈求；像一个懦夫那样祈求，像一只狗一样祈求。这一切倒不是为了那些由于我的缘故而消亡的那些可怜虫，而纯粹是为了我自己。现在回想起来，感觉自己真的很自私。

我非常虔诚地忏悔。每次悲剧发生之后很长一段时间，我每天晚上都要忏悔。但是阴霾永远遮不住太阳，同样，这些忏悔在明媚的阳光下就慢慢地消退、破碎，最终消失得无影无踪。它们源于恐惧和黑暗，也只能生存于此。白天给了我欢乐和宁静，但是到了晚上，我便又开始忏悔了。在整个童年生活中，我的生活十分惬意，让我感到没有什么更多的奢求和向往，但是这仅限于白天。如今，我年事已高，已经不会再想做那样的事情了；但是，即使在现在，夜晚也总是带给我深深的悔恨，就像年轻时一样。我由此也意识到，从一出生，我就跟其他所有人一样，到了晚上，神智从来就不是那么健全的。不过我相信，曾经有几个月，即使是在晚上，我也像那漫天飞舞的白雪一样纯洁无瑕。

我大概15岁的时候曾经在汉尼拔做过一段时间的节制队队员。当时节制队几乎风靡全美国。要加入节制队，队员首先必须宣誓戒烟，另外就是要佩戴红色的美利奴绶带，但实际上红绶带才是最主要的。我们这些男孩子为了能够挂上绶带，积极踊跃地参加节制队，与绶带相比，誓言微不足道，实际上可以忽略不计。五朔节这天，我们跟主日学校的师生一起出去游行，尽情展示绶带；到了7月4日，我们跟主日学校、独立消防队和民兵队一起游行。但是，对一个青少年道德组织而言，一年才有两次展示绶带的机会是难以保持其活力的。如果只当一名列兵我可能连一场游行都坚持不下来，不过，我还是"光荣而优秀的总秘书"和"皇家内卫哨兵"，享有编制口令和在绶带上佩戴玫瑰花的特权，这才使我坚持了下来。参加完五朔节和独立日这两次主要的大游行之后，我立马辞职离队了。

整整三个月，我没有吸一口烟，犯烟瘾时那种折磨是任何言语都无法形容的。我从九岁开始吸烟，前两年是偷偷地吸，父亲去世后便公开吸了。离开节制队大门还不到30步我就吸上了，那美美的滋味就别提了。我不知道那个香烟是什么牌子，只知道我也没得选择，不过肯定不是什么好牌子，否则的话，那个先抽它的人也不会那么快就把它扔掉。但是，我当时认为那是我抽过的最好的雪茄。如果先抽的那个人也熬了三个月没有吸烟的话，估计他也会这么认为。我把那个烟蒂捡起来一口气吸完，没有丝毫的羞愧感，如果换做今天的话，我可能会觉得不好意思，因为我现在比以前可文雅多了。

在那个年代，本地雪茄特别便宜，啥都买不起的人也能买得起雪茄。加思先生有一个很大的烟草加工厂，他还在村子里开了一个雪茄零售店专卖自己的产品。他的店里有一个牌子的雪茄，即使是穷鬼也买得起。这种烟已经囤积了很多年，虽然外表看上去还不错，但里面的烟草已经腐烂成灰了，一经折断，里面的烟灰便雾一般飞洒出来。由于极其廉价，这个牌子非常畅销，加思先生也有其他牌子的便宜烟，有些也很不好，但是从这个雪茄的名字就可以知道它是差中之差，它名叫"加思家的烂货"，我们常常拿旧报纸换这个牌子的雪茄。

村子里面还有一家卖雪茄的店，那里的行情对身无分文的男孩来说更合适一些。店主是一个身形矮小的驼背，他孤单一人，性格忧郁，平时，无论他需要还是不需要，只要我们帮他提一桶水就能换得一些雪茄。有一天，我们发现他在椅子上睡着了，这是他一向的习惯，我们就耐心地等他睡醒，这也是我们一向的习惯。但是这一次他睡得太久了，把我们最后的耐心都耗尽了，于是我们就试着把他叫醒，但是却发现他已经死了。直到现在我还记得当时惊恐万分的样子。

在刚成年到中年的那段时间，我时常烦恼如何改过自新。虽然历尽周折，但我依旧坚持；虽然总是或长或短地被限制行为，但是每次重新开始恶习后所获得的快乐很快就补偿了我为此付出的全部代价。

吉姆·沃尔夫在很久以前来到我们这里。他从一个离我们家大概有三四十英里的小村，谢尔比维尔，带着家乡人特有的和气、文雅与朴素过来了。这个沉稳、略显文弱的小伙子不到 17 岁，为人诚实、正直，对别人完全信任，十分讨人喜欢。他还特别害羞，即使跟我们一起生活了很长一段时间后，他还是无法克服这个缺点。在任何女性面前他都局促不安，哪怕在我那善良和气的母亲面前，更别说与任何一个女孩子说话了，这对他来说几乎是不可能的。

这样的人身上也会发生一些倒霉的事情。一个冬天的晚上，我姐姐组织了一次"糖果联欢会"。我当时太小不能参加，吉姆太腼腆也不去，我很早就被打发回屋睡觉去了，吉姆也主动回屋了。他的房间在新房那边，房间的窗户正对着加盖的 L 形建筑的屋顶，那房顶上有六英尺厚的积雪，表面已经结冻，像玻璃一样光滑。屋脊上边立着一个矮矮的烟囱，月夜里，那些多情善感的猫儿喜欢到那里去待在着。而那天晚上恰好月光皎洁。在烟囱下面的屋檐下有干葡萄藤，攀爬到几个廊柱上，形成一个天然的遮蔽，待在下面很舒适。一两个小时后，那些兴高采烈的年轻男女就会聚集在葡萄藤下，把一些装着饮料的托盘和滚烫的糖食放到附近冰冷的地上冷却一下。他们相互打趣，开玩笑，一时间嘻嘻哈哈的笑声此起彼伏，连成一片。

就在这时，两只老雄猫爬到烟囱上，不知为了什么事情争闹了起来。我实在无法入睡，爬起来，来到吉姆的房间，吉姆也没睡。野猫的嚎叫让人无法忍受，吉姆正感到十分恼火，我嘲笑地问他为什么不爬出去把那些猫赶走，他被激怒了，冲动之下提出只要要有人出两分钱他就去。

这话太轻率了，估计还没说完他就后悔了，但是太晚了——说了就得算数。我了解他，我知道只要激将得当，哪怕摔断脖子他也绝不会退缩。

"哦，你当然会干！谁会怀疑呢？"

这话惹恼了他，他极为恼火，愤愤地说："估计你就在怀疑！"

"我？哦，不！我怎么会这么想。你总是干漂亮的事，不过都是嘴皮子上……"

他发火了。一把抓起自己的棉线袜，开始开窗户，气呼呼的，说话的声音都有点颤抖了：

"你以为我不敢——你就是这么想的！你就是找茬，自己好好想想吧！我才不管你怎么想的，我这就爬给你看看。"

但是窗子怎么也架不起来，这让他更加生气。

我说："不要紧，我帮你扶着。"

说实话，这时候，让我帮什么忙都没有问题，我还只是一个孩子，一想到要有好戏看，心里已经乐翻天了。吉姆小心地爬了出去，紧紧趴在窗台上直到脚下踩踏实了，然后伏在屋脊上，开始手脚并用往前爬，屋脊上滑溜溜的，十分危险。现在回想当时的情景，那种有趣的感觉依旧，一点不亚于当年。寒风吹起他的短衫，拍打着他那双细腿，在皎洁的月光下，屋顶就像打磨光滑的大理石一样闪烁着光芒。那两只猫还直坐在烟囱上，对正在发生的事情浑然不知，只是警觉地注视着对方，它们耸着尾巴，呜呜地向对方咆哮。吉姆小心翼翼地慢慢往前爬，寒风不停地拍打衣服，发出"啪啪"声，但是葡萄藤下的青年男女们嬉闹正欢，对屋顶发生的事情没有丝毫察觉。他们的笑声与屋顶上的肃杀之气显得格格不入。

每次吉姆滑一下，我便有充满期待，但是每次他仍继续往前爬，又让我大失所望。最后，他终于爬到能够到野猫的地方了。他停下来，小心地立起上半身，仔细地计算着他和猫之间的距离，然后突然朝最近的那只猫扑去。但是，他失手了。当然，也失去了平衡，脚底一滑，向后摔去，就像火箭一般，先从屋顶窜下来，然后穿过葡萄藤，最后一下子跌落在客人坐的地方，一屁股掉进那十四个盛着滚烫糖食的托盘堆里——他穿成那个样子——要知道，平时就是穿戴整齐，他都不敢看女孩的脸。那里一下子炸开了锅，四处都是尖叫声，只见吉姆飞一样奔上楼，碎瓷渣掉了一路。

这戏剧性的一幕结束了，但是对我来说事情还没完。大概18

年或20年以后,我从加利福尼亚来到纽约,那个时候,我一事无成,却无意中进入文学创作领域。可能是1867年初,《周日信使报》出了一大笔钱让我写点东西,我就写了一篇《吉姆·沃尔夫捉猫记》,我也收了稿费——25美元,报酬似乎有些高了,但是我也没说什么,那个时候我可不会像现在这样谨慎。

大概一两年后,在田纳西州的一份报纸上刊登了《吉姆·沃尔夫捉猫记》,不过已经改头换面了——在拼写上换成了南方方言。故事的盗用者在西部名气很大,非常受欢迎,我想这也顺理成章。他写的一些故事是我读过的最为轻松滑稽的,并且他的作品往往是一气呵成,笔锋流畅,只不过我已经记不得他的名字了。

又过了几年,故事的原稿又出现了,并且拼写也还原为以前的版本,还署了我的名字,四处转载。很快,一个又一个报纸开始猛烈地抨击我,谴责我的《吉姆·沃尔夫捉猫记》是"剽窃"某个田纳西州人的作品。我被无情地批判,但是一点也不在乎。这不过是一场游戏。另外,我很早之前就已经明白一个道理,受诋毁的时候,你越是辩解,别人的气焰越是嚣张,这是很不明智的,除非这种张扬能让你从中获益。不过很少有诽谤能经受得住沉默的考验。

尽管当时我14岁,而吉姆已经17岁了,但是他要比我羞涩四倍。虽然他吃住在我家,但是当着我姐姐的面,他总是默不作声,就连我那温柔的母亲跟他说话,他除了哆哆嗦嗦地说几个单音节词以外,什么话也说不出来。要是屋里面有个女孩子,他是无论如何也不会进去的,任凭你怎么劝说也不行。

有一次,他一个人待在我家的小会客厅里,两位庄重的老太太走进来坐下，她们坐在了吉姆逃走的必经之路上，他当时的感觉就像是要从哈里斯小说里那90英尺长的蛇颈龙旁边经过一样。我当时正好进来，一下就被这情景吸引住了，我找了个角落坐下来，欣赏吉姆难受的样子。一分钟以后，我母亲也进来了，跟客人坐在一起开始聊天。吉姆直挺挺地坐在椅子上，在一刻钟里，他纹丝未动——即使是格兰特将军或者一尊铜像也不能像吉姆那样保持那一成不变的姿势。我说的纹丝不动指的是身体和四肢，脸可不是这样，从他脸上一闪而过的表情我察觉到有什么事情发生了，而且是不太寻常的事情。他脸上的肌肉不时抽动，这扭曲转瞬而逝，而下一秒钟脸上又恢复了平静，没有留下任何痕迹。这种抽动的频率越来越高，不过吉姆全身还是保持着那种僵硬的姿势，单看身体，你丝毫察觉不出他身上发生了什么。但是如果吉姆身上发生什么事情，我瞟一眼就能看出来。最后，几次抽搐后，两行眼泪顺着他的双颊缓慢地淌下来，但是吉姆还是坐着一动不动，任由眼泪流淌。突然我看到他的右手悄悄地由大腿往膝盖慢慢移动，然后猛地揪住了自己的衣服。

他抓住的是一只黄蜂！一大群黄蜂正沿着他的腿往上爬，还四处钻，每次他的身体稍有畏缩，它们就狠狠地蜇他。在一刻钟里面，一群接一群的旅行者爬上吉姆的腿，痛苦折磨下的吉姆稍有收缩或者轻微的颤动都会招来黄蜂凶狠地攻击。吉姆实在是忍无可忍了，他想出一个办法，用手指抓住它们，不让它们再胡作非为。很多次他都成功了，但是也付出了巨大代价，因为他看不到衣服里面的黄蜂，他极有可能错捏到黄蜂有蜂针的那端，于是垂死的黄蜂就拼死狠蜇他一下，让他好好记住这个教训。

如果那些太太们待上一整天，即使密苏里州所有的黄蜂都来了并爬遍吉姆的腿，除了吉姆本人、黄蜂和我以外，谁也不会知道发生了什么事。他会一直坐在那里直到那些太太们离开。最后，她们都走了，我们来到楼上，吉姆脱掉了衣服，他的腿可真壮观，整条腿好像穿了一副用衬衣纽扣穿起来的盔甲，每个纽扣中央都有一个红色的小孔。这样的痛苦令人难以忍受。不，这还是可以忍受的，但跟几位太太坐在一个房间里才让吉姆真的难以忍受，以至于，相比较而言，黄蜂的刺痛令人非常愉快、简直就是一种享受。

实际上，吉姆从来就不喜欢黄蜂，我记忆中有这样一件事可以证明这一点，它发生在刚才这件事之前。小的时候，我并不知道恶作剧不仅极其愚昧，而且行径卑劣，为人不齿。那时年少无知，我从来没有好好想过这个问题，只是一味地放纵自己，捉弄别人，而从来没从道德的角度考虑过这个问题。在我人生 3/4 的时间里，我对恶作剧者都无比蔑视和憎恶，我像鄙视罪犯一样鄙视他们，每次我对恶作剧者发表观点时，就会想到自己曾经也是一个恶作剧者，而这丝毫不会减少我对恶作剧者的厌恶，同时让我更加感到痛苦。

有一天下午，我发现吉姆卧室的窗户上爬满了一层厚厚的黄蜂，而吉姆总是睡在远离窗户的床上。我突然有了一个坏主意：我把床单翻过来，冒着被叮咬上一两口的危险，用它把黄蜂抹下来，这样就在床的另外一半的床单上聚满了几百只黄蜂，我把床单翻过来，黄蜂都被关在了里面，我还在床中间使劲地弄成了一个大褶，这样黄蜂就不会钻到床的另一半来了，到了晚上，我提议吉姆跟我一起睡，他欣然接受。

我特意先到床上去看看我睡觉的那半边是否还安全，那些黄蜂都没有穿越我预设的分界线。吉姆刚准备好要上床我就吹灭了蜡烛，让他摸黑爬进被窝。他像往常一样跟我聊天，可是我说不了话，因为一想到要发生的事情，我就得使劲憋住，以免笑出来。憋得我都快喘不上气来了，虽然我把床单塞到嘴巴里面，但是随时都可能忍不住笑出声来。吉姆在被窝里面舒舒服服地躺好，还一边兴高采烈地跟我说话，很快他说话就开始时断时续了，并且变得前言不搭后语，说话停顿时间越来越长，每次停顿的时候身体还会猛烈地抽动，我知道那些移民者开始捣乱了。我知道自己当时应该表示一下同情，再问问怎么回事，可是，我实在做不到，因为只要我一开口，就会忍不住大笑。很快他就不说话了，不再说刚才他一直在说的那个话题，转而问："床上有什么东西？"

我当然知道，可是我一声没吱。

于是他说他要看看里面是什么东西。于是他往下摸去，要弄清个究竟。那些黄蜂很痛恨他的入侵，开始对他到处乱叮。接着他说自己捉到了一只，让我点灯，我照做了，当他从被窝里面爬出来的时候，他的衣衫黑乎乎的，上面沾了一片被压得半死的黄蜂，好多条腿黏在他衣服上，身子悬在他身上；他的两只手里面攥着十来只黄蜂，都在对他拼命地叮咬，但是他毅力很好，还是把它们抓得紧紧的。借着烛光，他认出来了："黄蜂！"

这是那个晚上他说的最后两个字。除此之外，他什么也没说。他不声不响地掀开他那边的被子，把黄蜂一波又一波地掀到地上，用他的脱靴器把它们打得稀巴烂，把心里的怒气都打了出来，而我却躺在被窝里面捂着嘴大笑。虽然没有出声，这种不出声的笑把床板都弄得震动了，不过我已经不觉得这全是乐趣了，因为我已经预感到吉姆的沉默并不是一个好兆头。终于，捕杀工作结束了，他吹灭了蜡烛，重新上床，似乎平静下来睡着了。实际上，在那样的情形下，他还能安静地躺着，估计换了任何一个人也做不到他这样。

我尽可能地醒着不睡，并且竭尽全力压抑自己的笑声不让床板震动，以免引起吉姆的怀疑。但是即使是这种担心害怕也没办法让我总醒着，我最后还是睡着了，但是很快就醒了——形势所迫！吉姆正跪在我的胸膛上，抡着两个拳头在我的脸上左右开弓。真痛！但是他也把我所有压抑的笑声都解放了出来，我再也忍不住了，放声大笑，一直笑到筋疲力尽，而我的脸，我相信，也被打烂了。

吉姆以后再也没有提起过那件事，我也很知趣地避而不提，虽然他没我胖，但是毕竟比我出高一头。

我在他身上搞了很多残忍而愚蠢的恶作剧，任何一个不长大脑的骗子都能想出这些花招。但是，我想，如果一个人头脑成熟以后还搞恶作剧的话，那就充分说明，他既无头无脑，又没心没肺。

第 7 章
我是催眠表演头牌

有一天，村子里发生了一件让全村人都兴奋不已的大事——来了一位催眠师。

催眠师大肆宣传，说大家在表演中会见到奇迹！票价与其他表演差不多：25美分一张票，小孩和黑人半票。以前大家也听说过催眠术，但从未见过。第一天晚上去的人并不多，但是第二天，听到看过的人讲了那么多神奇的事，每个人的好奇心都被逗引起来了。此后，连续两个星期，催眠师的生意异常火爆。那时我大概十四五岁，这个年龄的男孩的忍耐力非常强，如果有机会出头露面显摆一下，只要别被火烧死，什么事情都能忍受。看到"表演者"在舞台上表演各种滑稽可笑的动作取悦观众，引起他们的欢呼和夸赞，我就特别想自己成为舞台上表演的那个人。

前三天，每晚我与其他候选人一起坐在舞台上排成一排，手里拿着一个魔法盘，一直盯着它，努力进入催眠状态，但是每次都没能成功。我跟大多数候选人一样，因没有一丝睡意而被迫退出。同时，我还不得不饱受嫉妒的折磨，坐在那里看着我家的雇工希克斯在台上出尽风头。催眠师西蒙斯对他喊"看那条蛇！看那条蛇！"的时候，希克斯就在台上连跑带跳；如果催眠师暗示他正在欣赏一幕美丽的落日风景，希克斯就会回应道："天啊，多好看啊！"，如此等等，都是些疯疯癫癫的事。我笑不出来，也叫不出来，希克斯被捧成了一个英雄人物，每次表演结束后大家都围着他，不停地问他在幻影中看到的奇观，谁都想认识他，都觉得他光彩照人。看到这些，我心里真不是滋味：希克斯——怎么是他！我实在忍受不了，我都要气炸了。

到了第四天晚上，撒谎的诱惑再次来临，而我终于没能像前三天一样抵挡住它。盯着魔法盘看了一会后，我就假装被催眠了，开始不停地点头。催眠师见状，径直走到我身边，开始自上而下地摩挲，从头到胳膊到腿，每摩挲完一个地方，就用手指在空中打个响指，假装放掉我体内的电。然后他开始用魔法盘"拉动"我，他用手指夹着魔法盘，告诉我尽量不要让眼睛离开。我慢慢地站起身，弯着腰，眼睛一直盯着那个盘子，它往哪儿我就跟到哪儿，我看别人也是这么做的。于是，我就被带入到下面的表演环节中。在催眠师的指挥下，我蛇口逃生，在火场递筒灭火，看到激烈的轮船比赛兴奋不已，向虚幻的女孩们示爱，亲吻她们，在舞台上面钓鱼，钓到一条比我还重的大鲶鱼，诸如此类，都是些以往表演过的把戏。不过也不完全一样，刚开始我还小心谨慎，害怕催眠师发现我是冒牌货，怕被赶下舞台，在众目睽睽之下丢人现眼；不过很快我就发现自己根本没有任何危险，于是我下定决心结束希克斯的表演，取而代之。

这实在是太容易了。希克斯生性诚实,看到什么就是什么,如实汇报,而我却不只限于所看到那些东西,还加入一些吸人眼球的细节;希克斯缺乏想象力,而我的想象力则太丰富了;他生性安静,而我生来就活泼好动,无论看到什么都能兴奋不已;同样,在语言方面,他也非常待在板,而我如果看到某一景象则会搜尽字典里面所有的字眼来描述它,绞尽脑汁来润色它。

仅仅半个小时,希克斯便成了历史,一个倒下的英雄,一个破碎的偶像。我按捺住内心的狂喜,心头暗暗叫道:"阴谋成功了!"无论怎么催眠,希克斯永远无法在大庭广众之下去亲吻一个虚幻的或者现实中的女孩,但是我能做到。希克斯在哪方面做得不好,我就非要在这方面成功,不管付出什么样的代价,无论是身体上的还是道德上的。如果催眠师问:"你看到什么了?"然后让希克斯自己虚构一个幻觉,希克斯太过迟钝,眼睛一片茫然,什么也看不到,什么也说不出来。但催眠师很快就发现,如果要表演一个惊艳的、有卖点的催眠场景,如果没有他的干涉,我反而能表演得更加完美。

还有另外一件事。对于催眠师的心理暗示,希克斯一点也领会不了。每次催眠师西蒙斯站在他的身后,凝视他的后脑勺,试图把某一暗示植入他的大脑,希克斯都会一脸茫然地坐在那里,没有任何感应。实际上,如果他注意的话,就能从台下观众痴迷的眼神中猜到,在自己的身后正发生着什么事情需要他有所回应。因为我是个冒牌的被催眠者,所以非常害怕这个考验,不过我知道催眠师肯定"想要"我有所举动,但是由于没被催眠,我不可能知道他的指令是什么,那么我就会露出马脚,那样我就会受到大家的谴责。但尽管如此，当轮到我表演时，我还是抓住了机会。我通过观众脸上紧张而期待的表情意识到西蒙斯正站在我背后用他强大的意念来支配我，我拼命地想，他究竟想让我干什么？但一点暗示也感觉不到。这时我就感觉十分羞愧，觉得自己出丑的时刻马上就要来了，马上就要被人家扫地出门了。我应该坦诚自己的过错，为自己的行为感到羞愧，但是转念间，我想的不是如何为自己的错误行为谦卑而痛苦地自责以博取善良的观众的同情，而是在想如何能让全场轰动，并风光气派地离开。

桌子上面放着一只锈迹斑斑的老式左轮手枪，里面没装子弹，那是表演者的"道具"。五一节前两三周，在学校搞庆典的时候，我曾跟一个大个子男孩儿吵了一架，他在学校里是没人敢惹的恶霸，我并没有占到什么便宜。现在那个男孩就坐在剧场中央的主过道旁边。我慢慢地踱到桌子边，怒容满面，杀气腾腾，学着当时流行的传奇小说中的样子，突然一把抓住那把手枪，挥舞着，大声喊着那个校园恶霸的名字，从舞台上面跳下来，冲到他面前，把他赶出了房子。底下的观众突然间被吓得目瞪口呆，根本来不及想去救他，接着就响起了雷鸣般的掌声。那个催眠师极其激动地对观众们说：

"如今，我们大家可以看到催眠术是多么神奇，我们已经把这个孩子变成了一个多么奇妙的受催眠者。我敢保证，即使我一个字也不说，他也能很好地执行我用意志引导他要做的事情，而且连细节都会做得毫厘不差。只要我动一下意念，他就能立刻停止这种复仇的行为，所以刚才逃跑的那个可怜的孩子是不会有任何危险的。"

结果是，我不仅没有丢脸，还英雄般地重新回到了舞台上，我感受到了从未有过的快乐。同时，对心理暗示表演的各种顾虑也全都打消了。我觉得，如果我没有猜出来魔术师让我干什么，我就自己随意表演点东西，也能交代过去。我果然猜对了，心理暗示节目成为观众们最喜欢的节目，每次觉察到被催眠师支配了，我就站起身来，表演点东西，想到什么我就表演什么。那个催眠师也不是一个傻瓜，每次都会认可表演的内容。当人们问我："你怎么能知道他想让你干什么呢？"我就说："那太简单了。"于是他们就很钦佩地说："你真让我开眼了，你怎么做到的呢？"

还有一个方面希克斯也不行。当催眠师的手在他全身抚摩以后，对观众说："他的身体已经没有知觉了，请先生们女士们上来检验一下。"那些先生女士们总是积极地跑上来，用一根钉子扎希克斯，如果他们扎得稍微深一点，希克斯就会疼得一缩，这个时候可怜的催眠师只能被迫解释说希克斯"还没有被催眠彻底"。但是，我就一点也不会畏缩，无论多疼我都会拼命忍住，把眼泪咽到肚子里去。一个逞强的小男孩为了维护自己所谓的"名声"竟然能忍受如此的痛苦！其实自负的男人又何尝不是如此呢！我自己就是这样，而我见过的男人中，这样的又何止成千上万呢？那个催眠师原本应该好好地保护我，有时候检验者的铁钉扎得我疼痛难忍时，我总是希望他能保护我，但他从来没有这样做过。尽管我自己都不相信，也认为这是不可能的，但是我还是幻想着可能他也像其他人一样被我骗了吧。虽然这些观众都是心地善良的好人，但是他们都太单纯，太容易相信别人，他们会把一个钉子扎入我的胳膊，钉子的三分之一都陷进我的肉里，然后对催眠师的本领赞叹不已：他竟然仅仅凭借意志力操控就能把我的胳膊变成铁臂，感觉不到任何疼痛！实际上根本没有这回事，我一直都在忍受着巨大的疼痛。

第四个晚上是一个让人骄傲的晚上，是一个胜利之夜。从此以后，我就成了唯一的被催眠者，西蒙斯不再邀请其他人，剩下的十天，每晚都是我独自一个人在台上表演。当时，镇上还有十来个博学的长者，他们都是镇上一些非常相信理性的贵族，始终不相信催眠术，我感觉很受伤，好像自己正在从事的是一个诚实的职业一样。这一点也不奇怪，实际上，有时人类感觉自己受到了别人最大的侮辱的时候，正是他们自己做很可耻的事的时候。那些过于聪明的老人在演出的头一个星期里一直在摇头，说他们根本没有看到什么奇迹，那只不过是串通好的骗人的把戏。此外，他们对自己的这种怀疑还非常自负，喜欢到处卖弄，以显示别人的无知，自己的才智过人。特别是那个老匹克医生，他是这些反对派的领袖，十分顽固，因为他是弗吉尼亚最早移民家族的后裔，而且他知识渊博，满头白发，德高望重，穿着早年流行的、很庄重的装束，显得高贵、富有。他身材魁梧，神情严肃，给人的感觉是不仅仅看起来深谙世事，实际上也是如此。他在这里的影响力很大，对事物的看法比这里的任何一个人都更让人信服。当我最终征服了他的时候，我就知道自己是这个游戏中无可争议的王者。50多年后的今天，我坦白承认，想到当年的胜利，我没有感到一丝羞愧，反而十分愉悦。

1847年，我们住在希尔街和梅因街交叉口的一座白色的大房子里面。如今那个房子还在，一年前我看到那所房子的时候，觉得它已经没有那么大了，尽管它连一块板子也没少。我父亲是当年三月份去世的，不过我们家并没有马上搬出那幢房子，几个月后才离开。那座房子里面除了我们一家人以外，还住着格兰特医生一家人。有一天格兰特医生和雷伯恩医生在街上因为什么事情争执了起来，两个人用内藏刀剑的手杖大打出手，最后格兰特医生身受多处剑伤，被送回家中，老匹克医生帮他包扎好伤口，并且每天都要来照顾他一会儿。

与匹克医生一样，格兰特一家也是弗吉尼亚人。有一天，格兰特觉得好多了，可以自己站起来了，他就跟匹克医生一起坐在客厅里面说话，话题就落在了弗吉尼亚和一些陈年往事上。我当时就在那里，不过他们可能没有注意到我，因为那时候我只不过是一个小孩子，一般是不会被注意到的。当时在场的还有格兰特夫人的母亲克劳福德太太，她碰巧和匹克医生都亲身经历过36年前里士满剧场的那场大火，他们就谈论起那场终生难忘的灾难中一些恐怖的细节。他们都是目击者，我从他们的眼睛里看到了那些栩栩如生的灾难场景：我看到了浓烟滚滚直冲云霄，火舌从浓烟中直窜出来，我听到了人们绝望的尖叫，我看到了他们在窗户边的脸慢慢地被浓烟吞噬，我看到了他们从楼上跳下来，或者直接摔死，或者变得甚至比死亡还恐怖的身残体断。这些画面仍然活生生地印在我的脑海中，丝毫没有消退。

随后他们又说起匹克家在殖民时期的庄园府邸。那堂皇的廊柱，开阔的院落，点点滴滴汇集起来，庄园的整体轮廓在我的头脑中逐渐清晰起来。我对这个特别感兴趣，因为以前我还从来没有从当事人口中听到过这么壮观的事情。任何一个不经意泄漏出来的细节都会激起我无限的想象。在大门旁边的墙上有一个像盘子一样大的圆洞，那是独立战争时英国人的炮弹打出来的，这让我激动不已，它把历史真实地呈现在我的面前，而那份真实感是我所从未体会过的。

如此一来，三四年以后，如前面介绍的，我成为催眠术表演的头牌，成了唯一的被催眠者。第二个星期的表演开始不久，演出已经进行了一半的时候，威严的匹克医生进来了，穿着一件前胸和袖口带褶饰边的衬衫，手里拿着镶金头拐杖。坐在格兰特一家旁边的一位观众恭恭敬敬地站起来，把座位让给了这位大人物。这个时候，我正在台上琢磨着要在接下来的幻觉表演中设计点新鲜花样，来接应催眠师的话：

"集中你的力量，看——认真地看，那儿——你看到了么？集中注意力——集中注意力！然后——把它描述出来。"

匹克医生一进来，我就想起了几年前他们讲过的那些事，他为我提供了素材，成了我的同伙，成为我骗局的帮凶。我开始描述一个模糊的、朦胧的幻觉景象（那是幻觉游戏的一部分，刚开始看得太清楚并不是十分合适，那样的话就会显得好像你是事先准备好的），幻景逐渐清晰，节奏、情节越来越鲜活，越来越生动。那是里士满大火。刚开始匹克医生还很冷静，优雅的面容中略带一丝不失礼貌的嘲讽，但是当开始意识到是那场火灾时，他的脸色一下就变了，眼睛也一下亮了起来。看到这种情况，我更肆无忌惮，像是开了闸门的水库，淋漓尽致地发挥起来，让观众们享受了一场血与恐怖交织的盛宴，这足以让他们受用一会了！当我讲完的时候，他们连气都透不过来了——大家都被吓傻在了。匹克医生早已站起身来，正站在那大口喘气，他大声说：

"我的怀疑已经被一扫而光了，串通不可能创造这样的奇迹，他根本不可能知道发生的那些细节，但是他却像是亲眼目睹了一样描述得那么清晰，并且这些都是无法否认的事实。上帝知道，我是知道这些的！"

我把殖民官邸的事情留到最后一个晚上才进行表演，因为炮弹孔的细节，我使匹克医生的看法更加牢固并永远不会改变。他跟所有在场的观众解释说我不可能听说过那么小的一个细节，而正是这个细节把这座府邸跟弗吉尼亚州其他的府邸区别开来，让人一眼就能认出它。所以，这足以证明我在幻觉中见到了这座官邸。

事实上，没等多久我就对自己的胜利感到厌烦了。大约不到30天，建立在谎言基础之上的荣耀很快就变成了负担。的确，曾经有一阵子，我非常喜欢别人在我面前一遍又一遍地讲述我的辉煌成就，夸赞其神奇，惊叹其玄妙。但是我也清楚地记得，不久以后，这样的话题就让我感到厌烦，甚至是厌恶，觉得难以忍受。我清晰地意识到，世上那些丰功伟绩的缔造者也有与我一样的这种感受。我知道，刚开始的三四个星期里他会津津有味地听别人讲述自己的功勋，但是很快，他就会担心别人提起这件事，渐渐地，他就懊悔自己当初根本就不该去做这件事。我记得谢尔曼将军当年就曾因为不论走到哪儿人们都为他演奏《当我们进军经过佐治亚》这首曲子而勃然大怒。一个货真价实的英雄尚且如此，我的痛苦就更不用提了。至少他回想曾经的荣耀和辉煌时无可指摘，因此心中的痛苦便会减轻一些，可是我却没有这样的优势，我做的事没有任何值得尊敬的地方。

让人相信一个谎言是如此简单,但是要纠正它却是那么难!在我的这些不光彩的辉煌成就过去35年以后,我去看望母亲,我们已经十年没有见过面了。在对我来说是一种相当高尚、甚至是有些英雄式的冲动的驱使下,我觉得自己应该放下自尊,主动承认自己多年前所犯下的错误。我花了很大的力气,终于鼓起了勇气,我害怕母亲会因此而伤心难过,害怕她为此感到羞愧。但经过内心的不断挣扎和痛苦的反思之后,我觉得这种牺牲是应该的,是恰当的,于是,我下定决心,向母亲坦白了。

让我吃惊的是,这没有引起任何情感波动,没有任何戏剧性的变化,也没有乔治·华盛顿效应;她甚至一点都没受影响,她根本就不相信我,并且直截了当地说了出来。我付出如此高昂的代价,那么沉着冷静地把事实抖了出来,满心期盼会有所收获,这绝不仅仅是让我感到失望那么简单,我越来越激动,一边又一遍地重申,自己在那些夜晚所做的每件事情都是假象,都是欺骗。可她却只是平静地摇摇头,说她比我更清楚事情的真相。最后我举起手,为它起誓——多少有点胜利的得意:"现在,你该相信了吧?"

但是这对她根本不起作用,无论我说什么,她都丝毫不改变自己的立场。如果说,这就让我难以忍受的话,那么这不过是她往我身上添加的痛处中的一个小水泡而已,她开始证明我是处于幻觉中,所以不知道自己在说什么,以此来击败我的发誓。证明!她又没钻到我肚子里,却要证明她比我自己更清楚我的所作所为?!本来我就对证明这样的事有些不屑。这之后,我对论证的尊重有减无增。

她不相信那些幻觉都是我自己编出来的，她说这是一派胡言：那时候我不过是个孩子，根本做不出这样的事情。她引用了里士满大火和殖民府邸的例子，并说当年我说的那些事情自己根本就不可能知道。这个时候，我觉得机会来了，我说她说得很对，这些不是我编造的，而是从匹克医生那里听来的。但即使这剂猛料也没能改变她的看法，她说匹克医生的证据要比我的有说服力，他明明白白地说过我不可能听说过这些事情。天啊，天啊，那是多可恐怖而不可想象的情形：因为被骗人提供的证据，一个自首的骗子被判诚实，而且无罪释放了！

我感到羞愧、无力、烦闷，我全线溃败。如今，我手中只剩下一张牌了，这个可不是那么容易对付的，我很快就甩出了这张牌。她如此全力地捍卫自己的观点，就这么粉碎她的堡垒似乎是很不光彩的一件事情，但是战败之将从来不会心慈手软。我打出了最后一张王牌，那就是用钉子扎进肉里的事情。我一本正经地说：

"我以自己的名誉担保，钉子扎进我身体的时候，没有一次不是撕心裂肺地疼。"

她却说道：

"那已经是35年前的事情了，我相信你现在肯定是这么想的，但是我一直都在场，我比你更清楚，你从来都没有畏缩过一丁点儿。"

她如此镇定！而我却完全相反，我几乎要发疯了。

"哦，天哪！"我说道，"让我做给你看，我真的是在说实话。我的胳膊就在这儿，拿根钉子往里面扎，一直扎到钉子帽那儿——我是不会畏缩的。"

她只是摇了摇头，很简单，很确信地说：

"你现在是个大人了，你能掩盖住疼痛的感觉，但是当年你不过是一个孩子，还干不了这样的事情。"

就这样，一直到去世，她都把我少年时候的谎言当成了无可辩驳的事实。卡莱尔曾经说过"谎言不持久"。这说明他不知道怎么去撒谎。如果我给自己这个谎言买上一份人身保险的话，那么，保险费早就让我破产了。

第 8 章
黑人秀

不知比尔·赖斯如今去了哪里，他和其他黑人秀明星给我带来了无限快乐——比尔·伯奇、戴维·万博尔德、巴克斯以及其他十多位讨人喜欢的朋友，40年前及之后的一段时间里，黑人秀给我的生活带来了无限的乐趣。伯奇、万博尔德和巴克斯都已经去世了很多年，同时也永远带走了真正的黑人秀——真实而又夸张的黑人秀——对我来说是当时排在第一位的表演，而且后来我所经历的各种表演节目中，如今仍然没有能超越它的。我们有大歌剧，我欣赏过瓦格纳所创作的所有大歌剧的第一幕，也从中获得了巨大的享受。但是歌剧对我来说太震撼了，欣赏一幕已经足够了，如果看两幕，我就会精疲力竭，如果胆敢看完整部剧，那我肯定会被逼得自杀。但是如果还能再让我看到那种完美的、原汁原味的黑人秀表演的话，我就压根不会再去看歌剧了。在我看来，在愉悦心灵、触动灵魂方面，手摇风琴和黑人秀表演达到了其他艺术形式无法企及的高度和巅峰。

我至今还记得自己看过的第一场黑人秀。那应该是在40年代早期，当时它还是一个新生事物，我们在汉尼拔村从未听说过，它的突然到来给我们带来了无限的乐趣和惊喜。

演出持续了一个星期，每天晚上一场。教会的人是不看这种节目的，不过其他凡夫俗子都涌向它，并为之痴迷。演员出场了，双手和脸都如黑炭一般，身上穿着当年庄园黑奴所穿的衣服，极为花哨，极其滑稽。可怜的黑奴穿着破烂的衣服并不是一件可笑的事情，因为那在过去是很正常的。虽然那些破布、补丁摞了一层又一层，但是这样的夸张也不会让人觉得特别滑稽，真正让人觉得可笑的是那些服装的样式和颜色。那个时候流行立领，演员出来的时候，衣领高到遮住了半个头，同时高领子几乎让他看不到任何两边的东西。外套是用做窗帘的印花布做的，长长的燕尾几乎都要拖到脚后跟了，纽扣大得跟个黑漆盒子一样，鞋子不但粗糙不堪，还十分笨重，比演员的脚大出五六个号码。演出服上有很多花样，每种都极其夸张，让人觉得忍俊不禁。

演员在表演时用一种分外浓重的黑人口音。他们说话的时候拿捏到位，在他们出神入化地运用之下，口音惟妙惟肖，变得滑稽有趣，带给人愉悦而满足的享受。不过，当时在演出班子中，有一个演员是例外，他穿着既不夸张，也不说黑人方言，身上穿的是白人社会的绅士才穿的没有任何瑕疵的晚礼服，讲话时想方设法故意摆出一副非常正式、彬彬有礼的样子，使那些天真的村民误以为大城市里边上层社会都这样说话，因而非常崇拜这种讲话方式，也十分羡慕他能够在现场不假思索就出口成章，而且这么轻松、流利、优雅。

演员们排成一排坐在台上的椅子上，"伯恩斯"坐在其中一端，"班乔"坐在另外一端，这位穿着考究的绅士坐在中间，他是这场演出的发言人。他穿着讲究，一尘不染，言谈举止风度翩翩，再加上相貌堂堂，一表人才，与其他演员形成了鲜明的对比，特别是"伯恩斯"和"班乔"，他们俩是主要的滑稽演员，为了制造笑料，他们将化妆和夸张的服饰用到了极限，把嘴唇画得又厚又长，如血般鲜红，看上去就像切开的两片熟西瓜。

黑人秀原始的舞台设计一直沿用了很多年。演出开始时，舞台上没有幕帘，演出开始之前，观众只能看到舞台脚灯后排成一列的空椅子。过了一会儿，演员列队入场，观众鼓掌欢迎，每位演员手中拿着一件乐器，他们坐好自己的位置后，中间的那位绅士就开始发言，他一般会说：

"尊敬的各位先生，很荣幸能同诸位再次相见。今日相聚，见您依旧容光焕发，万事顺意，我由衷地为您感到高兴。"

接着，"伯恩斯"就会接上话茬，向大家讲述自己最近交的好运，但是"班乔"会不停地打断他，质疑他说讲的这些事，于是他们之间就会爆发一场有趣的争吵，一个坚持说是，一个坚决反驳。争吵将会逐渐升级，两个人的声音越来越高，情绪越来越激动，越来越愤怒，然后两个人都站起身来，摇晃着拳头和手中的乐器，逼近对方，大叫着要给对方放血。这时，中间那位彬彬有礼的绅士就会请求他们安静下来，注意文明礼貌。不过，说什么都是没用的，基本上他们会持续争吵五分钟，两个人甚至会鼻尖顶着鼻尖，大叫着要杀了对方。这正是大家熟知的日常黑人吵架，他们模仿得如此惟妙惟肖，引得观众们一直大笑不止。最后，这两个人逐渐分开后退，嘴里都不依不饶，说"下次"要是碰到对方肯定会给对方好看。再之后，他们将会回到各自的位子上，隔着一整排座位互相说粗话，直到观众们从狂笑中慢慢恢复，逐渐平息下来。

这时，中间的绅士再次发言，请坐在末端的一个人讲一讲自己曾经经历过的滑稽可笑的事，节目通常都是这么安排的。一般，这个人讲的都是那种老掉牙的经历，毫无新意，简直就如美利坚合众国一般古老。不过这其中会有一件会给观众带来无穷乐趣，那就是"伯恩斯"讲述的一次海上暴风雨的历险。暴风雨持续得太久了，以至于船上所有的给养都被吃光了，然后中间的发言人就会非常急切地问船上的人是如何活下来的。

"伯恩斯"便会回答说："我们是靠吃蛋活下来的。"

"蛋救了你们？！哪来的蛋啊？"

"每天，暴风雨最猛烈的时候，船长就下两个…"

在刚开始的五年里，这个笑话总是能让大家笑得前仰后合。但是，美利坚民众听了太多次以后，就不再觉得它好玩儿了。

黑人秀演员都天生一副好嗓子，无论是他们的独唱还是合唱我都非常喜欢。刚开始，他们的歌曲以搞笑为主，比如《放牛的姑娘》、《坎普顿赛马》、《老家伙丹·塔克》等，不过一段时间之后，就开始有一些抒情歌曲，如《蓝色的朱尼亚塔河》、《甜蜜的艾伦》、《奈丽·布莱》、《海上生活》、《左舷值班》等。

黑人秀表演产生于40年代早期，一直红火了35年左右，然后就慢慢蜕化成杂耍表演，几乎所有的杂耍表演都会穿插一两个黑人秀节目。真正的黑人秀消失已经30年了，我一直认为，它带给人们的是彻头彻尾的快乐，在引人发笑方面无可匹敌。可惜，如今它已经消失了。

我之前说过，去看汉尼拔的第一场黑人秀表演的都是凡夫俗子，十年后，黑人秀表演在美国已经众所周知，就像独立日一样家喻户晓，但我的母亲却一场都没看过。在大约60岁的时候，她来圣路易斯，和她一起来的还有一位年纪相仿的老太太——可爱的贝特西·史密斯姑姑，汉尼拔的老居民了。实际上她并不是谁的姑姑，而是汉尼拔镇所有人的姑姑，因为她天性可爱，慷慨大方，乐善好施，天真单纯，受人爱戴。

与我母亲一样，贝特西·史密斯姑姑也从来没有看过黑人秀。她和我妈妈都非常活跃，年龄对她们来说都不算事儿，她们喜欢刺激，喜欢猎奇，喜欢参与一切符合教规的活动。她们总是一大早起来看马戏团列队进城，但又总是因为受教规限制无法进帐篷观看演出而难过；她们时刻准备着参加独立日游行，参加主日学校游行，参加教会的各种演讲、年会、野营集会、奋兴会。实际上，只要不违反宗教教义，任何娱乐消遣她们都时刻准备着参加，甚至连葬礼都不会错过。

在圣路易斯，她们急切地寻找新鲜事物，向我寻求帮助，说想找既刺激又合乎教规的娱乐。我说自己并不知道符合她们要求的活动，不过我正要去商会图书馆大厅参加一个聚会，欣赏一个刚从非洲大陆返回的14位传道士表演的非洲本土音乐。我告诉她们，如果她们真的特别想看一些触动内心、令人愉悦的节目，那我就推荐这个集会表演，但如果她们实际上只是想找一些插科打诨的乐子的话，那就要等我再帮她们找找。她们对集会表演的建议很感兴趣。我知道自己有意没有告诉她们所有的实情，不过这并不要紧，实际上，不管你告诉她们什么，无论是对是错，她们都会把你所说的内容打折扣。对这样的听众，你没必要非要那么较真地强迫自己和她们讲实话。

所谓的传教士演出团其实就是克里斯蒂黑人秀演出团，他们在当时是最受欢迎、最好的演出团之一。我们去得很早，就坐在前排，观众陆续走进来，最后，所有的座位都坐满了，现场一共有1600人。看到那些装束奇异夸张的黑人演员在舞台上坐成一排，两个老太太都惊待在了。我告诉她们，在非洲，传教士都穿成这样。

但是贝特西姑姑还是颇有微词地说："但他们毕竟是黑人。"

我说："这不太重要，他们受雇于美国传教协会，所以，在一定意义上说他们都是美国人。"

接下来，两个老太太就开始嘀咕，不管他们之间是什么样的雇佣关系，她们自己看黑人表演是否符合礼仪习惯呢？我让她们朝四周看看，圣路易斯最上流社会的人都在这里，如果演出不合礼仪的话，他们是绝不会来的。

她们最后释怀了，满心欢喜地观看演出，并很快就被这新奇的表演迷住了。她们需要的不过是使良心上好过一些的解释，如今，她们已经心安理得了，贪婪地盯着台上成弧形坐成一排的技艺高超的江湖艺人，欣赏着他们的表演。中间那个人开始把话题引到我刚才描绘过的那个古老的笑话上去，除了我带来的这两个新信徒以外，剧场里的每个人都已经听过有100遍了。可怜的"伯恩斯"坐在那里，略带沮丧地硬着头皮重复着那个笑话，但是对这两个新来的信徒来说，它却是全新的。当他最后讲到"我们是靠蛋活下来的"，然后又解释每天在暴风雨中船长"下两个蛋"的时候，她们就像两个情窦初开的少女，头一次听到这么有趣的笑话一般，乐得前仰后合，笑声是那么惊奇，那么兴奋，引得全场观众齐刷刷地转过头来，寻找到底是谁居然从来没有听过这个笑话。她们两个一直在笑，根本停不下来，她们的快乐情绪感染了在座的每位观众，1600个人都跟她们两个一起大笑起来，剧场里响起了雷鸣般欢快的笑声。

贝特西姑姑和我母亲的到来使那天克里斯蒂艺人团的表演取得了巨大成功，因为那些笑话虽然对其他人来说都已经老掉牙了，但是对她们来说是那么新奇有趣。她们尖叫，她们大笑，并把这份疯狂的快乐传递给在场的每位观众，以至于所有人在离开的时候都笑得嗓子已经说不出话来，整个人都精疲力竭。观众们对这两个天真的人充满了感激之情，是她们为他们疲惫的心灵带来了这弥足珍贵的快乐。

第 9 章
我的同学

30年来,平均每年我都要收到十几封陌生人的来信,号称他或者他的父亲在我年轻时见过我,但是这些信的内容常常事与愿违。读过后,我发现我根本不知道他们,也不认识他们的父亲,信中提到的那些名字我根本没有听说过,他们所说的关于我的那些往事我从来没有经历过,这一切都意味着这些陌生人错把我认成其他人了。终于,今天早上,事情有所变化。我收到一封来信,里边提到的那些名字都是我小时候的熟人。同时,寄信人还附寄了一份四五星期来在报纸上不断重复出现的剪报,他想知道他的哥哥,汤克雷上尉,是不是"哈克贝利·费恩"的原型。

我回信说,"哈克贝利·费恩"的原型是汤姆·布莱肯希普,如果写信人非常了解40年代的汉尼拔的话,那么他一下就能想起汤姆·布莱肯希普。汤姆的父亲曾经是"小镇醉鬼",尽管不是官职,却是响当当的名号,他成功继承了"将军"这个名号(我忘了这位将军的名字),在一段时间内,是镇上唯一的在任"醉鬼"。不过,后来杰米·芬恩表现出了很强的竞争力，与他争夺这个名号，所以有一段时间，小镇上有两个醉鬼。这给那个村子惹了不少麻烦，就像 14 世纪的基督教界同时有两个教皇一样。

在《哈克贝利·费恩历险记》里面，我如实地描述了汤姆·布莱肯希普。他没有受过教育，从不洗澡，食不果腹，但却有一颗孩子般善良的心；他自由自在，是镇里边所有男孩或者男人中唯一的一个真正不受任何约束的人，所以，他总是能那么快乐，我们所有人都非常羡慕他。我们都喜欢他，都愿意和他一起玩儿，但是，父母们却反对我们和他接触，这更让我们觉得他的圈子有吸引力，因此，我们想方设法找他玩儿。我听说，四年前他在蒙大拿地区的一个偏远小村里做了治安法官，深得人们尊敬和喜爱。

杰米·芬恩赢得小镇"醉鬼"名号以后，他一点也不高傲，什么都不挑剔，不苛求，他十分推崇平等——在废制革厂里与猪睡在一起。我父亲曾试图改变他，但没能成功。在这方面，我父亲并不称职，他的这种改良精神是间歇性的，只是偶尔出现，并且出现的频率很低。有一次他还想改造"印第安·乔"，同样以失败告终。我们却都非常高兴，因为印第安·乔只有在喝醉后才变得有趣，我们才喜欢他，而清醒的时候他相当沉闷。看到父亲尝试改变他，开始我们都非常担心，不过最终还好，结果没有让我们失望：印第安·乔比以前喝醉的次数更多了，有趣得简直让人受不了。

在《汤姆·索亚历险记》里面，我安排印第安·乔最终饿死在山洞里，那不过是文学创作的需要，现实中他是否真的死在山洞里我已经记不清了，我只清晰地记得自己是在一个非常不愉快的时间听到他的死讯的。那是一个夏日的夜晚，要睡觉的时候，电闪雷鸣，狂风夹着暴雨，一条条街道水流成河，恶劣的天气让我突然有了悔悟的感觉，我虔诚的祈祷一定要改过自新。当时惊雷炸响，闪电如炽，暴雨猛烈地拍打着窗户，时至今日，这些情景依然历历在目。根据学到的知识，我知道如此恶劣的天气意味着撒旦要来带走印第安·乔了，我对此深信不疑。如印第安·乔一般的人肯定就是要在这种时候被带走的，如果撒旦不是以这种方式来带走他，我反倒觉得不正常了。每次闪电破空而来，我就吓得缩成一团，在紧随其后的漆黑中，我就不停地为自己忏悔，请求上帝放过我，再给我重新做人的机会，那么积极、那么投入、那么诚挚，与我的本性完全不同。

但是到了早上，我发现不过是虚惊一场，结果我就又变成老样子，等下一次警告来了再说。

这里，我从汤克雷先生的来信中摘录一段，他写道：

您肯定不知道我是谁，我来告诉您。我小的时候住在密苏里州的汉尼拔，我们两个是同学。我们和萨姆·鲍恩、威尔·鲍恩、安迪·福卡以及其他一些我已经记不起名字的孩子一道去道森先生的学校上学。当时我可能是学校里最小的学生，因为小，所以他们叫我小亚力克·汤克雷。

我并不记得有个亚力克·汤克雷，但是却熟知其他人，就像熟悉小镇上的酒鬼一般。我同样清晰地记得道森先生的校舍，如果需要描写那里的话，为了省事，我可以直接把《汤姆·索亚历险记》里面的那几页搬过来。我还记得那诱人的夏日之音穿过窗户，从那遥远的卡迪夫山——那里曾是男孩的乐园——飘来，与学生学习时低声诵读的声音混在一起，让大家更加心不在焉；我还记得学校里那个年岁最长的安迪·福卡，都已经25岁了；我还记得最小的学生南妮·奥斯里，才七岁；我还记得乔治·罗巴兹，18或者20岁，是唯一的一个学拉丁语的学生。除了这些人，其他人我也都模糊记得。我清楚地记得道森先生和他的儿子西奥多，他已经做到了自己所能达到的最好程度，实际上他有点好得过度，好得让人厌恶——并且他还长着一双金鱼眼——如果当年有机会的话，我肯定早就把他按在水里淹死了。我记得在那个学校里面，大家都差不多，没什么出奇的本领，所以我们几乎不会嫉妒任何人。不过，除了安迪·福卡的弟弟阿奇·福卡之外。阿奇·福卡跟我差不多大，10或11岁。冬天，因为都要穿鞋子，我们看不到他那了不起的才能，所以都忍住不去嫉妒；但是到了夏天，我们当然都要光着脚走路，嫉妒也就随之而来了。他能把自己的大脚趾折叠起来，然后猛地弹开，发出30码以外都能听到的声响，学校里面没有其他男孩能做到这一点，他的这个功夫独步天下。西奥多·埃迪有一双能像马一样能动的耳朵，其他人的身体没有这样的特异功能。但是西奥多·埃迪也不是阿福的对手，因为动耳朵没办法使别人听到声音，所以，西奥多·埃迪甘拜下风。

这些都是60多年前的事了。我还记得一些同学的名字，虽然他们的面容已经记不清了，但是名字还会偶尔想起。那个乔治·罗巴兹，学拉丁语的男孩，身材颀长，面色苍白，学习刻苦，总是埋头苦读，专心致志，他黑色的长头发一直垂到下巴，就像挂在脸两侧的窗帘。我记得他每次猛地把头一甩，脸一侧的头发就被甩到了后面——表面上是要把头发弄到后面，实际上却是在炫耀。在那个时候，男孩子能有一头如此飘逸的头发，能那样帅气地一甩，实在是太了不起了。我们都很羡慕乔治·罗巴兹，因为没有谁的头发能像他这样用来卖弄。或许威尔·鲍恩和约翰·罗巴兹的黄色卷发还凑合。我是满头卷发，又密又短，我弟弟亨利也是如此，我们想尽办法想把这些卷发弄直，好能往后甩一甩，但是一直都没能成功。我们曾经尝试用水把头浸湿，然后用梳子使劲往下刷直、拉紧，把它们贴在头上。不过，这只能暂时让头发变直，我们也因此而获得了巨大的满足感和快乐。但是只要我们往后一甩，头发立刻就蜷缩成卷，我们的快乐也到此为止了。

乔治是一个各个方面都很优秀的小伙子。他和玛丽·莫斯小时候就是一对，并发誓决不变心。但是镇子里来了一位新居民——雷克南先生，他很快就在小镇上谋得了重要的职位，当上了律师，并很快赢得了很高的声望。他受过良好的教育，气质高雅；他为人严肃，甚至有些严厉；他的言行举止高贵威严。而且，他还是一个大龄单身汉，在当时大家都认为那个年纪已经算大龄单身汉了。他是一颗冉冉升起的新星，小镇里的人都很敬重他，在这里非常抢手。他被青春貌美的玛丽·莫斯迷住了，对她不断发起攻势，并最终取得了成功。所有人都说她根本不是为了自己，而是为了父母的意愿，才接受他的；他们结婚了，大家又不断抛出证据，说他在家里继续给她上课，想进一步提高她的水平，以和自己匹配。这些或真或假，但并不重要，重要的是能给人带来乐趣，这才是我们这个小村所需要的。不久以后，乔治走了，去了一个很远的地方，并且死在了那里——因心碎而死，所有人都这样说。这倒可能是真的，因为要找到另外一个玛丽·莫斯可不是容易的事。

那件让人伤心的事已经过去那么多年了，只有那些满头银发的人才知道它。雷克南已经去世多年，不过玛丽还健在，尽管已经当了奶奶，但还是那么漂亮。

约翰·罗巴兹是乔治的小弟弟，这个小家伙长着一头金黄色的头发，像金黄色的绸缎一般遮住了脸，直垂到肩膀下边，并且能潇洒地甩到身后。12岁的时候，他和父亲一起加入了1849年的淘金潮，穿过大平原，骑着马向西部挺进，我至今还记得淘金大队出发的情景。我们都跑去看，羡慕得不得了。我仿佛又看到当年那个自豪的小男孩骑着高头大马跟着队伍前进，一头长头发随风飘逸。两年后，当他回来的时候，无限荣耀，我们围在那里崇拜地盯着他，他可是出门见过大世面的！我们每个人离家都没超过40里，而他却横跨了美洲大陆；他曾去过我们梦中的仙境——金矿。他还做过很多了不起的事情，他坐过轮船——在真正的大洋里航行，横渡了三个大洋，他在太平洋中顺流而下，在合恩角周围的冰山中航行，战胜了暴雪，征服了寒风，不断前进，绕过合恩角，随着信风一路北上，穿过酷热的赤道水域——那棕色的面孔就是他经历千辛万苦的最好见证。如果把灵魂出卖给撒旦能换取他的这些经历，我们肯定早就这样做了。

四年前，在去密苏里州的途中我曾见过他，尽管他岁数没我大，但看上去已经非常苍老了，对他来说，生活的担子太重了。他说他12岁的孙女曾经读过我的书，想要见见我。那真是一个令人伤感的时刻，她已经很久没出过门了，奄奄一息，约翰知道她正在一步一步地走向死亡。12岁，正是当年她爷爷骑着高头大马踏上伟大旅途的年纪，在她身上，我似乎又看到了那个男孩，似乎他从那遥远的过去来到了现在，披着金黄色的头发，青春洋溢地站在我面前。她得的是心脏病，没过几天，她短暂的生命就走到了尽头。

我还记得名叫约翰·加思的一个男生，和学校最漂亮的女生之一海伦·克切福尔，长大后他们结婚了。他成了一个富有的银行家，一个地位显赫的尊贵公民。几年前他去世了，富有、荣耀。他死了，当年的那些男孩女孩，那么多也都死了。海伦·克切福尔成了寡妇，还活着，有很多孙子孙女。在她穿着灯笼裤，我光着脚丫的那些日子，我们是同学。去密苏里州那次，我拜祭了约翰的墓。

在早年间，我九岁时，海伦·克切福尔的父亲克切福尔先生曾经有一个学徒，还有一个有很多优点的女奴。但是，无论是那个好心的学徒，还是那个好心的女奴，如今我都不觉得他们善良，也不觉得他们仁慈，因为他们没有让我去死，反而让我还要经历那么多的痛苦磨难。一天，我在一根圆木上玩，本以为它固定在木筏上，但实际并没有拴牢，我一下就摔进了大熊河。我两次挣扎着浮起来，又两次沉下去，当第三次要沉下去即将丧命的时候，那个女奴一把抓住我露在水面上的手指，把我拉了上来。此后不到一个星期，我再次落水，那个学徒恰好经过，跳下水潜到水底，在河底到处摸索，找到我，然后把我拖了上来，倒空我肚子里的水，我再次获救。此后一直到学会游泳前，我一共溺水七次——一次在大熊河，六次在密西西比河。我根本不认识那些违背比人类更英明的上帝的旨意救我的人，但是，如今，我却对他们心存怨言。当我把这些神奇的经历讲给哈克福特市的牧师伯顿医生听的时候，他根本不相信。不过就在转年，他在冰上滑到，把脚踝扭伤了。

我还有一个男同学叫约翰·梅雷迪思，性格罕见的温和。他长大后，恰逢美国内战爆发，他当上了南部联邦某游击队的头目。别人和我说他袭击门罗县乡间北部联盟军家属，那些人以前曾是他父亲的朋友和亲人，烧杀抢掠，冷酷无情。这实在让人难以相信，他居然会是我那位温和的同学，但这大概是真的，因为罗伯斯庇尔年轻的时候也是如此。很久以前，这个约翰就死了。

威尔·鲍恩是我的另外一个同学，还有小他几岁的弟弟萨姆。内战爆发前，他们两个都当了圣路易斯和新奥尔良的导航员。萨姆在还很年轻的时候曾有过一段奇遇，他爱上了一个16岁的女孩儿，一位富有的德国啤酒商的独生女。他想娶她，但是他们都觉得女孩的父亲不但不会同意这门亲事，还会把萨姆拒之门外，但实际上老人并没打算这样做，只是他们不知道这些。老人看着他们，但没有恶意，两个草率的年轻人偷偷地住在了一起。不久后老人去世了，遗嘱上边说把所有的财产都留给塞缪尔·鲍恩夫人，于是这两个可怜的人又犯了另外一个错误—他们跑到法国一个叫咖洪德来的郊区，找了一个地方官给他们证婚，并把结婚日期改为几个月前。老啤酒商有几个侄子、侄女、堂兄妹，就是这类关系的亲属，查出并证实了这小两口的骗局，抢走了财产。这样，萨姆就只得到了一个还是女孩儿年纪的妻子，不得不靠导航来养活她。几年后，萨姆和另一位导航员在引导一条船驶出新奥尔良的时候，船上的几名乘客和船员突发黄热病，两个导航员都被传染了，没有人能替他们导航，那条船被迫停在 82 号岛的滩头等待救援。死神很快就降临到两位导航员身上。他们就被埋在了那里，直到河水冲掉他们的坟墓，把他们的尸骨带进河流，估计很久以前这就发生了。

我想起了玛丽·米勒，她虽然不是我的第一个心上人，但却是第一个让我心碎的女孩儿。当她 18 岁、我 9 岁的时候，我爱上了她，但她却为此嘲讽我，让我认识到了这个世界的冰冷。我觉得自己的痛苦一点也不亚于一个成年男子。不过，悲伤在我身上并没有持续太久，印象中我很快就把心中的崇拜转移到阿迪米希亚·布里格斯身上了，她比玛丽·米勒还大一岁。当我向她倾诉爱慕之情时，她并没有讽刺我，也没有拿我打趣，她表现得非常友善温和，但态度很坚决，说自己不想被小孩子纠缠。

还有玛丽·莱西，她是我的校友，但她岁数比我大，所以我们不是同班同学。她非常狂野，办事果断，性格独立，从来不服管束，被大家认为无药可救。但是大家都错了，她结婚后很快就过起了稳定有序的生活，无论从哪方面看，都是一个模范的家庭主妇，深受大家的尊重。四年前她还健在，都已经结婚 50 年了。

吉米·麦克丹尼尔也是我的校友，我们年纪相仿，他的父亲开了一个糖果店，他是镇上最让人羡慕的小孩 —— 仅次于汤姆·布兰金希普 —— 虽然我们从来没有看到过他吃糖果，但我们断定吃糖对于他来说是家常便饭，他只是假装从来不吃，他不喜欢吃糖是因为他可以随便吃，家里有的是，他想吃多少就可以吃多少。而且，还有证据表明他对糖所表现出的这种不屑不过是为了显摆，他是小镇上牙齿最坏的孩子。根据我的记忆，他是第一个听我讲幽默故事的人，我当时讲的就是吉姆·沃尔夫捉猫的故事。在那让人难忘的事件发生的第二天早上，我就把这个故事讲给他听，我想他笑得牙齿都要掉出来了，这让我感到了前所未有的骄傲和快乐，而之后，我再也没有感到那么的骄傲和快乐。四年前我在故乡又见到了他，他在一个香烟作坊里工作，穿着一件长到膝盖的围裙，蓄着几乎有半个围裙那么长的胡子，不过，我还是没费力气就认出了他。他结婚54年了，生了很多儿女，有很多孙子、曾孙，甚至是玄孙，别人都说，他有上千个后代。但是在这个快乐的小老头身上，我还是看到了我们都还是乳臭未干的少年时，那个听我讲关于猫的故事的小男孩儿的影子。

在拒绝我之后不久阿迪米希亚·布里格斯就结婚了，嫁给了石匠里奇蒙。早年间，他曾是我卫理公会主日学校的老师，他有一个特征让我非常嫉妒：有一次，他的大拇指被锤子砸了，指甲弯曲变形，尖尖弯弯的像鹦鹉的嘴巴，如今我决不会认为这能增光添彩，但当时确实非常神往，因为小镇上没有别人这样。他是一个非常善良、体贴的老师，有耐心，有同情心，所以我们这些孩子都喜欢他。在主日学校有一些用硬纸片做的细长的蓝色长方形票签，每张上面都印有摘自《新约全书》的一段诗句，如果你能背诵两段，就可以得到一张，背诵五段就能得到三张，你可以拿着这个票签去书架借书，每本书可以借一个星期。在两三年的时间里，我一直受到里奇蒙先生的关照，他从来没有严厉地对待我。每个周日，我都背诵同样的五段诗篇，他对我的表现总是很满意，似乎从来没有注意到这几个月以来他所听到的都是同一个关于五个蠢修女的故事，我总是能得到票签，拿着它们去换书看。这些书都很无聊，因为书架上所有的书都是关于好男孩和好女孩的故事，你找不到一个坏男孩，简直无聊透顶。但是总是比没有强，有书为伴让我很开心。

20年前，里奇蒙先生掌管了汤姆·索亚历险记中的那个山洞，坐落在离小镇三英里的一个山头上，里奇蒙先生把它开发成一个旅游景点。1849年，看到川流不息的淘金者经过汉尼拔小镇，镇上的很多成年男人也染上了淘金热，我觉得所有的男孩也是如此。夏天周六的时候，我们常常借走船主不在的小船，顺着小河向下漂流三英里，来到山谷里的岩洞穴。在那里我们立桩为界，自诩要挖金子，想象着刚开始每天挖出半美元，然后增加到两三倍，再后来大发横财，我们靠着这些想象支撑着，不停地挖。我们这样就像开玩笑一样，根本没有动脑筋好好想一想。为什么呢？因为那个岩洞附近相连的小山都是黄金！但是我们根本不知道这些，我们眼睛看到的只是泥巴，让这么多财富就那么静静地躺在那里，而自己却在贫困中长大，四处漂泊，为了生计奔波——这都是因为我们没有远见。对我们来说，那里只有泥土和碎石，但是只要碾磨成粉，经过科学处理，这些泥土和碎石就能变成黄金。也就是说，这整个地区都是水泥矿——现在那儿生产出的是最好的波特兰水泥，每天产量有5000筒，那个工厂的产值超过200万美元。

几个月前我收到一封电报，说汤姆·索亚的探险洞如今已经被削平，做成了水泥，问我是否愿意对此发表一些看法。我对此无话可说，当年没能开发出自己的水泥矿，我感到很遗憾，但是到了现如今再去谈论它，实在没什么意义了，无论如何，这都是一个让人痛心的话题。

鲁赫勒·格里德雷曾经在我们的学校上了一段时间的学，他真是一个大龄学生，可能都有二十二三岁了，墨西哥战争爆发后，他主动申请参军了。军队在我们的小镇征集了一支步兵队，25岁的希克曼先生是队长，他身材高大挺拔，英俊帅气，身强体壮，身穿两侧带有黄色宽条纹的灰色军裤，一把长剑跨在身体一侧。这个小分队每天都要进行几次例行训练，当士兵穿着漂亮的军装在街上来回行进的时候，只要学校没课，所有的孩子们都会去跑去观看。至今我的脑海中还能浮现出当年那支操练的队伍，还能感受到自己当年想加入的那种强烈的渴望，但是他们根本不收十二三岁的孩子。可是等我真的有机会参加另一场战争的时候，那种杀戮陌生人的愿望已经消失殆尽了。

那个耀眼的希克曼老以后我还见过，他可能是我见过的年纪最大的人了，当年那个意气风发的年轻队长已经随岁月一同流逝了，让人感到震惊，还有些许的伤感。多年前，他训练驰骋沙场的士兵时是何等的威武！

鲁赫勒·格里德雷去了战场，我们已经有十五六年没有他的消息了。后来，有一天我在卡森市跟一位编辑在路边发生了争执。那位编辑身体比我更加强壮，我突然听到一个声音说："狠狠收拾他，萨姆，我给你撑腰！"说话的正是鲁赫勒·格里德雷，他说并没认出我的模样，但是却记得我说话那慢吞吞的样子。

当时他正要去里斯河矿，去了没多久，他就在矿营的竞选打赌中输了。按照事前约定，必须买一袋五十磅重的自行发酵面粉，在行军乐队的伴奏中，扛着它穿过小镇，一直送到赢家手中。当然，整个营队的人都去了，人挤人，人挨人，热闹非凡。那个赢家把这袋面粉进行拍卖，所得的钱都捐给了联邦卫生基金会，然后买到的人再次拍卖，所得仍旧捐给基金会。人们的情绪越涨越高，这袋面粉也被一次又一次地拍卖，得到的所有款项都捐给了基金会。电报把这件事情传到了弗吉尼亚城，引起了人们的极大兴趣，他们致电鲁赫勒·格里德雷，请他带着这袋面粉到弗吉尼亚城进行一次拍卖。鲁赫勒·格里德驾着一辆敞篷的四轮四座大马车，带着一个铜管乐队，往弗吉尼亚开进。途经旧金山，面粉又被卖了一次又一次，直到晚上才来到弗吉尼亚城。拍卖再次开始，并不断转卖，一共为基金会净赚二三万美元。格里德雷又扛着他的面粉穿过加利福尼亚州，到不同的城镇拍卖，在萨克拉门托和旧金山又收获颇丰；然后，他又把它背到东部，在纽约和其他城市拍卖；然后又到圣路易斯的一个大型博览会上拍卖。最终，这袋面粉被做成小蛋糕，每块卖一美元。开始，这袋面粉不过十美元，整个过程下来，到最后，它竟然为联邦卫生基金会净赚了二十多万美元！鲁赫勒·格里德雷已经去世多年，这个故事也有些年头了。

在那所学校里，我第一次见到犹太人，大为震惊，并且用了很长时间才克服这种心理。在我的想象中，他们都穿着蛛网状的古老服装，把自己裹得严严实实，衣服陈旧黯淡，看上去就像是尘封的古文物一样，使我仿佛回到了那遥远的古埃及，置身于那些法老和虚幻的社会名流之中。我们给这些犹太男孩起了个绰号，都叫莱文这么一个集体称号是选举区产生的唯一的一个真正夸张而巧妙的俏皮话，我们叫他们"二十二"。尽管这个笑话已经老掉牙了，但是我们还是这么叫他们，为了能使大家明白，我们通常还会加上解释："两个莱文——二十二。"

此外，我还记得几个男孩的名字：欧文·阿瑞斯，不过他已经去世了；还有乔治·巴特勒，他七岁时就系着蓝色的真皮裤带，上面还有一个黄铜搭扣，我们所有的男孩都嫉妒得要命。他的叔叔是本·巴特勒将军，曾经参加过巴尔高迪战役和内战中的很多次重要战役，并且表现得非常英勇。乔治也在很久之前就去世了。

我小时候有几个最亲密的伙伴，威尔·鲍恩、艾德·史蒂文斯和约翰·布里格斯，前两个很早就去世了，只有最后一个还健在。

1845年，小镇流行麻疹，不少小孩子都丧命了，几乎每天都会有葬礼。小镇上的妈妈们都快吓疯了。我的妈妈也面临着巨大挑战，帕梅拉、亨利和我都非常让她担心，她想尽办法让我们远离感染源。不过，认真思考之后，我认为她的判断是错误的，如果一切能按照我的想法来，那么情况肯定会好很多。如今，我已不记得当初是不是很害怕麻疹，但是我清楚地记得长期面临死亡的威胁而产生的忧虑让我感到非常烦躁。我实在是厌烦透顶了，急切地想让这件事情有个了结，无论结果是好是坏。我日夜不安，生活已经没有了任何乐趣，我下定决心要摆脱这种忧虑，不管怎么样，都要把它解决掉。

威尔·鲍恩当时得了麻疹，生命垂危，我就想跑到他那里去感染病菌。我从前门进了他家，溜进房间和大厅，小心谨慎地四处观察，以避免被发现，最后我终于来到二楼后面的屋子，进入了威尔的卧室，并成功地溜了进去。可惜，我没能更进一步，就被他妈妈抓住了。她把我拎出房间，狠狠地斥责了一顿后，把我赶走了。我发现，自己下次必须要更加谨慎。我成功了！我一直在房子后面的小胡同里面晃悠，透过篱笆缝仔细观察里边的动静，直到我确信里边安全了后才溜进后院。从后门上楼，爬上威尔的床，谁也没有发现我。我不记得自己在床上待了多久，只记得和威尔·鲍恩躺在一起什么话也没有说，因为他实在病得太厉害了，甚至都不知道我去了那里。听到他妈妈进来，我赶紧把头蒙起来，但是这没什么用，因为当时正是夏天，盖的不是薄毯子就是床单，谁都能看到单子下面有两个人。鲍恩太太一下子就把我从床上揪起来，并亲自把我送回家。她紧紧地抓住我的衣领，一刻也没有松，直到把我交给我的妈妈，还说了一大堆批评我的话。

结果，我感染了严重的麻疹病，我的一只脚已经踏进了鬼门关。我已经感觉不到任何乐趣了，不过，失去喜乐感觉反倒让我感到了平和，这种平和是那么宁静、安详、甜美、愉悦、令人陶醉，一生之中，我从来没有遇到任何事比死亡让人这么舒服。我正一步一步走向死亡。家里的人都被叫到了我的床前，跟我做最后的道别，这一切我都看在眼里，我的视力还很好，他们都在哭，但是这并没有让我悲伤难过，对这一切我模模糊糊地感到很有趣，因为所有这些情感都是为我而发的，为此我感到非常高兴和得意。

康宁安医生已经束手无策，认为我无药可救了，他把几袋子热灰洒满我的全身，前胸、手腕、脚腕上全都洒满了。之后，让他诧异——让我无比遗憾的是——他把我从鬼门关拖了回来，我活过来了。

第 10 章
船上的朋友

前不久,偶然的一次评论让我想起了早年自己心仪的一个女孩儿,现在我就讲讲她的故事。虽然已经 48 年没有见她了,但是我发现,尽管多年以后,她的音容笑貌还是鲜活地印在我的脑海里,深深地吸引着我。

我第一次见到她的时候,她还不到 15 岁,那是一个夏天,她坐船从圣路易斯出发,沿着密西西比河航行,去走访新奥尔良的一个亲戚。她的亲戚是"约翰·杰·罗"号轮船的领航员,因为我曾在这艘轮船上当过一段时间的舵手,所以跟船上的工作人员都很熟。这是一艘货船,不允许载客,但是船上总是有十几个乘客,他们享有特权,不用登记,也不用交船费,他们都是船长的客人。当然,如果有致命的事故发生,也没有人对他们负责。

那是一条带给人无限快乐的旧拖船,它的下甲板非常宽敞,最适合人们在月光中跳舞,在阳光下娱乐。实际上,这样的事总是在发生着。它是一艘迷人的悠闲之船,速度可能是世界上最慢的。逆流而上时，你甚至总觉得它都难以超过远处的孤岛，顺流而下时，你甚至觉得它还没有水流的速度快。但是这是一艘让人喜爱的汽船，船长马克·利纹沃斯身材魁梧，为人热情，性格温和。可能是心宽体胖吧，马克的弟弟跟他一样，也是个大块头，个性也差不多，一笑起来，笑声能穿过维克斯堡一直传到内布拉斯加州。马克的弟弟和贝克·乔利是船上的两个领航员。

乔利非常英俊，气质十分优雅，又特别聪明，善于与人交往，是一个非常优秀的人，大有公爵的派头，即使够不上公爵，至少也够称得上子爵。那时他那么漂亮，不过现在可完全变了。四年前我见到他的时候，他的头发全白了，掉得没剩几根，两颊干瘪，下巴的肉如瀑布一样垂下来，整个人看上去就像一个煤气表。

"约翰·杰·罗"号上的伙计、大副、主干事和其他工作人员，无论职位高低，都非常单纯，为人善良，并且易于相处。他们都是在印第安纳州的内陆农场长大的，带着农场那种纯朴和勤劳来到船上，并在此扎下了根。当船在航行时，上边的一切都让你感觉不到这是一艘船，而更像是一个农场，世界上再也没有什么比这更让人感到舒适愉快了。

在我所提起的那个时间段，我已经离开了"约翰·杰·罗"号这个天堂，正在为不久以后就爆炸并夺去我弟弟生命的"宾夕法尼亚"号的乘客快艇掌舵。在那次难忘的旅行中，"宾夕法尼亚"号停泊在新奥尔良时，我发现它的船尾正好跟"约翰·杰·罗"号的前甲板紧靠在一起，我就从船尾爬过船舱的围栏，跳到了"约翰·杰·罗"号宽敞的下甲板上。我仿佛回到了久违的农场家中，再次看见了利纹沃斯和船上那些散发着乡土气息的家人，我快乐地跟他们握手，就像是见到了自己的亲兄弟。跟往常一样，船上运载着十几个乘客，有男有女，有老有少；也跟往常一样，在"约翰·杰·罗"号上的这些带有农场气质的船员的带动下，乘客们也都十分亲切、可爱。就在这时，在他们当中，我之前讲到的那个让我神魂颠倒的女孩儿飘入我的眼帘。她来自密苏里州遥远的内陆地区，坦诚单纯，天真可爱，之前从未离开过家门，身上散发着大草原所特有的清新和芳香气息。

后面的事我想用简单的几句话来概括。在随后的三天里，只要醒着，我就不会离她的胳膊肘超过四英寸远，然后，这一切就突然被打断了。泽布·利纹沃斯飞奔到船尾，大声喊道："'宾夕法尼亚'号要出港了。"我拼命地跑向前甲板，"宾夕法尼亚"号正慢慢地经过船尾，向远处滑行，我纵身一跳，刚刚好落到船上，我的脚趾踩在防护板上，手指勾住防护板的栏杆，一个舵手拽了我一把，把我拉到船上。

那个漂亮、迷人的小姑娘叫劳拉·姆·赖特，我至今仍然记得她那永不退却的青春风采。那两个小辫子从头上垂下来，白色的连衣裙在古老的密西西比河上随风飞舞。上周六说起这件事的时候，所有的一切还都历历在目，在结束评论的时候我说道："之后我再也没有见过她，那次分别之后到如今，已经过去48年1个月又27天了，我们之间再也没有任何音信。"

上个周三从费尔港回来的时候，我发现了一封劳拉·赖特写来的信，这让我无比震惊。她脑袋后面摇晃的小辫子不见了，如花似玉的面容也消失了，还有那迎风飞舞的连衣裙也没了踪影，48年前那个无忧无虑的小姑娘，如今已经成了一个饱经风霜、历经苦难的 62 岁丧偶的老妇人。劳拉写信请求我资助她和她有残疾的儿子，她无意中提到，她儿子已经 37 岁了。她是一个老师，需要 1000 美元，我寄给了她。

终于，我又有了她的音讯，那可爱的 14 岁的小姑娘在我的生命中已消失了近 50 年了。不过，看起来我又要再次与她失之交臂。她正在密苏里州的老朋友那里漂泊，我无法确定她的行踪，本以为她回到了加利福尼亚的家中，在那里教书，就把支票寄到那里了，这张支票辗转周折了两个月左右，终于在三四天前送到了她的手里，当时她正在密苏里州的哥伦比亚市。她写了一封魅力十足的信，完全是她的风格，在这封信里，我再次在这个 62 岁的老太太身上看到了当年那个 14 岁的小女孩儿的影子。

当年她搭乘"约翰·杰·罗"号逆流而上返航回家的时候，船在夜间行驶时触碰暗礁，几分钟就要沉入密西西比河。当时船朝着岸边直冲过去，尖叫声，喧闹声，乱成一片。每个人都被指挥着迅速离船，一会儿的工夫，船上的人都上了岸，至少当时已经看不到任何人在船上了。很快，一个叫杨布拉德的舵手发现他的小外甥女并没有在获救人群中，他和大副老戴维斯马上冲上船，捶打劳拉的房门，发现里面锁上了，就喊她赶紧出来，一刻也不能耽搁。

小姑娘很平静地回答说自己的撑裙箍坏了，所以她还不能出来，他们大声喊道：

"别管什么撑裙箍了，快出来，已经没时间管这些了。"

但她依然十分镇定地回答说，如果裙子没有修好的话她是不会出来的。她果然说到做到，最后上岸的时候从容不迫，穿戴整齐。

今天早晨，当我读她的信的时候，这些往事又重新涌上心头，思绪又把我带回了那遥远的过去，其间漫长的岁月，以及现在的一切和我那满头的白发，都消逝在这回忆中，我仿佛又变成了当年那个冒失而轻狂的小伙子。接着，我又读到了她信中的一段话，让我感到非常惊讶，感觉她好像是在说别人一样：

"但是，我实在不该闲聊这些来烦你，占用你宝贵的时间，我都忘记自己是在给这个世界上最著名、最受人喜爱的一个作家写信了，我还以为自己是在雅顿森林里漫步呢。"

如此看来，我竟然是劳拉·赖特心目中的英雄！这简直太不可思议了。一个人可能成为其他人心目中的英雄，但是被自己身边熟悉的朋友当作心目中的英雄，我肯定还没有哪位英雄能做到这一点。

她曾经到杨布拉德家里做客，这让我想起了已经过去许久的一些悲惨往事。杨布拉德是一个善良的人，当时他还是个年轻人，有一个年轻的妻子和两个孩子——一个幸福美满的家庭。他是一个好领航员，非常清楚自己那个重要职位的职责所在。有一次，他在密西西比河上为一艘客船领航的时候，船着火了，他立刻让船靠岸，自己一直坚守在驾驶室里，直到所有的乘客都安全上岸。当时船的整个后半部，包括驾驶室的后半部都已经烧成了一片火海，他这才从船栏板上爬下来，虽然逃过一劫保住了性命，但是全身被火烤得都起了水泡。一两年后，在新奥尔良，一天晚上他出去给家里办事，从此就没了音讯，别人都说他被谋杀了，毫无疑问，这是事实，但是事情的真相直到如今仍然还是一个谜。

船上的那个老戴维斯是一个非常有趣的人，当时他已经六十多岁了，他那浓密的头发和胡须都应该变白了，但是他把它们都染了，不过由于一年只染四次，所以样子非常奇怪。他有的时候把它们染成亮绿色，十分扎眼；有时候又染成看上去舒服一些的深紫色；有时候新头发和胡须长出来，露出半英寸白色部分，此时的效果十分惊人，特别是胡须，在特定的灯光照耀下，新长出来的那一圈白胡子几乎看不见了，其余部分就像脱离开面颊，悬在半空一般。作为大副，他很能骂人，而且也有这个资格，因为这是工作需要，但是他骂人的时候有一套辅助的骂人词汇，这是密西西比河上其他任何一个大副不具备的。尽管他的咒骂没有粗俗的词汇，但是听起来简直比河上任何船上的骂人之声粗俗五六倍，让人觉得那么不可思议，那么敬畏和恐惧，因而他能够更好地驯服甲板上那些懒惰的工人。

戴维斯几乎没受过什么教育，只够认字，他写的字几乎不叫字，就是糊弄人的。他经常看书，不停地读，十分勤奋，但是，他的全部藏书实际上只有一本——赖尔的《地质学原理》。他整天钻研这本书，直到清楚地记住所有那些让人望而生畏、难于记忆的科学术语，张口就能说出来，尽管他根本就不懂那些词是什么意思，也不在乎它们是啥意思，他所需要的，就是喷出这些词，可以让那些水手们卖力气干活就够了。在特殊紧急的情况下，他能像火山喷发一样喷出那些普通大副平时使用的脏话，里面夹杂着这些让人印象深刻的地质学术语，大骂那些水手是上新世后时期的志留纪无脊椎动物，说他们这伙人应该全都毁灭。

第 11 章
奥利安大哥

我还在我大哥奥利安办的报社里待在过，里面所有的活我都干过，包括编辑。我的作品引起了小镇的关注，但用大哥的话说，"并没有得到认可"。

1825 年，奥利安·克莱门斯出生于田纳西州的詹姆斯敦，他是家里的长子，除了他，我还有好几个哥哥和姐姐。他之后是我大姐玛格丽特，1839 年，大姐九岁的时候死在了密苏里州的佛罗里达村，也就是我出生的地方；再后面是二姐帕梅拉，塞缪尔·莫菲特的母亲，她一生体弱多病，一年前在纽约市的一个城区去世，享年 75 岁；再之后还有一个哥哥，本杰明，在 1842 年十岁的时候死了。

奥利安的童年是在田纳西州东部的詹姆斯敦度过的。那里人烟稀少，四周小丘环绕，房子都是用原木搭建的，居民生活状态原始古朴，对外边的世界一无所知，就如同居住在附近森林里的野生动物一般。奥利安十岁那年，我们举家搬到佛罗里达，后又搬到汉尼拔，奥利安到了十五六岁的时候，被送到圣路易斯学习印刷技术。

他性格的一大特点就是充满激情，每天从早上开始他就会充满激情地去完成每件事，然后持续整整一天，直到晚上激情逐渐消失。到了第二天早上，在还没有穿好衣服之前，他新的激情就又来了。一年365天，天天如此，年年如此。临终之前，他已经72岁了，还一大早就坐在桌子旁，手里拿着一支笔，写下一天要积极完成的事，准备着享受这激情带来的火与烟的洗礼，直到夜晚来临，一切退去。不过，我还差点忘了他另外一个显著的性格特征，那就是忧郁、沮丧和绝望，它们每天都与激情同在。在这两种情绪的共同作用下，他的一天被一分为二——不，是被分割得斑斑驳驳——从早晨到午夜，明媚的阳光和密布的乌云不断交替，所以每天他都是最快乐、最充满希望的人，同样又是最痛苦的人。

在圣路易斯当学徒期间，他与爱德华·贝茨十分要好。贝茨十分善良，为人正直，受人尊敬，是个非常著名的律师，后来成为了林肯政府的第一届内阁成员。开始的时候，贝茨先生耐心地倾听奥利安的每个新计划，然后与他讨论，用论证和无可辩驳的推理来熄灭他的激情之火。不过，过了几个星期之后，贝茨先生发现这根本就是无用功，自己完全不用管这些新计划，到了晚上它会自动消失的。奥利安认为自己想要当律师，贝茨先生就鼓励他，然后奥利安就开始学习法律。一个星期过后，当然他就把法律放到一边，去尝试新的东西；他想成为一名演说家，贝茨先生就给他上课，贝茨先生在地上来回踱步，大声朗读英文书，并快速地将它翻译成法语，然后建议奥利安也做这样的练习。但是奥利安一点也不懂法语，于是他又开始学习法语，但也只保持了两三天的热情，然后就放弃了。

他在圣路易斯当学徒的时候曾经加入了好几个教会，一个接一个，还在主日学校里面当老师。每次换个教会，主日学校也就跟着换了，同时，政治路线也变来变去——今天是辉格党，下个星期变成了民主党，再下个星期，又变成了政治场上刚出现的什么新鲜事物。可以说，他这一生都在拿宗教做交易，享受着一幕幕场景变化带来的快乐。但同时，我也要说，他的真挚是毋庸置疑的，他的诚实也是毋庸置疑的，无论是在生意还是在金钱方面，他的诚实从来都没有被人怀疑过。尽管行事反复无常，但他的原则性很强，而且，总是非常强，绝不动摇。他拥有人类各种模式中最为奇怪的性格组合，完全凭冲动做事，从不反思，这就是奥利安的行为方式。无论做什么都信心十足，满腔热忱，并且对自己所做的事极为自负，而且无论什么事，好事、坏事，或者是无关紧要的事，他每次都会在还不到24小时之后就开始后悔，痛心疾首。悲观主义者是天生的，绝不是后天形成的，乐观主义者也是天生的。在他身上，悲观主义和乐观主义并存，并且几乎差不多，这在我所认识的人中仅此一例。除了某些最基本的原则，他行事就像流水一样缺乏固定性，你用一个字就能挫伤他的锐气，还可以另外一个字就能让他豪气冲天，一句反对的话就能让他伤心欲绝，一句支持的话又能让他像天使一般快乐。这简直就是奇迹，没有一丝理性可言，似乎怎么讲都有点道理。

他还有另外一个明显特征，就是极度渴望得到别人的认可，这估计是之前我们提到的所有特质的根源所在。他是如此希望能被认同，如少女般渴望得到所有人的认可，且不带任何怀疑，以至于为了得到那些对他持不同意见人的认可，他常常会立刻抛弃自己的理念、看法和信念。但是他也有坚持的基本原则，从未因为取悦别人而动摇过。他出生和成长都是在奴隶和奴隶主的环境下，因此，从少年时代一直到死亡，他一直都是一个废奴主义者。他总是很诚实，不虚伪，真诚，受人尊敬，但是在一些无足轻重的事情上——如宗教、政治等他认为不重要的事——他从来都没有一个坚定不变的信仰，哪怕是一只猫表达了什么不同意见，他也马上会随之改变。

奥利安是一个天生的梦想家，这总让他时不时地陷入麻烦。二十三四岁左右，他学徒期满，突发奇想，要悄悄地回到汉尼拔，给家里人一个惊喜。如果提前告诉我们的话，他就能知道我们搬家了，那栋房子里如今住的是那个粗暴的、嗓音低沉的老水手，也是我们的家庭医生—梅瑞狄斯。而他以前的房间中如今住的是医生那两个尚未出嫁的老处女。奥利安乘船在半夜时分抵达汉尼拔，回家途中，他又开始了自己那习惯性的幻想，满脑子想的都是自己那罗曼蒂克的计划、构想、享受着自己提前回家将会带来的惊喜。这是他的天性，他从来等不及事情发生，就想象出结果，并为此感到欢欣鼓舞。不过，有的时候他会发现，事情的发生与他的预期完全不是一回事。如此一来，无论是想象还是现实都竹篮打水，一点好处都没剩下。

到家后，他绕到后门，脱下靴子，悄悄地爬上楼，摸进房间，丝毫没有惊动熟睡在床的两位老处女。他摸黑脱下衣服，爬上床，发现床上有个人，他感到有点差异，不过很快他就认为那是弟弟本杰明，于是就舒舒服服地蜷缩在旁边。当时正值冬季，床上十分舒服，和"本"睡在一起更加暖和。所以他很快就带着对事情顺利进展的满意睡着了，甜美地梦想着明天早晨要发生的一切。但是有些事比他的幻想发生得更快，说来就来。那个老处女被挤在一边，辗转反侧，迷迷糊糊地嘟囔着太挤了。奥利安一下子就被吓懵了，一动也不敢动，大气也不敢出。老处女开始到处摸索，摸到了奥利安新长出来的胡须，大声尖叫起来："天啊！怎么有个男人！"奥利安一下子回过神来，跳下床，在黑暗中四处摸索自己的衣服。这时两个老处女都开始大声尖叫，奥利安来不及摸到所有的衣服，抓起一把衣服，飞快地冲到楼梯口，开始下楼。他再一次吓瘫在那里，因为他看到蜡烛的黄火苗发出的微弱的光正在从楼下往上移动，是梅瑞狄斯医生来了。虽然医生没穿衣服，但是他的手里正握着一把屠刀，足以处理眼前的状况。奥利安冲医生大喊了一声，这救了他一命。医生听出了他的声音，然后，用我小时候非常羡慕的那如大海一般低沉的声音告诉他我们搬家了，告诉他新家的地址，最后他还给了奥利安一个完全没有必要的建议，那就是下次再进行这样的冒险之前，最好提前通知一下。估计奥利安有生之年再也用不到这个建议了。

第 12 章
我当印刷学徒工

1847年，父亲去世后，我们的灾难又来了，世间的事总是如此。几年前，父亲把几千美元借给了伊拉·斯托特，那在当时当地可是相当大的一笔钱，结果被他坑骗了，因而我们全家多年来一直饱受贫穷之苦。如今我们的境况刚刚有所好转，将要过上的舒服一点的日子。我的父亲刚被选为遗嘱检验法院的书记员，虽然这并不是很大的成就，但是对我们窘迫的状况无疑是一针强心剂，让我们信心大增，并且父亲是那么受人尊敬，在小城里的声誉那么好，所有人都说，只要他活着，这个高贵的职位就会一直是他的。大约二月底的时候，他去帕尔迈拉县城宣誓就职，骑马回家的路有12英里远，在路上他遭遇了暴风雪。回到家的时候整个人都要冻僵了，他因此感染了胸膜炎，3月24号就去世了。

就这样，好运转瞬即逝，我们再次陷入贫穷的深渊，世事往往如此，我们克莱门斯家再次一贫如洗。

奥利安在我父亲去世后两三年才来到汉尼拔，之前他一直在圣路易斯当排版工人，赚薪水养活母亲和小我两岁的弟弟亨利，姐姐帕梅拉教别人弹钢琴贴补家用，虽然能维持生计，但是日子过得实在艰辛。父亲去世后，我就辍学了，所以不再是家里的拖累。我被送到汉尼拔的《信使报》当印刷学徒工。阿门特先生是报社的老板兼编辑，他给我正常学徒工的待遇——管吃、管住、管穿，但是没有工资。衣服是每年两套，但是其中一套总是不兑现，另外一套，只要阿门特先生的旧衣服能凑合，就绝不会花钱买。当时我只有阿门特先生半个那么大，所以穿他的衬衫感觉就像是住在马戏团的帐篷里，非常不舒服，而且，我还必须把裤子提到耳朵那么高，才能保证裤脚不拖到地上。

除我以外，那里还有两个学徒。其中一个是威尔士·麦考密克，十七八岁，个头很大，他穿阿门特先生的衣服就正合适，就像蜡烛嵌在模子里一般严丝合缝，所以，他总是感觉呼吸困难，特别是在夏天。威尔士行事鲁莽，不计后果，喜欢热闹，没有太多的讲究，是个讨人喜欢的伙伴。开始的时候，我们三个学徒都必须在厨房里，跟黑人厨娘还有她那个年轻漂亮、聪明乖巧的混血儿女儿一起吃饭。为了给自己找乐，他一般不会花费力气去逗别人乐，威尔士没完没了、费尽心思地调戏那个女孩儿，让她的老妈妈担心得要命，然后她就会说："好了，威尔士先生，威尔士先生，你就不能规矩点儿？"实际上那就是一种放纵，这样一来，威尔士更来劲了，变本加厉地逗那个女孩子，我和拉尔夫两个人看着都快乐死了。坦白地说，那位老妈妈的担心完全是一种假象，她非常明白，按照蓄奴区的风俗，如果威尔士想跟那个女孩调情的话，他有这个权利。但是女孩的烦恼却是真真切切，她生性单纯，把威尔士所有夸张的调戏都当真了。

我们吃的饭菜几乎没有什么花样，并且还总是不够吃，所以我们几个学徒就自己想办法。几乎每天晚上，我们都会通过我们发现的一个隐秘通道，爬到地窖里去偷土豆和洋葱等食物，把它们带到市区我们打地铺的印刷室，放在炉子上煮一煮，然后美美地饱餐一顿。威尔士有一个特别好的煮土豆的独家秘方，之后我只见到过一次有人那么做土豆。1891年末，德国皇帝威廉二世邀请我参加一次私人宴会，当那样做的土豆端上餐桌时，我大吃一惊，以至于头脑发热犯了一个不可饶恕的错误——我当时就坐在皇帝的旁边，土豆被端上桌来时，还没等皇帝首先发话，我便兴高采烈地发表了一番言论，对土豆大加赞赏。我想他真的一直在努力掩饰自己的震惊和愤怒，但显然他非常生气。在场的五六个王公大臣也是如此，他们都有点吓蒙了，谁也不敢多说一个字。这可怕的沉默持续了大概有半分钟，如果皇帝不亲自打破僵局的话，恐怕沉默得一直持续到今天。当时是晚上六点半，这寒霜般冰冷的气氛一直持续到午夜才彻底缓和，或者是被冲淡了，这多亏了那香气浓郁、源源不断供应的德国啤酒。

正如前文提到的，阿门特先生非常吝啬、抠门。慢慢地，我们这些学徒被从地下室转移到了地面之上，获准与老板一家同桌吃饭了，一起的还有一个名叫佩特·麦克默里的熟练工，但是经济状况依然如故。阿门特夫人是个新娘子，等了大半辈子，她才刚刚取得这显赫的地位。按照美国人的说法，她做这家的女主人再恰当不过了，因为她根本不把糖罐子交给我们，而是亲自给我们的咖啡加糖。

实际上，她不过是在完成这个动作而已，根本没有把咖啡弄甜，虽然每次看起来她都盛了满满一大羹匙的红糖放到我们的杯子里。但是，据威尔士说，那不过是骗人的把戏，他说她先在咖啡里面蘸一下羹匙，使让糖粘在羹匙上，然后再从糖碗里把糖挖出来，并且把羹匙转成底朝上，这样你看到的效果是羹匙装满了糖，但实际上仅仅是粘了薄薄的一层糖放到了杯子里。但是我看不出任何破绽，而且认为要这样做实在太难了，所以我觉得不是这样的，这不过是威尔士的一个谎言。

我说过威尔士行事不计后果，为了追求五分钟的快乐，这个大个子是没有什么不敢做的，谁也不知道下一次他要在哪里爆发。对他来说，生活中好似没什么严肃的事情，而他的这种性格中一个闪亮的特点就是他对什么事都不在乎的那种可爱劲儿。

当时，一个名为基督门徒会的新兴教派十分兴盛。一次，教派著名的创始人亚历山大·坎贝尔从肯塔基州来到我们村子，引起了巨大轰动，那些农民和家人从方圆几英里的地方赶来，或骑马，或步行，为的就是能一睹大名鼎鼎的亚历山大·坎贝尔的尊容，能有机会亲耳聆听他的布道。但是，当地的教堂太小了，容纳不下那么多听众，这让很多人大失所望。为了满足所有人的需求，布道改在露天广场举行。那也是我有生以来第一次意识到，如果把地球上的人都聚集在一起，那场面将会多么恐怖。

在其中的一次布道中，坎贝尔做了专门准备，把布道的内容写了下来，所有的教徒都希望能把它印刷出来，这样他们就能够保存起来，反复阅读，牢记于心。为此，他们募捐了16美元，在当时，这可是一笔不小的款子。为了得到这笔钱，阿门特先生答应印刷500份讲稿，并为每份制作一个黄色的封面。这是一个16页12开本的小册子，对于我们印刷室来说，这可是一件大事——我们认为它是一本书，能够使我们的地位上升到尊贵的书本印刷工。当时还没有16美元这么大一笔钱一下子流进印刷室过，人们印广告或者买纸根本不给钱，而是拿纺织品、糖、咖啡、山核桃木、橡木、萝卜、南瓜、洋葱、西瓜这些东西交换。实际上，几乎就没有人付过钱，以至于如果有人付钱的话，我们都会认为他不正常。

我们把这本伟大的书按页排版，每八页一版，然后参照印刷工操作手册，表面上看起来杂乱无章，实际上井然有序地把每一页摆在排字版上。我们是周四那天把这一版打印出来，然后又把另外八页的铅字装版，打出一份校样。威尔士通读校样，很快，他就待在住了，因为他排版的时候犯了一个错误。现在出问题实在太不是时候了，那天是星期六，而且很快就中午了，星期六下午是我们的放假时间，我们都想早点完活然后去钓鱼。偏偏这个时候，威尔士出错了。他把问题指给我们看，他在排版的时候漏掉了几个字，但是版面已经排得满满的，后面接连两三页都没有不是满行结尾的段落。这可怎么办？难道为了两个漏掉的字要把所有的页面都重新排版？显然，我们没有什么别的办法，这样做至少要花上一个小时的时间，然后还要把校订稿送到那位伟大的坎贝尔手里，等着他通读一遍，如果他发现了什么问题，我们必须立刻修改，看起来，等这些事情做完，我们的半个下午就没了。

后来，威尔士想出了一个绝妙的好主意，在漏字的那一行里面碰巧有耶稣·基督(Jesus Christ)的名字，威尔士效仿法文的拼写方法把它缩写为J.C.，这样漏掉的两个字就有地方补进去了，但是这也使得那个原本特别严肃的句子失掉了99%的庄重味道。就这样，我们把修改稿送去，然后等待审查结果。我们本以为很快就会结束，我们甚至都打算在校对稿送回之前就溜出去钓鱼，但可惜我们不够快。没多久，那位伟大的亚历山大·坎贝尔就出现在我们60英尺长的房间的另一端，他面色铁青，整个房间都笼上了一层阴影。他大步走到我们跟前，说了一些虽然简短、但是语气异常严厉、句句切中要害的话，他把威尔士狠狠地训了一顿，说："在你有生之年，永远不要再缩写救世主的名字，填上全名！"他反复强调了几遍，然后转身离开了。

当时，当地人在骂人的时候，常常会想出自己的方式来突出耶稣的名字，来表达一些污言秽语。显然，这激发了威尔士的灵感，这让他着实高兴了一阵子，他觉得，这其中的乐趣和意义更甚于出去钓鱼和游泳。就这样，他开始了那漫长的、烦人的、无聊的排版工作。为了弥补之前的过失，他重排了整整三页版面，并且不时地反思伟大的坎贝尔的训言，加以改进。他不仅把冒犯救世主的"J.C."缩写重新排成了全名，而且还把它进一步扩充，改成了耶稣·赫·基督(Jesus H. Christ)。威尔士知道这肯定会闯下大祸的，结果也是如此，但是他还是忍不住这样做了。没办法，这就是他的天性。我现在已经记不得当时他受到什么样的惩罚了，但是他也不在乎，因为他已经从中得到了乐趣，这才是他看重的。

在《信使报》做学徒的第一年，我做了一件让我懊悔了55年的事情。那是在一个夏日的午后，正是男孩子们去河里游泳玩耍的好时候，但是我却被关在了印刷所，别人都休假去了，只剩下一个孤苦伶仃的我。我之前犯了点错，受到惩罚，休假日不准出去，三楼偌大的印刷室里就我一个人。幸好，我还有半个西瓜聊以自慰。西瓜又长又宽，已经熟透，新鲜，水灵。我用刀子挖出瓜瓤，把整块西瓜都吞到肚子里去了，西瓜汁在肚里荡漾，简直快要从耳朵眼里流出来了。如今只剩下一个西瓜空皮，大得足可以当摇篮。我可不想浪费它，但是又想不出怎么拿它来解闷。我紧靠窗户坐着，从三楼向大街上的人行道下望去，一个怪念头突然跳入我的脑海，那就是要把西瓜皮扔到谁的头上。刚开始我还犹豫，拿不准这么做是否合适，同时心中还有点愧疚，虽然这样做能给自己解闷，但是别人可该倒霉了。不过，不管怎样，我还是忍不住想要试一下。

我趴在窗口等着合适的人选出现。每次有人经过，结果都不是安全的人选，我只好忍住，耐心等待。终于，最合适的人选出现了，他就是我弟弟亨利。他是这里最乖的小孩，从来不伤害别人，也不招惹别人，他好得都让人觉得气愤，虽然他浑身都是优点，但是这次谁都帮不了他。我兴致勃勃地看着他慢慢走近，他溜达着走过来，脑子中肯定想着夏日的美事，一点也没有怀疑这次上帝要照顾不了自己了。如果他知道我在哪儿的话，估计他就不会那么盲目地自信了。他越走越近，身形看起来也变得越来越短，最后，到了我所在的楼下时，已经缩短得几乎看不到了，只看见他的鼻尖和交替迈进的双脚。这时，我举起西瓜皮，测算了一下距离，松开手，西瓜皮挖空的那面朝下，掉了下去。

那次射击那么准确，连我都对自己无比钦佩。他距离我正下方大概还有六步远，我把那个小船般的西瓜皮扔下去，然后欣赏他和西瓜皮彼此一步一步靠近，真是一件非常有趣的事。如果他走了七步或者五步，那我的射击肯定会失败，但恰好是六步，西瓜皮径直砸在了他的头上，他一下子被砸了个狗啃屎，西瓜皮就如同飞溅的浪花一般四处飞散。我很想下去安慰他一下，但是那样做太冒险了，他会立刻就怀疑到我头上的。不过，我还是有点希望他怀疑是我干的，可随后的两三天，他对这次倒霉的经历只字未提——同时在这期间我一直保持高度警惕，以防遭遇不测——但我还是上当了，几天过去了，我以为他根本就没有怀疑到我身上。

然而，我是大错特错了。他只是在等一个绝好的机会。机会来了，他把一块鹅卵石砸到了我的头上，我的头上立刻起了一个大大的鼓包，很长时间，我不得不戴两顶帽子，这样才能把它遮住。我带着罪证找妈妈去告状，长久以来，我一直想抓住亨利的把柄，让妈妈训他一顿，但是从来没有得逞过，这次我以为只要妈妈看到那个要命的大包，亨利肯定是逃不掉了，可我没想到，妈妈看了以后却说不要紧。她连问都不问就知道我是咎由自取，认为这是让我接受教训、改过自新的最好方式。

大约在1849年或者1850年，奥利安离开圣路易斯的印刷室，来到了汉尼拔，并买下一个叫《汉尼拔周刊》的报社，一共花了500美元。这笔钱是他从一个叫约翰逊的农民那里借的，10%的利息。接手后，他把订阅费从两美元降低到一美元，把广告的价格也降低了一半，当然，他这样做只会带来一个后果，那就是他的生意赚不到一分钱。

他让我离开《信使报》来他的报社工作，每周给我三美元半的薪水，这在当时是相当高的工资了。奥利安总是很慷慨，对除了自己以外的任何人都很大方，可是在我这儿他却并没有花钱，因为我给他工作期间，他根本就没有能力支付我一分钱。到了第一年的年底，他发现自己必须要节俭了，虽然报社房租并不贵，但总还是要花一些钱，而他根本无力支付这些花销，所以他把整个工厂搬到了我们住的房子里，搞得我们的住处拥挤得都透不过气来。他的报社维持了四年，直到现在我也没搞清楚他到底是如何做到这一点的，每到年关，他都不得不翻箱倒柜，东拼西凑挖出所有能刮出的钱，支付约翰逊先生50美元的利息。我想，在他做报馆老板期间，那50美元是除了购买墨和印刷纸以外，唯一的一笔现款收支了。最后，这家报馆彻底垮了，这是从一开始就注定的。

最后，他把报馆转让给了约翰逊先生，然后去了爱荷华州的马斯卡廷市，在那里买了一家周报的小部分股权，虽然那点儿财产还不足以成家，但那并不是最重要的，他遇到了一位迷人、漂亮的女孩儿，女孩儿住在离基奥卡克有几英里远的伊利诺斯州的昆西市，两个人订婚了。虽然以前奥利安恋爱过几次，但是从来都没能走到订婚这一步，每次总有这样或那样的意外发生。虽然这次订婚了，但带给他的并非是好运，他很快又爱上了一位基奥卡克的女孩儿——至少他认为自己是爱上了她，不过我认为这是那个姑娘刻意给他制造了这样的想象，他稀里糊涂地跟她也订了婚。这一下他可陷入了两难境地，不知道是该娶哪一个，或者是两个人都娶了，皆大欢喜。不过那个基奥卡克女孩很快就帮他解决了这件事，她命令奥利安写信给昆西女孩儿解除婚约。他照做了，随后就与基奥卡克女孩结婚了，并开始为生计而奋斗。他们的奋斗之路充满荆棘，前景并不乐观。

奥利安的新婚妻子想和自己的家人住得近一些，在马斯卡廷谋生显然是没办法办到的，所以他们去了基奥卡克。他在那里买下了一间很小的印刷室，承接小件印刷——当然是借款买的。接手后，他立马就把价格降低到连学徒都养活不起的程度，继续重复往日悲惨的道路。

我并没有跟着哥哥去马斯卡廷，在将去之前（我记得应该是1853年）的一天晚上我不辞而别，去了圣路易斯，在《新闻晚报》的排字房找了一份工作，开始自己在外边的世界闯荡。这外边的世界就是纽约市。刚到纽约的时候，我身上只有口袋里的两三美元现钱和藏在内衣里的一张十美元的银行支票，我在克里夫街的约翰·格雷和格林的公司里面找到了工作，工资很低，我住在杜安大街的技工宿舍，食宿条件极其恶劣。工厂发给我的工资是贬值的野猫币，工资少得可怜，每周拿到的薪水刚够吃饭住宿。后来，我去了费城，在《询问报》和《公报》干了几个月的审校员。最后，我又跑去华盛顿逗留了几天，游览名胜，然后在1854年，在吸烟车厢里笔挺地坐了两三个晚上，重新回到密西西比河谷。当我抵达圣路易斯的时候，整个人已经精疲力竭了。下车后我搭上一辆汽艇赶往马斯卡廷，一上船，连衣服都没来得及脱就倒头大睡，整整睡了36个小时，眼睛都没睁开一下。

我在基奥卡克那个小印刷室工作了近两年，可以说，基本上一分钱工资也没有拿到，因为奥利安一直都没有钱，但是我结交了迪克·海厄姆这个好朋友，我们玩得十分愉快。我不知道迪克得到了什么，大概也只是无法兑现的承诺吧。

1856年或1857年的冬天，有一天，上午十点左右，我正沿着基奥卡克的主干道往前走。天冷得厉害，大街上空荡荡的没几个人，干巴巴的雪被风吹落在地面和人行道上，这里一点，那里一点，被旋风雕琢成不同的样子，构成各种各样美丽的画面，但是天实在太冷了，行人都顾不上欣赏。一张纸片从我身边随风飘过，撞在一堵墙上，被挡住了去路。我抬头看了一眼，觉得它好像有些不一样，过去把它捡了起来，那竟是一张50美元的票子，我有生以来还是头一次见到50美元的钞票，也是头一次一下子见到这么多钱。我在报纸上刊登广告寻找失主，接下来的几天，我备受担心、恐惧和忧虑之苦，唯恐失主看见广告后找来，把这笔钱要走。四天过去了，仍旧没有人找来。但是，我再也无法忍受这种折磨了，我断定接下来的四天内一定会有人来认领的，我觉得自己必须马上让这笔钱脱离险境，于是，买了一张车票赶往辛辛那提市，跑到赖特森公司的印刷厂工作了几个月。

寄宿的地方住的都是一些平常百姓，男女老少都有，他们心地善良、为人质朴、乐于助人，平日除了四处奔忙之外，闲暇时间就是唠嗑聊天，叽叽喳喳说个不停，生活充满了乐趣。但是，他们一点都不搞笑，所有人都这样，只有一个例外，那就是麦克法兰，一个苏格兰人，40岁——正好是我年龄的两倍。虽然在很多方面，我们两个人都完全不同，不过，从一开始我们就成了朋友。每天晚上，我都待在他的房间里，舒舒服服地坐在火炉边，听他喋喋不休地说话，而窗外暴风雪在枯燥地呼号，直到钟表当当地敲响十下。十点的时候，他就会烤一条鲱鱼，这是他以前从一个叫萨姆纳的英国朋友那里学来的，这就相当于他的睡前酒，这也是一个信号——我应该告辞了。

麦克法兰有六英尺高，身材修长，为人严肃真诚，没有什么幽默感，也不怎么懂别人说的幽默。麦克法兰的笑容很独特，主要用于表示他的好脾气，但我从来没有听到过他笑的声音，如果曾经有过，那就是我不记得了。虽然他对寄宿处的每个人都很客气，相处都很融洽，但是关系称得上密切的只有我一个。他有二三十本大部头的书——哲学、历史以及自然科学，《圣经》和他的字典排在这些书的最前面。每天晚上吃完熏鱼后，他总要在床上看两三个小时的书。

虽然他话很多，但是从来不说自己的事，你问他个人问题他也不会不高兴，当然，你也得不到任何答案，他会巧妙地岔开话题，自然而然地转移到别的事情上去。有一次他告诉我他几乎没上过学，全靠自学，这大概是他关于自身的唯一的一次陈述。他单身还是鳏夫，跟妻子各过各的，别人都不知道。他的衣服虽然都很便宜，但是整洁干净，保存得很好。我们住的地方价格便宜，他每天早晨六点离开，下午六点回来，而且他的双手很粗糙，所以，我推测他是个机械工，每天工作十个小时，并且工资也不高。但是，我一直都不知道他究竟做什么工作。一般来讲，一个人的言谈中会不自觉地透露出一些与工作有关的词汇或者相关的事情，借此就可以推断出他的职业和身份，可能是我太钝了，虽然那半年我一直留意这些暗示，但这对麦克法兰并不适用。这纯粹是好奇心作祟，其实我根本就不在乎他到底做什么工作，我只是想用真正的侦探的方式把它调查出来，但是我失败了，所以非常恼火。我觉得他真是一个不同寻常的人，竟然能够滴水不漏地隐藏关于工作的一切信息。

他还有另外一项特别本领，就是好像能把字典从头背到尾。他宣称自己能做到，并引以为荣，他说我找不到任何一个英语单词是他不能立刻就拼写出来或者说出它的定义的。我不停地尝试，搜寻能够难倒他的词，但是几个星期过去了，我一无所获，最终，我只好低头认输。为此，他相当得意和高兴，白白浪费了那么长时间，我真后悔没有早点投降。

他熟知《圣经》，就如同熟知字典一般。显而易见，他是把自己当成了哲学家和思想家，他总探讨一些重大问题，而且，我必须很客观地说，他的这些言论都是发自内心的，没有任何一点为了满足自己的虚荣心而推理或者辩论的成分。

当然，他的思想、推理和哲学理论都只是片面的知识，没有受过系统训练，但是，他偶尔也会误打误撞到一些有趣而惊人的发现。例如，在达尔文先生的《人类起源》震惊整个世界之前的十四五年，麦克法兰先生在辛辛那提那个寄宿处向我讲出了同样的想法。

这些想法基本相同，不过也略有差异。麦克法兰认为世界上的动物是一些微生芽孢细菌经过几十亿年的时间进化而来的，或者，可能是在混沌时期，造物主在地球上投放了一个或者几个微生芽孢细菌，然后经过漫长的进化，最终变成了完美的人类；然后，令人可惜的是，进化过程就此中止了，并逐渐走向毁灭和消亡。

他还说，在动物世界里，只有人有坏心肠，人是唯一能感知怨恨、嫉妒、报复、憎恨、自私等感情的动物，也是唯一喜欢酗酒的动物，是唯一能够忍受身体的肮脏与居所污秽的动物，是唯一让爱国主义这种卑鄙的天性全面发展的动物，是唯一掠夺、虐待、压迫、杀戮自己近亲的动物，也是唯一对任何族群的成员都进行偷窃和奴役的动物。

他宣称，人的智慧更增强了人的野蛮程度，使人比这个世界上任何其他种类的动物都要低级，没有任何一个人不是每天都利用自己的智慧去牺牲别人为自己谋福利。最聪明的天才利用自己的超凡智慧让那些庸人沦为自己卑贱的奴仆，而这些奴仆同样用自己的智慧去压迫那些不如他们的人。

第 13 章
亨利之死

我以前读过赫恩登中尉的《亚马逊河探险记》，对他提及的名为古柯的植物产生了极大的兴趣。于是，我下定决心要去亚马逊河的源头采摘古柯叶，然后卖掉，大赚一笔。我怀着这个远大的理想乘坐"保罗·琼斯"号前往新奥尔良。船上有个舵手叫贺瑞斯·比克斯比，我们慢慢地熟络起来，很快，我便能在他白天当班的时候替他掌一会儿舵。一到新奥尔良，我就寻找开往帕拉的船，但最后发现根本没有船去那里，而且大概这个世纪都不会有了。离开辛辛那提市的时候，我没有料到会发生这样的事，事到如今，亚马逊是去不成了。在新奥尔良，我既没有朋友，也没有钱，无奈之下，我去找贺瑞斯·比克斯比，求他把我训练成一名舵手。他要 500 美元才肯做，而且要先交 100 美元。为此，我赶往圣路易斯，到姐夫那借钱，事情成了。我的姐夫叫威廉·埃·莫菲特，是个商人，老家在弗吉尼亚，是个各方面都不错的人，几年前他娶了我姐姐帕梅拉。就这样，不到一年半，我就成了一名职业舵手，并且一直干到内战爆发导致密西西比河交通中断为止。

1858年，我为往返于新奥尔良和圣路易斯之间的"宾夕法尼亚"号掌舵。这艘客船速度很快，十分受欢迎，船长是克兰费尔特。我的老板比克斯比先生曾把我借给"宾夕法尼亚"号的舵手布朗先生。我记得自己为布朗先生工作了一年半，然后，在1858年5月初，发生了一次悲剧的航行，也是那著名的快艇的最后一次航行。这件事的前前后后我都写进了自己的一本书——《密西西比河上的生活》，但是我应该没有把之前做的那个梦写进去，当时我也不能写，因为我不希望我的老母亲读到这个梦，而在那本书出版后，她还活了好几年。

我在"宾夕法尼亚"号给我弟弟亨利谋了一个职位，虽然赚钱不多，却有发展前途，就是轮船"伙计"。虽然不领工资，却有升迁的机会，他们很快就能升为三等助理、二等助理，再到首席助理——也就是轮船上的事务长。我做那个梦的时候，亨利刚做了三个月的轮船伙计。当时，我们的船停泊在圣路易斯港，船在圣路易斯和新奥尔良港停靠的三天时间里，舵手和领航员都无事可做，但是船上的伙计们在拂晓时分就必须开始工作了，一直忙到晚上，点着松木火把干活。我和亨利都是既没钱也没工资，所以当船停泊在港口的时候，我们就寄宿在姐夫莫菲特先生的家里，我们在船上吃饭。不，确切地说，应该是我借宿在姐夫家，而不包括亨利，他晚上从九点到十一点待在家里，然后就到船上，准备早晨开工。

在我那天晚上的梦中，他晚上十一点从姐夫家离开，像往常一样和大家握手告别。这里我解释一下，握手告别不单是我们家的传统，也是我们那个地区的风俗，整个密苏里州都这样。可以说，一直到当时那个年岁之前，我从来没有见过克莱门斯家的人相互亲吻告别——除了父亲躺在病床上的那一次，当时他已经奄奄一息了，用胳膊搂住我姐姐的脖子，把她的头拉低，在额头上亲吻了一下，然后说："让我去吧。"我仍记得那整个过程，我还记得他说了这几句以后死神很快就降临了，这是他说的最后一句话。按照我们家的习惯，要出门的人都是在二楼的起居室跟大家道别，亨利就从那间屋子走了出去，径直下楼，本来再没有别的礼节了，不过这次，母亲跟着他一直到楼梯口。根据我的记忆，亨利的某些举动让她动了感情，所以她一直在楼梯口看着亨利下楼，到门口的时候，亨利犹豫了一下，然后又返回来爬上楼梯，跟她握了握手。

早晨醒来后，我发现自己原来一直在做梦，梦境如此真实，情节如此逼真，连我自己都上当了。在梦中，我看到了亨利尸体，他躺在一个金属棺材里，穿着我的衣服，胸口上放着一大束花，全是白玫瑰，只有中间一朵是红玫瑰，棺材被安放在两把椅子上。我赶快穿好衣服，跑到门口，觉得应该过去看看，不过我还是改变了主意，我想如果现在见到母亲我肯定会受不了的，我必须等等，为承受痛苦做好充分的心理准备。那栋房子在卢克斯特大街的第十三大街前面一点，我朝十四大街走去，走到街区中间的时候，我心中突然闪过一个念头，那就是这一切都不是真的——这不过是个梦。就是现在，我还能回忆起当时那种如释重负的喜悦，不过我仍有一丝疑虑，害怕这一切可能是真的，我几乎是跑着回到那栋房子，跑上楼，冲进起居室。结果是让人高兴的，眼前根本没有什么棺材，刚才那一切都是梦。

我们像往常一样顺利抵达新奥尔良港——不，也不是完全平安无事，船在行驶途中，我与布朗先生发生争执，最后他命令我在新奥尔良下船。在新奥尔良，我总能找到在码头看货的活，从晚上七点到第二天早上七点，能赚三美元，每次这份工作都要连续干三个晚上，每35天一次。每天晚上九点左右的时候，亨利下班后就来跟我一起看守，我们一边巡逻，一边闲聊，一直到半夜时分。在开船前的那个晚上，他要上船了，我们又要分开了，我提醒亨利："如果万一船出事了，不要惊慌，不要管乘客的鲁莽行为，他们都有能耐，会照顾好自己的，但是你必须要跑到上层轻甲板，找到左舷舵手室后面那条唯一的救生船，然后听从甲板大副的指挥，这样，你就能发挥自己的作用了。等救生船下水后，帮助妇女、儿童上救生艇，但是千万记住你自己不能上去。现在是夏天，水面不会超过一英里宽，你完全可以轻松地游到岸边。"两三天以后的一个早晨，当这艘船行驶到孟菲斯的希普岛时，锅炉爆炸了，后面发生的事我都写进《密西西比河上的生活》中了。正如书中所述，事故发生了一天之后，我乘坐另外一艘船顺着"宾夕法尼亚"号的航线行进，所以每经过一个港口我们就会得到一些关于这场灾难的消息，等抵达孟菲斯的时候，我们已经了解发生的一切了。

在一栋大楼里，我找到了亨利，他躺在地上的一个垫子上，四肢摊开，和他在一起的还有三四十个烫伤或碰伤的人。很快，一个心直口快的人告诉我，说亨利肺里面吸入了蒸汽，身体烫伤非常严重，已经坚持不了多长时间了。他还告诉我，医疗人员严重缺乏，医生和护士都在全力抢救那些还有一丝生存希望的人，像亨利这样受了致命伤的病人，医生们只有在抢救病人之余的闲暇时间照顾一下。但是，佩顿医生——当地一位非常有名望的老先生，他医术高明，心地慈善，对我伸出了援手，他全力救治，用了大约一周的时间把亨利抢救了过来。他从来没有说过什么不一定能实现的预言。有一天晚上，十一点左右，他告诉我亨利已经脱离了危险，会慢慢好起来的，然后他又说："半夜的时候，躺在这儿的可怜的病人就会开始呻吟、恸哭，甚至喊叫，如果这些嘈杂声打扰了亨利，会对他的恢复不利，那就让值班医生给他服用 1/8 格令的吗啡，但是，除非有迹象表明亨利的确受到了严重的干扰，否则千万不能这样做。"

唉，后边的发生事真让人伤心。值班的医生是一帮毛头小子，几乎都不是医学院毕业的，他们犯了一个致命错误——他们没办法测量 1/8 格令的吗啡是多少，于是就估计了一下，把刀刃上堆的一大块吗啡都给亨利服了下去，很快亨利就不行了。他大概是在拂晓的时候死去的，被送到了太平间，我就出去找了一户人家去睡了一小会儿，稍微缓解一下这些天来积聚的疲劳。就在这期间发生了一些事情。给死者准备的棺材是没有上漆的白松木棺，就在亨利死后，孟菲斯的一些太太们募捐了大概 60 美元，买回来一口金属棺材。等我再次来到太平间的时候，看到亨利正躺在那口没有上盖儿的金属棺材里面，身上穿着我的一身衣服。我一下就认出这正是几个星期前我梦中所见的场景，所有细节都一模一样，除了其中的一个细节以外。不过它也立刻被补上了。一会儿，一位老太太走进来，在亨利胸前放了一束花，都是白玫瑰，只有中间是一朵红玫瑰。

我从来没有怀疑过自己没有记清梦中那些凸显的细节，因为它们如此真实，就像是真的生活画面一样，远比评论和模糊的事实生动鲜活得多，所以很容易被记住。尽管已经过去了很多年，但是直到现在我还清晰地记得梦中所见的一切，就像是我眼前房间里的东西一样真实。不过，梦境和现实吻合的部分还没有完，太平间事件之后，我还要说一个细节。早上八点左右，我随棺材一同到了圣路易斯，然后就跑到姐夫做生意的地方去找他，结果并没有找到，他已经在我去办公室找他的同时从家里出发来到了船上。等我再次回到船上的时候，他已经请人把棺材运回自己的家，我立刻往他家里赶，到他家正好看到那些人从车上搬下棺材要往楼上运，我赶忙阻止他们，因为不想让母亲看到亨利的脸，在吗啡的作用下，亨利的半侧脸都扭曲拉长了。我走上楼，看到屋里摆着两张椅子，与我梦中所见一样，如果我晚到两三分钟的话，棺材肯定已经被安放在那两把椅子上面了，跟几个星期前所梦到的完全一样。

第 14 章
奥利安的仕途

1861年1月26日,路易斯安那州宣布独立,脱离联邦政府。我当时正在新奥尔良,第二天就启程北上,旅途中每天都要穿过由小船组成的封锁线。到了最后一个晚上,杰弗逊兵营(隶属于圣路易斯)发射了两枚炮弹,打穿了烟囱。六月份,我在密苏里州的拉尔斯县,加入了南部邦联的部队,在汤姆·哈里斯将军手下担任少尉军官,还差点光荣地成为尤利西斯·格兰特上校的俘虏。在战场服役两个星期以后我就退役了,理由是一路撤退,让我"疲惫不堪,无力战斗"。

此时,奥利安正在基厄卡克那个小印刷厂里煎熬着,他和妻子住在岳母家。虽然看起来他们是寄宿在那里,但是实际上他不太可能有钱支付食宿费。因为收费太低,他的印刷厂几乎无活可干。他从来都没有想明白一个简单的道理,那就是不盈利的工作肯定越干越差,很快就会变得一文不值,那么它原来的顾客只能去别处寻找服务质量更高的商家,哪怕是多花一点钱,他们也乐意。奥利安有充裕的时间，他又开始研究布莱克斯通，还挂了一块牌子，上面写着"为公众提供律师相关的服务"，但在当时，尽管他乐意免费为别人办理法律业务，并提供纸笔，但还是一个案子也没接到，甚至连个咨询的人都没有。他总是这么慷慨！

不久以后他就搬到一个叫亚历山大的小村子，距河下游两三英里远。那里他又挂起了律师的牌子，不过仍旧没有人上钩。这个时候，他的日子已经很难周转了。好在此时我已经当了舵手，每个月能赚250美元，所以我开始接济他，一直到1861年，他的老朋友爱德华·贝茨，时任林肯第一届内阁成员给他谋得了内华达准州秘书的职位。我和奥利安便搭乘公共马车，横跨美洲大陆，向那里进发。旅行费不菲，由我支付，我随身携带着平时积攒下来的800美元，由于全部都是银币，分量很重，很是累赘。我们还带着另外一个累赘——一本《辞海》，大概有1000磅重。由于车马公司对超重行李按照盎司计费，所以运费惊人，光行李超重费就足够一家子生活一阵子了，而且那还不是什么好字典——新词都没有收录进去，只有诺亚·韦伯斯特还是孩子时用的一些词汇。

内华达准州政府的人都非常有意思。州长奈来自纽约，是一个上了年纪的政客——是政客，而不是政治家。他满头白发，身体非常好，面相慈祥温和，深棕色的眼睛炯炯有神，无论是在生活中还是在台上演讲，都巧舌如簧，能够表达出各种感觉和情绪。他为人精明，根本不用刻意观察就能够透过表象洞察事物的本质。

如果成年人还热衷于恶作剧，这就说明，他们过去的生活圈子狭小，远离人们活动的中心，同时又相对愚昧，尽管年龄已是成人，但性格却还保留着孩提时代那些不堪一提的标准和理想，并十分热衷。但是，如果他们走向社会，迈向更广阔的天地，这些东西早就应该被抛在身后了。在内华达准州，现实中有很多这样的恶作剧者，而我对他们又没有到不喜欢的地步，所以并不乐意把这些事抖搂出来，但是这些事都切实地发生在生活中，所以我希望尽量能把他们说得更好一点。如果说他们是入室抢劫犯或者是小偷也不是完全贬损他们的话，那么我宁愿选择那样说他们。但是我不能那样说，因为那些都不是事实。这些人就是爱搞恶作剧，我也没必要非要遮掩，在其他方面，他们都是非常好的人，诚实、高尚、可爱。他们互相搞恶作剧，一旦得手就得到圈内其他人的钦佩、称赞和羡慕，自然而然地，他们希望玩把大的，最后就玩到了州长头上。可惜他们从未得手，虽然多次尝试，但是都被州长毫不费力地一一破解，然后微微一笑，就像什么也没发生一样。最后，不是州长而是他们成了人们嘲笑的对象，所以这些恶作剧者实在坐不住了，卡森市和弗吉尼亚市的恶作剧首脑都联合了起来，一起谋划，想检验一下集体的智慧是否能敌过州长一次。他们一起聚了十个人，邀请州长参加炖"醉蚝"香槟酒会，在当时这一款带极为排场，甚至可以在当地算得上是罕见的奢华，人们平时只能想象一下，很少亲见。

州长带着我一同赴宴，他不屑地说："这招真没有新意，一眼就看穿了，他们就是想把我灌醉，让我趴倒在桌子底下，然后以此取乐，可惜他们太不了解我了，我跟香槟的关系非常亲密，对它一点成见也没有。"

直到凌晨两点，这个恶作剧的胜负才见分晓。那个时候，虽然已经喝得够多了,连笑出来的眼泪都变成了香槟,但是州长依然表现得从容、温和、轻松、惬意、快乐、清醒。再看那些恶作剧者,连最后一个都烂醉如泥,趴到桌子底下找他的同伴们去了。州长说:"萨姆,这儿已经没酒了,咱们去别的地方再喝点,然后就上床睡觉。"

州长的办公室人员都是从他家乡的基层选举人中挑选出来的,他们心地善良,在他竞选的过程中都出过力,现在他们的回报却是微薄的工资。这些年轻人入不敷出,日子过得非常艰辛。奥利安每年的工资是1800美元,甚至都不够支付他字典的超载费。不过,照料州长这班官员的爱尔兰妇女每周只收我们十美元的食宿费,我和奥利安都吃住在她那里,由于价格低廉,所以我带来的那些银元得以安然无恙。

刚到内华达准州时,我四处搜寻银矿。不过,在62年底或者是63年初,我离开奥罗拉到弗吉尼亚的《企业报》,开始了我的记者生涯。不久以后,我又被调到卡森市报道立法会议进展情况。每个星期我给报社写一篇通讯,周日发表。每到周一,诉讼程序总是因为部分成员的不满而受到阻挠,他们甚至搬出议员的特权,对通讯员的批评横加指摘,因为找不到更简洁的表达方式,他们习惯精心措辞,却不甚礼貌。为了节约他们的时间,我开始用"马克·吐温"署名发表简报,这是密西西比河上的测探员使用的行话,表示两英寻——十二英尺。

奥利安很快就在立法院赢得议员们的好感,因为他们彼此之间互不信任,也很难相信外人,但却都发现奥利安很可信。要论诚实,他绝对是第一的，不过这在经济上并不能带给他任何好处，因为他没有能力说服那些立法者。但我的立场完全不同，我每天都在立法会上十分公正地评判、表扬，或谴责，每天早上《企业报》都有半页版面专门刊登我的评论。在我的推动下，议会通过了一项法令，即规定凡是在内华达准州经营的公司都必须详细登记营业执照，一个字也不能漏掉，这些记录都由州秘书——也就是我的哥哥来保管。所有营业执照的内容格式都相同，根据规定他要收取登记费，每页一百字，收40美分，每个登记证收五美元，每个人都可以申请公路通行特许，但是不能取得公路所有权，而特许必须登记和收费。在内华达准州，很多人开矿业公司，所以都必须登记、缴费。就这样，我们发达了，平均下来，每个月的登记费有1000美元，而且是金币。

奈州长经常不在内华达准州，他每隔一段时间就要去旧金山，远离准州的生活，调剂一下，没有人对此表示异议，因为他深受大家喜爱。以前他在纽约和新英格兰赶过公共马车，养成了一些习惯，就是记住所有人的名字和容貌，并让所有人都喜欢他。对一个政客而言，这一点非常有用，他在现实生活中非常好地运用了这些习惯。刚上任一年，他就与准州内所有的人都握过了手，只要一看到他们，就能立刻喊出他们的名字，州内的两万人都变成了他的私人朋友，因而他可以随心所欲地做任何事情，并且都是他们认可的。每次他不在内华达准州的时候，奥利安就代替他行使州长的权力，成为代理州长，很快这一头衔就被缩短为"州长"。克莱门斯夫人非常享受"州长夫人"这个称号，地球上再没人比她更能从这份荣耀中得到更多的乐趣了。她非常坦诚因为成为社交圈领袖而获得的快乐，所以，那些批评嫉妒根本毫无用武之地。作为州长夫人和社交圈的领袖，她希望有一套合适的住宅，以便跟身份相匹配。她轻而易举地说服了奥利安，花了12000美元建造并装修了房子，当时，这所房子的造价和豪华程度，在准州内首屈一指。

在奈州长四年的任期就要结束的时候，当初他为什么要离开纽约州那么大的州来到这个杂草丛生的不毛之地的秘密揭晓了——他是想当美国参议员。要达到这一目的，就要把准州变成正式的州，这对他来说轻而易举，尽管那一片沙漠和稀疏的人口根本不需要一个州政府来管理。不过老百姓愿意变成正式的州，奈州长的策略也就成功了。

因为诚实，奥利安也跟州长一样深得人心，表面上看，他要成为州秘书了。但是就在关键时刻，他那天生的反复无常的毛病没有征兆地又犯了，灾难很快就降临了。

内华达州新政府的各个职位都安排了好几个候选人，只有两个职位是指定的——美国参议员（奈州长）和州秘书（奥利安·克莱门斯）。奈肯定能得到参议员之职，奥利安也能毫无悬念地当上州秘书，因为那个职位只提名了他一个人。但是共和党准备在代表大会上提名候选人的那天，他的道德观念突然发作，他拒绝走进会场，任凭别人如何劝说都没有用。他说，如果自己在场会产生不公正、不恰当的影响，如果被提名，这份荣耀应该是一份不受任何控制的、纯洁的礼物，单就这种态度已经让此事没了任何希望。可是，同一天，他的道德理念再次发作，并彻底结束了他的仕途生涯。多年以来，奥利安宗教信仰的改变就如同更换衬衣一样随便，对戒酒的态度也是如此，他一会儿倡导戒酒，成为这项事业的拥护者，一会儿又倒戈到另外一面。在提名那天，他对威士忌的友好态度突然彻底改变，变成了一个坚定的禁酒主义者，坚决滴酒不沾。要知道，威士忌可是当时的主流路线，任凭朋友们怎么劝他、求他，他都无动于衷，无论怎么说，他都不肯跨进酒吧的门槛。第二天，报纸上刊登了被提名人的名单，里边没有他，他连一票也没有得到。

新政府上台后，他连个职位也没有谋到，丰厚的收入就此停止了。必须得干点什么呀，于是他再次挂牌当律师，但是一个客户也没有。这有些奇怪，很难解释原因，我自己也弄不清楚。不过如果让我猜的话，我觉得，根据他的天性，他一定会很勤奋、很尽职地研究案例的双方当事人，但是，等他陈述完论证之后，估计无论是他还是陪审团都弄不清楚他到底是在为哪方辩论。我想，在向他陈述案情的过程中，他的当事人就会发现这个特点，有所警觉，然后及时撤回委托，免遭受灾难。

第 15 章
我给希格比找工作

今天早上我收到一封老朋友卡尔文·赫·希格比的来信。多年以前，我们曾一起在银矿工作，我们已经有四十四年没见过面，也没有任何联系了。

我把这封信附在这里，等它重见天日的时候，我们两个都已经入土为安了。我自作主张将他信中的标点和拼写原封不动地放在这里，对我来说，这些都是希格比的一部分。他十分单纯，非常直爽，信的标点和拼写也像他本人一样单纯诚实，他并没有为此感到不好意思，实际上也没有这个必要，因为这只说明他没有受过太多的教育，他也不想假装有学问。

加利福尼亚州格林维尔市普卢默斯

1906年3月15日

纽约州纽约市

萨姆·朗·克莱门斯

亲爱的伙计：

有两三个人来找我，让我写写我们60年代初在内华达州的往事，我已经决定要做这件事了，并且把想到的一些事随手记录了下来，我这样做已经有好几年了。我现在有几个时间不太确定，一是你来内华达州奥罗拉市的时间；还有，到了内华达州以后，第一次穿过内华达山前往加利福尼亚的时间，以及我们的矿区被人霸占时，你在沃克河或者附近地区照顾那个病人的大概日期。千万不要认为我企图窃取你的故事，我只是写几件你的文章和书中都没提过的小事。我想把它们交给你看看是否有什么不合适的地方，如果有，请你帮我划掉，并随便添加你认为合适的内容。

几年前我被大火烧坏了，以前的一些事都不怎么记得了，所以我才问你上面的那些日期。大火过后，我病了大概有两三年，没能力再赚什么钱，所以经济状况很糟糕。我承认，为了赚点小钱，我才想试着写点东西——如果你能坦诚相告关于这些东西的价值，以及它们是否适合发表，我会非常高兴的。随信附上《先驱报》对我投稿咨询的回信副本。

期盼着能收到你的回信，根据你的时间方便，非常感谢。

你的朋友

卡尔文·赫·希格比

[抄 录]

纽约，1906年3月6日

卡尔文·赫·希格比

加利福尼亚州格林维尔市

尊敬的先生：

您能把和马克·吐温共同经历的稿件投给《先驱报》，我感到非常荣幸和高兴。如果它们如我想象中的一样有趣的话，那么《先驱报》会十分愿意付给您优厚的报酬。当然，在没有看到这些文字之前，我很难提前确定报酬的金额。如果您想先发给克莱门斯先生审定一下的话，我们非常谢谢您的厚爱和帮助，那样我就能更快地确定报酬数额。不过，如果您认为价钱不合适，自己有一个心理价位的话，请您一定告诉我。

您忠实的朋友

纽约先驱报

星期日主编

乔治·朗·迈纳

我给希格比写了回信，让他答应由我来替他做文字出版的买卖，铲沙我比不上他，但是说到从出版社那里挤点油水，他完全不是我的对手。

我让希格比帮助《先驱报》的人理解他自己的那套拼写，他非常大方地、出色地完成了任务，没有一点不理解和不高兴。我觉得，他的拼写是为文章增色了，因为六十多年来我一直很反感规范拼写。这主要是因为我小时候除了擅长照着书拼写以外没什么可值得称道的，这份荣耀真的非常可怜和卑微，很小的时候我就不以之为荣了。我觉得这可能是因为规范拼写是一种天赋而不是后天努力的成果，后天努力的成果是值得骄傲的，因为这是劳动的结晶，就如同工作换来的薪水一般，但是仅仅靠上帝恩赐而不是靠自己努力取得的成果，那么这份荣耀只能归功于上苍——也许成果本身也值得骄傲，让人满意，但是你却一无所得。

希格比是我为失业者谋工作的伟大而没有落空的计划的第一个受益者。44年来，我不断地将这个计划付诸实践，从来没有失败过。我所认为的人性和真的人性完美的吻合就建立在这个基础之上，我发明这个了计划，这是我最引以为豪的一件事。

我和希格比住在山脚下供植棉人居住的一幢单坡屋顶的房子里，房子非常小，除了容纳我们两人之外，只能再勉强安置一个炉子。房子破旧不堪，早上八点和晚上八点的温差经常达到50℃。在离房子半英里的一座小山的边缘，我们同鲍勃·豪兰和霍雷肖·菲利普斯合伙，申请了一座银矿的开采权。当时我们每天早晨都要去那里，带着午餐，一整天都在那个矿井里面挖掘、爆破，从信心满满到悲观绝望，又重新信心满满，不停地反复，直到用光所有的资金，身无分文，我们还是什么也没挖到，最后不得不另谋出路。我在附近一个石英厂找了一份用长柄铁锹筛沙子的工作，我非常讨厌这个工具，从来也没有学会怎么用它，每次，沙子根本没有落到筛子上，而是洒了我一头，钻到衣服里，弄得满后背都是。这是我干过的最烦人的工作，不过报酬却很丰厚，每个星期有十美元的薪水，并且还管饭——单是伙食就很值，因为每天不仅有熏肉、豆子、咖啡、面包和糖蜜，还有炖苹果干，就好像每天都是星期日过礼拜。但是这如皇帝般享受、虽低贱却奢侈的生活，却不得不结束了。主要有两个原因：一是这活对我来说实在太累了，我受不了；二是公司花钱雇我也不是为了天天看我把沙子扬到后背上。所以，就在我想辞职的时候，他们把我辞退了。

如果换做希格比干那份工作，一切都会非常合适，双方都能满意。他身材魁梧，浑身都是肌肉，像个巨人，正适合这份工作。他能轻松自如地操控那把长柄铁锹，而且干活有耐心，耐力十足，能连续工作12个小时，心不跳气不喘。当时他正好没找到工作，心情有些沮丧。一天，他突然很悲凉地对我说："要是我能在那个'先锋矿'找到份工作该多好啊！"

我问他："你想在'先锋矿'干哪类活？"

他回答："力气活呗，他们每天能赚五美元呢。"

我说："如果这就是你所希望的，那么我可以助你得到一份工作。"

希格比十分惊讶，他不太相信自己的耳朵，问道："你的意思是你认识那里的工头，可以帮我弄份活干，但是你从来没有提起过？"

"不是的,"我回答道,"我不认识工头。"

"那么,"他说,"你认识哪个?你怎么能帮我弄到一份工作?"

"嗯,"我说,"这非常简单,只要你按照我说的去做,别自作聪明擅自行事,不用等到天黑,你就能得到一份工作。"

他立马说:"我一定听你的,不管让我干什么都行。"

"好,"我说,"你到那里去,就说你闲得无聊,实在不习惯待着,想干点体力活来提提神,不需要任何回报。"

他问:"什么也不要?"

我说:"是的,什么也不要。"

"一点工资也不要?"

"是,一点工资也不要。"

"连饭也不要?"

"是,连饭也不吃,你就去那里白干活,让他们相信,你就是想白干活,什么也不要。当他们看到你的块儿头,就知道自己中了头彩,那么你就能得到一份工作了。"

希格比怂怂地说:"好吧,这么个破活!"

我说:"你说自己干什么都行的,现在就开始抱怨了,你说什么都会听我的,你一向都是说话算数的,现在就去,把工作搞到手。"

他说他会的。

我急切地想知道事情的进展,甚至比我劝他去尝试的时候还要急。不过,我还必须让自己看上去对自己的计划成竹在胸,当然,我做到了,但实际上,我真的是非常渴望知道结果。不过我觉得自己深谙人性,一个像希格比那样的大块头到了那里,满身的肌肉摆在工头面前，什么也不要，光干活，工头们不会不考虑一下就撵走他的。时间一分一秒地过去，他没有回来，我越来越放心了，自信心也越来越足。日落时分，他终于回来了，我高兴地得知自己的巧妙点子成功了。

他说刚开始的时候工头十分诧异，一下子就懵了，不知道该如何应对，很快工头就回过神来，非常高兴地说同意让希格比如愿在这里干活，活动一下筋骨。

希格比问我："这得干多久？"

我告诉他："情况是这样的，你必须待在那里好好干活，就像是拿着工资干活一样，并且永远不要抱怨，也不要暗示自己想要薪水或想在那吃饭，这种状况可能会持续一天、两天、三天、四天、五天、六天，这取决于工头是个什么样的人。有些工头没几天就坚持不住了，也有一些能坚持一个星期，但是很少有能坚持两个星期不给你工资也不觉得难为情的人。我们假设你遇到了那样的工头，那么，你不会在那里待在两个星期的，因为工人们会到处宣扬，说矿上最能干活的那个人竟然那么喜欢干活，不拿薪水还那么高高兴兴地干活，你会成为奇人怪事，别的矿上的人会专门跑过来看你，你甚至可以收门票，但是千万别那样做，一定要保持自己的立场。其他矿上的工头一看到你这样一个大块儿头，就知道你一个人干活能顶别人两个，他们肯定会给你一般工人一半的薪资待遇。但千万别答应，去把这件事告诉你的工头，给他机会给你同样的待遇。如果他不这样做，那么你就随意接受其他矿上提供的工作机会。希格比，用不了三个星期，你就能成一个矿井甚至是一个工厂的工头，拿到最高的工资。"

果然如我所料——从此我就过上了舒服的日子，什么也不做，因为我并不需要亲自去实践自己开的方子，只要希格比有了工作，就不需要我再找了，他一个人赚的钱足以养活我们两个人。所以，接下来的几个星期我过着绅士般的生活，悠闲地看书、读报，每天炖炖苹果干，做做晚餐，就像过礼拜一样，此生我别无他求。希格比非常慷慨地养活我，从来没有抱怨过，也从来没有暗示我应该出去也找份不给钱但是管饭的工作，自己养活自己。

大概是1862年底，我离开了希格比——也可能是在63年初，然后去了弗吉尼亚市，去顶替威廉赫·赖特，担任《企业报》的记者，而且是唯一的记者，赖特要横穿北美内陆平原到爱荷华州去探亲。这些我都写在《艰难岁月》的书里了。

此后的44年里，我再也没有见过希格比。

第 16 章
决斗之风

早些时候，内华达州突然兴起一股决斗之风，到了1864年，每个人都急切地盼望着能有机会尝试一下这个新游戏。在当时，如果一个人没有在决斗中让别人或自己送命、残废，那他就会被认为一点都不顾及自己的尊严。

当时，我住在弗吉尼亚市，在乔·古德曼先生的《企业报》担任城市栏目的编辑，时年29岁，虽然我有很多理想，但是对决斗这个特别新潮的游戏没有丝毫尝试的渴望。我既不想参与，也不想挑起任何决斗。虽然这样很没面子，但是能平平安安的，我已经心满意足。因此，我成了被羞辱的对象，同时也连累了我的同事们。不过我安之若素，对自己被羞辱已经习以为常了，这种理智对我已经不是什么新鲜事，我应付自如。

普朗克特和朗·姆·达格特是我的同事，他们都对决斗非常感兴趣，但一直没能成功地让我进入这个游戏，他们一直在等待机会。古德曼是我们当中唯一为我们报社增光的人。弗吉尼亚的《公会报》

是我们的竞争对手，汤姆·菲奇一度是它的主编，他被大家称作"威斯康星州的银牙辩手"——他来自于威斯康星州，把自己的口才用到《公会报》的社论中，为此，古德曼先生把他请到外面，赏了他一颗子弹。到现在我还记得古德曼的挑战被菲奇接受时我们报馆里面沸腾的情景，那天我们一直闹到很晚，对乔·古德曼大加吹捧。他当时只有24岁，缺少29岁的人所具备的明智，因此，这一切让他有些飘飘然，而我却没有。

他选择了格雷夫斯少校做他的陪练（少校的名字并不准确，不过差不多，我记不清那个名字了），格雷夫斯来指导乔该何决斗，他曾经在被誉为"决定命运的灰眼睛男人"的沃克尔手下当少校，跟着这位名人参加了在中美洲的各个侵略战役，这件事就已经表明了少校的能力。如果说一个人在沃克尔手下任少校，并在沃克尔夸耀的那些战斗中活下来，这就表示，此人不但勇敢，而且英勇非凡，沃克尔手下的战士个个如此。

少校十分威武，军人身上庄严而高贵的特质，让人过目不忘。先天特质，加上后天训练，使他谦逊有礼，优雅迷人，他身上的这种气质我只在一个人身上看到过，那就是鲍勃·豪兰。他的眼睛里透射出一种神奇的力量，对某个人，或者某些人，只需一个警告的眼神，就能让他们乖乖的。长了这么一双眼睛的人根本就不需要带武器，让他根本不用说一个字就能把带着凶器的暴徒制服，送进监狱。我曾亲眼见过鲍勃·豪兰有过这样一次经历。一个清瘦、和善、温柔、绅士、仁慈的小个子男人，长着一双温柔的蓝眼睛，对着你微笑时这双眼睛能把你的心征服，但是眼色一变，也足以让你心寒胆战，这要看当时的具体情况。

少校让史蒂夫·吉利斯站在 15 步远的地方，然后让乔站直身体，向右侧身对着史蒂夫，把他的那把威力惊人的海军六连发枪扳好击铁，枪托顶在腿上，并告诉他这才是正确的放枪位置。这说明当时在弗吉尼亚放枪的位置（也就是，枪口朝天，然后慢慢放下瞄准目标）都是错的。他告诉乔，听到喊"一"的指令，需要慢慢举起枪，稳稳地对着对方的身体，瞄准要射击的那个部位，然后，稍作停顿，"二，三——开枪——停！"听到"停"就可以开枪，但决不能提前，在那个字之后，磨蹭多长时间再开枪都不要紧。然后，开枪的时候可以往前移动，根据自己的需要任意开多少枪，如果能从中得到什么乐趣的话。这个时候，对面那个人，如果他得到了恰当的指导还能幸存下来的话，也正在向你靠近，并发射子弹——这样多少都会造成些损伤的。

当乔举起手枪的时候，很自然地停在了史蒂夫胸口的位置，可是少校说："不，这样是不对的，宁可冒着自己被杀的危险，也决不能威胁对方的生命，如果你在决斗中活了下来，千万不要让这段记忆成为余生挥之不去的阴影，使自己彻夜难眠。要瞄准对方的腿，不要打膝盖及以上的部位，要瞄准膝盖以下，至多让他的腿残废，而身体的其余部位都是属于他母亲的。"

这些善意的建议和超凡的指导帮助乔击倒了对方，一颗子弹穿过了对方的小腿，使其终身跛足，而乔只是损失了一缕头发。他在当时根本不在乎这缕头发，远比现在好，一年前我在纽约见到他的时候，那一头短发已不见了踪影，只剩下光秃秃的圆形头顶，以及舍不得剃去的一穗儿流苏。

大约一年后，我决斗的机会也来了，但并不是我主动寻求的。古德曼去旧金山度假，我顶替他做一个星期的主编。原本我以为这事儿十分简单，除了每天写一篇社论外，不需要操心其他事，不过我却失望地发现，事实根本不是这么一回事儿。第一天，我根本不知道该写些什么，不过我突然意识到那天是 1864 年 4 月 22 日，第二天就是莎士比亚的 300 岁诞辰——哪有比这更好的主题呢！我找出大百科全书，细心钻研了一番，搞清楚谁是莎士比亚，他都干了些什么，我把能借用的都借用过来，然后展示给公众。这里的人对莎士比亚了解不多，莎士比亚做的事情还没多到足以作一篇社论的程度，不过，我又补充了一些他没有做过的事，这比他所创作的那些东西更加有影响力，更能吸引人的眼球，读起来更加有趣。

但是第二天，我的麻烦又来了，再没另一个莎士比亚可以拿来写成社论了，无论是过去，还是未来，都没有什么可以拿出来迎合公众。所以，唯一可用的主题，那就是莱尔德先生，弗吉尼亚市《公会报》的老板。他的主编也去了旧金山，如今莱尔德正自己当着主编。我用当地报纸编辑圈子里流行的方式讽刺了莱尔德先生，第二天，他用更加讽刺的方式回击了我。这样一来，我们所有人都觉得莱尔德先生会要求决斗，因为在当时，当地的决斗者已经把决斗改造、整编、提高到了社会礼仪的地位：如果你说了别人不喜欢听的话，他光是用言语还击是不够的，社会礼仪要求他必须发一份决斗挑战书。所以我们一直在等着挑战书，但它却没有如期而至。一天都过去了，一个个小时又都过去了，还是没来任何挑战书，那些小伙子们越来越沮丧，一个个垂头丧气。不过我非常高兴，我的感觉越来越好，他们都理解不了，但是我体会到，别人越是沮丧，我越是能高兴起来，这是我的性格。

既然到了这个境地，那么我们就必须主动向莱尔德先生挑战。当我们做出这个决定的时候，他们重新又欢呼雀跃起来，可我却没有那么兴奋了。但是，碰上这样的事，你就掌握在朋友的手中了，什么都由不得你，只能听他们的。达格特替我写了挑战书，因为他擅长这个，措辞语言恰如其分，说得令人"心悦诚服"，我就写不出来这样的东西来。达格特抛出一大段垃圾话，侮辱莱尔德先生，尖锐的口吻，恶毒的语言，估计足以让他有所行动了。我的陪练是史蒂夫·吉利斯，他去送了挑战书，然后回来等信儿，结果如石沉大海。小伙子们都出离愤怒了，只有我不动声色，史蒂夫又送去了一封挑战书，措辞更为激烈，结果一样，我们又一次什么都没有等到。我开始感受到了惬意，对挑战书来了兴趣，以前完全没有这种感觉，但是随着挑战书一次次被拒绝，我没花任何力气，名誉就不断飙升，这让我喜出望外。到了午夜，我开始觉得这个世界上最让人期望的莫过于来一场决斗了，所以，我又催促达格特，让他不断地去送挑战书。哦，天哪，我玩儿得实在有些过火了，莱尔德接受了挑战！我早该料到是这样的结果的！莱尔德这样的人你根本就靠不住！

那些小伙子们的激动已经无法用语言描述了。他们帮助我准备好遗嘱，这更让我感到不舒服——我已经够难受的了。然后他们把我送回家，我一刻也没睡——根本没有睡意，我还要考虑那么多事，而且只剩下不到四个小时去处理它们了。我们约定了五点钟决斗，我还得拿出一个小时的时间，从四点开始，来练习射击，弄清楚枪的哪一头应该朝向对手。到了四点钟，我们一起来到距小镇一英里远的一个小峡谷，借了仓库的一扇门当靶子。我们把门板立起来，在中间立上围栏代表莱尔德先生，不过显然这并不合适，因为他又高又瘦，除非横扫一气才有可能打到他，如果不这样，他一定会避开子弹，这是决斗中最糟糕的事了。我开始对着围栏射击，但是总射不中，然后我又尝试着对门板射击，可还是射不中，除了那些在靶子旁边转悠的人以外，谁都没有被击中的危险。听到旁边的河谷传来射击的声音，我完全丧失了信心，一点士气也没有了，我知道那是莱尔德那帮人出来训练他，他们肯定会听到我的射击声，并且跑过来看我的成绩，看看他们的胜算如何。天哪，我一次都没有打中，我知道如果莱尔德跑过来看到门板上连子弹擦过的痕迹都没有留下，那么他肯定会像我之前那样迫不及待地想要决斗的，就如同我在挑战被接受之前的那半夜里对决斗的渴望一样。

就在此时，一只还没有麻雀大的小鸟飞过来，停在大概 30 码外的一棵山艾树上，史蒂夫抽出他的手枪，只一下就打下了它的脑袋。唉，他才是个神枪手，强我百倍。我们跑过去捡起那只鸟，刚好这个时候，莱尔德先生和他们的人爬过山脊来找我们。莱尔德先生的陪练看到了那只没头的小鸟，他的脸色霎时变得惨白，显然，这引起了他的注意。

他问："这是谁打下来的？"

还没等我开口，史蒂夫就说话了，语气平静自然，就像在陈述一个事实一样："克莱门斯打下来的。"

他又问:"啊,好枪法!离多远打的?"

史蒂夫答道:"哦,不远,大约30码。"

那个陪练继续说:"不错,枪法惊人。那么命中率如何?"

史蒂夫用轻蔑的口吻回答说:"哦,也就是五发四中!"

我知道那调皮的家伙在说谎,不过我没说什么。那个陪练继续说:

"啊,打得真不错!我本以为给他一所教堂他都射不中呢!"

他猜得完全正确,不过我还是没吱声。然后,他们道了早安,那个陪练就送莱尔德先生回家了。莱尔德先生的步子有点踉跄。没多久,莱尔德先生就让人送回一张亲笔写的便条,说无论如何他都要取消和我的决斗。

嘘——我的小命保住了,全靠那次意外,我不知道那只小鸟对上苍的这个安排做何感想,但是我实在是觉得太、太、太安慰了,心满意足。后来,我们得知莱尔德训练的时候六发四中,假如那场决斗如期进行的话,我肯定被他打得浑身是洞,变成筛子,连我坚持的信仰都兜不住了。

到吃早饭的时候,消息就已经传遍了整个小镇。我发出挑战,史蒂夫·吉利斯给我送的挑战书,根据最新制定的法律,这足以让我们两个在监狱里面待上两年。诺斯州长本人倒是没有亲传口信,但是让他身边的一位亲信提醒我们,最好明天一早坐第一班公共马车离开这个州,四点就出发。与此同时,会有人搜查我们,不过不会那么认真,如果我们不坐公共马车一起走的话,肯定会成为新法律的牺牲品。诺斯法官急于为新法找几个牺牲品,一旦被抓,他肯定会把我们关满两年，绝不会为了取悦任何人而赦免我们的。

显然，内华达州已经不再欢迎我们了，所以我们整天待在住的房子里，提心吊胆的。只有一次例外，史蒂夫出门去一个旅馆帮我料理了另外一个找上门的主顾，那就是卡特勒先生。你也知道，莱尔德先生并不是我在担任主编期间试图改造的唯一一个人，我当时从周围的同行中选了几个，通过激烈的批评和谴责，给他们的生活注入新的调剂。所以当我放下主编之笔时，别人已经欠了我四次马鞭鞭挞和两次决斗。我们对马鞭鞭挞并不在意，也没啥可炫耀的，所以不屑于费力去讨，但是荣誉感迫使我不能不重视另外一场决斗。卡特勒先生专程从卡森市过来，从旅馆里派了一个人送来一封挑战书，史蒂夫过去平息一下他的激动情绪。虽然史蒂夫只有95英镑重，但是整个州的人都知道，他用拳头能放倒两条腿走路的任何人。史蒂夫是吉利斯家的人，当一个吉利斯家的人出面解决问题，那就不是好惹的了。当卡特勒发现我的陪练是史蒂夫，他的激动情绪马上就冷却下来，变得非常平静和理性，能听进别人的话了。史蒂夫给他15分钟的时间离开旅馆，半个小时以内离开小镇，否则后果自负。所以，那场决斗也顺利解除了，卡特勒先生立刻就返回了卡森市，承认了自己的过错，改过自新。

自此，我再也没有跟决斗打过任何交道。我真的完全不赞同决斗这种做法，这不但不明智，还非常危险。不过，我曾经对别人的决斗非常感兴趣，一个人总是对自己曾经经历过的任何带有英雄主义色彩事物有着持久不衰的兴趣。

第 17 章
在旧金山的记者生涯

离开内华达州以后,我来到旧金山担任《晨访报》的记者,并且是该报的唯一记者,再没有其他人帮忙,工作足够一个人干的了,甚至还干不完,但是两个人干又不够。这是巴恩斯先生的观点,他是报社的头儿,比别人更清楚这儿的情况。

每天早上九点,我都必须去警察局待上一个小时,简单记录下头天晚上发生的争吵。通常这都是发生在爱尔兰人之间或者中国人之间,当然,偶尔也会换个花样,爱尔兰人跟中国人吵一下,每天的证据基本上都是前一天的翻版,因而每天的工作异常无聊。根据我观察,对这些事能提起兴趣的只有那个法庭传译员,虽然是个英国人,但是他却能从容应对中国的 56 种方言。与我们记者完全不同,每十分钟,他就要从一种方言转换到另一种方言,这让他的精神一直高度紧张,大脑处于亢奋状态。接下来,我们就要去高一级法院记录前一天的宣判结果。有关法院的所有报道都被列入"日常新闻"栏目,法院是最可靠的新闻来源。其他时间里,我们会跑遍全城的各个角落，收集一切可获得的此类资料，以填充我们的栏目。如果实在没有什么吸引眼球的事件可以报道，那么我们就自己鼓动一些。

晚上，我们会跑遍六个剧场，一周七天，一年365天，天天如此。我们在每个地方待五分钟，扫一眼正在上映的戏剧或者歌剧，回去之后添枝加叶，写出这些戏剧和歌剧的"详细报道"。从新年的第一天到最后一天，每天晚上我们的灵魂都备受折磨，绞尽脑汁地想出以前几百次报道都不曾讲过的带些新意的话。从那时到现在，已经过去了40年，但我每次从剧场经过，哪怕只瞅一眼，如"雷默斯大叔"所说的那种厌恶之情就会涌上心头。至于剧场里面如何，我可以说一无所知，因为这么长的时间里，我很少进去看，也一点都不想进去看，无论任何理由都无法让我改变。

从早上九十点一直到晚上十一点，辛辛苦苦搜集完资料以后，我开始拿起笔，用文字和语句把它们组织起来，使它覆盖尽可能大的范围。这实在是一件恐怖的苦差事，呆板乏味，毫无乐趣可言。这对一个懒汉来说绝对是可怕的苦役，而我天生就是一个懒蛋，我现在都比40年前勤快，因为40年前我已经达到了懒惰的顶峰，再无法超越了。

结果，发生了一件事。那是一个周日的下午，我看到几个小流氓正在追赶一个中国人，用石头砸他，那个中国人背着一个沉重的包裹，里面都是他的基督徒顾客一周要清洗的衣服。同时，我还发现，一个警察正在一边兴致盎然地看着，只是看着，根本没有干预。我言辞激烈、满怀义愤地详细描述了整个事件的经过。通常第二天早上我不会想去看前天晚上写的东西，因为那些都是不带任何感情写出来的,但是这篇却源自真正的生活,里边闪现着艺术的火花。因此,第二天一早我就十分急切地在报纸上寻找这篇报道,可惜它并没出现,然后第三天依然没有刊登,第四天也一样。我找到排字间,发现它被放在了备用架上。我问了一下原因,工头告诉我,巴恩斯先生说《晨访报》和纽约市的《太阳报》一样,是专门给洗衣女看的报纸,也就是说,是穷人的报纸,也是唯一便宜的报纸。它收集穷人的生活百态,同时也必须尊重他们所持有的群体偏见,否则就只有逐渐消亡。爱尔兰人是穷人,他们是《晨访报》的后盾和支撑,没有他们,《晨访报》连一个月也维持不了。但爱尔兰人痛恨中国人,我这些言辞激烈的文字很可能会激怒爱尔兰人整个群体,从而毁掉报社。在报纸上批判小流氓用石头攻击中国人,《晨访报》承受不起后果。

那个时候我的品德还很高尚,如今已经改变了;那个时候我也不够智慧,如今也有了进步。前天纽约市的《太阳报》刊登了它在伦敦的通讯记者写的一两段话,让我认清了自己的位置。那个记者提到在过去 12 个月中美国发生的一些事,如大保险公司的极度腐败,国内最著名的商人实际上干的是盗窃的事;像费城、圣路易斯这样的重要城市以及其他一些大都市曝光出没有任何道德可言的贪污行贿;最近曝光的规模浩大的宾夕法尼亚铁路系统上百万的贿赂案,以及部分揭露的跨美国大陆的商业诈骗;最近厄普顿·辛克莱曝光的最骇人听闻、最要命的"牛肉托拉斯"诈骗,迫使罗斯福总统敦促不合作的国会制定法律,保护美国和欧洲,避免栽在医生和殡仪员手中。

根据那个记者的观点，欧洲已经开始质疑美国是否还有一个真正诚实可靠的人。一年前，我还自鸣得意地认为除了自己以外，美国再也没有一个这样的人。可我这样一个例外也已经消逝了，如今，我坚信在美国再也找不到一个真正诚实的男人了。直到去年一月份，我还拥有这个光环，然后没多久，我的光环也消失了，变得与洛克菲勒、卡内基、范德比尔特家族以及其他一些诈骗行家一样，就像那些丧失良知的人一样，决心不再纳税。我的堕落对美国来说是一个巨大的损失，因为本就只剩我一个好人了，这下连替代品都没了。我坚信，至少要50年我的继任者才能出现。我认为，只要涉及美元，整个美利坚合众国，除了女性以外，都将腐败堕落。别忘了，我是以死人的身份在这里说话，任何一个活着的人如果公然说出这番话，我都认为这是很不明智的。

但是，正如我所说的，40年以前我比现在要高尚得多，那时，我成为《晨访报》之流杂志的奴隶，我为自己沦落到这种地步而深深地感到羞愧。如果更高尚一点，我就会抛掉职位转身离开，如英雄一般，宁可饿死，可我从没有过这样的经验。我曾像其他人一样，梦想过成为英雄，但并没有付诸实践，我不知道该如何开始，我无法忍受从饿死开始。我的一生中有一两次差点被饿死，这种经历没有任何乐趣可言。我非常清楚，如果辞职就再也找不到这样的工作了。因而，我把这些耻辱都咽到肚子里，苟延残喘。如果说以前我的工作还有一点点能吸引我的地方，那现在是一点也没有了。我虽然继续工作，但是却没有一丝兴趣，问题自然就来了。开始的时候，我没有重视，我在前面已经提过，这份工作一个人干很累，按照我现在的工作方式，显然，它够两三个人干的，就连巴恩斯先生也注意到了这一点，他告诉我找个助手，半薪。

账房里有一个大块头的小伙子，叫斯密基·麦克格鲁尔，淳朴、勤快、厚道，他每周收入很少，住宿还要自己解决。账房里有一个缺德的办事员，谁也不尊重，什么也不在乎，经常捉弄这个小伙子，给他起了个外号，让人觉得十分贴切恰当——我都不知道为什么。我把助理的职位给了斯密基，他满心欢喜，十分感激地接受了。在工作上他的付出足足是我的十倍，虽然他并不聪明，但是《晨访报》记者的工作根本不需要智慧，所以他把工作做得完美无缺。慢慢地，我把越来越多的活交给斯密基去做，自己变得越来越懒惰，接下来的30天里，他几乎包揽了所有的工作。而且，很显然，他一个人可以承担所有的工作，甚至还有余量，因此，我就成了多余的人。

就在这关键的时候，我又写了中国人被砸的报道，巴恩斯先生就把我解雇了。这是我唯一一次被人辞退，到现在还能感到隐隐作痛——虽然我已经躺在坟墓里了。他没有粗暴地解雇我，这不是他的个性。他是一个魁梧、英俊的男人，面目慈祥，举止谦逊，穿着十分得体，不会向任何人说粗鲁的、低俗的话。他悄悄地把我拉到一边，建议我自己辞职，这感觉就像一个父亲为了自己儿子的利益对他进行奉劝一样，于是我遵从了。

现在我又成了游荡者了，无处可去。根据我受到的长老会的教导，我知道《晨访报》要走霉运的。我了解上苍的处事方式，因此知道做违反道德的事肯定是要遭受报应的，虽然我不知道惩戒什么时候会来，也不知道以什么样的方式出现，但是我就像确信自己的存在一般断定报应迟早会来的。我不知道灾难是降在巴恩斯身上还是降在他的报馆上，虽然巴恩斯是罪魁祸首，但根据我受到的教导，惩罚往往会降临到那些无辜的人或事上，所以我断定《晨访报》迟早会因为巴恩斯的恶行而惨遭厄运。

果不其然！四月的第四个星期的第一张照片里，《晨访报》所在的大楼高高耸立在城市的废墟之上，就好像华盛顿纪念碑一样，大楼的实体建材都不见了，只剩下钢铁架子！看到这些，我感叹道："上苍的行事方式是多么奇妙啊！"我就知道这一切会发生的，40年以前我就知道了，在这期间，我从未对上苍失去信任，虽然事情发生的时间比我预计的晚很多，不过如今如此彻底，如此让人满意，这已经足以弥补这份延迟了。很多人会觉得很奇怪，难道为了40年以前一个被辞退的记者和一份报纸之间的恩怨，上帝会毁灭一座有40万居民的城市吗？但是对我来说这一点也不奇怪，因为我被教导过，我是一个长老会成员，我知道这些事情都是怎么回事。在《圣经》里面，如果一个人犯了某项罪过，那么周围所有的族群，包括牲口和人，都可能被灭绝。我知道上帝对其他人也不会网开一面，所以上帝就把别人和自己要惩戒的那个人联系在一起。我记得，在《神迹》中有这样一个故事：一天晚上祈祷会结束后，一个男人在回家的路上说了渎神的话，上帝的惩戒在随后的九个月中就出现了。他有一个妻子和七个孩子，他们都很快就染上了一种可怕的疾病，一个接一个痛苦地死去，直到某一个周末，家里只剩下这个男人。我知道上帝的意思是要惩罚这个男人，但是，如果他有点脑子的话，他就能发现上帝的惩戒已经完成了，只不过是降临在了他人身上。

第 18 章
早年的布勒特·哈特

在那古老的年代,《晨访报》的账房设在一楼,美利坚合众国造币厂的监管处设在二楼,布勒特·哈特是监管员的私人秘书。编辑和记者们都在三楼,四楼和顶楼是排字间。斯密基·迈克格鲁尔来了以后,我跟布勒特·哈特经常待在一起,不过之前没有太多的交往。哈特当时为《加利福尼亚人》报写了很多稿件——我想主要是贡献了"压缩小说"以及附录的小品文,兼做编辑。我也是撰稿人,还有查尔斯·赫·韦伯、普兰特斯·马福德以及一个一心想在文学方面有所建树的名为黑斯廷斯的年轻律师,还有查尔斯·沃伦·斯托达德,安布罗斯·比尔斯直到现在还在给杂志写东西,当时受雇于旧金山的某家报纸——大概是《黄金时代》。我们几个人在一起十分开心,相处得融洽而愉快。这些都是斯密基·迈克格鲁尔来帮我以后的事,以前可没有那么悠闲。在那 30 天里,斯密基带给我极大的便利,可之后,就变成了我的灾难。

发现布勒特·哈特的是造币厂的监管员思维恩先生。50 年代到加利福尼亚的时候，哈特才二十三四岁，他后来游荡到怀里卡（YREKA）的露天矿营地，这个地方在一次偶然中得到了这个奇怪的名字——最初的时候，这个地方急需一个名字。当时那里有个面包房，一个已经上了漆的帆布招牌展开晾在那里，还没有挂起来，刚好BAKERY这个词除了首字母B以外，其他字母都已经干了，显露了出来，并且这个招牌被反着放在那里。开始的时候，一个陌生人把它错读成了YREKA，以为它是营地的名字，营地的人觉得这个名字不错，就采用了。

哈特在那个营地教了几个月的书，业余时间他还主编一份相当于报纸的小周刊，而且，还在杰卡斯·古勒克的小矿上干了一段时间（几年后，我曾经在那里待过三个月）。在怀里卡和杰卡斯·古勒克，哈特学会了准确地观察加利福尼亚的森林景色和田园风光——驿站、马车、赶车人、乘客、露天矿工的衣着和风格、赌徒和他们的女人，并像拍照一般如实描述下来；他学会了所有自己以前不知道的矿山知识，并使大家读起来觉得这些东西就是专业人士写出来的。还是在那里，他学会了让欧美人都非常神往的奇特的矿工方言，这种语言在哈特发明之前，天上地下找不到任何人用过，虽然哈特还健在，但是这种方言却消逝了，不过也没有什么损失。后来，他辗转来到旧金山，作为一个排字工，在《黄金时代》的办公室谋得了一份差事，每周薪水十美元。

虽然哈特只是按照排版拿薪水，但是他在工作中出新点子，给报纸贡献文字以自娱自乐。报纸头儿兼主编乔·劳伦斯也从来没有见过哈特的手稿。因为压根就没有什么手稿，哈特一边干活，一边构思，一边把它们排出版来。表面上看，《黄金时代》是文学性报纸，但实际上它刊登的作品文学水准非常差，选用文章十分随便，徒有文学的外表，缺乏文学的内容。思维恩先生，也就是造币厂的监督员，在《黄金时代》报纸中发现了哈特的文字，就像发现了管弦乐中的音符一般——一个清新有力的新音符，在乐队嘈杂的演奏声中，这个音符异常突出，让人听得出是音乐。他问乔·劳伦斯，这个表演者是谁，劳伦斯告诉他是哈特。在思维恩先生看来，哈特在这样一个报社工作，拿这么一点工资，实在是委屈了他的才华，因此，就让他做了自己的私人秘书，没有太多的工作，可以拿优厚的报酬，并且还鼓励他追逐自己的梦想，发挥自己的才能。哈特当然很乐意，于是就开始了自己的发展之路。

布勒特·哈特是我所认识的最能逗人发笑的人之一，同时，也是我所见过的最讨厌的人之一。他好出风头，庸俗浮华，毫无信用，从他的着装上你就可以发现这些特征。尽管哈特长的满脸坑坑洼洼，但还算清秀。不管有钱没钱，他总是把自己的服装搞得比潮流还要时髦，总是要比周围最为时尚的人更时尚一点。他的衣着品位很好，虽然穿着扎眼，但是一点都不俗气，也不会让人觉得不顺眼。就是这么一点特长，使哈特完全区别于那些一味追求时髦的人，这从他的领带上就常常能看出来。他的领带总是单色的，鲜亮突出，大多时候是深红色，就像是飘在下巴下面的一团火焰，有的时候是靛蓝色，就像是绚丽多姿的巴西蝴蝶，热烈鲜活。哈特太享受这种洋洋得意的感觉了，甚至于都蔓延到他的举止体态和走路步法上，体态优雅安舒，步法扭捏小巧，如果一点也不矫揉造作的话，那反而跟他这个人以及他的着装不协调了。

哈特天生就不是一个信守承诺的人。我知道，他没有激情，什么事也没办法让他动情，他的心脏就像一个水泵，除了抽水排水之外别无其他功能。说到这些，又让我回想起了过去，那时我们很熟络，他在二楼做风光的私人秘书，而我则在三楼当落魄的记者，斯密基·麦克格鲁尔在暗处虎视眈眈地瞄着我。1870年，也就是五年后，他接受芝加哥《湖畔周刊》的邀请担任主编，当他横跨美洲大陆赶往东部时，风光无限，全国为之欢呼雀跃，不知道的还以为是印度的总督巡游或者消逝75年的哈雷彗星重现呢。这些事我都知道。

他后来的事我更加清楚，他横渡大洋去国外做领事，开始是在德国的克雷菲尔德，后来又到了格拉斯哥。之后他再也没有回美国，直到死在伦敦，离开美国、抛弃妻子儿女整整26年。

这就是布勒特·哈特，从狄更斯那里学来感伤文笔的哈特，曾一度把南北两个半球的农民感动得热泪盈眶，被他们看作是神一般的哈特。他曾经轻蔑地笑着对我说，他觉得自己已经完全掌握了让人感动流泪的技巧。他的意思是，感动的眼泪如同地下的石油，而他十分幸运地掌握了挖油的技巧。

哈特曾经告诉我，他的出名是一次意外，这次意外曾一度让他非常懊恼。他说出于好玩儿，自己写了一篇名为《异教徒中国人》的文章，然后就把它扔到了废纸篓里。没过多久，《陆地月刊》找他索稿，而他找不到其他稿子，因此就把那篇《异教徒中国人》从废纸篓里找了出来，送过去充数了。我们都记得，那篇文章引起了轰动，影响遍及基督教国家的各个角落，一周前还默默无闻、不为人知的哈特，一周后便声名远扬、家喻户晓了，就好像被一支巨笔一下写在了天际一样。他觉得这样出名是一场灾难，因为当时他正在写《咆哮营的幸运儿》，那是一部相当恢宏的作品，他本打算凭借那部作品扬名世界的。

《异教徒中国人》的确阻碍了他的这个理想，但很快，它就被《咆哮营的幸运儿》《田纳西的伙伴》和其他一些巧妙模仿狄更斯的作品所获得的更高荣誉取代了。在旧金山的那些日子里，被人称赞为狄更斯的成功模仿者，哈特并没感到一些羞愧，而是感到十分骄傲。我听他亲口说过，他认为自己是美国最好的狄更斯模仿者。这句话反映出了一个事实，那就是在当时的美国，有很多人雄心勃勃地、毫不掩饰地模仿狄更斯。哈特的长篇小说《大天使加百列·康罗伊》就酷似狄更斯风格，简直就像狄更斯本人写的一样。

真可惜，我们年轻的时候无法逃避人生。36年前，当举世瞩目的布勒特·哈特前往东部开始他荣耀的生活时，他一生中最有意义的时光已经过去了，他一生中最值得人敬重的时光也已经过去了。他正在进入一个悲惨的阶段——贫穷、负债、屈辱、羞愧、名誉扫地、痛苦。就连他那举世的声誉也肯定让他自己感到厌恶，因为这将他的贫穷以及性格的低劣暴露得一览无余，即使用任何艺术手法也无法掩盖。

曾经是一个快乐的哈特，知足的哈特，雄心满怀的哈特，充满希望的哈特，开朗、乐观、爱笑的哈特，一个只要活着就感觉到幸福和快乐的哈特，可惜这个哈特死在了旧金山。横跨大陆、荣耀至极的那个哈特，因为对方没有派马车来接而拒绝前往芝加哥参加宴会的那个哈特，在《湖边月刊》宏伟的计划不幸失败后依然坚持继续东行的那个哈特，承诺把未来一年的作品以一万美元的天价卖给《大西洋月刊》，但是没有提供任何值得上那报酬的任何作品，却还提前预支并花光了所有的钱，然后开始过着从男人那里借钱、依靠女人养活的凄凉、愁苦的生不如死的日子，直到最后死去的那个哈特，都不过是曾经的哈特的皮囊。

他曾有过一次新奇有趣的冒险经历，当时他是刚到太平洋岸边的一个愣头青，到处游荡寻找面包和黄油。他给我讲过一些早年的经历，他在怀卡里的金矿营地曾经快乐地当过一段时间的老师，同时，他还给两个排字工创办的当地小周报当过编辑赚外快。

编辑职务要求他必须审阅校样。有一次，校样出了点小错误，是那些老式讣告。当美国的人民还是软心肠、多愁善感的时候，各地都流行讣告这种风尚。讣告占半个栏目，都按照约定俗成的格式来写，也就是说，都选用最好的词——作者选用最好的词给死者汤普森太太的品德以最高的赞美，都是些华丽夸张的歌功颂德的话，最后按照惯例以一句评论结尾："我们的损失是她永恒的所得。"

哈特在清样中发现了一个问题："即使在怀卡里，她的贞洁（chastity）也是出类拔萃的。"显然，这个词是仁慈（charity）一词的误印，不过哈特并没有想到这儿，他意识到打印者在这里弄错了，同时，也知道只要查一下手稿就能知道这个词是什么。所以，他按照校样的习惯，拿起笔标出这里需要核对一下手稿。这很容易，花不了他几秒钟，他在 Chastity 一词下边划上一道横线，在旁边的空白处加上一个括号，里边打上一个"？"，意思是，"这个词有点问题，查一下手稿，把它改正过来。"但是，他忽略校验者还有另外一条准则，即如果需要加强对一个词的强调，你必须在下边画一条线，那么打印者就会将其排成斜体字以示强调。

第二天早晨，当哈特拿起报纸，扫了一眼讣告栏之后，他就牵起一头无人看管的骡子，骑着出了城，因为他清楚地知道，用不了多久，那个鳏夫就会提着枪来的。在布告栏中，如今那个并未改过来的错误变成了"即使是在怀卡里，她的贞洁也是出类拔萃的"，讣告一下子就变成了糟透了、不合时宜的挖苦。

《咆哮营的幸运儿》一问世，哈特立刻就变成了名人，每个人都在提他的名字，都在夸奖他。有一天，他碰巧要去萨克拉门托，去的时候忘记了定返程的船票，当下午即将上船返航的时候，他才意识到自己犯了一个多么愚蠢的错误！看起来，所有的萨克拉门托人都要赶往旧金山，买票的长队已经从票房开始，沿着跳板，顺着堤岸街道，一直延伸到看不见为止。

哈特只有一个希望：如果在戏院、剧场、汽艇或者游船上，往往有六七个位置留给迟到的著名人物，也许靠着自己的名头能捞到一个座呢。所以，他就顺着长队的边缘一步一步地往前挪动，直到最后和一个山里出来的身强体壮的大个子矿工肩并肩站在一起。这个矿工腰带上别着手枪，头上戴着的大帽子遮住了如海盗般长满胡须的脸，身上的衣服都溅上了星星点点的泥巴。队伍缓慢地向窗口移动，每个人都注定要听到那句要命的话："已经没有座位了，也没有站票了。"售票员刚跟那个彪形大汉说完同样的话，哈特先生把他的名片递了进去，售票员惊呼了一声，然后递给他一把钥匙："啊！布勒特·哈特先生，见到您很高兴，先生！特等舱全部给您用，先生！。"

没有买到票的大个子矿工双目圆睁，瞪了一眼哈特，周围的气氛顿时凝固了，阴沉下来，哈特吓得瑟瑟发抖，手中的钥匙和钥匙上的挂牌噼啪作响，很快就逃出了矿工的视线，躲到救生艇、甲板后边等相对安全的地方。可惜，尽管如此，他害怕的事还是发生了，那个矿工很快就找到了那里并四处张望，每逢矿工接近了，哈特就转移一个地方，这样一直坚持了半个小时，直到最后，哈特还是被发现了。由于估计错误，当哈特蹑手蹑脚地从救生艇后边走出来的时候，正好被矿工撞个正着！哈特已经感觉到不妙了，感觉到了即将到来的危险，但是已经来不及再逃掉了，他只好站在那里，等待最后的审判。矿工脸上没有一丝笑容，问哈特："你是哈特？"

哈特垂头丧气地承认了。

"是你写的《咆哮营的幸运儿》？"

哈特再次承认了。

"真的？"

"是的。"哈特用几乎听不到的声音回答道。

矿工突然兴奋、激动地大叫一声：

"龟儿子的！把手里的东西放下！"然后用他有力的大手紧紧握住哈特的手，几乎都要把它捏碎了。

第 19 章

上帝眷顾的傻瓜

俗语说,"上帝眷顾儿童和傻瓜",我觉得真的如此,因为我就曾亲身经历过。

有好几次,当我身处险境时都是得益于这种神秘力量的帮助而幸免于难。这一生中,我被聪明人设计,轻松落入他们获益的圈套里,并慢慢习惯了,甚至常常毫无任何怀疑地走入为自己设计的圈套,但是,却总能不可思议地全身而退。四十多年以前,我还在旧金山工作,凌晨两点收工后,办公室所有的员工都跑向一个有 12 条球道的保龄球馆,我也受到了邀请,不过是礼节上的、很勉强的邀请,他们礼貌性地对我客气一下,并不是真的非要我去不可。当我解释说自己对此一窍不通而腼腆地谢绝时,那群精力旺盛的小伙子们立马兴致勃勃,急切地要我必须参加。这让我有点飘飘然,因为我丝毫没觉察出这其中有什么诡计,因而便天真地接受了他们的邀请,对他们充满感激。我一个人独享一条球道。他们向我解释游戏规则,同时还告诉我,大家一起玩儿一个小时,谁打出满十的次数最少谁就得请大家吃牡蛎,喝啤酒。我听了很苦恼,因为这预示着我即将破产,我也很懊悔在开始的时候忽略了这条规矩。但是,自尊心迫使我硬着头皮留了下来,并且尽量装的让自己看起来对能来玩儿表示很满意、很高兴。实际上,我决不像表现出来的那样心安。但这无所谓,因为其他人看起来都那么高兴,他们实在掩饰不住那种幸灾乐祸的快乐。他们教我该怎么站,怎么弯身,如何瞄准球,如何把球扔出去,然后游戏就开始了。

结果出乎意料。我对此一窍不通,投球时千姿百态,唯独没有规范的。不过这不重要,在开始的半个小时内我百发百中,次次打出满十。局势很快就不是他们所能掌控的了,他们也高兴不起来了。他们偶尔能有人打出一次全中,但实在太少了,与我那显赫的得分比起来简直太微不足道了。再过半个小时以后,他们统统缴械投降了。穿上衣服,围在我的四周。虽然保持着基本的礼貌,但是话说得很明显,他们认为,我明明是一个经验丰富的球场老手,却假装不会打球,以蒙骗这些心地善良的朋友,狠敲大家一笔,而他们却把我当朋友,满怀信任,傻傻地以为我是一个诚实可靠的好人。任凭我怎么解释,他们都不相信我没有撒谎,因为我现在已经没有信誉了,他们不会再相信我说的任何话。那里的业主开始的时候只是站在那里听,什么也没有说,后来就走过来,帮我开脱,他说:"虽然看起来不可思议,但是先生们,听完我的解释你们就知道其中的玄机了。这是一条带凹槽的球道,无论你怎么扔,只要把球扔到凹槽里,球就会自动顺着东北弧线撞到中央瓶,必然将十个瓶全部击倒。"

他说的是事实。小伙子们亲自试验了一下，结果发现，不用任何技巧，只要把球扔下去就肯定能把十个瓶子全部击倒。他们终于承认，我跟他们说自己对保龄球一窍不通是连半点谎话都没有的。但是在我的一生中，事情总是这样：只要我说出的真话稍微背离固有的习惯和原则，听者们就总是没有足够的勇气相信。

25年前，在乔治·杜比的安排下，我到伦敦作了几周演讲，杜比在五六年前还曾经在美国筹备了狄更斯作品朗诵会。乔治带我去了阿尔伯马尔，请我吃饭，席间他兴高采烈地给我讲了很多他在十五球台球方面的成就，以及他在这个圈子里的名望。当听说我从来没有见识过这个游戏，也根本不了解撞球入袋的技术后，他更是喋喋不休地给我讲撞球以及他的成就，到了后来，我都以为自己面对的是十五球台球的发明人或者他的嫡系子孙。宴会一结束，杜比非常急切地想要给我介绍撞球，向我展示他的本领，因此，我们又转移到台球厅。他把球摆成金字塔形状，告诉我先打塔尖那个球，然后尽量把球一个一个打进球袋，直到15个球全部进袋，然后他会拿起球杆，给我展示老手应该如何打球。我按照他的要求去打球，开始打的时候，还害怕出丑，有些小心翼翼，但等我把所有的球都打进球袋之后，杜比就像喷发的火山一般，要用喷出的厚厚的火山灰把我埋起来。

所以，杜比就认为我是一个骗子，他觉得我害得他卖了尊严，而且还那么廉价。不过，他还比较公平地把火山灰分成两份，我们一人承受一半。他那么天真，竟然让一个精神错乱、平凡普通、下贱可恶的美国佬给骗了，并且这些骗术还那么明显，甚至连一只不出门的家猫也欺骗不了。另一方面，杜比严厉无情地批判我，说我欺骗了他，故意用撒谎和欺骗这些阴谋诡计，逗引他在台球专家面前大吹牛皮，我一个小时之内打进台球袋里的球比他一天打进篮球框里的还多。

台球这件事，我一直没能得到杜比的信赖，一直到死他都这样认为，虽然在其他方面他很信任我。后来，我又玩过几次，但是，那是我一生中第一次，也是唯一的一次在一局中把所有十五个球全部打进袋。

正是由于我生来不会怀疑，所以很多次，上苍都把我从陷阱之中解救出来。30年前，埃尔迈拉市的几个银行家邀请我玩儿夸克。我以前从未听说过这个游戏，所以和他们说如果这个游戏需要智力的话那我就不参加了。他们说这个游戏只是看运气，不需要任何脑力，所以我就同意试一下。他们约定下午四点见面，还预定了一楼的一个房间，房间的一面有一大扇窗户。然后他们就背信弃义地到处宣传说他们准备捉弄我。

我准时到场，然后就开始玩儿夸克——一大批好热闹的人在监督，他们都在屋外，鼻子都贴在了窗户的玻璃上。银行家们和我讲了一下游戏规则，根据我现在的回忆，应该是：他们在桌子上放了一堆墨西哥银元，12个银元上刻着双数日期，50个银元上刻着单数日期。他们从中取出一块银元，然后让我猜是"双"还是"单"，如果我猜对了，那块硬币就归我，如果错了，那么我就输掉一美元。第一次我猜"双数"，结果赢了，第二次我又猜"双"，结果又对了，他们又让我猜，我接着猜"双"，仍然赢了，第四次我又猜"双"，还是我赢。在我看来，双数是我的幸运数，所以我应该坚持猜双数，一直猜了12次"双"，赢了12美元。实际上，这正是他们私底下想要达到的效果，他们关于人性的经验告诉他们，任何像我一样长了张天真面孔的人，如果开始猜对了，就会重复猜这个答案，而如果又对了，那么将会一直这样猜下去。他们还相信，一个天真的人开始一般都会先猜"双"而不猜"单"，而且，如果一个天真的人连续12次一直猜"双"，那么他就会一直猜"双"直到结束。所以，他们故意让我赢了那12次，然后再换成"单"，一次接一次，直到我输到50美元，这足以让那些旁观者大笑一个星期。

可惜事情并未像他们想象的那样，因为我赢了12次以后，猜完这最后一次"双"我就退出了游戏，因为我觉得一直是我赢，实在太乏味了，让我失去了兴趣。当我离开座位的时候，窗外的看客们爆发出一阵大笑，但是我根本不知道他们在笑什么，或者在笑哪个人，不过，这与我都没有什么相干。因为这件事，我赢得了精明和有洞察力的美誉，但这根本就不关我什么事，因为我与一头母牛没什么区别，实在不能看透任何事。

我生命的后25年都一直坚定地致力于研究人类，也就是说，研究我自己，因为我身上浓缩了人类的所有特征。我发现，人类没有任何一项要素我没有拥有，或多或少，我都会有一点。即使与其他人相比某些要素可能少了一点，但是它也足够满足研究需要了。在与别人的接触过程中，我发现没有一个人身上具有的品质是我所不具备的，我与其他人之间的区别只是为了促进多样性，防止单一化，但也仅此而已。从广义上来讲，我们都一样。所以，仔细研究我自己，对比其他人，记下我们之间的这些差别，我就已经能够获得关于人类的认识，这比我们人类中的其他很多人获取和揭示的都要更加准确，更加全面。结果是，我私下里对自己的评价并不值得称赞，因此我认为，人类也如我一样，不怎么高明。

我并不打算讨论人类所有的古怪特性，而只是想说说其中的一两点。首先是，人类为什么选择好的台球桌而不是破的？为什么选择笔直的球杆而不是弯曲的？为什么选择圆的球而不是有缺口的？为什么选择水平的桌子而不是倾斜的？为什么选择弹性好的皮头而不是弹性差的？我对这些事感到惊讶，因为我们仔细研究就会发现，差的台球装备和好的台球装备得到的效果几乎差不多，其主要的功能都是娱乐。如果一套装备能比另外一套装备让人得到更多的乐趣，那么实际上，这套装备往往是差的装备，差的装备给打球人和看客带来的乐趣要比好的装备会多30%。打台球的另外一个要素是，装备要能给球手提供充分的机会展示最好的技术，用最好的状态打球，赢得观众的赞美和羡慕。那么，从这点来说，差的装备一点儿也不亚于好的装备。不过，要准确评价带缺口的球以及倾斜的桌子的离心率，为它们设定一个合理的容差以确保合适的击球，可不是一件容易的事，因此，这就要求拥有最好的技术才能打出好球。打球的另外一个要素是，应该增加打赌的机会来助兴。对于这一点，没有任何好的装备能够胜过差的装备。根据我的经验，在带来快乐方面，我觉得差的装备和最好的装备并没有因为价值的差异而不同，连七美元都卖不上的差装备与价值一千美元的好装备对台球的所有要素来说意义都是一样的。

我是四十多年前在加利福尼亚的杰卡斯·古尔奇的时候得到的这些认识。杰卡斯·古尔奇一度曾是一处非常富饶、繁华的露天矿营地，随着金矿石资源的逐渐枯竭，人们陆续离开，这座城市也开始快速衰落，当我去的时候，已经看不见都市的影子了。曾经的银行、市政大厅、教堂、赌场、报馆以及砖铺的街道，如今都不见了踪影，只留下大片的茵茵绿草，成了静谧、迷人的世外桃源。约半数的散落民房如今依然健在，还有一家破败不堪的酒馆还在苟延残喘，不过也挨不了几天。在它的酒吧间放着一套台球装备，和我岳父顶楼存放的那套一样，球已经有了缺口，球台上的裹布满是补丁，台面凹凸不平，球杆已经掉了皮头，并且已经弯曲成了弧形。不过，那些留下来的矿工依然在那里打台球。看他们打球简直比观看马戏和歌剧还要有趣。在那张桌子上，要想打球入袋，除了超高的技术以外，还要求精准地估计力量、距离以及桌子的倾角和其他不规则变化，再算上球杆、台球等装备的各种问题导致的影响。去年冬天，就是在纽约，我观看了霍佩、谢弗、萨顿和另外三四个台球世界著名的冠军的比赛，他们展示出来的无疑是艺术和科学的奇迹。不过，与我 40 年前在杰卡斯·古尔奇衰败的酒馆里看到的特克萨斯·汤姆在如波浪般起伏的台球桌面上的表演相比，那科学性与技巧性就没有什么特别的了。有一次，我曾看见特克萨斯·汤姆在一盘里连得七分！每一分都是精准计算的击球，没有一个是侥幸或者擦边的。我经常见到他连得四分，不过，当他竟然完成连得七分的壮举时，小伙子们都因兴奋和钦佩而疯狂了，那快乐、喧闹的声音一点也不逊色于去年冬天那举世瞩目的夜晚——萨顿在 18 英寸台球比赛中得到 500 分时，麦迪逊广场上人山人海观众的欢呼庆祝。通过练习，冠军能够在杰卡斯·古尔奇的桌子上得到 19 分或者 20 分，但是一开始，特克萨斯·汤姆便会展示出让人惊叹的奇迹，同时，还可能产生另外一种效果：可能会使那些高手们，为了更加激动和深切的乐趣，以及展示几乎超人的技艺，扔掉自己那微不足道的装备，拿上杰卡斯·古尔奇的装备，打上一场球，展示他们的技艺。

按我的经验判断，使用差的装备打球带给人那种难以自拔的痴迷是使用装备无法匹敌的。27 年前，我那初具雏形的小家庭在罗德岛纽波特附近的贝特曼角度假，那里十分舒适，住着甜美的妈妈和可爱的孩子们，不过男人却很少，幸好除了我之外，还有一个年轻的小伙子——希金斯。他易于相处，适合当朋友，我们一起度过了很多快乐的时光。那里曾经有一个保龄球馆，只有一个球道，而且已经有六年没有维修过了。一共有 41 只球，都还是很好的，这些球由小到大，小的只有葡萄那么大，大的有铁力木球那么大，一个人几乎举不动。我和希金斯天天在那里玩儿。开始的时候，原本我们其中的一个留在球道尽头，如果瓶子倒了就把它们摆起来，可是打了半天，一个瓶子也没倒。那个球道的表面坑坑洼洼，我们两人使尽浑身解数也无法让球一直留在球道内，打倒瓶子。不管是大球还是小球，结果都一样，还没滚到球道的一半就跑出了球道，顺着它的边缘一直滚下去，害得另一头的人不停地爬进爬出去捡球。不过我们没有放弃，一直坚持着，付出终于有了回报。我们研究了一下球道，发现并记下了大量不正常的位置，一点点地，我们掌握了该如何发球才能使其顺利滚到尽头，打倒一两个瓶子。慢慢地，我们不断提高自己的技术，用35个球就能将所有的瓶子都打倒，所以，我们就制定了一个35球的游戏规则，如果一个选手没能用35个球打倒所有的瓶子，那么这局他就输了。我估计，把打倒所有瓶子的球加起来，一共要有500磅或者一吨重，而且，当时毕竟还是盛夏,选手将35个球都丢进球槽以后，已经累得汗流浃背，筋疲力尽了。

接着，我们又开发了三角瓶游戏。也就是说，只留下三个瓶子，摆成三角形，然后，我们一直使用三个最小的球来击打它们，直到把它们全部打倒。经过一两天的摸索，我们只用四次投球就能把中间的那个瓶子打倒了，但是打倒其他两个瓶子却要重复很多次。不过，慢慢地，我们终于将技术提高到近乎完美——至少可以说我们已经达到了自己的极限了，每个球我们可以只用12次，也就是三个球36次击打，就能打倒所有的瓶子。

白天我们已经达到了自己的巅峰，晚上我们燃起蜡烛，挑灯夜战。因为球道大约有50～60英尺长，所以我们根本看不清瓶子，不过蜡烛能模模糊糊地照出它们的位置，我们继续不断地练习，直到最后，用36次击打就能打倒那些看不清的瓶子。然后，我们又换成左手来打，一直练到用54次击打就能打倒所有的瓶子。有的时候，我们会连续15次击球什么也打不到。从那个破球道里，我们轻松地就能获得五倍于其他人在纽约最好的球道里获得的乐趣。

有一天，阳光暴晒，天气分外炎热，一位恭谦有礼的常备军军官来到了我们这个小球馆。他大约35岁，身强体壮，有着军人的挺拔，身体被包裹在那个愚蠢的旧时代的制服里，用厚重的粗布料子做的制服，更适合在一月份而非七月份穿。当他看到那破旧的球道和那一串闪闪发光的保龄球时，两只眼睛闪闪发光，跃跃欲试。我们看得出他不是我们的对手，便客气地邀请他一起玩玩。尽管他的教养和职业使他尽力克制，但我们还是看得出，他非常感激我们。我们告诉他玩儿法，说这里一共有41个球，选手击倒所有的瓶子以后还可以继续击打，直到所有的球全部用光，每击中十次就获得一次奖励。我们并没有告诉他奖励是什么——这根本就不需要，因为他根本不可能赢得奖励。开始的时候，他轻蔑地一笑，不过，出于职业素质，他努力克制住了，只是说要选几个中等大小的球和一个小的球，其他的就不需要了。

然后他就开始了，很快就惊讶得合不拢嘴，他根本没办法让球留在球道里。当丢出15个球过后，他甚至一次都没能碰到瓶子。他的恼火开始从衣服上表现出来了，他要控制，所以脸上还没有反映。不过再丢了15个球之后，脸上的表情已经控制不住了，虽然没说一个字，但是每个毛孔里都往外挤着他的咒骂。他请我们允许他把上衣脱下来，我们同意了。经过内心挣扎，他终于不用再裹在那么紧的衣服里了。尽管只是一个步兵军官，但是，他很容易被误认为是一个炮兵，因为他把那些球在球道里丢得轰轰作响。很快，他又拉掉了领带，没多久又脱掉了背心，他仍然在勇敢地不停地击球。希金斯憋得要窒息了，我也好不到哪儿去，但笑出来实在是太不礼貌了，当然最好是爆笑出来，我们马上就要忍不住了。那个军官的勇气真是值得称赞，他一声不吭，一直埋头击球，直到将所有的球打了四遍，也就是四遍41次击球。最后，他终于被迫放弃了，因为他甚至都站不稳了，不停地颤抖。他穿上衣服，谦恭地和我们说再见，并邀请我们到要塞上去玩儿，然后就离开了。没多久，他又转了回来，问：

"击中十次的奖励是什么？"

我们只好向他坦白还没有选好。

他认真地说，他觉得这件事没必要着急。

我相信，就打球的要素来说，美国没有任何一个球道比贝特曼的更好。它强迫你提高技术，提供了打赌的机会，同时，如果能找个陌生人来和你打球，你能从他的勤奋中得到更多的、更彻底的快乐。这是即使观看当今最棒的球手、在最好的球道上表演最好的保龄球击打所获得的愉悦也比拟不了。

第 20 章
吉姆·吉利斯

我从佩因先生那里得知吉姆·吉利斯去世了。多年来,他饱受病魔折磨,两周前在加利福尼亚去世了,享年 77 岁。

在我的眼中,吉姆·吉利斯是个非常了不起的人物,要远远超出他的家人和亲属评价的杰出程度。他的想象力丰富,并且非常聪明,灵机一动就能想出好点子,好像完全不费劲,根本不需要任何准备,一步步靠想象就能构思出故事来,根本不用顾忌故事的发展方向,只是抓住脑子中闪现的灵感,也不在意故事是否会有一个华丽的结局,是否让人满意,甚至是否会有一个结尾。吉姆是个天生的幽默大师,幽默感非常强。每次回忆起他未经任何训练就能如此巧妙地构思和措辞,我就毫不怀疑,如果早点被发掘出来,再经过几年的写作训练,他肯定会成为一个明星级作家。真正的天才通常很少意识到自己的才能,周围的亲戚朋友也一样。实际上,说得更严重些,我甚至可以说,一个天才——至少是文学天才——是不可能由亲戚朋友发掘出来的,他们平时太熟悉了,以至于亲戚朋友们根本不会那么关注他，当然也就难以了解他的才能到底有多大，难以觉察他与普通人之间存在的巨大差别。所以他们无法找出一个正确看待他的视角。

如果一个人看圣彼得大教堂总是非常方便，并且从来没有离开过罗马，那么圣彼得大教堂的恢宏气势很难给他留下深刻的印象。只有那些陌生人，从遥远的坎帕尼亚一路走来，逐渐向大教堂靠近，看着没什么特征、几乎辨认不出的罗马，那么脑中就会只留下那气势恢宏的天主教堂巍然耸立在城中，直入云霄。又比如没有美国内战，那么林肯、格兰特、谢尔曼和谢里登是不会被大家发现的，更谈不上扬名立万了。

我在吉姆·吉利斯和他的"伙伴"迪克·斯托克在杰卡斯·古尔奇的小木屋度过了三个月的时光。我曾经提起过，那真是一个宁静、安详，如梦般让人陶醉的森林天堂。吉姆会时不时地突发灵感，面对着熊熊燃烧的篝火，站起身，转过去，背着双手，然后就开始即兴编造美丽的故事。或是一个神话故事，或是一段夸张的浪漫故事，而迪克·斯托克通常是故事的主角。吉姆总是摆出一副一本正经的样子，说自己讲的一切完全是史实，没有任何杜撰，绝不是虚构的故事。迪克·斯托克满头白发，性情温和，总是默默地坐在那里，吸着烟斗，安静地倾听这些即兴编造的荒诞故事，从未说过一句抗议的话。

我在《哈克贝利·费恩》那本书中曾引述过吉姆的一个即兴故事，他把它命名为《奇耻大辱的悲剧》。为了满足出版要求，我不得不做了大量的修改，这严重损害了原来故事的趣味性。吉姆讲述的时候，边讲边编，我觉得那是我听过的最让人忍俊不禁的故事之一了。可是我改编过后，那个故事变得那么平淡，那么苍白，相比之下，吉姆讲的是那么生动夸张，那么美妙华丽！此外，我在《海外浪迹》一书中，也借用了吉姆的另外一则即兴故事，讲的是一个天真无知的啄木鸟如何努力用橡树果填满房子的故事。故事是那么迷人，那么有趣，里边满是各种巧妙的想象。在火堆前，吉姆娓娓道来，一边讲一边构思情节，没有任何停顿和犹豫，同时像往常一样，坚持宣称自己所讲的全部是事实，是无可辩驳的事实，完全是历史上真实发生过的、纯粹的事实。我还在另外一本书里引用了吉姆的创作，那是关于吉姆·贝克养的一只非同凡响的猫——汤姆·夸兹——的故事。当然，吉姆·贝克就是迪克·斯托克，而汤姆·夸兹从未存在过，根本就没有这样一只猫，至少在吉姆·吉利斯的想象世界以外是没有存在过。

吉姆那丰富的想象力也会让他陷入尴尬。一天，来了一个印第安女人，向我们兜售看起来如青梅一般的野果子。迪克·斯托克在那个小木屋已经住了 18 个年头，知道那果子根本就不能吃，一文不值，可他却不知哪根筋不对，随口就说自己从来没有听说过这种果子。可这对于吉姆来讲已经足够了，他开始对那倒霉的果子大加赞叹，越说表现出的赞美之情就越热烈。他说自己吃过这种果子不下 1 000 次，只要煮的时候加点糖，那美味在美洲大陆无与伦比。他也就是这么随口一说，但是迪克却插话进来，说既然这个水果如此美味，他为什么不当场买点儿呢？听到这话，他一下就像被噎住一般，直挺挺地愣在那里，一时竟不知道说什么。虽然被逮个正着，但是吉姆却不愿认输,虽然已深陷困窘之境,但他却不是那种会因此而退缩或认输的人,他就谎称自己非常乐意再品尝一次这上帝所恩赐的珍品。他说到做到!我想即使知道这果子能让他送命,他也会无所畏惧地吃下去的。他买了一堆果子,表现得十分开心和满足,说自己很高兴能有此口福,如果迪克和我不想跟他共享美味的话,那随我们的便。

接下来的几个小时是我人生中度过的最快乐的时光。吉姆找来了一个装煤油的空铁罐,大概有三加仑那么大的容量,把它放在火上,往里边倒了半罐子水,然后把十几个如恶魔般可怕的果子放进去。水刚烧开,他立刻往里面加了很大一把红糖,煮一会儿就尝一口罐子里那难以下咽的东西。后来,难吃的果子变得越来越软,越来越烂,他就开始用一个汤匙盛着尝味道,舀出一勺放在嘴巴里,然后砸吧砸吧,假装味道很不错,嘴里却说可能还需要加一点糖。他就再扔一把糖进入继续煮,糖加了一把又一把。这样一直尝了两个小时。这期间,我和斯托克一直嘲笑他,说话讽刺他,甚至侮辱他,他都不为所动。

终于,他熬好了,火候正合适,几近完美,然后舀了一勺,放进嘴里,啧啧有声,脸上显露出因舒适而快乐的表情。之后,他让我们每人都尝了一口,一口下去,我们就发现,之前放进去那几吨糖,一点也没能改变那果子让人难以忍受的强烈的刺激。酸?简直是酸透了,酸得痛彻心扉,酸得坚如磐石。那么多糖放进去,怎么也应该有一点甜味,可惜却没有一丝甜的感觉,如果它不是来自地狱的话,那些红糖必然能稍微改变一点酸味的。尝了一口以后,我们再也不想尝第二口了,可是那个英勇的吉姆,那无畏的斗士,继续一口接一口地喝着,同时嘴里还不断地发出啧啧地赞扬声,直到舌头发麻,牙齿发酸。我和斯托克简直都要乐死了。接下来的两天,吉姆的牙齿吃不了也喝不了任何东西,甚至吸入的空气都让他疼得直打激灵。即便如此,他还是在那里不停地表达自己对那恐怖的果酱的赞美,赞美上帝造物。这实在需要非凡的勇气,不过吉姆就像吉利斯家族的其他人一样,天生一副英雄气概。

每年吉姆都会来一次旧金山,花15美元买一套成品套装,扔掉破旧的矿工服,然后在蒙哥马利大街上昂首阔步来回溜达,歪戴着帽子,那心满意足的样子,活脱一个国王。高雅时尚的人不时投过来讽刺的目光,不过他根本就不在乎,完全无视这一切。有一次,我、乔·古德曼,还有其他几个熟人带吉姆去汇兑银行的台球室玩儿,旧金山那些富裕而时尚的年轻人经常去这里玩。当时是晚上十点,20张台球桌全都被人占了。我们不停地在那个地方溜达来溜达去,让吉姆能有足够的机会欣赏和感受这座城市与众不同的特征。

一个穿着入时的年轻小伙子时不时地抛出几句讽刺的话,对吉姆和他的衣服品头论足。我们希望吉姆陶醉在强烈的自我满足感中,而不会注意到他是这些垃圾话的目标。可惜我们的希望破灭了,吉姆很快就注意到了,并尝试在脏话出口的时候逮住那个人,没多久就成功了。说话的是一个块儿头很大、穿着帅气的年轻人。吉姆朝他走过去,在他的面前站定,仰起脸,傲慢地站住,吉姆一字一顿地说:"你是在说我吧,道歉,要么就打一架。"

听到吉姆的话,旁边五六个打球的人转过身来,把球杆粗的一端朝下，戳在地上，兴致勃勃地等着看好戏。那个小伙子轻蔑地大笑起来，说道："哦，真的吗？如果我要拒绝呢？"

"那你就得挨一顿揍，改改你的毛病。"

"哦，真的吗！那我倒要看看。"

吉姆不为所动，仍然镇定地说："我向你挑战，你必须跟我打一架。"

"哦，真的吗？麻烦你定个时间吧。"

"现在。"

"够着急的！地点呢？"

"就在这儿。"

"够味儿！武器呢？"

"双管猎枪，上好子弹，距离30英尺。"

已经到了非干预不可的地步了。古德曼把那个年轻的傻小子拉到一边，对他说："你不了解你眼前的这个男人，你正在做一件非常危险的事。你还以为他在开玩笑，可实际上根本不是，他不是那样的人，他是非常认真的。如果你拒绝决斗，他立马就会把你在这里杀了。所以你别无选择，必须接受他的条件，而且你必须马上就接受，你没有时间可浪费了，所以要么决斗，要么道歉。当然你要选择道歉了，原因有两个：第一，他没有冒犯你而你却侮辱了他；第二，你自然不想杀死一个不曾冒犯你的人，也不想自己被人杀死。所以，你不仅要道歉，还必须按照他所说的那样去道歉，那措辞肯定要比你以往道歉曾经使用过的，更加尖锐，更加让人难以忍受。"

最终，那个人道了歉，重复着吉姆吐出的每个字。四周的人都围拢过来，竖着耳朵听，把他们两个人裹在中间，而道歉的措辞和严厉程度与古德曼所预料的丝毫不差。

我对吉姆的离去表示深切哀悼。他是一个善良、值得相守一生的好朋友，是一个真正的男人，一个**慷慨**、诚实、值得尊敬的男人，天生一副好脾气。他自己从来不会主动跟别人吵架，但若有人欺负到他头上，他一定奉陪到底。

第 21 章

初入文坛

我是从1867年初开始写作生涯的。一月份，我从旧金山来到纽约。查尔斯·赫·韦布建议我出一本随笔集。我当时没什么名气，还不够格出这样的书，不过这个提议还是吸引了我，让我非常兴奋，如果有哪个勤快的人肯帮我把那些随笔收集起来，我很想冒险尝试一下。我自己不愿意干这个活，因为从我一开始来到这个世界，身上就缺乏每个人本应该具有的"勤奋"品质在我身上就一直缺乏。

韦布说我在大西洋沿岸各州还是有些名望的，不过我有自知之明，知道那点名气非常有限，不过是发表小说《跳蛙》罢了。那是1864年或者1866年，阿蒂默斯·沃德在演讲途中经过加利福尼亚州时，我在旧金山把跳蛙的故事讲给他听，他叫我写下来，寄给他在纽约的出版商卡尔顿，添进他的一本小书中充数。那本书本就要出版了，不过是需要再填充一些内容，让书看起来和定价相称。

稿件及时寄到了卡尔顿那里，可是他觉得不怎么样，不愿意浪费排版费把它加进去。不过他也没有把它丢进垃圾桶，而是送给了亨利·克拉普,克拉普拿它来为自己那即将寿终正寝的文学刊物《星期六新闻》殉葬。《跳蛙》刊登在该报的最后一期,成为葬礼最欢快的篇章,并很快被美国和英国各大报纸转载。小说获得了广泛的赞誉,即使是在我说起的这一刻,它仍然很出名 —— 但是我知道,成名的是那只跳蛙,而不是我,我仍是个无名小卒。

韦布承担起收集随笔的工作,完成以后,就把校对稿给了我,我就把它送到卡尔顿的出版社。一个办事员看到我走过来,在柜台里面,俯下身,殷勤地问我需要什么。然而,当发现我是来卖书而不是买书的时候,他的热情立刻下降了60°。我嘴巴里的那颗旧金牙一下子被冻得缩短了3/4,牙齿都快掉出来了。我恭恭敬敬地问他自己是否能跟卡尔顿先生说句话,办事员冷冰冰地回答说卡尔顿先生在他的私人办公室里,接下来又是各种劝说阻挠。不过我还是突破了"防线",进入了那块"神圣领地"中最为神圣的地方。啊,直到现在我还能想起当时是怎么做到的呢!韦布已经帮我预约了卡尔顿,否则的话,我肯定永远也越不过那道防线。卡尔顿站起身,语气生硬无礼并盛气凌人地说:

"直说吧,要我为你做什么?"

我提醒他,我是按照约定来给他送要出版的书稿的。他就开始自我膨胀,膨胀,膨胀,不停地膨胀,直到好像自己成了二三流的神仙。接着,他那恢宏的深泉就开始向外喷涌,在随后的两三分钟里面,只见唾沫横飞,几乎都看不到他的人了。他不停地说,不停地说,虽然只是说话,但是喷出的词如此密集,遮住了整个天空。最后,他架势十足地举起右手,冲着整个房间一扫,说道:

"书——看看这些书架!每个上面都摆得满满的,都在等着出版。我还需要其他书稿吗?对不起,我不需要了,再见。"

21年后,我再次见到了卡尔顿。当时我和家人正在卢塞恩的施威策尔霍夫,他来拜访我,一见面就热情地握住我的手,没有任何开场白,上来就直截了当地和我说:

"虽然我是个彻头彻尾的无名鼠辈,但是我也干了几件了不起的大事能名垂青史,那就是,我曾拒绝出版你马克·吐温的书。就凭这一点,我就是19世纪当之无愧的头号蠢驴,谁都不是我的敌手。"

这是最为精彩的道歉了,我也用同样的方式回应了他。我说,虽然这个报复的机会推迟了这么久才来,但它却比我能想到的任何其他的复仇方式都甜蜜得多。在过去的21年里,每年我都不止一次地幻想要亲手把他干掉,每次都要用新的花样,并且一次比一次残酷,一次比一次不人道。但是,如今我的怒气平息了,心境缓和了,甚至觉得高兴,觉得兴奋了,所以,从今以后我要把他当作一个真正的、值得珍惜的朋友,再也不用去谋杀他了。

当年,我把自己的遭遇告诉韦布,他豪气冲天地说,就是天底下所有的卡尔顿加起来也不能阻止这本书的出版,他会亲自做这件事,并且给我10%的版税。他真这样做了,把它印成了一本非常精美的蓝底金字的小书。我记得他定的书名为《卡拉维拉斯县著名的跳蛙和其他随笔》,定价是1.25美元。他亲自制版,由一家承办零星印刷业务的工作室印刷装订,通过美国新闻公司发行。

六月份,我参加了"贵格市号"的旅行,十一月份回到华盛顿,我收到哈特福德的美国出版公司的以利沙·布利斯的一封来信，他想请我写一本记述这次旅行见闻的书，报酬是 5% 的版税，如果不要版税，也可以在交稿时收取一万美元的现金。我咨询阿·德·理查森，他告诉我"要版税"，采纳了他的建议后，我与以利沙签订了协议。

　　由于缺钱，我去了华盛顿，看看能否在那里赚点食宿费，供我写书。在那里，我遇到了威廉·斯温顿，他有个兄弟是历史学家，我们共同想出了一个维持生活的方案，没想到这让我们俩成了如今报界十分流行"稿件辛迪加"之父和创始人，成了这个星球上辛迪加的开山鼻祖。虽然我们的规模不大，但是新兴的事业一般都如此。我们的业务单上有十二家报纸，都是一些周刊，没什么名气，也没什么钱，分散在偏远地区。对这些报纸而言，能在华盛顿有一个通讯记者是一件十分荣耀的事情，他们能有这样的想法对我们来说是非常幸运的。他们每家每个星期会从我们这里收到两份通讯稿，每份一美元。我们两个人每个星期各写一篇，把十二份复制品分别寄给各个报社。这样每个星期就能赚到 24 美元，对于我们那朴素而简陋的生活来说，这些已经足够了。

　　斯温顿是我认识的人中间最可亲、最可爱的一个了，我们在一起生活得愉快而舒适。无论天性还是教养，斯温顿都极为优雅，他受过很好的教育，具有高尚的情操，心地纯洁，谈吐高雅。他是一个苏格兰人，也是长老会教友，是那种古老而正统的派系。他挚爱宗教，非常虔诚，在其中找到了内心的宁静与平和。他没有什么恶习，除非喜欢苏格兰威士忌也算一条。不过我并不觉得那是什么不好的习惯，因为他是一个苏格兰人，对苏格兰人来说威士忌就好像是其他人生活中的牛奶一样，没什么害处。这是斯温顿的一个长处，只是一个不经济的长处。如果不是要给那个酒壶打酒的话，每个星期24美元足够我们用了，就因为这个酒壶，我们总是很拮据，只要有一笔钱来晚了，我们就难以为继。

记得有一次我们手头上没钱了，急需三美元，并且必须在天黑之前弄到。现在我已不记得当时为什么需要这笔钱，只记得我们必须要弄到。斯温顿要我出去弄钱，还说他也出去想想办法。他看上去一点都不担心我们弄不到钱，但是我知道，那不过是出于他对宗教的信任，我可没有他那样的信心，也不知道到哪里去弄到钱，我便直接对他说了。我觉得私底下他肯定会为我对上帝脆弱的信仰感到羞耻。他让我放松点，不用太着急。他用一种简单、坚定、信心十足的口气说道："上帝会帮助我们的。"我看得出来，他是真的相信上帝会给我们这笔钱。经过他的一番劝说，他那坚定的信念感染了我，等到出门的时候，我几乎也深信上帝会给我们那笔钱的。

我在街上游荡了一个小时，绞尽脑汁，想如何能弄到那笔钱，可是一点儿头绪都没有。后来，我逛进新开的爱比特旅馆的大厅，在那里坐了下来。没过多久，一只小狗慢悠悠地走进来，在我跟前停下，朝我张望，那眼神仿佛在问我："你友好吗？"我也用眼神回答它，说我是很友好的。它感激地朝我摇摇尾巴，走上前来，把下巴搭在我的膝盖上，抬起那双棕色的大眼睛，非常讨人喜欢地看着我。它非常可爱，如小姑娘般美丽，浑身的毛就像丝绸和天鹅绒一样。我轻轻抚摸着它光滑的棕色的小脑袋，拨弄着那双低垂的耳朵，一会儿工夫，我们俨然就是一对"情侣"了。没多久，我们那一带的英雄——迈尔斯准将，踱步进来了。他身着蓝色制服，佩戴金色肩章，每个人都向他投去敬佩的目光。他看到了小狗，停了下来，眼中亮光一闪，看得出，他打心底里喜欢这只优雅的小狗。于是他走上前来，拍拍狗，对我说：

"它真漂亮，是个稀罕物，你打算卖么？"

我内心一阵悸动，这就像是一个奇迹，斯温顿的预言要应验了。

我说："卖。"

准将继续问道："多少钱？"

"三美元。"

他十分惊讶，说："三美元？就卖三美元？这可不是寻常的狗，至少值50美元。如果它是我的狗，给我100美元我也不卖。我想你恐怕不知道他的价值，所以请重新考虑一下你的价格，我可不想占你便宜。"

但是，如果认识我的话，他肯定会知道，他不可能占我的便宜，就像我也不可能占他的便宜一样。我仍旧像刚才那样平静地说：

"不，就三美元，就这个价。"

"好吧，既然你坚持。"将军给了我三美元，带着狗上楼了。

大概十分钟后，一位长相文雅的中年男子走了过来，边走边四处张望，还在桌子底下和其他地方到处找寻。于是我对他说："您是不是在找一条狗啊？"

他原本一脸的沮丧和着急，听我一说，立刻高兴了许多，回答道："是的。您见过它吗？"

"是的,"我回答道,"一分钟前它还在这,我看到它跟着一位先生走了。我想如果您愿意让我帮着找一下的话,我可以帮您找回来。"

我很少看到一个人能表现出如此感激之情,当他回答愿意让我试一下的时候,连声音里都充满了感激。我说很乐意做这件事,但是可能会耽误一点时间,所以希望他别介意我要为此要点报酬。他说他非常乐意,并再次重复了一遍"非常乐意",然后问我要多少钱。

我说:"三美元。"

他看上去十分惊讶,说:"天啊,这么少!我会给你十美元的,我是真心实意的。"

但是我说:"不,就三美元。"说着我开始上楼梯,不想再作任何争执,因为斯温顿说过,上帝会给我们三美元,对我来说,即使多拿一分都是对上帝的亵渎。

经过旅馆服务员所在的窗口时,我打听到了准将的房间号。当我走进去的时候,看见准将正在抚摸那条狗,显得非常高兴。我说:"对不起,但是我得把那条狗要回来。"

他看起来大为惊讶,说道:"要回去?为什么?这是我的狗了,你开的价,卖给我了。"

"是的,"我说道,"您说的都是事实。但是我还是得要回来,因为那个人又想要他了。"

"哪个人?"

"就是狗的主人,这不是我的狗。"

将军看起来更为惊讶了,一时间摸不着头脑。过一会儿,他说:

"你是想告诉我你把别人的狗卖了？并且你一直都知道这是别人的狗？"

"是的，我知道这不是我的狗。"

"那你为什么把它卖了？"

我说："好吧，这是一个很奇怪的问题。我卖他是因为你想买他，我从来没想过要把他卖了。但是我觉得如果能给你提供点方便——"

他打断我的话，说："方便？这是我听说过的最非同寻常的为别人提供的方便——你把别人的狗卖给了我——"

我也打断他的话，说："现在争论这个没有什么意义了。你说这条狗价值100美元，我只要了三美元，这个价格公平吗？你主动说要多给点，我却只要了你三美元，这些都是事实吧？"

"哦，这些到底有什么相关？这件事的关键是这狗根本就不是你的——你难道不明白吗？你似乎觉得，把别人的东西卖了，卖得便宜一点，就没有什么不妥了，那么现在——"

我说："请不要再争辩了。你不能否认这个事实，那就是，考虑到我不是狗的主人，我卖的价格是十分公道，十分合理的——所以这些争论都是白费口舌。我现在必须得要回去，因为狗的主人想要回它，你难道看不出来我别无选择吗？你设身处地地为我想想，假如你把别人的狗卖掉，假如你——"

"天哪，"他说道，"别再用你那些愚蠢的理论来搅和我的大脑了！把狗牵走，让我清闲一会儿。"

所以我把三美元退给他，把狗带下楼，交给他的主人，收了他三美元的辛苦费。

我心安理得地拿着三美元走了，因为我觉得自己做得光明正大。我没有花卖狗的那三美元，因为那不是我应得的。但是我把它物归原主，因此得到的三美元理当归我所有，因为这是我付出劳动换来的，如果不是我的话，那个人可能永远也找不回自己的狗了。我的原则自始至终都没有变过，我始终都是一个诚实的人，我知道这点绝不会改变，正如我开始所说的——我绝不允许自己去花那些以不正当手段得来的钱。

恩，故事就是这样，其中部分内容是真实的。

根据合同，我需要在1868年的7月把《傻子出国记》的手稿交到出版社。如前所述，我在旧金山写成此书，并且在合同期内按时交付了手稿。布利斯在书中增添了大量插图，再之后就停滞了下来，合同规定的发行日期已经过了，没有人为此给出任何解释。时间一点点地流逝，依然没有任何解释。当时我正在作全国巡回演讲，平均每天都有人要问我这个不知如何回答的问题30次："您的书什么时候能出版啊？"

每天绞尽脑汁想各种答案，我厌烦透了，后来连对这个问题本身都极为厌烦了，谁要是问起这个问题，我立马觉得如临大敌，并且这种情绪会马上表现在脸色上。

演讲一结束，我就马不停蹄地赶往哈特福德市问个究竟。布利斯说这不是他的错，他很想出这本书，但是公司有几位董事是顽固的保守派，担心它会有不好的影响，他们亲自审查了这本书，大部分人都认为这本书很多幽默调侃的地方，出版社以前从来没有出过任何一本类似的书，他们怕这样的书会损害出版社的声誉。布利斯说自己被束缚住了手脚，公司不允许他履行合同。

他们当中的一位董事，德雷克先生——至少是德雷克先生的后人——邀请我坐他的四轮马车去兜兜风，我跟着去了。他是一个可怜的老古董，言谈举止无不让人觉得可怜，他早就有了主意，尽管费了老大劲儿才下定决心说出来，但总算挑明了。他向我解释了出版社的难处和担心，就是布利斯的那一套说辞。之后，他直接摊牌，恳请我放过他和公司，收回《傻子出国记》的手稿，解除与公司的合同。我说不行——就这样，结束了此次会面和观光。

然后，我就警告布利斯，要他必须加快出版，否则我要找他的麻烦。警告见效了，他很快排好版，并让我校了清样。接下来又是漫长的等待，也没有任何解释。最后，大约是到了1869年的7月底，我实在忍无可忍了，就给布利斯发了一封电报，威胁他如果那本书在24小时内还没有上架出售的话，那么我就要起诉他们，要求赔偿。

问题立刻解决了。24小时之内，有五六本装订好的书被放在了架子上出售。接下来就是推销兜售，一切进展得异常顺利，不到九个月，这本书就让出版社偿清了债务，股票也从25美元涨到了200美元，出版社净赚7万美元。这些都是布利斯告诉我的——如果属实的话，那么这将是65年来我第一次听到他讲真话，他生于1804年。

我必须得回过头来说一说韦布的事。1867年，"贵格市号"旅行结束后，我从韦布那里得知《跳蛙》一书颇受出版界的青睐，他相信销售情况肯定也很不错，可惜无法拿到美国新闻公司的销售账单。他说这本书给他带来了灾难,因为是他自己出资制作的,而现在由于美国新闻公司的不守信用和百般搪塞,收不回一分钱。

我打内心里为韦布感到难过。一方面,他为帮助我而损失了自己的钱,让我感到难过;另一方面,他无法再支付给我版税钱,这也让我有些难过。

我跟美国出版公司签订了《傻子出国记》的出版合同。两三个月以后,我突然间想到,出版《跳蛙》可能会违背与美国新闻公司的合同,因为合同中有一条规定在一年之内禁止我在其他公司出版书籍,当然该条款不牵涉合同签订之前我已经出版的书籍。这规定每个人都懂,但是我却不知道,因为对自己有利的事我一向都不怎么懂得,也没有向别人打听的习惯。

我无知地认为自己违反了跟布利斯签订的协议,因此在道义上有责任中止《跳蛙》的出版,并且永不出版。所以,我为这件事去找韦布,他很愿意按照下面的条款来帮助我:我把通过该书应得的版税都交给他;在新闻公司手里的书,装订好的和尚未装订的都交给他负责,并且免除版税;此外,我再给他800美元现金;他负责拆毁那本书的铅版,因为印刷版被拆后通常由铸字厂出钱回收,这回收的钱自然而然地属于拆版的人了,当时活字合金每磅九美分,那本书的铅版重约40磅。从这些小算盘中不难看出,韦布还真是有做生意的头脑。

此后,韦布在我的视野中消失了很长一段时间。有一次我偶然碰到了美国新闻公司的经理,我向他打听韦布与新闻公司的纠葛,以及最后的处理结果。他说没听说有什么纠葛。于是我向他解释说韦布从来没有从公司那里拿到一分钱。他说我说的不对，他们公司每隔一段时间就会把账单寄给韦布，同时附上每次应付的支票。他邀请我一起到办公室，把书和账本都拿出来给我看，证明他所说的都是事实。从一开始，韦布就定期收到公司支付给他的和支付给我的钱，并统统装进了自己的腰包。在我和韦布签订协议之前，他还欠着我600美元的版税。他从我那里拿走的已经装订的和尚未装订的《跳蛙》书被卖了之后，所有收入也都进了他的口袋——其中有六百多美元本该是属于我的版税。

概括来看，我如今是一名作家，是一名赚了点小名气的作家，是一名出版了一本书的作家，是一名并没有因为这本书的出版而变得富有的作家，是一名为出版第一本书而损失了1200美元的版税和800块钱的血汗钱，以及3美元60美分的旧活字合金费的作家。从那一刻起，我就下定决心再也不跟韦布一起出书了——除非我能借到足够多的钱来支付这"高昂的"费用。

由于《傻子出国记》的出版，我逐渐有了些许名气，使得韦布能够第一个跳出来，对外宣称是他发现了我，后来又造就了我。大家普遍认为我对美国这个国家，对美国文学有一定价值，同样也觉得，为此美国民众和文坛都要感谢那个慧眼的伯乐——韦布。

慢慢的，韦布及其贡献淡出了人们的记忆。然后，布利斯和美国出版公司又跳了出来，说是他们发现并造就了我，因而应该得到人们的感激。随着时间的推移，又有其他人从加利福尼亚和内华达冒出来，宣称他们应该被感谢。到了最后，连我也不得不相信，上帝手中创造出来的那么多动物，只有我不同于其他动物，被反复发现和造就。

韦布自诩自己是个文人。如果不发表自己写的东西的话，那么他的这个谎言也许还不会被揭穿。可惜他的作品出卖了他。他的散文幼稚可笑，他的诗歌也大同小异，可他还偏要隔一段就把自己那些平庸的东西拼命挤出来，直到两年前因脑溢血去世。他是一个可怜虫，骨子里就是一个骗子，再加上后天的骗术磨砺，使他成了一个还有点水平的骗子，但还称不上出众，因为与同时代的以利沙·布利斯比起来，在撒谎骗人方面，布利斯能像日全食一样，将一个大陆的韦布都遮蔽在自己的阴影之下，失去光彩。

第 22 章
步入演讲界

1861年夏天，我和奥利安乘坐公共马车穿越大陆时，在盐湖城逗留了两三天。我记不清当时犹他准州的州长是谁了，不过，我仍记得他当时不在州内——对准州州长来说这十分普遍。他们不过是一群政客，到边远地区吃苦，目的是准州升级为正式州之后，能随之当上美国的参议员再返回内地。而州长的职责是由准州的秘书长弗兰克·福勒来承担，当然，也像奥利安在那段光辉岁月中，在奈州长外出期间意外得到了州长的头衔一样，大家都喊福勒为州长。在一个民主制国家里，一旦得到象征着荣誉和地位的头衔，无论是意外获得还是通过正当途径获得，只要使用超过48小时，就会像天堂里的永生一样永恒，你再也无法摆脱它们。例如，你只要当了一个星期的治安法官，那就永远都是一个"法官"；你在独立战争的某次战役中做过民兵少校，便永远都是一个少校；一个人被无意中被称为上校，哪怕完全是因为误会，那么这份尊荣也将永远跟着他。我们从心底里羡慕这些头衔和门第，而在嘴上却又调侃它们，这是我们的民主权利。

福勒是执行州长，我们在盐湖城逗留期间，他热情地招待了我们。他为人机警，精力充沛，干劲十足，能够提起对任何事的兴趣。不仅如此，一旦事情值得，他就会投以常人五倍甚至是十倍的热情参与其中。他真是一个活力四射的人。

此后，我在太平洋沿岸待了五六年，直到1867年才取道地峡回到大陆。到了纽约之后，我发现福勒正在忙着什么，看我来了他十分开心和热情，想介绍我认识他的妻子。之前我从没有听说过他有妻子，也没想到他有妻子。就这样，他带我见了他的妻子。她甜美温柔，热情好客，为人友善，易于相处。之后，他又给我介绍他的女儿，让我大吃一惊。她们的确是他的女儿，竟都已经长大成人，甚至嫁人了——他也没告诉我结婚多久了。哇，福勒真是充满惊奇的一个人。如果说他有了几个小孩子，那还说得过去，我可以理解，但是他竟然有了那么大的孩子，他看上去年龄也太小了点。其中的奥妙我实在猜不透，也就随它去了。一个男人已有相当的生活阅历，但是却得天独厚地拥有上天赐予的天赋，英俊的外表留不下任何岁月流逝的痕迹。显然，他就是这样一个例子。

福勒州长——现在他纽约的朋友们都这么称呼他——那时候正热衷于自己的爱好。每天他都会有自己喜欢干的事情，而且总是满腔热情。他说我必须在纽约最大的礼堂里面作我关于三明治岛的那场演讲，人们肯定会对此狂热无比。我有自知之明，知道纽约人从来没有听说过我这个人，也不曾期待了解我，因此不会想听我演讲。不过他几乎就让我动心了。我反对，他在我心中点起的那股热情之火稍有点冷却，我就坚持反对。但这一点用也没有。福勒坚信很快我就能名利双收，而且不费吹灰之力，他说把这件事交给他，一切都由他来处理，我只需要回到旅馆安心休息，舒舒服服地坐下来，十天之内，他一准能把名气和财富都摆在我面前。

我无可奈何。虽然我已经被说服了，但是还没有完全丧失理智。我请求他找一个小礼堂，把票价下调到小节目的价格。他根本不理这一套，他说要找纽约市最大的演讲厅，要租用库珀学院的一楼大厅——那里能坐下 3000 人，还能站 1500 人。他说他肯定能让那个地方挤得满满的，同时每人要收一美元的门票费，还说那些因窒息而要出去的人要收两美元。哦，老天，他为这事热情如火，开足了马力，并马上就着手筹备了。他还对我说不会让我损失一分钱，我说肯定也赚不到钱，他就告诉我说："不要管钱的事。如果不赚钱，那就算我白忙乎了，如果赚到钱了，那就归你，如果亏损了，我一个人承担损失，你什么也不用管。"

就这样，他租了库珀学院，并开始为这场演讲作宣传——在报纸的广告栏刊登了一段"豆腐块"大小的广告。这样一直持续了三天，我没有听到任何人，或者任何报纸对这场演讲有任何议论，我就有点紧张了。"哦，"他说，"事情正在进展中，效果还没有表现出来。你就别管了，顺其自然吧。"

好吧，我给它时间。直到第六或者第七天，离演讲只剩三四天了，可我还是没有发现他所谓的事情发展的苗头，这使我更加疑虑和不安。我找到福勒，告诉他必须要加大广告宣传的力度。

他说他会的。他印了一桶小广告，可以挂在一根绳子上，五十张穿成一串，悬挂在公共马车上，你可以看到每辆马车上都有这些广告飘来荡去。我十分担心，所以就跑去跟着这些马车转圈。接下来的一两天，我什么也没有做，就干坐在马车上，从纽约这一端坐到那一端，看着这些悬挂的广告，等着有人来把它们扯走，看上一眼。但并没有人看，至多也就见一个人看过，这个人伸手扯了一张，跟他的朋友说："关于三明治群岛的演讲，演讲人马克·吐温，又是何方神圣？"之后随手一扔，跟朋友聊别的话题去了。

我失望透顶，觉得再也不能跟着马车瞎转悠下去了，就去找到福勒，和他说："福勒，到时候除了我们俩之外，库珀学院是不会有其他人去的，而我们两个又是免费票，所以这下血本无归，所以我们必须得采取措施。我急得都想自杀了，如果有勇气，又有工具的话，我肯定会自杀的。咱们必须发放免费的入场券，让大厅里面坐满人。福勒，你得印发几千张免费票，你必须这么做。他们既没人认识我，也没有听说过我，如果没有坐上那些宣传的马车，没有看到那些宣传广告，那么我进场后发现空荡荡的，我肯定会死的。"

"好吧，"他说，依然保持着激情，"我会去办的，肯定会办好的。我会发放免费票，让听众挤满大厅，让你迈上讲坛时，发现自己面前的观众是最优秀的、最有智慧的，从没有哪个演讲者曾经有机会面对过。"

他说到做到。纽约市附近三十英里范围内每个公立学校，他都送去满满一篮子免费入场券，发给老师们——他简直把这些人淹没在免费票的海洋里了。到了演讲的那个晚上，他们全来了。库珀学院的演讲厅连来客的三分之一都容纳不下。讲座七点半开始，我心里十分着急，坐立不安，所以七点就到了那里，我本打算去瞅一眼那巨大的空无一人的演讲厅，然后就去死掉。可是，在距离那幢大楼不断的地方，我发现方圆四分之一英里远的大道都挤满了人，交通都瘫痪了。我无法相信他们都是去库珀学院听我演讲的，但这却是事实。我绕到大楼后面，从舞台的侧门进去，果然发现所有的座位上、走道上以及舞台上都被一张张睿智的面孔挤满了，因为他们来自智慧的中心——学校。我从人群中费劲地挤进大舞台，站在观众面前的时候，那个舞台已经挤得满满的了，连一个小孩子的地方也没有了。

我十分高兴，兴奋之情难以言表。我酣畅淋漓地把自己在夏威夷岛的见闻讲给观众，他们不时地尖叫和欢呼让我感到无比的满足。1个小时15分钟的演讲，我觉得就像是在天堂里一般，浑身的每个毛孔都洋溢着一种神赐的喜悦。当我们最后结算的时候，发现一共有35美元进账。

福勒依然为此兴高采烈，仿佛他所预言的名气和财富都实现了。他无比的高兴和陶醉，一连几天，嘴里都一直在说这件事："哦，虽然没有发财，没有发财，但是不要紧，财富很快就要来了，名声已经打出去了，马克。天啊，不出一个星期，你就是全美国最有名的人了。这绝不是失败，而是巨大的成功。"

那次演讲至少花掉他四五百美元，但他对此只字未提。他是那么的高兴，那么的满足，那么的自豪，那么的幸福，就仿佛自己生下了传说中的金蛋，并把它孵化了出来。

他关于名声的预言完全正确，那场演讲让我声名远扬。纽约的报纸对我大加赞赏，没多久，全国的报纸也都转载了这些赞誉，乡镇演讲会——当时这个古老的演讲体系还正处于全盛时期——开始召唤我。我便加入了雷德帕斯的公司，赶上了那个演讲季的尾巴。我到了西部，每天晚上都演讲一次，持续了6～8周，每个晚上都能赚到100美元。现在想想，实际上福勒的预言全都实现了。我不但因此而收获了名声，还赚到了财富。尽管某些细节没有那么准确，但是也无关紧要，事实最终如此。我的意思是，我记不得是当年还是第二年去参加的巡回演讲，不过关键的是我去巡回演讲了，而为我创造这个机会的就是那个疯狂的福勒，以及他那荒唐而不朽的演讲计划。

1866年，我在加利福尼亚和内华达州开始演讲生涯，1867年，在纽约演讲了一次，在密西西比河谷演讲了几次，1868年在整个西部巡回演讲，在接下来的两三个季度里，东部又被加入到我的巡回演讲行程中。

在那个年代，"演讲体系"繁荣兴盛。詹姆斯·雷德帕斯在波士顿学府街设立办事处，专门管理北部各州和加拿大的演讲活动。雷德帕斯把演讲团派往全国各地，每一组6～8人，每晚一次，演讲平均每天收入100美元，他拿10%的佣金，每个季度每个演讲组大概出场110个晚上。他的演讲者名单里面有不少颇具吸引力的名字，如亨利·沃德·毕彻、安娜·迪金森、约翰·勃·高夫、霍勒斯·格里利、温德尔·菲利普斯、佩特罗连·维纳斯比、乔西·比林斯、北极探险家文森特、英国天文学家帕森斯、爱尔兰演说家阿加西斯，等等。除此以外，他的名单上还有二三十个地位稍差、名气稍逊的男女演讲人，酬劳从25～50美元不等。他们的名字早就被人们淡忘了，只有靠巧妙地安排才能让他们有机会上台演讲，雷德帕斯最擅长此道。所有的演讲会都希望能请到名人，可以说是求贤若渴，都想尽办法争取，雷德帕斯满足他们的要求，但是有附加条件：安排一个卖座的演讲者，必须搭配几个不怎么叫座的演讲者。这样的安排让办事处兴旺了几年，不过最后还是垮掉了，演讲生意也到此为止了。

雷德帕斯的组织安排，最大的特色是诚实、真挚、善良和勇敢。他无所畏惧。在堪萨斯州，他曾经经历过血雨腥风的年代，他是奥萨瓦托米·布朗的得力助手，从头到尾经历了整场斗争。每天都是把脑袋拴在裤腰带上挣命，一天下来，挣到的钱还不够一晚住宿费的。他的手底下有几个英勇的战将，经常被支持奴隶制的密苏里人"游击队员"和现代雇佣军追杀。我记不清那个不怕死的游击队长的名字了，他城里城外到处追杀雷德帕斯。但是到了最后，却又被雷德帕斯追杀。真是造化弄人，虽然很多次两人近在咫尺，但是终究没能在战场上碰面。

十一二年之后，雷德帕斯成了波士顿演讲行业的领军人物。在堪萨斯州经历之后的十五六年，他成了我的经纪人，我成了一个公共演讲者。在十一月份的某个晚上，波士顿的特雷蒙旅馆安排了一次记者晚宴，我应邀参加，坐在嘉宾席上，雷德帕斯坐在我和主席之间，一个陌生人坐在我的另一侧。有几次我试着跟那位陌生人讲话，而他似乎没什么可说的，所以我也就不再去打扰他。他显然是一个十分害羞的人，而且，可能前一天晚上也没怎么睡好。

雷德帕斯最先被点到发言。听到这个名字，那个陌生人吃了一惊，显得十分感兴趣。他直直地盯着雷德帕斯，一字不落地听他讲话。除了在堪萨斯州一些惊心动魄的往事，雷德帕斯还说道：

"有三次，我差点就抓到那个强悍的游击队长了，但是有一次实际上他已经抓到了我，可惜他不认识我，把我给放了。他说自己正忙着追捕雷德帕斯，没有时间浪费在我们这些虾兵蟹将身上。"

之后，就是我旁边的陌生人被点到发言。当雷德帕斯听到他的名字的时候，也为之一惊，变得全神贯注起来。那个陌生人向雷德帕斯友善地看了一眼，然后十分和气，甚至可以说是很亲切地说：

"你现在知道我就是那个游击队长了。今天能认识你很高兴，我真诚地把你当作我的朋友。"接着，他用满怀感伤和遗憾的口吻继续说道："要是那次见到你的时候我就能认出你，那对我将是多么巨大的幸福啊——可惜我现在才认识你！"

演讲者中，只有毕彻、高夫、纳斯比和安娜·迪金森清楚自己的出场费，并能明码要价。他们在小镇的酬劳是250美元，在城市是400美元。演讲会通常能从他们四个人身上捞点利润（还得老天帮忙），但是赚到的钱往往又贴在那些不卖座的演讲者身上。

其中有两位不卖座的女演讲者——奥利弗·洛根和凯特·菲尔德——不过曾经有一段时间她们是非常卖座的，她们每场收费100美元，这样持续了大概两年，之后，她们成了票房的毒药，并很快就被束之高阁了。1867年，凯特·菲尔德从波士顿用电报发给《论坛报》几篇稿件，报道了狄更斯访问美国期间成功举办的朗诵会，这为她赢得了名声。她的报道充斥着狂热的赞扬，简直到了崇拜的地步，不过这迎合了当时的基调，因为那时整个国家正处于对狄更斯的狂热追求之中。此外，她给报社发稿的形式也十分新颖奇特，因此人们议论纷纭。凯特·菲尔德一炮走红，并逐渐走上演讲台。但是，两三年之后，她的演讲主题——狄更斯——失去了新意，人们不再感兴趣了。曾有一段时间，人们因为她的名气而去看她，听她演讲，结果她的演讲拙劣，矫揉造作，让人十分反感。再往后，当人们连一睹芳容的愿望都没有了以后，讲台也随即抛弃了她。

其实她是个不错的人，但是转瞬即逝的名声成了她人生的灾难。对她来说，这份声望就是无价之宝，所以在超过25年的时间里，她想尽一切办法试图让自己过上与之匹配的生活，但她的努力并未起到什么效果。她是在三明治岛去世的，她的朋友们都为她惋惜，而世人则早已把她忘掉了。

奥利弗·洛根的走红完全是运作，没有任何真才实学的成分。她也曾写过一些小文章发表在报纸上，但都是一些名不见经传的小报，所写的内容也平淡无奇，就凭这些东西100年也不会有人知道她。她的名气全靠她的丈夫——一个低薪的小记者——在报纸简讯中宣传造势得来的。曾经在一两年的时间里，到处都是这种简讯，人们一拿起报纸就肯定能看到它。

据讯：奥利弗·洛根在纳汉特买了一套别墅，准备在那里避暑。

奥利弗·洛根坚决不支持在午后穿短裙。

奥利弗·洛根前往巴黎过冬的报道为之过早，她尚未最后确定。

奥利弗·洛根周六晚上出现在沃勒克的家中，表示同意发表新作。

奥利弗·洛根已经在摆脱病痛，逐渐康复中，如果病情持续好转，她的医生从明天开始将停止发布公告。

这样每天做广告带来的结果让人感到很意外。奥利弗·洛根这个名字竟然迅速被一般大众所熟知，甚至不亚于当时任何一个名人。大家饶有兴趣地谈论着她的一言一行，认真地讨论她的观点。偶尔，有个来自偏远地区的孤陋寡闻的人会询问起有关她的事情，然后就会出现一些令人诧异的情况。

"奥利弗·洛根是谁？"

听者诧异地发现他们根本回答不了这个问题，他们自己也从来没有想过要追问这件事。

"她都做过哪些事？"

听者再次哑口无言，他们不知道，也从未向别人问起过。

"好吧，那么，她是怎么变得这么有名的？"

"哦，可能是因为某些事吧，具体我也不知道，我从来没有问过别人，不过我想大家都知道吧。"

有的时候为了找乐子，我就经常问一些人这样的问题，他们总是滔滔不绝地谈论奥利佛·洛根，比如她说了什么，做了什么，当我问到他们的时候，他们往往惊奇地发现尽管自己对这些传言深信不疑，但实际上根本就不知道奥利弗·洛根是谁，也不知道她做过什么。

就靠着以这种奇特的方式树立起来的声望，奥利弗·洛根登上了演讲台，至少有两个季度，全美国人都涌到演讲厅去一睹她的芳容。她只不过顶着一个虚名，穿着华丽昂贵的衣服，尽管这些可以使她们短期索要 100 美元的出场费，但这些都靠不住，不能持久。早在 25 年前，她就已经彻底被人们遗忘了。

我离开波士顿到各地去演讲的时候，旅途中总是会遇到一些有趣的伙伴，在演讲委员会的人把我送到旅馆相互道别后，我们大家经常有机会一起聊聊天，吸吸烟。各地都会有一个演讲委员会，他们的工作人员佩戴着丝质的职务袖标到车站接我，然后把我送到演讲厅，他们坐在讲台上我身后的那排椅子上，就像是乐师一般。在刚开始的时候，委员会主席通常会把我介绍给听众，但是这些介绍词往往是赤裸裸的吹捧，这让我感觉无地自容。所以，每次这都让我的演讲在尴尬的氛围中开始。这真是个愚蠢的做法，完全没有必要做这样的介绍，而且那个介绍人总是出洋相，准备的话不过是一堆庸俗吹捧的词，可他非要挖空心思玩儿幽默，结果只是让人觉得无聊。因此，在一个季度的演讲过后，我就开始自己作自我介绍——当然，使用的是一套常用的戏谑自嘲词。可是这个调整让委员会主席感觉很不舒服，能神气地站在家乡父老面前，作一段短小、调皮的小演讲，是他生活中的一大乐趣，可是现如今这个乐趣被剥夺了，这让他实在难以忍受。

一度，我的自我介绍曾是效果很好的"开场白"，不过很快就失灵了。自我介绍的措辞必须要精细周到，要好好花一番心思，并且还要非常诚挚地讲出来。这样才可能让在场的陌生观众误以为我是一个介绍人，而不是演讲人；这样那一串夸张的赞誉之词才不会让他们感到恶心。然后，等到快要结束的时候，我才会不经意地告诉他们我就是演讲人，刚才我是在介绍自己，这样才能得到满意的效果。不过，正如之前我说过的，一张好牌只能管用一时，因为报纸把这一切都印刷出来了，所以之后我再也没办法用它了，因为在场的所有人都知道接下来是怎么回事,自然也就不会有什么乐趣了。

后来，我又借用了在加利福尼亚见过的一种介绍方式。那是在红狗村，一个邋里邋遢、笨头笨脑的矿工，一本正经地说出来的。尽管十分不情愿，但是整个演讲厅里的人非要逼着他上台，让他介绍马克·吐温。他站在那里想了一会，然后说：

"我一点也不了解这个人，但是至少我知道两件事：一是，他从没有蹲过监狱，二是，（停顿了一下，几近难过地说）我也不知道这是为什么。"

这一招也管用了一段时间，后来又被报纸登了出来，便一下失去了乐趣。自此以后，我干脆把自我介绍这个环节取消了。

我总是时不时地遇到一些离奇的小事情，虽然它们都不是什么深刻的事。有一次，我去一个小镇演讲，晚到了一会儿，结果没有发现委员会接站的人和等在那里的雪橇，我就乘着皎洁的月光，沿着一条大路往前走。我发现黑压压一大群人在往前走，所以判断这就是去演讲厅的路——果然没错，于是我也挤进人群，和大家一起来到了大厅。我想挤进去，却被检票的人拦住了。

"请出示您的票。"

我俯下身子，低声说："我进去没问题的，我是演讲人。"

他郑重其事地闭上一只眼，然后用足以让全场的人都听得到的声音说道："不，你不是。到目前为止，已经有三个自称是演讲人的家伙混进去了，但是，今天晚上从第四个演讲人开始，都要买票。"

当然，我掏钱买票了。这是摆脱麻烦、避免尴尬的最好方法。

每个演讲季，我们都得准备一个新的演讲作品，然后在波士顿的"明星猎手"剧场展示，接受第一轮评判。这时，古老的音乐大厅里，坐满了2500人。根据这轮评判，全国的演讲会来判定每一场演讲作品的商业价值。实际上，波士顿的评判并不是这次评定开始的地方，最初的评判在周边城镇已经开始了。在这次评判之前的一个月，我们会在这些城镇进行演习，把所有需要修订改正的地方完善之后，才敢在波士顿露面。

因此，每年10月初，演讲者都聚集到城里，在那里懒懒散散地度过几个星期的快乐时光。大家都住在杨氏旅馆，白天去雷德帕斯的办事处，在那里吸烟、闲聊，黄昏时四处分散到周边的小镇，听他们点评新演讲作品的优劣。乡镇的听众最难对付，如果一段演讲能在他们当中激起涟漪，那么到了城市肯定就能掀起巨浪。在乡镇中相对成功，就意味着在城市中大获全胜，因此，当我们最后踏上音乐大厅的大演讲台时，心中早已知晓结果。

不过，有的时候刚入行的演讲人还不知道"在小乡镇小试牛刀"的价值，因此，他们就会在音乐大厅上演讲没有检验过的作品。有一次就出现了这样的事情。我们看到一份演讲的宣传广告，就坐不住了，因为他是德科多瓦，一个幽默家。我记得他还有一个名字，但是记不清具体叫什么了。他在杂志上发表过一些忧郁的幽默故事，得到了一些人的青睐，赢得了一些名声。现在他突然涉足我们的势力范围，出乎我们的意料，我们有几个人感到非常别扭，都不想演讲了。我们推迟了在周边乡镇的演讲约定，都待在城里，坐在剧场的最前排——我、纳斯比和毕思林——早早地等在那里。剧场里座无虚席。当德科多瓦进入音乐厅时，受到了在我们看来是热烈过头的、近乎阿谀奉承的欢迎。我们倒不是妒忌，也并不羡慕，只是觉得有点恶心。当意识到他要照着手稿诵读一个幽默故事的时候，我感觉好多了，也看到了希望，不过依然有点担心。他的演讲台上还专门搭了一个狄更斯小说中绞刑架般的高架子，他站在架子的后面，头顶上方安置了一排看不到的照明灯。整个一套搞得颇为时髦，给人留下深刻的印象。观众们对他信心十足，确信他讲的肯定十分风趣，因此对他开始的十来句话给予信任，报以友好的微笑——那么的友好，实际上，搞得我们有点难以接受，心里顿时没了底气。不过，我仍然努力让自己相信他不会成功，因为我发现他根本不知道该怎么去读这个幽默故事。

很快，观众的笑声就缓和了下来，之后笑声的覆盖面也开始缩小，再然后，自发性的笑声不见了，笑场开始出现间隔。间隔慢慢变长，不断变长，越来越长，最后演讲厅里几乎只有间隔和沉默了，以及在耳边嗡嗡作响的德科多瓦的沉闷的声音。再之后的十分钟里，整个大厅像死一般沉寂，听众没有一丝情绪变化。我们深深地叹了一口气，这声叹息原本应该是为一个失败的同行感到痛惜的，但事实并非如此。因为我们都卑鄙而自私，就像其他凡人一样，这是看到一个对我们已没有威胁的兄弟倒下而发出的满意的叹息。他正在卖力地读，同时也非常沮丧。他不停地用手帕擦脸，语言声调，行为举止，都低声下气，似乎是在祈求观众的同情、帮助和怜悯，让人都不忍观看。可惜，全场听众依然是冷冰冰的，没有发出任何笑声，像看怪物一样盯着他。

有一口大钟高高挂在墙上。很快，下面的观众抛弃了那个念稿人，开始盯着钟面。根据以往类似惨淡的经历，我们知道那意味着什么，也知道即将发生什么样的事情。不过，显然台上那位念稿人没有得到任何警示，对此一无所知。马上就要到九点了，大厅里有一半的人都在盯着那口钟，而念稿人还在那里苦苦支撑。九点差五分，1200人齐刷刷地站起来，巨浪一般席卷走廊，涌向门口！台上的念稿人被这突如其来的一切吓待住了，站在那里，有好几分钟，呼哧呼哧喘着粗气，惊恐万分地望着逃去的人群。然后凄凉地转身离开演讲台，如同梦游般走下台阶，失魂落魄。

这都是管理人员的错，他们应该早点告诉他，开往郊区的末班车九点离开，所以不管是谁在台上演讲，厅里一半的人都会起身离去。我记得德科多瓦自此以后再也没有在公众面前露过面。

我清楚地记得佩特罗姆·维苏威·纳斯比（洛克）。内战爆发时，他在托莱多市的《剑手》报工作，那家周刊历史悠久，生意兴旺，很受大众喜爱。他曾发表了一篇署名纳斯比的通讯稿，取得了巨大成功，并因此迅速出了名。于是他就沿袭着这条新的方向，每个星期都要猛烈地抨击一下同情南部的人士和民主党人士。他的这些通讯稿也被广为转载，从大西洋沿岸到太平洋沿岸，每个人都在读他写的东西，每个人都在捧腹大笑——除了那些极为沉闷的、有偏见的民主党人士以及同情南部的人士以外。突然间，纳斯比的名气就像爆炸一样急速扩张，如空气一般渗入各个角落。很快就有人来请他做连长，他接受了，准备奔赴前线。不过当时的州长是一个很明智的人，远比科纳以及裴多菲这些政治能手高明得多，他拒绝签署纳斯比的任命书，并命令他待在家里。州长说，在战场上纳斯比只能充当一个士兵挥舞一把战剑，但是在家里用笔战斗，他就是一支军队，并且配备了重炮！纳斯比服从了州长的命令，继续用他的笔写出那拥有闪电般威力的通讯稿。

去哈特福特时，我第一次见到了纳斯比，那大概是战后三四年。当时整个歌剧大厅挤满了人，大家都来听他的演讲《诅咒迦南》。这个演讲题目他已经做了两三年，从没更换过，讲稿讲过了几百遍，但是他依然必须看着手稿演讲，记不住一句话——除了开场白的第一句以外。他一出场，全场立刻响起雷鸣般的掌声，但他并没有因此而停下来向观众鞠躬致谢，也没有任何感谢的表示，而是继续径直走到讲台前，把手稿摊放在面前，摆出一副僵硬的姿势，立刻开讲。在随后的一个半小时之内，他就一直保持那个姿势，一动不动，除了翻页以外。他身子微微前倾，俯在桌子上，僵硬地用左胳膊支撑着身体，就像是一块树桩，右胳膊背在后背上。每两分钟，他的右胳膊就会向前挥舞一次，翻一页讲稿，然后再放回原来的栖息地——就像是一台机器，有规律地循环往复，动作迅捷准确，你简直都能想象得到机器运作时的咔咔声。他高大魁伟，衣着朴素，土里土气，看上去就像是一个质朴的老农。

我满怀好奇地等待他开始，他没让我等太久。他左臂把自己一撑，右臂搭在背后，身体俯向讲稿，略微抬起头，扫视一下观众，然后就像牛一样吼道：

"我们都是祖辈的后代！"

自此，他就从头吼到尾，丝毫不理会观众不时发出的欢呼声和大笑声。他的演讲如连珠炮一般，不停地向靶心扫射，目标就是蓄奴势力及其北方的拥护者。他之所以成功是因为他的演讲内容，而不是风格，因为他的演讲实在没有任何技巧可言，除非那极度振奋人心的真诚和激情也算技巧。演讲一结束，他立刻转身走向台下，仿佛背后观众报以的热烈掌声与他毫不相关。

他的身体健壮如牛，拥有职业拳击手的力量和耐力。当时还没有太多的快车，有一次他错过了一趟赶往哈特福特市的快车，为了不耽误演讲，他坐了一个白天外加 2/3 个晚上的牛车——并且时值隆冬。下了牛车他就直奔讲台，连晚饭也没吃，但是在讲台上，他依然声若洪钟，没有任何疲态和倦意。过后，我们一起聊天、吃晚饭，一直到后半夜，我终于坚持不住了，而他一点事没有。他告诉我,在他演讲的第一个季度里，一个月之内讲了 25 次《诅咒迦南》，并且连续讲了九个月。我想再也没有哪个演讲者能破这个记录了。

他说，由于 225 个夜晚的连续重复，开头那些话他不用看讲稿就能说出来了。有几次，自己胆子大的时候还真的这样做了。这带来了另外一个后果：当结束一天的活动回到家里以后，他独自一人坐在炉火边陷入沉思，当挂钟突然敲击八下将他从沉思中惊醒时，还没有意识到自己身处何地，他就已经习惯性地自然顺口大喊出来了："我们都是祖辈的后代！"

我觉得，"朗诵会"作为一种公共讲台的娱乐方式，是查尔斯·狄更斯最先提出来的。1867年，他把这一理念从英国带到了美国。在英国，他的朗诵会就十分受欢迎，在美国也被广泛接受和喜爱。凡他所到之处，无不全场爆满，一个季度的巡回朗诵他就净赚了20万美元。那个时候，我曾经听过一次他的朗诵会，十二月份，在施坦威大厅，它带给我一笔人生的财富——不是钱，我并没有想到钱，它带给我的是人生真正的财富，是我一生的幸福。在那天，我到尼古拉斯旅馆去看望我在"贵格市号"的旅伴查尔斯·兰登先生，结识了他的妹妹，一位甜美、羞涩、可爱的姑娘。他们一家正要去参加狄更斯的朗诵会，我便同他们一起去了。这已经过去了40年。从那天开始，这位妹妹就住进了我的脑海，占据了我的心房，再也不曾离开。

狄更斯先生在自己的作品中挑选了一些情节进行朗读。他个头不高，修长清瘦，穿着奇特，别具一格，外表就让人印象深刻。他穿了一件黑色的天鹅绒外套，衣服纽扣处别着一朵娇艳的大红花。他站在红色的顶棚下面，身后的斜坡上嵌着一排强光灯——这样有利于强光集中在艺术家的身上。狄更斯的观众坐在舒适的暖光下，而他却置身强光之下，观众们看不到灯，却能将他的表演看得一清二楚。他的朗读生动有力，把情节读得栩栩如生，十分有感染力。朗读的同时，他还表演。当读到斯蒂尔福斯在暴风雨中送命的那一幕时，他的诵读是那么的鲜活生动，动作是那么的饱满有力，现场所有的人都完全被他征服了。

狄更斯领起朗诵会的潮流之后，其他人就开始追潮。不过根据我的记忆，也只有个别人顶多是获得了昙花一现的成功，公共朗诵会很快就不流行了。直到狄更斯开创此举的二十多年以后，才又慢慢恢复，并一度振兴，接着又艰难地维持了一段时间，不过名字改成了奇特的"作者朗诵会"，但是内容没有任何艺术性可言。连上帝都腻烦了这愚蠢的活动之后，作者朗诵会也就不再兴风作浪，静静地退出了历史的舞台。

演讲和朗读完全是不同的两码事。演讲者不用便条、讲稿，或者书本，而是把讲稿记在脑子里，然后在冬天四个月的演讲季里面，日复一日地重复着相同的内容。1868年我初入此行的时候，演讲已经在全国各地流行多年，并正是鼎盛时期。每个小镇都有专人负责管理，每到闲季他们就开始安排冬天的演讲。他们会根据小镇的规模和支付能力从波士顿演讲办事处提供的演讲人名单中挑选演讲人，一般8～10场演讲为一组。唯一的条件就是要支付演讲人的酬劳，对于最后是否能收支平衡，则不作要求。小乡镇会选择一些酬薪是50美元的演讲人，外加一两个二流明星，每位100美元，以吸引观众；稍大一点的城镇则邀请的全部是100美元薪酬的演讲人，并从一些演讲大明星，如约翰·勃·高夫、亨利·沃德·毕彻、安娜·迪金森、温德尔·菲利普斯这些人中邀请一人，吸引听众的眼球；而大城市则会把所有的大明星都邀请去。安娜·迪金森的出场费是400美元一个晚上，亨利·沃德·毕彻、高夫也如此，当时高夫的价钱还没到500或者600美元，至于温德尔·菲利普斯多少钱我记不太清了，只记得要价不低。

我一共参加了三个演讲季，已经足够了解这一行了。之后，我终于结束了把自己搞得疲惫不堪的流浪生活，在新婚寓所安定下来，开始了家的生活，这样一直过了十四五年。在这期间，那些投机家和唯利是图的人为了牟利，通过雇佣演讲人垄断了这个行业，不到五年，他们就把这个行业搞垮了。当1884年我在那个演讲季重返讲坛的时候，这个行业恰好沉寂了十年，新的一代已经取代老的一代走上历史舞台，他们对演讲和朗读一无所知，既不知道如何欣赏，也不知道如何看待。这些没有受过训练的新手真是让人头疼的听众，有时候我和凯布尔都感到对付他们十分棘手。

之前，凯布尔一直是独自一人在全国巡回朗读自己的小说，持续了三年的时间。开始的时候，由于天赋不错，他的朗读还算成功。不过很可惜，在准备公开登台诵读的时候，他选择了一位辩论老师进行学习，这样一来，等到真正准备好登台亮相的时候，他已经被彻底训练和同化了，只会纯粹地表演，变得矫揉造作，带给观众的愉悦和享受还不及未受训练时的一半。之前我从未涉足过朗读领域，所以很想尝试一下，因此，我聘请庞德少校帮我安排到各地去朗读，我付给他一定的提成当报酬，同时我以600美元的周薪雇佣凯布尔给我当助手，其他费用全部由我负责。万事俱备，我们就开始了冒险之旅。

这次冒险真是如死亡般可怕！至少刚开始的时候是这样的。我精心挑选了诵读材料，但是并未进行深入研究，我原以为朗诵只需要如狄更斯那般——在台上一站,照本宣科就可以了。我如法炮制,结果却一团糟,书面语言与口语相去甚远,诵读是为了娱乐而非说教,因而对于书面这种文学表现形式古板而僵硬的语言,直接诵读根本无法展现出其中的快乐。所以要提前将书本内容打碎重组,使其更加灵活,更加通俗,更加口语化,否则的话,观众们只会感到厌烦,感受不到一丝乐趣。这样读了一个星期之后,我开始扔掉书本,再也不带着它们上讲台了,而是把其中的内容记在脑子中,并将其转换成灵活多变的口语形式,在讲台上表达出来,彻底抛弃了作品中原有的拗口的、程式化的东西。

我曾经从《艰苦岁月》一个极为夸张的章节中选择了一段作为诵读材料,这段是用方言写的,我重新给它起名为《他祖父的老公羊》。当我把内容记住以后,就开始在讲台上修改它,一晚接一晚,慢慢地,我从最初害怕在听众面前朗读这个故事,到开始喜欢并且享受它。这个演讲季结束之后,我自己也不清楚修改到何种程度了。直到十或十一年之后的一个晚上,我在纽约和十几个朋友在客厅里聊天,应他们的要求,我拿起这本书要把这章念给他们听,可是我根本就读不下去——也就是说,根本没办法大声读出来。我勉强坚持了五分钟,之后还是放弃了,并请他们允许我凭自己的记忆,把这个故事讲给他们听。结果表明,我的记忆力很好地帮我应了急,虽然时隔多年,我还是较为完整地还原了当年在讲台上讲述的故事。时至今日,我依然记得当时在台上诵读的这一段的梗概,我想在这儿把它写下来,以便读者能够把它与《艰苦岁月》中的故事原文作个比较,看一看诵读版本和书面文字有多大的差异。

今天这个故事的目的主要是为了说明记忆力好也有不好的一面：记忆力太好的话，什么都能记住，什么都忘不掉，那就表示记忆已经失去了区分轻重缓急的功能，记住的事都一样，没办法剔除不重要的事而留下重要的事，所有的事一股脑儿都记住了，然后又一股脑儿都讲出来，那么这就会导致叙述过程中故事情节平淡，且杂乱无章，这必然会造成内容的混淆，当然会使听众会感到乏味和厌倦了。《他祖父的老公羊》里面记述的那个历史学家就拥有这样的记忆力，他一直想把一段历史讲给伙伴们听——那些露天矿工，可惜从未讲完过，因为他的好记忆力每次都令他无法一直讲到底。在讲述的过程中，记忆中与这段历史无关的细节不时地蹦出来，转移了他的兴趣和注意力。例如，突然想起一个与故事毫不相干的名字、家庭或者其他任何事，他都会岔开原来的话题，转而讲述那个人或者那个家庭。结果是，尽管一直在很费力地讲述，但是他偏离祖父跟老公羊那次难忘的历险故事越来越远，最后直到他和伙伴们要睡觉了还没能讲完。有一次，终于要接近故事的结尾了，显然，孩子们都热切地期盼着结局，他们觉得这一次终于要弄清楚那个祖父的冒险经历，知道最后到底发生什么了。在例行的开场白之后，这位历史学家说道：

"哦，前边我已经说过，他从锡斯基尤县一个砍柴人那里买了那头老公羊，然后把这头羊带回了家，放养在草地上。第二天早晨，他去草地上看那头羊的时候，一不小心把一枚十美分的硬币掉在草地上，于是就弯下腰在草里四处搜寻。而那头羊，此时正站在斜坡上看着这一切，但是我爷爷没有注意到它，因为他是背对着那头羊的，并且所有的心思都放在了找硬币上。就这样，他在那里，如我所说的那样，在小斜坡下面，弯着腰四处摸索，那头羊站在斜坡的上面，还有史密斯，史密斯也站在那里。不，不是站在那里，而是在稍远一点的地方——离那头羊十五步远的位置——对，我爷爷还在那里弯着腰——就这样——那头老公羊站在上面看着，而史密斯，他——（想了一会儿）——那头老公羊低下脑袋，就这样——那是卡拉维拉斯家的史密斯——不，不，不是卡拉维加斯家的本·史密斯——我想起来了，是图莱县的史密斯——是的，我现在想起来了，是这样的。

"哦，史密斯就站在那里，我爷爷也站在那里，他就那样弯着腰，在草地里四处寻找，当那个老山羊看到那个姿势，以为是在召唤它，就奔了过来！以每小时30英里的速度冲下山坡，眼里满是急切之情。你知道我爷爷是背对着那头羊的，他那样弯着腰，当然了，他——哎呀，我记错了，那不是图莱县的史密斯，而是萨克拉门托的史密斯——我的天哪，我怎么能把这两个史密斯弄混了呢——哎呀，图莱县的史密斯不过是个无名小卒，但是萨克拉门托的史密斯——萨克拉门托的史密斯可有着全美国南部最高贵的血统，分界线以南，再也没有谁比萨克拉门托家族的血统更高贵了。为什么？他们有人跟惠特克家结亲了！我想从这你就大概猜得出萨克拉门托家的史密斯都跟什么样的人交往了吧，再也没有比惠特克家族的血统更高贵的了，这是个人就知道。

"看看玛利亚·惠特克——你就得娶这样的姑娘！矮了点？是

呀，是有点矮，可那又怎么样？你看看她的心胸，简直宽广得就像是小公牛的心胸。她善良、甜美、可爱，还总是那么慷慨，如果你想要得到她的什么东西的话，你肯定能要到。不仅能要到东西，还会受到她热情的招待。玛利亚·惠特克就是这样，如果她有什么东西别人也需要的话，她肯定会给的。不仅给，还高高兴兴地给。她有一只玻璃的假眼球，以前她还把这个借给了芙罗拉·安·巴克斯特接待客人使用。因为芙罗拉没有，那个玻璃眼球是七号大的，可芙罗拉的眼眶太大，需要的是一个十四号大的眼球，所以戴上不合适，假眼球根本就待不住，只要一眨眼，就会转一下。那是一颗很漂亮的假眼，芙罗拉戴上漂亮极了，假眼的前面是淡蓝色的——就是向外看的那一面——后面是镀金的，这和真的那只眼睛并不匹配，因为真的那只是褐黄色的，而且不会转动。你知道，这样的两只眼睛在一起会是什么样子。不过这不要紧，它们搭配在一起还不错，显得很别致。当芙罗拉·安·巴克斯特眨眼的时候，那只蓝色镀金的眼球就会转动，而另外一只却一动不动；一旦她兴奋起来，那只假眼就会转了一圈又一圈，并且越转越快，一会儿是蓝色，一会儿是黄色，接着又是蓝色，又是黄色，这样滴溜溜地转起来，亮光闪烁，哪怕是世界上年纪最大的人也跟不上她，猜不出她那个半脸上的表情。芙罗拉·安·巴克斯特嫁给了豪格道恩，那么你应该就可以猜得出她是什么样的血统了——是古老的马兰里东海岸血统。因为在美国，再也没有哪个家族的血统比豪格道恩家族更高贵了。

"萨莉——那个萨莉·豪格道恩——萨莉嫁给了传教士，他们两个人前往大洋那边一个遥远的岛屿，要把好消息带给那里的食人族。但是食人族的人却把他们两个都吃掉了，这不符合常规，因为正常来说食人族只吃家属，并不吃传教士。当食人族明白过来之后，为自己的行为感到非常后悔，他们的亲人去那里取遗物的时候，食人族就是这样说的——明确表示自己非常后悔，并且道了歉，说绝不会再发生这样的事了，这次纯属意外。

"意外！真是愚蠢。哪有这样的意外！世界上发生的事没有哪一件不是由比我们人类更加智慧的一股力量安排的，而这些安排通常都是出于善意，只是有的时候我们并不知道这善意到底是什么——传教士和他的妻子的例子就是这样的。不过这不重要，也与我们无关，我们只需知道这是天意，并且是出于善意就好了。不，先生们，根本就没有什么意外，凡是发生了一件什么事让你以为是意外，那么你就要坚决相信这根本不是什么意外，而是天意。

"看看我的勒姆叔叔，你会怎么说呢？事情是这样的：有一天，我的勒姆叔叔带着他的狗进城，他靠在一个脚手架上，不知是病了、喝醉了还是怎么了。这时恰好有个爱尔兰人提着一桶砖头爬梯子，大概到了三楼那么高，突然脚底一滑，就摔了下来，连人带砖头一下子就砸到了勒姆叔叔身上，他立刻就断了气，不到两分钟就被送到验尸官那里去了。人们就说，这是意外。

"意外！根本不是什么意外，那是天意，它出于神秘而高贵的善意，是要拯救那个爱尔兰人。如果勒姆没在那儿，那么摔死的就是那个爱尔兰人了。如果说是善意的安排，那为什么砸死的不是那条狗呢？为什么不把这任务安排给那条狗？理由很充足，那条狗能看到他掉下来,你不能靠一条狗来执行天意,不能让爱尔兰人撞到那条狗。让我想想,那只狗叫什么——(沉思)——哦,叫贾斯帕——是一只很好的狗,可不是一只普通的狗,不是一只杂种狗,而是一只改良狗。改良狗身上具有狗的所有优良品质,相当于狗中的辛迪加,而一只杂种狗却是狗中的渣滓。那个贾斯帕就是你能见到的最好的狗,勒姆叔叔是从惠勒家买到它的,我想你该听说过惠勒家族,在南方,再没有哪个家族比惠勒家族的血统更高贵了。

"哦,一天惠勒在地毯厂里心神不宁地想着什么事,突然就被机器卷进去了。首先你要知道,他当时正在工厂里四处转悠,从顶楼转到地窖,哪都去了,步子迈得那个快,根本见不到他的人,只能听到他经过时的咳嗽声。你知道,无论谁发生了这样的事都不可能还像出门时一样回家的,那是不可能的,惠勒被织进了一匹39码的上好三股头地毯里。他成了寡妇的妻子非常悲伤。她爱他,因此在这么难过的情况下挣扎着为他料理后事,这真不容易。她拿到整块地毯——39码——她要给他体面的葬礼,但又不忍心把他卷起来,所以就坚持把他平铺开来。她本想给他买一个隧道,可买不到,所以,只好把他装进一只漂亮的盒子,然后将其立在山坡上一块21英尺高的石基上。这样既是墓碑,又是坟墓,经济实惠——两者加起来达到60英尺高,哪里都望得见,而且她还在上面用油漆写上了'此处埋有39码最好的三股头地毯,米林顿·格·惠勒的遗体编织在里边。安息吧。'"

说到这,历史学家的声音就开始变得迷离,眼皮也耷拉了下来,很快他就睡着了。因此，从那天一直到今天我们对结果还是一无所知，我们不知道那个老爷爷是否从草地上找到了那枚十美分的硬币，也不知道是发生了什么还是什么也没发生。

把上文跟《艰苦岁月》的原文进行比较，我还弄不清楚为什么一个可以在观众面前背诵并取得很好的效果，而另一个却不行。这肯定有原因，不过太过微妙，非粗陋的语言所能充分表达的。我感觉到了，但是无法用语言描述出来。它如同气味一般无从捉摸，虽然刺鼻，但四处弥散，而你却无从分析，所以，我也就放弃了。我只知道那个版本可以当众诵读，而另外一个则不可以。

我在这里所说的诵读，指的是凭记忆复述出来，无论是书本还是记忆，都不能光是照本宣科。有很多原因可以解释为什么会这样，不过有一个理由是明摆着的：照本宣科，是在重复别人的故事，你只是一个模仿者而不是当事人，你就是虚拟的，而不是真实的；反之，如果不照本宣科，那么你就可以把书中的人物都吸收内化，暂时成为那个人物，就像演员一样。

即使是最伟大的演员，也不可能靠着手中拿着一本书就征服了观众。朗读课文最妨碍精妙表达，特别是那些看起来是即兴的、感人至深的精心设计的情景。举例来说，譬如，为了寻求恰当字眼而设计的犹豫不决，有意设计的叙述意外短路，有意设计的无意识题外话，故作无意识窘态，为了表达更深层的意义而有意设计的强调时阴错阳差……这些以及其他一些巧妙设计能让诵读的故事如即兴表演一般，浑然天成，打动人心。尽管照本宣科也可以效仿这些手法，而且现实中也确实都是这样效仿的，可是听众很容易就能发现那是故意设计的。对观众来说，虽然会赞赏朗读者的聪明和设计的巧妙，但是仅此而已，观众的情感根本不会被打动，所以朗读者的成功与完美相距甚远。

当一个人在台上照本宣科的时候，他很快就会意识到，有一项威力无比的技巧难以发挥威力，那就是停顿。无声胜有声，那停顿在人的脑海中扎下根，并不断延伸开去，往往都能收到预期的效果，是任何遣词造句都无法企及的。对于读课本的人来说，停顿的用处并不大，因为他搞不清该停顿多久，这尺子并不掌握在他手中——而是由观众来决定的。他只能通过观察观众的脸部表情来确定停顿的长短，可朗读者的眼睛往往要盯着书本上的字，无暇顾及观众，所以他只好猜测该停顿的时间，这样就肯定会有偏差，但是只有准确才能发挥停顿的威力，绝对的准确才能达到预期的效果。

那么，脱离课本诵读的人的优势就显露出来了。当他讲到故事中一句已经日复一日地重复了上百遍的非常熟悉的话——停顿前或者停顿后的一句话时，他根据观众的面部表情就能确定何时该中止停顿。对有些观众来说，停顿短些合适，对另外一些则可能长些合适，而对其他观众还可能更长些合适，那么这就要求表演者必须变化停顿长短来适应不同的观众差异。这种变化通常是很微小，很微妙，简直可以与普拉蒂和惠特尼制作的用来测量五百万之一英寸长度的仪器的精度相媲美。而观众就可比拟为那台机器，能准确测出那妙到毫巅的停顿。

我曾经常使用停顿这一技巧，就如同小孩子经常摆弄玩具一样。当年，拜韦伯斯特先生所赐，我曾经满世界去朗诵，其中有三四篇朗诵稿，停顿都起到了非常的重要。我总是根据具体情况增加或缩短停顿的时间，停顿得恰到好处，我就能享受到无限的乐趣，反之，则会浑身不舒服。在《金手臂》那个黑人鬼故事中，结尾处恰好安排了一个停顿，如果停顿得当，那么紧接着的那句话就能产生惊人的效果，如果停顿稍有偏差，哪怕是五百万分之一英寸的误差，高度紧张的观众也能在那毫秒的偏差中清醒过来，预判到那毛骨悚然的故事中即将到来的高潮，在高潮到来之前就做好了心理准备，结果就会平淡无趣了。

在《他祖父的老山羊》这个故事里，停顿安排在问句之后，即那个爱尔兰人砸在勒姆的身上是意外还是上天善意的安排。如果是善意的安排，如果仅仅是为了救那个爱尔兰人，那为什么非要牺牲勒姆叔叔？"那条狗也在哪里，为什么不砸在狗的身上呢？为什么不把这任务安排给那条狗？因为他掉下来的时候那条狗会看——到——他。"这最后一句话，就是我们全家人一直等着的一句话，在那句话之后，停顿对于任何一个观众都是绝对必要的，因为无论他多么聪明，都无法在刹那间把思维调整过来理解一个全新的、陌生的，可是一会儿又觉得似乎符合道理的逻辑关系。也就是说，狗根本不受传教士般虔诚心理的约束，它遇到风险时，为了保存自身，能机敏地躲开，因此，根本指望不上它自我奉献，为他人牺牲，即使是上天的旨意也无济于事。

第 23 章
我的妻子

1870年2月初，我与奥莉维亚·勒·兰登小姐结了婚。

我们相识于1867年夏天，"贵格市号"停在斯米尔纳海湾，第一次我是在她哥哥查理的特等舱里见到了她的小象牙雕像，那时她刚满22岁。直到12月份，我才在纽约真正见到她本人。她身材苗条，面貌姣好，俨然一副少女的模样——既有女孩儿的气息，又有女人的韵味。直到生命的最后一刻，她都一直这样，既是女孩，又是女人。外表端庄文静，而内心就像是永不熄灭、熊熊燃烧的火焰，充满同情、活力、奉献、热情和无边的爱心。尽管身体一直羸弱，但是她的内心总是充满希望和勇气，不屈不挠的精神一直支撑着她。

16岁那年，她摔倒在冰面上，从此就一直有点瘫痪，身体也再没能康复过来。她在床上躺了整整两年，而且只能仰面朝上，不能变换姿势。这期间，所有的名医，一个接一个地被请到埃尔迈拉为她诊治，都没有什么效果。在当时，牛顿医生的臭名世界皆知，大家都认为他是江湖骗子。他气派非凡地在美国各州招摇，像君王出行，又像马戏团出演，每往一处，人到之前几个星期，原本闲置的墙面就贴满了大幅彩色海报，以及他那令人望而生畏的肖像。

有一天，奥莉维亚家的亲戚安德鲁·兰登到她家拜访，说："既然你们把能请的医生都请过了，不妨再试一下牛顿医生，那个江湖骗子，他现在就住在市中心的拉斯本旅馆。他给富人看病，要的是天价，给穷人看病，分文不取。我亲眼看见他用手在杰克·布朗的头顶上挥舞了几下之后，就拿走了杰克的拐杖，杰克就能干活了，好像什么病也没有一样。我看见他这样治好了好几个瘸子，这些瘸子不一定是真的，有'临时'被请来做广告的可能，但是杰克可是真的瘸子。所以，把牛顿医生请来看看吧。"

牛顿来了。他看到一个年轻的女孩儿平躺在床上，一套滑轮装置悬吊在天花板上，在她的上方。那个装置已经搁置在那里有一段时间了，原本是计划用来将她扶坐起来，这样隔一段时间她就可以坐着休息一下，可惜未尝得行。因为，只要稍一起身，她就觉得恶心和虚脱，因此只好放弃了。牛顿进来后打开已经封了很久的窗户，简短而热烈地祷告了一番，然后就把胳膊架在她的肩膀后，说："孩子，我们现在要坐起来了。"

全家人都吓坏了，想要阻止他，不过他根本没有理会，而是把她扶了起来，她就这样坐了几分钟，没有觉得恶心，也没有不舒服。然后牛顿说："孩子,我们来走几步。"他把她搀下床,扶着走了几步，然后说："我的能力也仅限于此了，我没办法治愈她。可能她永远也治不好了，永远也走不了太远，但是坚持练习，就能走一二百码，这一辈子也只能这样了。"

他要了1500美元的诊费,就算是要10万美元也不过分。从那天起,18岁到56岁,她总是能坚持走几百码的路,中间不用停下休息,而且我不止一次看到她走了1/4英里的路,也没有特别的疲惫。

在都柏林,在伦敦,还有其他一些地方,牛顿都受到了围攻,在美国和欧洲也总是这样。但是兰登和克莱门斯家族的人从来没有这样干过,我们对他都十分感激。多年后,我见到了牛顿,问他奥秘究竟是什么,他回答说自己也不清楚,不过他觉得可能是自己身体有一些微弱电流,起到了治疗的作用。

绝对的忠诚,绝对的诚实,绝对的坦白,这些都是我妻子与生俱来的品性。她对人和事务的判断,既坚定又准确,她的直觉几乎从来没有欺骗过她。无论是对朋友还是陌生人,她总是带着一份宽容去判断他们的品行,这份仁慈从未减弱过。我曾把她跟几百个人做过比较,之后,我仍然确信她是我见过的品性最完美的人。而且,她还是我认识的最得人心、最高尚的人。她就是具有这样的性格和脾气,不仅让人崇拜,而且让人不得不崇拜。他认为值得留下的那些佣人没有一个离她而去的,而且只要瞟上一眼她就能挑出合适的人,她挑出的所有佣人几乎都是值得留下的,并且他们也确实都留了下来。

她总是快快乐乐的,并总能将这份快乐传递给周围的人。曾经有九年的时间,我们穷困潦倒,债台高筑。她总能说服我摆脱绝望,看到乌云背后的光明,并将这份希望传递给我。在那段日子里,对于我们经济状况的衰落,自始至终,她从来没说过抱怨的话,孩子们也没有过，因为她就是这样教导孩子们的，孩子们也从她身上学会了坚韧。她用尊敬的方式来表达对自己所爱的人的爱，同样，别人也相应地报她以尊敬——亲戚、朋友以及家的仆人都是如此。

她用亲吻、爱抚和充满爱意的语言来表达自己感情，而且毫无保留，这让我大为震惊；而我在运用甜美的语言和爱抚方面，生来就十分保守。她毫不保留地向我表达她的满腔情意，仿佛夏日里的海浪拍打着直布罗陀海峡；而我是在保守的环境中长大的，之前我曾提到过，我的家人从来不会互相亲吻，只有一次例外，那还是在我父亲病危的床前，在我的村子里人们也没有亲吻的习惯，求婚一结束，亲吻和爱抚也就随之消失。

她笑起来天真无邪，就像个小姑娘，尽管她笑的时候不多，但是每逢此时，那笑声便犹如天籁之音，令人陶醉。我最近一次听到这样的笑声是在她卧床一年之后，当时我还作了记录，可惜那是最后一次记录。

我们在纽约州的埃尔迈拉市——她父亲的家里举行的婚礼，婚礼的第二天我们就和兰登全家、毕彻以及维特切尔的家人，乘坐专车前往布法罗市，他们都见证了我们的婚礼。我们要去布法罗市定居，我将去那里担任布法罗《快报》的编辑，并成为股东之一。因为对这个城市一无所知，所以我写信委托一位朋友为我安排住处，请他帮我租一间房子，既能保证一个小编辑微薄的薪水能够承受，又别太寒酸。大概晚上九点，我们抵达布法罗车站，然后又被安排坐上雪橇，我觉得我们简直绕遍了全美国——因为很明显，我们走过了镇上所有的大街小巷。我毫不客气地责怪了我的那位朋友，怪他给我们找了一处没有确切地址的住所。但那是商量好的，我的新娘子一清二楚，可我却被蒙在鼓里。她的父亲杰维斯·兰登已经为我们在最豪华的街道——特拉华大街上买了一幢新房子，并且已经装修布置好了。此外，还请好了厨师、女仆和一个活力四射、精力充沛的爱尔兰车夫——帕特里克·麦克勒，我们被拉着满大街跑是为了让这些人能先赶到新房去，点燃里面所有的煤气灯，准备好热气腾腾的晚餐。最后，我们终于到了。当我走进那如仙境般的房间时，不由得火冒三丈，我毫不留情地大声斥责我的朋友，说他怎么那么愚蠢，给我们找了这样一个我根本支付不起房租的房子。恰在这个时候，兰登先生取出一只精致的盒子，把它打开，从里面拿出了一张房契，这喜剧化的一幕也就愉快地结束了，我们开始坐下来享用晚餐。

大家在午夜时分都告辞了，新房中只剩下我们两个人。就在这时，厨师艾伦过来问我们明天早上要买什么菜。我们两人谁也不知道牛排是按桶卖还是论码卖。看到我们摸不着头脑的样子，艾伦乐坏了。帕特里克·麦克勒，那个活力四射的爱尔兰年轻人，则进来讨明天的吩咐——那是我们第一次见到他。

听起来一切都很容易、很迅速、一帆风顺，但是事实远非如此，绝没有那么顺利，那么轻松，我的追求之路异常艰辛。光求婚我就求了三四次，并且每次都被拒绝。那段时间，我要跑很远的路，四处去演讲，但是我总要想出办法不时地返回埃尔迈拉市展开新的攻势。有一次，我想方设法让查理·兰登邀请我在他家住一个星期，那是多么美好的一个星期啊，可是时间过得飞快，结束的日子就在

227

眼前，我绞尽脑汁也想不出好办法来延长做客时间。那些花招一眼就能被看穿，甚至连我自己都骗不了，何谈骗别人呢。不过，好运最终还是来了，而且是从一个很难想到的地方来的。在过去的千百年中这样的事经常发生，不过今天却很少见——这充分说明了一切都是天意。

那天我正准备离开埃尔迈拉市前往纽约。大门外停着一辆双座敞篷马车，我的行李已经安放妥当，车夫巴尼也已经坐在前面，拉好缰绳。当时是晚上八九点钟，外面漆黑一片，跟家人在客厅里道别之后，我就和查理走出大门，爬上马车。我们坐在车夫后面靠近车尾部的两个座位上，这是为我们临时准备的，但是并没有固定住。当时我们都没有注意到这个情况——对我却是最幸运的事了。查理正在吸烟，巴尼扬起马鞭，马突然向前一窜，我和查理一下子就被甩出了马车。黑暗中，我清晰地看到他雪茄烟头上的火光在空中划出一道弧线，除此之外什么也看不到了。我的头径直撞到地上，那么倒立了一下之后，就倒在地上昏迷不醒了。对一个从来没有演习过昏迷的人来说，那简直太逼真了。那里是个圆石砌的排水沟，当时正在维修，我的脑袋正好撞到四块圆石连在一起形成的一个中间凹陷处，里面装着一半新沙子，给了我一个很好的缓冲，所以头没有碰到任何一块石头，也没有淤伤，甚至没有被震到。我毫发无损。

但是查理伤得不轻，可他光顾着关心我，忽视了自己的伤情。全家人都跑了出来，西奥多·克雷恩跑在最前面，手里拿着一瓶白兰地，不停地往我嘴巴里灌，呛得我连连咳嗽，但是也没能让我醒来，我坚持了下来。听到周围的人不停地说着同情怜悯的话，我十分受用，那是我一生中六大最幸福快乐的时刻之一，没有什么能破坏这种幸福——除了我一点都没受伤以外。我害怕迟早会被发现，所以没敢伪装太长时间。我很重，巴尼、兰登先生、西奥多和查理四个人一起才费劲地把我拖进屋子。进了屋子，我就知道自己的如意算盘成功了，只要在屋里我就能安稳地当一段时间他们家的累赘了，至少是一段时间的，这都是上天的安排。

他们把我安置在客厅里的一张座椅上，然后请来了家庭医生。那个可怜的老爷子，本不该惊动他的，但是没办法，我一直昏迷不醒，不好说不用请他，所以只好有劳他的大驾了。克雷恩夫人，那个可爱的人，三天前刚来过这里，虽已满头白发，但依然很漂亮，而且还有一副好心肠，她拿来了一瓶燃烧液之类的东西，是专门治疗跌打损伤的。不过我知道，我的伤情肯定会让它备受讥讽和嘲弄。克雷恩夫人把药倒在我的头上，用手到处抓挠，并不停地揉搓、摩挲。这火辣辣的液体顺着我的脊柱淌下去，一寸一寸地往下流，我就觉得后背好像是燃起了森林大火。不过我得到了补偿。她累了，她的丈夫西奥多就建议她休息一下，让莉薇替她，那简直太让人高兴了，如果不是这样的话，我可能很快就能醒来，可是在莉薇的抚摩下，要是她一直不停下的话——我可能到今天还醒不过来。那些抚摩真是太让人感到愉快了，让人陶醉，甚至连佩里·戴维斯镇定剂那暴烈的药水所引起的火烧火燎般的疼痛，都被莉薇一抚而平了。

后来，那个老医生来了，开始专业、老练地给我检查，也就是说，开始到处寻找撞伤、鼓包和肿块，结果宣布什么也没找到。他说，只要上床睡上一觉，忘掉这场事故，第二天一早我就肯定没事了。但结果并非如此，第二天早上我仍然没有完全康复，我根本没想完全好起来，所以当然就离康复还差得远了。不过，我说，我只是需要休息休息，不用再麻烦那个医生了。

从这场意外，给了我额外的三天好时光，这可帮了大忙，让我的求爱进程向前推进了好几步。等我再次拜访的时候，终于大功告成了，只要能满足双方父母同意的条件，我们就可以订婚了。

在一次单独的谈话中，兰登先生提到一件事，对此我早已有所察觉：我对他们而言几乎是完全未知的，除了查理和我相识以外，周围没有人了解我，而查理又太年轻了，看人还不准。同时兰登先生还说，我来自于美国大陆的另一端，那里的人应该了解我的品行。我提供了一些人的名单和信息，之后他说要先把这事放一放，我先离开，等到他写给那些人的咨询信得到回复后再回来。

没多久，回信到了。他把我叫过去，又单独谈了一次话。我向他推荐了六位很有名的人，其中有两位教士（都是旧金山人）。兰登先生还给自己的一个熟人写了一封信，那是一个银行职员，早些年曾在埃尔迈拉市的主日学校做过主管。可惜反馈结果都不太好，所有这些人都坦率得过了头，不仅没有给我说一点好话，而且还过度表达了一些个人看法。一位牧师（斯特宾斯）和主日学校的前主管（我真希望能想起他的名字）甚至语言，说我将来肯定会变成一个醉鬼。这就像人们对遥远的将来进行预测一般，没有时间期限，你也不知道需要等多久，我都已经等到了现在，可那预言的实现似乎仍然遥不可及。

读完那些信件，我们便陷入了长长的沉默，气氛悲凉而沉重。

我不知该说什么,兰登先生显然也是如此。最后,他抬起头,那双明亮的眼睛坦诚地看着我,说道:"这都是些什么人?难道你就没有一个朋友?"

我回答道:"很显然,没有。"

于是他说:"好吧,那我就做你的朋友,娶这个女孩吧,我比他们更了解你。"

我的命运就这样戏剧性地、幸福地画上了句号。后来,兰登先生听到我亲切、钦佩、热情地谈起乔·古德曼,就问我古德曼住在哪里,我说就住在太平洋岸边,他说:"哦,看来他像是你的一个朋友!是吗?"

我说:"是啊,是我最好的朋友。"

"那么,你当初究竟在想什么?为什么没把他推荐给我呢?"

我说:"因为他肯定会像其他人一样撒谎的,其他人说的都是我的坏话,而他则会光说我的好话。你肯定当然得到公正的评价,而我知道从古德曼那里是无法得到的,我本来以为你能从其他人那里得到的,而且可能你也得到了,只是我没料到赞誉少到这个地步。"

我们是在1869年的2月4号订婚的,订婚戒指虽然朴素,但是却是分量十足的金戒指,内侧刻着订婚日期。一年后,我从她手上摘下那枚戒指,把我们的结婚日期——1870年2月2号,也刻在内侧,当作我们的婚戒。从此以后,这枚戒指就再也没有离开过她的手指。

在意大利,当死亡把逝去的青春还给那张甜美的脸时,她躺在那里,美丽无瑕,就像当年的那个新娘子女孩一般。他们想把那枚戒指摘下来，交给她的孩子们保留，被我制止了，我让戒指陪她一起躺在了大地之中。

刚订婚不久，我的第一本书《傻子出国记》的清样就寄到了，她跟我一起校对，还帮我编辑。从那一天开始，直到去世前三四个月，她一直都是我最忠实、最审慎、最任劳任怨的编辑——长达 1/3 个世纪。

第 24 章
女儿苏西

1870年的11月7日，我们的第一个孩子——兰登·克莱门斯——出生了，可惜22个月之后他便夭折了，而我则是他生病的罪魁祸首。他的妈妈信任地把孩子交给我照看，我就带着他乘着四轮马车去外面兜风。那天早上天气阴冷潮湿，我用皮衣把他裹得严严实实，如果照看仔细的话，什么事都不会发生。但是我很快就陷入自己的空想中，完全忘掉还有个孩子需要照看。皮衣掉了下来，孩子的双腿裸露在外面，后来还是车夫发现的。我重新把他裹好，但是一切都太晚了，孩子几乎被冻僵了。我急忙带他回家，惊恐万分，不敢想可能发生的后果。那天早上不负责任的表现让我惭愧终生，只要克制得住，我就不让自己再去想这件事。我想自己当时根本没有勇气去承认自己的过错，从那时到现在，我可能从来都没有承认过。

1872年3月19日，苏西降生了。小时候，每年夏天，她都要去位于纽约州埃尔迈拉市东部山上的夸里农场避暑，别的季节就待在哈特福德的家里（我们1871年10月搬到了哈特福德，并很快建了一所房子）。与其他孩子一样，苏西无忧无虑，活泼快乐，每天就喜欢玩；而与其他孩子不一样的是，她总会陷入沉思，试图找出那些让人类感到困惑与痛苦的深刻问题背后的隐藏寓意。对这些问题，人们世世代代都在徒劳地探寻，结果只是挫败和失落。而一个年仅七岁的孩子，面对人类生存中不断重复出现的种种不幸，感到压抑和迷惘，正如自古以来那些大人感觉到的压抑和迷惘一样。形形色色的人来到这个世界，为了生存而辛勤劳作，流血流汗，苦苦挣扎，他们相互争吵，指责，甚至是打斗，为了一点微不足道的利益你争我夺。岁月慢慢流失，他们逐渐衰老，而羞愧和耻辱冲淡了曾经的骄傲和虚荣，他们的爱人被迫离去，生命的欢乐转变成撕心裂肺的痛。年复一年，痛苦、忧虑、不幸，不断累积，最后，雄心不再，傲慢作古，虚荣随风而去，剩下的只是对解脱的渴求。最后，解脱终于到来了——这是大地赋予他们唯一无害的礼物——他们从这个世界上消失了。在这个世界上，他们本就无足轻重，没有什么成就，留下的不过是错误、失败和愚昧。他们走了，没有留下一丝痕迹——世界会为他们哀悼一天，然后永远地遗忘他们；他们走了，换来新的芸芸众生，重复他们曾经的故事，走上同一条没有意义的人生道路，最后也如同他们一样烟消云散，之后给下一批、再下一批的人腾地方，让他们走上同一条荒凉之路，努力去实现之前第一批以及后来所有人都苦苦追寻的东西——虚无！

"妈妈，这一切到底是为了什么？"苏西问道，独自一人在婴儿室里冥思苦想之后，操着自己磕磕巴巴的语言，陈说了上面这些细节，然后提出了这个问题。

当苏西七岁大时，她妈妈多次对她说："得了，得了，苏西，你不能再因为这些小事哭哭啼啼了。"

这又让苏西有了新的思索。她一直以来都在为自己认为重大的灾难伤心难过，比如摔坏了一个玩具，因狂风暴雨而被迫取消的野餐，婴儿房里那只温驯的小耗子被猫逮住吃了等等，而如今，又来了这奇怪的评价。出于某些莫名其妙的原因，这些都不是什么大事。可是为什么呢？灾难的大小该如何衡量呢？规则又是什么？肯定有什么办法能把重要的事情和不重要的事区分开来，而其中的依据又是什么呢？她认真、长久地研究这些问题，连续两三天，一直反复深思。她百思不得其解，最后，终于放弃了，来找她的妈妈问清楚。

"妈妈，什么是'小事情'？"

这貌似是简单的问题，但是，在组织答案的过程中，一些出乎意料的困难就开始出现了，困难越来越大，越来越多，而且还会带来新的解决不了的问题，解释的工作再次停滞下来。之后，苏西就尝试帮助妈妈从里边挣脱出来——用实例、举例说明。当时她妈妈准备上街买东西，其中一项安排就是要给苏西买一块玩具手表，这是许久前的承诺了。

"妈妈，如果您忘记买手表了，这算是小事么？"

她关心的不是手表，因为她知道妈妈不会忘的，她现在想的是解开自己的困惑，让自己那装满疑问的小脑袋能够平静下来。

当然了，这份希望还是落空了，因为衡量灾难大小的标尺，掌握在当事人的手中，局外人是无法决定其轻重的。对国王而言，丢失王冠是天大的事，而对于孩子来说，这无关紧要；同样，丢了玩具对孩子来说是了不得的事，而对于国王来说，却没什么值得伤心。基于此，母女两个最后终于得到了结论，自此以后，苏西获得了许可，可以根据自己的标尺来衡量灾难的大小。

苏西很小的时候就已经开始一个人研究事物、思索问题、寻求答案了，这不是后天训练的，而是天生的。遇到公平还是不公平这样的问题时，她会耐心地审视所有的细节，最后总能得出合乎逻辑的正确结论。六岁的时候，在慕尼黑，她每天晚上都会受到同一个噩梦的惊扰，那头残忍的黑熊每次都把她从梦中惊醒，吓哭。于是她就开始研究这个梦，这是为什么呢？目的又是什么呢？起源又是什么？哦，应该说精神方面的原因是什么？经过无偏见地、细致深入地研究之后，她找到了答案，虽然被认为是片面的，不公正的，因为（用她的话说）她"永远都不是吃人的那位，但却总是被吃的那位"。

苏西总是用自己的实际行动来支持自己关于道德的正确判断，即使有时不得不为此做出牺牲。她六岁时，妹妹克拉拉四岁，两个人老是争吵，很是烦人。为了制止争吵，有时只能采取惩罚的办法，但总不奏效。后来又改用奖励的办法，如果两个人哪天没吵，就奖励糖果吃，由孩子自己作自己的证人。有一次，苏西拿了糖，犹豫了一下，又还了回去，表明她不应该拿。可克拉拉却留下了糖，这就出现了举证的矛盾——一个说吵架了，一个说没有。不过，应该说争吵的这一方更加可信一些，结果证明确实争吵了，因而两方都不应该吃糖果。克拉拉似乎没有任何理由为自己辩护。但苏西却帮克拉拉辩解，因此克拉拉也过关了。苏西说："我不知道她内心是否觉得自己争吵了，不过我心里觉得那样算是争吵。"

这真是对这件事的一个公正的、值得称赞的看法，而且竟然是一个六岁的孩子做出的如此准确的分析。现在就没法再说克拉拉不该拿糖了，除非重新审理她的案件，审查她的证词，但这样做是否具有程序上的公正性让人怀疑，因为她之前的证词已经被认可，当时并没有提出什么疑问。疑点经过再审查，讨论，结果还会一样的。其实结果如何已经无所谓了，因为糖果早就被她吃掉了。

苏西是一个脾气很急的小孩，在她没有学会控制好自己的脾气之前，这屡屡让她懊悔，也掉了不少眼泪。但是之后，眼泪变咸了，她也变得更坚强，更健康了，也更加自信自爱，不会受虚荣所累，哪怕是表面上装装样子。回首往昔岁月，苏西短暂的一生中有很多插曲，我更多的是满怀爱意地提到那些为她年轻的生活增添光彩的事，而不再提起那些无关紧要的恼人之事，也不想横加指摘，我觉得这样做也是合情合理的，也是可以谅解的吧。

1880年夏天，苏西刚满八岁，我们一家又来到了建在山顶上的夸克农场，那里离纽约州的埃尔迈拉市三英里远，以前我们一直在那里消夏。干草收割的季节要到了，苏西和克拉拉天天数着手指头计算剩下的日子，因为对她们来说，那可是大事。有人许诺她们可以爬上马车，坐在高高的干草堆上，从地里一直坐到家。这么危险的特许，对她们这个年龄和这样性格的人来说，是那么珍贵，以前可是从来没有被批准过的。现在她们说的全是这件史诗一般的冒险活动。但是一件倒霉事却在那个重要的早晨降临到苏西头上。她一时性急，不知是拿着一把铁锨，还是棍子，或者其他什么东西把克拉拉责罚了一顿。无论克拉拉犯了什么过错，这样的攻击行为都显然超出了婴儿房所能容忍的限度。根据家里的规定和惯例，苏西要去找她的妈妈认错，并且和妈妈一起来确定应该受到什么样的、什么性质的惩罚。惩罚的目的只有一个，那就是提醒并警告犯错误的人以后不能再犯同样的错误。儿童像大人一样，也知道该选择什么样的惩罚最能让自己记住、最有效。苏西和妈妈一起讨论了几个惩罚方案，但是似乎都不合适。这次过错太严重了，必须在记忆里留下一个警示信号，不会被轻易吹走或者烧光，而是要牢牢地树立在那里，成为一个永不磨灭的警示。在她们提出的各种惩罚中提到了取消干草马车之行，显然这个惩戒办法让苏西难以接受。最后，妈妈把所有惩罚条目都念了一遍，问道："苏西，你认为应该选哪种惩罚呢？"

苏西研究了一下，就退缩了回去，反问道："妈妈，你看哪个好？"

"哦，苏西，我想让你自己决定。你自己选择自己的惩罚。"

这让苏西纠结了好一会，在经过深思熟虑，一番权衡之后——但是只要你了解她，就肯定能预测出她的选择：

"好吧，妈妈，我就选干草马车了。因为，你知道，别的事情可能没办法让我记住不能再犯这样的错误，但是如果我不能坐干草马车的话，我会牢牢记住这件事的。"

在这个世界上，真正的惩罚，严厉的惩罚，刻骨铭心的惩罚，总是落在不该受罚的那个人身上。克拉拉犯了错，原本应该我来惩戒她，但是我没有，害得苏西因此失去了干草车之行，现在想起来我的心还隐隐作痛，尽管这件事已经过去 26 年了。

孩子对大人的地位和特权毫不掩饰地羡慕，往往会让被仰慕的人感到微微得意，因而颇受欢迎。但是有的时候，他们的羡慕并未用到被羡慕人所希望的地方。苏西七岁那年，有一次坐在那里全神贯注地盯着看我们家的一位客人为参加舞会而精心装饰，那位夫人看到孩子眼中的那份敬意，那份无声的、柔顺的羡慕，心中十分受用。最后，当她精心打扮完毕，站起身来，完美得无可挑剔，就像所罗王当年那样光彩照人，她站在那里，一脸自信，期待着苏西从嘴巴里吐出眼睛里闪耀的赞誉之情。苏西轻轻叹了一口气，十分羡慕地说："我真想自己也能拥有歪歪扭扭的牙齿和一副眼镜！"

苏西八岁半的时候，曾经在客人面前做了一件不该做的事情，受到了批评。后来，单独与妈妈待在一起的时候，她像往常一样进行了反思，然后进行了相当具有哲学意味的自我辩护——我相信即使彭斯的在天之灵也是这么认为的——"妈妈，你知道我并不了解自己，所以我也不知道是怎么回事。"

我们家的朋友和客人主要以文化人为主：律师、法官、教师和牧师，因此孩子们从小耳濡目染大量丰富的词汇，并且毫无畏惧地使用它们，不管这个词的内涵有多大，分量有多重。结果，她们的嘴巴就像火枪一般射出一连串既好笑又奇怪的字眼，中间还不时蹦出一个分量如重型大炮般的词语，发出隆隆巨响，震得地动山摇。有时候，孩子们误解了偶然听到的一个词的含义，还根据自己的理解赋予它一个新的含义，从而大大减弱了这个词的原有意味——不过这种情况并没有想象中发生得那么频繁。事实上，出现得越少，一旦出现,就会越发引人注意。苏西小时候就有幸学到不少大字眼,并随心所欲地运用,当然也闹过不少笑话。有一次,当想到一件非常有趣的事情马上要发生(但是实际上并没有发生),她就笑得喘不过气来,不过,显然她仍然觉得自己的表现非常合适,因为她说:"如果那件事发生了的话,我早已经笑得'变形(transformed)'(应为transported,欣喜若狂)了。"

再早一些,当她五岁的时候,她告诉一位客人她只去过一次教堂,就是克拉拉"上十字架上(crucified)"(应为christened,洗礼)的那次。

苏西对人十分体贴,很为别人着想。毫无疑问,这是后天养成的,因为没有谁天生如此。有一天,在哈特福德,天气炎热,当时她还是一个小孩子,她妈妈几次借用她的扇子(日本风格的扇子,五分钱一把),不时地扇一下,然后就还给她,并表示谢意。苏西知道,如果不是怕影响她使用的话,妈妈会一直用这把扇子,但是要劝说妈妈一直使用又是不可能的,不管怎么样,她觉得应该想办法解决这个问题。苏西想到了一个办法,她从自己的存钱罐里面拿出几分钱让帕特里克到市中心(一英里半路)去买一把日本扇子回来。这样体贴而巧妙的安排,解决了妈妈的一时之需,又照顾到了妈妈的使用习惯,还让妈妈感到舒服。值得赞扬的是,她并没有到楼上去另拿一把更贵的扇子下来,替自己省钱,而是感觉妈妈喜欢那把日本扇子,便按照妈妈的喜好再去买一把一样的,满足妈妈的愿望,并没有去想这样的做法是明智还是不明智。

当还是个孩子的时候,她有时说起话来就非常离奇,格外引人注意。大概是九岁或者十岁的时候，她的小妹妹吉恩还是个婴儿，一次她来到妈妈的房间，说吉恩正在婴儿房里面哭闹，问是否应该摇铃叫一个保姆。她妈妈就问她："吉恩哭的力气大么？"意思是问吉恩是否非常不高兴，闹脾气。

"哦，不大，妈妈，有气无力的，有点沮丧。"

苏西以前的各种趣事，无不显示出她感情的细腻，这是她成长中的性格很重要的组成部分，回想过去种种，我总是感到无比的快乐。这细腻的性格一方面很值得赞扬，但是有时，也会起到反作用。11岁那年，她的妈妈正准备圣诞节采购，她同意苏西看一下为帕特里克家的孩子准备的礼物，其中有一件是漂亮的雪橇，是送给吉米的，上面画了一只鹿，还写了一个镀金的'鹿'（DEER）字。看到雪橇之前，苏西一直非常兴奋和高兴，可是看到之后突然就安静了下来，沉默不语。然而这个雪橇是所有礼物中最好的一个。她妈妈非常诧异，也十分失望，就问她：

"怎么啦，苏西，你不喜欢这个吗？这个不好吗？"

苏西犹豫了一下，很显然她不想说出心里话。但是在妈妈的催促下，她还是犹犹豫豫地说了：

"唉，妈妈，这个雪橇很好，当然了，肯定也花了不少钱——但是——但是——为什么非要提到价格很贵呢？"

看到妈妈没有理解自己的话，她很不情愿地指着那个单词"DEER"。原来她拼错了单词，把"鹿"（DEER）误认为是"贵"（DEAR）了，不过她的心意是好的。这两点都是她妈妈的遗传。

苏西13岁时，已经是一个亭亭玉立的小姑娘，梳着两条棕色的辫子，垂在后背上。她可是我们家里最忙碌的小蜜蜂，每天参加各种各样的学习，身体锻炼，还要安排各种娱乐活动。除此之外，她还偷偷地给自己又加了一项任务，那就是给我写传记，这完全是她自己的想法，也是出于对我的爱。每天晚上，她都在自己的房间里面忙活，并把自己的稿子藏起来。不过，她妈妈很快就发现了手稿，并悄悄地拿给我看，之后就告诉苏西，说她爸爸看了之后多么的高兴，多么的自豪。回想起当时的样子，我的心里便充满了快乐。虽然我也听过不少赞誉之词，但是从来没有像苏西写得那么让我感动，任何恭维、赞誉、称赞都不及苏西的话珍贵，以前如此，现在依然如此。多年之后，我重读这些文字，就像是接到了国王的圣旨一样，就如同一个地位最卑微的人，出乎意料地看到一张文告，上面写自己被晋升为贵族一般。

回想过去，有好几次在吃早饭或者晚饭的时候，我为写传记的事故作深沉，故作姿态。苏西觉察到了这一点。一天早晨，在吃饭的时候，我说了一些冠冕堂皇的话，而且还表现得傲气十足的样子。过了一会儿，苏西悄悄地跟妈妈说："爸爸这么做是为了让我把它写进那本传记里。"

苏西的作品中的每一个字、每一句话我都不能改动，只是在需要的时候引用几段，但是会保留它们的原貌。这些文字虽然极其朴素，但却源自她那颗诚恳的心，是从一个孩子美丽的心灵所发出的声音。那些文字本身便带有一种美丽和优雅，尽管可能不符合公认的文学律条，但是它仍然是文学作品，仍然值得喜爱。

虽然里面有糟糕的拼写错误，但既然是苏西写的，那就得保留它的原貌。我爱她写的字，绝不会亵渎它。对我而言，这些字如同黄金一样宝贵，而纠正这些错误的拼写就会大大降低它的成色，而不是让它更加精炼。这将会破坏她字里行间所洋溢的自由和灵活，会让它待在板僵化。无论这些文字多么夸张，我也丝毫不会觉得震惊。这就是苏西的拼写，她已经很尽力了——对我而言，没有什么比这更好的了。

1885年，苏西开始为我写传记，那时我50岁，她15岁。她是这样开篇的：

我们是一个幸福的家庭。我们一家有爸爸、妈妈、吉恩、克拉拉和我。我写的是爸爸，因为他个性十分鲜明，我有很多可写的素材。

爸爸的外表已经被描述过很多次了，但是都不准确。他有漂亮的灰白头发，不太厚，也不太长，刚刚合适；罗马鼻子让他显得更加英俊；一双和蔼的蓝色眼睛，还留着小胡子；他的头部轮廓十分好看，侧面也不错；他体型很棒。总之，他是一个特别好看的人。他的五官十分完美，只是牙齿不太好看，他的皮肤非常好，也没有留大胡子。他是一个非常好的人，一个非常有趣的人，同时还有点脾气，不过我们全家的人都有脾气。他是我见过的最可爱的人，也是我最希望见到的人。哦，还有，他太容易走神了。但是他讲的故事非常好听，克拉拉和我以前经常坐在他椅子两侧的扶手上，听他讲故事，他给我们讲的是墙上挂的那些图画中的故事。

至今我还清晰地记得，讲故事的那些日子她们可不好对付，是十分苛刻的听众。这些小东西。

在我们哈特福德的家里，书房的一边、壁炉架的两侧都摆着书架，书架和壁炉架上摆满了装饰品。其中一排装饰品的一端挂着一幅装裱好的油画，上面画的是一只猫的头像；另外一端是一个年轻美丽的女孩的头像，真人尺寸，是一幅印象派水彩画，我们管她叫艾米琳，因为她看上去真的很像艾米琳。在这两幅图画中间，摆放着12～15个小古玩，还有一幅伊莱休·维德的《年轻的美杜莎》。孩子们经常让我编冒险故事给她们听——并且永远都是即兴的，根本不给你任何准备的时间。同时在故事中，我必须把所有的小古玩和三幅图画都加进去，每次都必须以猫开头，以艾米琳结尾，不能变化或者颠倒次序，而且在故事当中，那些小古玩的出场顺序都不能打乱。

那些小古玩从未过上太平的日子，没有一天是清清静静的，没有享受过一个悠闲的安息日。它们的生活中没有安宁可言，只有永无休止的打斗和流血。随着时间的推移，这些小古玩和图画慢慢地失去了光辉，因为它们传奇的一生中已经有太多惊涛骇浪的冒险经历了。

给孩子们编造这些传奇故事可不容易，从一开始就是这样。如果她们给我拿来一本杂志，从里面找出一张插图，要求我据此编一个故事，她们就会用胖嘟嘟的小手把杂志的其余部分都盖上，防止我从中窃取信息。所讲的故事必须绝对新颖奇特。有时候，孩子们会只给我提供一两个，或十几个人物，让我根据这一点点素材马上就讲故事，把这些人物的人生演绎得活跃而有趣。如果她们听说了一个新的行业，或者一个不熟悉的动物，以及类似的东西，我敢肯定这些都要出现在下一个传奇故事中。有一次，克拉拉让我立刻编一个水管工和大蟒蛇的故事，我只好照做。她对大蟒蛇一无所知，但是随着故事的发展，她慢慢地了解了，这让她无比满意。

爸爸最喜欢的游戏是台球，当他累了，想休息一下的时候，他就整晚不睡觉打台球，这似乎能让他的大脑平静下来。他吸烟很厉害，几乎是不停地吸。他真是长了一颗作家的脑袋，因为即使最简单的东西他也理解不了。我们的防盗报警器经常失灵，爸爸想把报警器从放餐桌的那间屋子拿走，因为有一段时间，即使房间的窗户关着，报警器还是会响。后来，他觉得报警器可能会变好，所以就决定试试看。他就把报警器安上，然后下楼，打开窗户，报警器果然响了，似乎并没有坏。爸爸很绝望地下楼，跟妈妈说："莉薇，放餐桌的那间屋子坏了，我刚才打开窗户试过了，报警器没问题。"

"为什么呀，年轻人，"妈妈回答道，"如果你把窗户打开，报警器肯定会响的！"

"我就是为了这个才把窗户打开，下楼来看它会不会响。"

妈妈努力向爸爸解释，如果他想检验报警器是否会响的时候，他一定不能去开窗户。但是没有用，爸爸理解不了，他觉得妈妈想方设法让他相信一件不可能的事，这让他很不耐烦。

这是一个坦白的作者，十分诚实，她并没有在传记中刻意地修饰美化我。对那些谜语般的难题和令人困惑的一些繁杂琐事，直到今天我仍然一窍不通，不过多年前苏西已经发现这一点了。复杂让我苦恼,让我烦躁,很快这种情绪就发展成愤怒。那些最普通、最简单的合同我也读不了几句——先是"契约的甲方",再是"契约的乙方",还有"契约的丙方"——还没读完,我的火气就压不住了。我们正在起诉亨利·巴斯特、哈罗德·惠勒以及其他盗版者团伙,秘书阿什克罗夫特每天都来找我,很可怜地试图让我明白那个案子的关键点,但是每次他都以失败告终。当他大费口舌一番讲解后,热烈而期盼地看着我,然后问:"现在,您是真的明白了,是吧?"那副样子真是让人同情。

可是每次我都不得不说:"没有,阿什克罗夫特。但愿我能弄明白,但是真的不行,你还是别谈这个了,去把那只猫给我抱来吧。"

在苏西所讲的那段时间,我遇到了一件颇为难的事。弗·格·惠特摩是我的生意经纪人,有一次他驾车带我出城,我们沿着供马车出入的门廊,朝着马厩驶去。这是一条单行线,就像一只调羹,调羹把儿从大门口开始向外延伸,一直到马厩附近的圆形大花坛。在那里,单行道分成两条,环绕着花坛,形成了一个回环,我喜欢把它比喻成调羹的碗形部分。我坐在马车的右舷,当我们接近回环处时,正如我所说的,我坐在右舷侧(与房子同侧),看到惠特摩正要把车往左边赶,就说:"别这样,惠特摩,走右边,这样到家的时候我就正好可以在房子那边下车了。"

他说:"无论我从哪边绕,最后你都是靠房子那边下车的,都是一样的。"

我跟他争辩,说他是个傻瓜蛋,但是他还是坚持己见,于是我说:"那就走吧,我们走走看就知道了。"

他继续往前走，试了一次，果不其然，车子果然停在了房子的那侧，正如他所说的那样。我还是不明白这怎么能做到，至今我也没弄明白。

我说："惠特摩，这不过是碰巧了，你下一次肯定没法办到了。"他说他能。然后把车又赶到路上，绕了一圈，回到门口，刚好在我坐的那侧停下了。我很诧异，也很震惊，被这奇怪的结果惊待在了，但是我还是不信，我不相信他还能再做到一次，可他又成功了。他说即使是这样走一天，他也绝不会错一下，每次准能这么绕回来。这时候我大发脾气，让他回家，而我自己要去住疯人院，费用我自己出，整整一个星期，我都不想再见到他。

我怒气冲冲地走上楼，然后把这一切都告诉了莉薇，希望能得到她的同情，让她也讨厌惠特摩。但是她听后，不停地大笑，我一边说，她一边笑，因为她的脑袋就跟苏西的一样，天生就是解决这些谜团和复杂事物的，她们都是分析型思维模式。我总是试图让她们看清我跟她们的思维不一样。很多次，我都讲起这次马车事件，希望总有一天能有人站到我这边说话，但是从未成功过。我从来无法顺利地将坐马车事件的前前后后讲周全，中间总要停下来，用脑子回忆，那个"调羹把"，那个"调羹的碗勺"，那辆马车和那匹马，我在马车里面的位置——只要我一想到这里，在岔路口要把车往左赶，便想不下去了。我怎么也弄不明白，当我们到了房子门口的时候，我怎么就到了右侧的房子边。苏西的分析是正确的。我理解不了太多的事情。

苏西提到的那个报警器，从来都是快乐而粗心的，没有任何原则可言，不是这里出毛病就是那里出毛病。反正家里所有的门和窗户，从地下室到顶楼，都跟它连在一起，所以它出故障的机会多的是。不过，即使是出毛病的时候，对我们的影响也不是很大：我们很快就发现它是在愚弄我们，那令人毛骨悚然的嗡嗡声不过是它的自娱自乐。我们就干脆把它关了，送到纽约的电工那里去维修，当时哈特福德市还没有能修理它的电工。修好送回之后，我们重新把它装起来，重新建立了对它的信任。事实上，它并没有真的起过什么作用，碌碌无为，虚度光阴。只有一次，它尽到了自己的职责，严肃，认真，让人敬佩。那是3月里的一个清晨，周围漆黑一片，静悄悄的，大概两点钟的时候，报警器突然尖叫起来，我立刻从床上蹦了起来，因为我知道这次它可不是在开玩笑。浴室的门就在我的床边不远的地方，我走进去，点起煤油灯，看看那个报警器，把警铃关了——关掉了那个触发报警的那扇门的警铃，这样，那刺耳的尖叫声也就停止了。然后，重新回到床上。克莱门斯夫人开始发问：

"怎么啦？"

"是地窖的门。"

"你觉得是有贼进来了吗？"

"是的，"我回答，"当然是贼，难道你还以为是主日学校的学监么？"

"不是的，你觉得他想要拿什么？"

"我想他想要首饰，但是他不熟悉房子的状况，他以为能在地下室找到。但是我不想让一个既不熟悉、也没给我们造成什么伤害的盗贼失望。不过如果他够聪明，过来问我的话，我会告诉他那里什么也没有，只有煤炭和蔬菜。另外，也可能他熟悉这个地方，而他想要的就是煤炭和蔬菜。总的来说，我觉得他就是想要蔬菜。"

"你不下去看看吗？"

"不，我下去也帮不上什么忙。让他自己挑去，我不知道那些东西具体放在哪里。"

接着她说："但是，如果他上来，到了一楼怎么办？"

"那也好办。他一打开一楼的门，我们就会立刻知道的！警铃会响的。"

说话间，那吓人的嗡嗡声又开始了。我说："他来了，我说他会来的，我了解那些盗贼和他们的作案方式，他们做事都是很有条理的。"

我走进浴室，看看自己是否判断正确，果然如我所料。我把连着餐厅的报警器也关了，然后又回到床上，妻子说：

"你现在觉得他想要找什么？"

我回答："我想他已经拿到了想要的蔬菜，正在往上走，想给老婆孩子找点套餐巾用的小环还有别的零碎东西。盗贼也有家，他们总是想着家人，为他们拿点生活必需品，同时，他们还会拿一些家里值得纪念的东西，这样他们就不会忘记我们了。他所拿走的这些东西代表他对我们的纪念，同样也是我们对他的纪念。我们永远也拿不回这些东西了，我们会在心里永远记住他的。"

"你不下去看看他现在到底想要什么吗？"

"不，"我说，"我现在与之前一样，没什么兴趣。他们都是有经验的盗贼，他们知道自己想要什么，我对他没有任何帮助，我想他在找瓷器、小玩物这类东西。如果了解这栋房子，他就会知道自己在餐厅那层楼只能找到这些东西。"

她说，语气里面带有很强烈的好奇："假如他到这里来了呢！"

我说："没关系，他会通知我们的。"

"那样的话，我们该怎么办？"

"从窗户爬出去。"

她有些不安，说："好吧，那么这个报警器的作用到底是什么？"

"亲爱的，它到目前为止的作用你已经看到了，而如果他要是到这儿来，报警器如何继续发挥作用，我已经和你解释过了。"

事情就此结束了，盗贼再也没有让报警器响起来。

再过了一会儿，我说："我觉得他失望了，他拿走了蔬菜和小玩物，应该并没有满足。"

我们继续睡觉。到了早晨，差一刻八点的时候，我急匆匆地出了门，因为我要坐 8：29 的火车赶往纽约。我发现煤气灯很亮，拧到了最亮了，整个一楼都被照得通亮。我的新外套不见了，我的那把旧雨伞也没了，还有双新皮鞋也不见了，那双鞋我一次还没穿过呢。屋后通向树林的那扇窗户大开着，我从窗户爬了出去，穿过树林，追踪那个盗贼，毫不费事。一路上，他留下了仿银的餐巾环和旧雨伞，以及其他看不上眼的东西。我大获全胜，凯旋而归，向我妻子证明，他果然是一个失望而走的盗贼。我早就怀疑他会如此，从一开始，因为他没有上到我们这层楼，没有想要把人偷走，就说明他很失望了。

爸爸走路的姿态很特别，我们很喜欢，这种姿态好像只适合他，而很少有其他人这样。他在思考的时候，或者吃饭上菜的间隙，总是喜欢在屋子里面走来走去。

一位远房亲戚曾经来家里做客，她本来想待一个星期的，但是无论我们怎么努力，都没能让她开心，大家猜不出原因。第二天一大早，她就起锚开船走了，我们做过各种猜想，始终也没能解开这个谜团。后来，我们才弄明白到底是怎么回事。原来是因为在上每道菜之前，我都会在屋子里走来走去，她误以为我不欢迎她到家里来。

之前说起过的那个词"年轻人"，读者也许已经猜到了，是妻子对我的昵称。虽然有些讽刺的味道，但是又满怀深情。我在心理和行为上都有一些怪癖和习惯，确实不是我这个年纪的人应该有的。

爸爸很喜欢动物，特别是猫。我们有一只可爱的小猫咪，灰色的，爸爸给它起名"懒鬼"（爸爸总是穿灰色的衣服，就是为了与它的毛和眼睛搭调），他总是把它放在肩膀上四处溜达，那场面可真好看！灰猫挨着爸爸灰色的外套和头发，呼呼大睡。他给我们家的猫起了很多有趣的名字，漂泊的猫咪、艾布纳、小丑猫、猫小姐、懒鬼、水牛比尔、泡泡帆、克利夫兰、酸麦芽、瘟疫，还有饥荒。

孩子们还小的时候，我们曾经养过一只黑亮的母猫，名字叫"撒旦"，她有一个叫"罪过"的小猫咪。代词对孩子来说不容易掌握。小克拉拉有一天进来，那双乌黑的眼睛里闪烁着愤怒，和我说："爸爸，撒旦应该受到惩罚，她跑去待在温室里，而她的小猫咪在楼下一直哭。"

爸爸有时说粗话，但是我认为他刚跟妈妈结婚的时候，不怎么说粗话。他认识的一位太太，很喜欢打断别人的话，爸爸跟妈妈说，他认为应该跟那位太太的丈夫说"当上帝说'让大地拥有光明吧'的时候，幸好你的太太不在场"。

正如我前面所说的，这是一位坦白的历史学家，她不会掩盖一个人的缺点，并将其像优点一样同等描述。当然了，她引用的那段话我的确说过，即使时至今日，我还是很确信，当上帝说"让大地拥有光明吧"的时候，如果她在场的话，肯定会打断上帝的话，那我们即使到今天也不会得到光明的。

有一天，爸爸说："我是一个大人物，大人物是最纯粹的精华化成的。"（爸爸知道我正在写他的传记，所以才这么说）他一点也不喜欢去教堂，直到今天我才明白怎么回事。有一天他告诉我们说，他受不了别人一直说话，但是他自己说话却没关系，他可以说上几个小时也不觉得厌烦。当然了，他是开玩笑说的，但我觉得这很符合事实。

苏西说的关于我说粗话的事情让我很不安，因此我必须得回过头来说一说这事。结婚的前十年，我在家里面对自己的语言一直很注意，当实在受不了的时候，我就会到外面去，离家远一点的地方，自我释放一下。在我看来，妻子的尊重和认可比全人类的尊重和认可都重要得多，我唯恐有朝一日她会发现我不过是一个满肚子都是粗言重语的伪君子。所以，在这十年里，我一直小心翼翼，毫无疑问，我的克制还是很成功的。因而，虽然自己有些内疚，但却十分快乐，就好像自己是一个很清白的人一样。

但是，一件意外却让我的本性暴露无遗。有一天早上，我到浴室里去洗漱，一不留神门开了两三英寸那么宽的一条缝，这是我头一次没做好防御措施，门没关严。我一向对这个特别留心，觉得非常必要，因为刮胡子对我而言是一种很讨人厌的折磨，没有语言的帮助，每次都很难进行下去。但是，这一次我一点防范没有，而且也没有发觉门没关严。这回剃刀倒是没出什么大问题，我也就是嘟嘟囔囔地说了几句不太文明的话，并没有大吼大叫地说一些特别难听的话，没有怒喝或者厉声咆哮。完事后我就穿上衬衣。我的衬衣是自己的独创，它们的开口都在后面，纽扣也系在后面——如果后面有纽扣的话。这一次，纽扣又不见了，我的火气一下子就窜上来了，语音也跟着上扬了好几度，不仅声音大，而且说话也很难听。但是，我一点也没有担心，因为浴室的门隔音效果很好，并且我以为门关得严严实实的。我一把推开窗户，把衬衣扔了出去，衬衣落在外面的灌木丛上，那些去教堂的人，如果他们愿意的话，经过这里可以瞻仰一下，在路人和衬衣之间也不过是只有五十步宽的草地。我一边对着远处暴风骤雨般吼叫，一边穿上了另外一件衬衣，没想到，这件纽扣也没了。这样的突发情况让我的嗓门又提高了几个级别，另外一件衬衣也被我扔了出去。我出离愤怒了，简直要疯了，也没有仔细看，就怒气冲冲地穿上了第三件衬衫，照样没有纽扣，那件衬衣也跟着它的同伙们一起到了窗外。然后，我直起身，不再有任何保留，任由自己像将士冲锋一样一顿冲杀。就在这猛烈的冲杀中，我突然瞥见了那扇开着缝隙的门，一下子待在住了。

这次洗漱花了我很长时间，我尽量拖延时间，让自己想清楚这样的情形下该如何是好。我自欺欺人地幻想妻子睡着了，什么也没听见，但是我心里很清楚，这是不可能的。我又不能越窗而逃，那扇窗户太窄了，只够把衬衫扔出去。最后，我打定主意，大胆地从卧室晃悠出去，装作什么都没做的样子。这个计划的前一半还是很成功的，我没敢看她，因为那样太不安全了。当你犯了错，却要装作什么都没做，并不是一件容易的事情。我装模作样地往外走，信心却在一点点消失，我要走到左手边的门那儿，那里距离我的妻子最远。自从这幢房子建好起，那扇门就从来没有被打开过，如今它对我而言却是一个天赐的庇护所。走到屋子中央的时候，我被迫停了下来，再也没有勇气走下去了，我觉得自己正被一双谴责的眼睛盯着，就连床上雕刻的那些天使都在很不友好地审视着我。当你确信有人在背后盯着你的时候，那是一种什么样的感觉，你不得不转过脸来——你控制不了。我转过脸。当时，床还是在这个位置摆放着，不过床头和床尾调换了位置。如果它还像以前那样摆放的话，高高的床头就会把我挡住，但是床尾却挡不住,从上面便能看到我。我暴露了,完全失去了庇护。我转身,因为我再也熬不住了——虽然时隔多年，但当时我看到的那一幕还是那么的栩栩如生。

我看到了那个靠在白色枕头上的黑脑袋，看到了那张年轻而美丽的面孔，看到了那双优雅的眼睛。但是眼睛中的内容却是我从未见过的，那是愤怒的火焰在熊熊燃烧，噼啪作响。我觉得自己就要崩溃了，在谴责的目光注视下，我越来越渺小，几乎要消失了。就这样，在那哀怨的怒视下，我沉默着站立了大概一分钟，应该说，仿佛过了很长、很长、很长的时间。之后，我的妻子微微开启嘴唇，说出了我在浴室里面说的最后几句话。内容丝毫不差，但是语气却像天鹅绒一般柔软，语调生硬，一点也不流利，就像是咿呀学舌一般，懵懵懂懂不知所云，既滑稽又可笑，柔弱的语调跟暴烈的语言一点也不搭配。我这辈子还从来没有听过如此不协调、不入调、不和谐的话，就好像给这些气势非凡的词语配上了纤弱无力的音乐一般，搭配得一塌糊涂。我尽量忍着不笑出声来，因为我是负罪之人，需要的是仁慈与怜悯。我尽量忍着不爆发出来，也成功做到了，直到她十分严肃地说："好了，现在你知道这些话多么难听了。"

然后我就再也忍不住，爆炸般地狂笑起来，整个房间都充斥着我笑声的碎片，你能听到这些碎片被弹出时发出的"嗖嗖"的响声。我说："哦，莉薇，如果听起来像你说的这样，那么请上帝宽恕我，我以后再也不犯这样的错误了！"

然后她也忍不住大笑起来。我们两个笑得肚子都痛了，一直笑，一直笑，直到最后都笑得动不了了，精神彻底放松了下来。

当时孩子们正在吃早餐，克拉拉六岁，苏西八岁，她们的妈妈讲了几句关于说粗话的事，说得很谨慎，因为她不想让孩子们怀疑到什么，她很谨慎地谴责动粗口。两个孩子立刻发表了议论："咦，妈妈，爸爸就说粗话！"我十分震惊，本以为自己隐藏得很好，别人一点也没有怀疑过我。于是我问她们："你们这些淘气鬼是怎么知道的呢？"

"哦，"她们说，"你在大厅里跟乔治解释事情的时候，我们经常躲在栏杆那里偷听。"

爸爸最近出了一本书，叫《王子与贫儿》，毫无疑问这是他写得最好的一本书。有些人希望他能保持原来的写作风格，有些先生给他写信说："我很喜欢哈克贝利·费恩，很高兴你已经回到以前的写作风格了。"这让我很烦恼，因为没有人理解爸爸，我指的是真正理解他，他们认为马克·吐温是个幽默家，对什么都开玩笑，我为此感到苦恼（苏西不确定苦恼（trouble）一词怎么拼写，她本来在"troble"上边正确地加了一个"u"，后来又删掉了）。"他一头红棕色的头发，乱蓬蓬的，该让理发师理一理了，长着一个罗马式的鼻子，胡须又短又粗，一张忧伤而消瘦的脸，眼角满是皱纹"等等。人们就是这样描绘爸爸的，我希望爸爸能写一本书，可以把他那善良而富有同情心的品质反映出来，而《王子与贫儿》这本书对此能有所帮助。这本书里面有很多迷人、有趣的构思。哦，那语言，简直就是完美！我觉得里面最感人的就是"登基朝拜"那一幕：贫儿骑在马背上，周围簇拥着很多王公大臣，他看到了自己的母亲，母亲跑到贫儿的身边，他举起手掌，往外一挥，国王身边的将士就立刻把她粗鲁地推到一边，那个贫儿居然说："我不认识这个女人。"随后，每当贫儿想起自己说出的那些可耻的话，他的良心就会受到莫大的谴责,而他的荣耀一下子变得没有任何意义,他的骄傲也化为灰烬。那是多么美丽、动人的一幕,爸爸的描述是那么的生动,我从来没有见过谁比爸爸有这么多种细腻的感情。《王子与贫儿》中处处是动人的描写,同时又处处透露出丝丝的幽默。还有加冕礼,那个激动人心的加冕礼。就在小国王重新得到王冠后,爸爸写到了那枚玉玺,那个贫儿说他是用玉玺来"砸胡桃"的,简直是太有趣,太好玩了!爸爸写的东西里面很少有哪里是没有暗含着幽默的,我从来不觉得他写的东西会没有一点幽默成分。

孩子们总是帮着她们的妈妈一起编辑我的手稿。妈妈坐在农庄的门廊下,大声地朗读手稿,手里面拿着一支铅笔,孩子们会一直保持高度的警觉和怀疑,因为她们确信,妈妈总是会用铅笔划掉他们认为特别满意的文字。她们的猜测不是没有根据的,凡是她们认为特别满意的段落,往往具有某种冲击力,急需修改或者删除,而她们的妈妈也总是会如此处理。有的时候,为了自我娱乐,也为了享受们孩子们的异议,我常常会滥用编辑们对我的信任,经常故意在作品中掺杂一些拙劣的措辞,以博孩子们一乐。看着妈妈拿着无情之笔裁断这些文字的生死,我总是跟孩子们一道请求妈妈手下留情,列出一条一条的理由,假装很认真地为自己辩护。她们都被我骗了,她们的妈妈也上当了。这样就变成了3:1,非常不公平,但是非常有趣,我实在经不住这种诱惑。当我们取得胜利的时候,大家就一片欢呼,然后,我自己悄悄地把那段文字删除,因为它已经完成了历史使命。

第 25 章
牧师的劫难

这个世界因为礼仪规范失去了很多东西。当然收获也不少,但是毕竟还是失去了不少。

我记得这么一个例子。有一次,我跟我的牧师一起走着去波士顿——他既是我的牧师,也是我的一位老朋友。到了晚上九点的时候,我们已经在外面走了12个小时,走了大概30英里。我已经累得半死了,冷得厉害,浑身酸疼,走路一瘸一拐的,脚后跟的皮都磨掉了,两腿的肌腱也比平时缩短了几寸,每走一步,每瘸一下,都是钻心的疼痛。但是牧师没有一丝倦怠之意,还是那么轻松愉快。虽然不时能看到几家小农舍,但是只要我们前去叫门或敲门,屋里的人就全都躲到地下室去了,因为在当年,这些路上常有凶恶残忍的流浪汉。

到了晚上十点,我拖着沉重的步伐又坚持走了半英里,谢天谢地,我们终于来到一个小村子——杜菲尔德。我们找到一家小旅馆的酒吧,一坐下,我就瘫软在大火炉后面的一把椅子里,心满意足，只希望一个人就这么待在着，谁也别烦我。但是牧师却不想坐下，他身上仍然有使不完的劲儿，喋喋不休12小时也没能让他的下巴疲惫，他还来回溜达，问各种问题。

那个房间不大，但十分舒服。房间的一头放着一张没有漆过的柜台，大概四五英尺长，后面立着三个没有漆过的白松木架子，上面散着十几个酒瓶子，没有地毯，没有饰品，只有墙上挂着一张平版画，看上去像是冰雹天气中的赛马，仔细一看，那些冰雹原来是苍蝇的粪斑。屋里还有另外两个人：一个是村里的无业游民，年纪很大了，坐在我对面，俯在火炉上方，不时向火炉上吐痰，留下一个赤热的痰迹；另一个是一个充满活力的年轻小伙子，坐在一把椅子上，椅子腿稍翘，靠在白松木搁板上，下巴埋在前胸，头上戴着浣熊皮帽，浣熊的尾巴垂在左耳旁，脚后跟靠在椅子的横档上，裤子卷到靴子的上沿，他也不时朝着火炉吐口痰，虽然隔着四五英尺远，却总能吐到火炉上，而姿势丝毫没有改变。

自从我们进来，这两个人就没有动过。刚开始时，咕哝着打了声招呼，倒也客气，除此之外，再什么也说没有。牧师漫无目的地四处打量，一会儿这儿，一会儿那儿，不时地跟我说话，而我却不愿意搭话，只顾着自己休息，最后他只得另寻别人。他善于观察，通过对各种细节的观察，他觉得虽然看上去这两个人看起来十分沉闷，也不想说话，但是那个年轻人，如果跟他谈论马的话题，很可能会被调动到一种半感兴趣的状态：牧师猜测他可能是旅馆里的马夫。事后表明，果然如此。所以，他说："哦，马夫，我想你在这儿肯定养了几匹不错的马吧？"那个年轻人立刻随和了许多，他那俊秀的脸立刻闪现出愉快的表情，而且还很热切。他放平椅子腿,把脚放到地上,一甩头,把那根浣熊尾巴甩到了脑后,然后把那双大手放在膝盖上,对着高大的牧师咧着嘴笑了起来,话匣子一下就打开了:

"嗯,我跟你说,还不敢说不错,还没开始哩!"

很显然,他是个热心肠的年轻人,心里没有一点儿故意冒犯别人的意思,然而就在随口说了这么一句简短的话之后,就喷出了一大串亵渎上帝的句子,足有两码半长,里面塞满了各种各样、出人意料的污言秽语,并且,这还只不过是前言。在此之后,演讲开始了,足足五分钟的一篇演讲,热情洋溢,全是关于马的统计数字,滔滔不绝,一气呵成,就像是一个无休止喷射的火山,从开始到最后一直是烈焰熊熊,向外喷射彻头彻尾的、如火红的岩浆一般的亵渎之词。

演讲结束了,周围一片沉寂,牧师震惊地待在那里,完全懵了。这场景对于我就仿佛是人间美味一般,再也找不出更好的了,之前休息带来的幸福感,与现在的感觉比起来,实在是不值一提。脚踝磨破皮又算得了什么呢!哪怕把我全身的皮都磨光了,也抵消不掉此情此景带给我的无限乐趣。我没有笑出声,因为那样太不礼貌了,但我也没动,没有任何表示,就安安静静地坐在那里,心里乐开了花。牧师向我投来哀求的眼光,意思是说:"不要抛弃一个处于水深火热之中的朋友,快来帮我解解围吧。"我什么也没做,我已经沉溺于快乐中几近融化,如废人般没什么用处了。那个车夫的话匣子再次打开,又一次滔滔不绝地说了一堆亵渎的话,那些让人难以置信的淫词秽语似乎是从每个毛孔里渗透出来的,而他说起来那么自然，那么欢快，那么天真无邪，单单称其为罪过，都是恭维了。

最后绝望的牧师打断了他的话，转而谈起了另外一个话题——比马的话题更温和，更普通，不会那么让人兴奋，他问从这距离波士顿有多远。他希望，并且相信这个索然无味的话题能让车夫停止喷射这些污言秽语。这真是一个错误，车夫又开始劲头十足地谈论这个话题。又是一番狂风暴雨般的扫射，风雨交加，电闪雷鸣，粗俗亵渎之语从四面八方涌来，而内容又与马的话题截然不同。

牧师再次冲锋上前，把车夫从路的话题上拉回来，转而谈论庄稼。结果依旧。车夫热情如故，驾驶着方言夜车，横冲直撞，与开头那段相比毫不逊色。可怜的牧师绝望了，只好逃到那个老流浪汉那里寻求庇护。他提起了一个最平淡无奇、了无生趣、无关痛痒的话题，那就是我走路一瘸一拐，浑身疼痛难忍。那个颇有同情心、颇为善良的老流浪汉也温和地说了几句，之后，就开始如维苏威火山一般喷射出善意的下流话和不敬之词，说的都是关于"火油"外用的治疗功效，同时还请车夫共同支持火油治疗淤青和擦伤的神奇功效，车夫热情地回应。这两个人说出的污秽之词就像是从两根脏水管里喷出的臭水，一股又一股地泼在牧师身上，牧师待在那里，长达五分钟之久，一句话也说不出来。

最后，他终于想到了一个自救的办法。他走到柜台，从口袋里面拿出一封信，看了一眼，然后又装回信封，放在柜台上，用一支铅笔在上面胡乱写了些什么，之后快步离开。信封放在了柜台上，很像是忘记拿了。当看到鱼儿上钩时，他那双疲倦的双眼里终于流露出一丝喜悦。那个车夫溜达到柜台前，拿起信封，看了一眼，沉默片刻之后，突然惊奇、兴奋地喊道：

"什么！——你是一个牧师？"

（又是一大串污言秽语）"唉，你怎么不早说！我可不知道你是牧师！"

很快，他就四处奔走，兴高采烈地把厨子叫醒，还有女服务员，不到两分钟的时间，这些人都开始为我们辛苦工作了。然后这位让人快乐，自己也快乐的演说者把牧师拉到贵宾席位上，开始说杜菲尔德村里教堂的一些事情：叙述流畅连贯，技法精巧，完全是好心好意，一直说了15分钟，但是从头到尾，都由下流粗俗之言造就的火把照亮着，这只火把闪耀着穿过薄雾笼罩的亵渎语言占用的血色地狱一路向前，每走四英尺又会被那如火箭爆炸般撕裂天空的、炫目艳丽的咒骂上帝之词撕破一个缺口！真是了不起的艺术家！与最后这场熊熊大火相比，他之前所有那些成就不过是荧光烛火了。

我们回到双人间卧室以后，牧师带着无奈的感激对我说：

"哦，对于这件事，至少有一点还是让人欣慰的，那就是，你无法把它写成文字出版，马克！"

当然，他说的没错。这件事可以称得上无敌有趣了，但是，只是由于那些人都是无心之过，否则就不会让人感到有趣，而是讨厌了。第二天早晨，那个热心的车夫冲进餐厅，给那个严肃可敬的老板娘和她的小女儿讲自己是如何在池塘里面找到了那个冻得结结实实的母鹅，他自己笑得都要死过去了。他的语言依然如前一晚一样恐怖，只是这些人的兴趣都集中在那只鹅的身上了，而不再有人注意他的语言，因为大家对此早已习惯，知道里面没有一丝恶意。

第 26 章
奥利安的后半生

让我们回过头来再聊聊奥利安。60年代的一天，我还住在旧金山，坎普先生告诉了我一个发财的窍门。坎普先生是个光头，足智多谋，总能在一些投机中赚到大钱，不过他又会在接下来的六个月里把赚到的钱全都赔在别的投机中。他告诉我买进黑尔和诺克斯公司的股票，我就买了50股，300美元一股。我是押金购买的，预付了20%的现金，花光了手头的钱。我给奥利安写信，要转给他一半股权，让他把那部分钱汇过来。我等了又等，终于等到了他的回复，他写信说会处理这件事的。股票升值很快，价格越来越高，最后每股涨到了1000美元，后来又攀升到2000，3000，最后又翻了一番，可那笔钱还没到。不过我并不着急。渐渐地，那只股票的行情开始急转直下，迅速下跌，我就写信催促奥利安，他回信说很久以前就把钱汇过来了，汇到了欧美旅馆。于是我就去查询，旅馆的人告诉我钱没在他们那里。简短截说，那只股票一路狂跌，价格比我买时还要低了，把我抵押来的钱也赔了进去，最后到我脱手的时候，已经亏得一塌糊涂了。

等我弄清楚奥利安那笔钱怎么回事的时候，已经太晚了。换作这个地球上的任何一个人，都会寄一张支票来，可是奥利安寄的却是黄金，旅馆的职员把金子放进保险箱，然后就把这事抛之脑后了，那些黄金就在那里睡大觉了，害得我陷入绝境。要是换了别人，他肯定会想到应该告诉我钱不是用支票汇的，而是用包裹快递的，但是奥利安绝不会这样想的。

后来，坎普先生又给了我一次机会。坎普先生同意以20万美元的价格买下我家在田纳西州的那块地，预付一部分现金，其余的钱用长期汇票的方式偿还。坎普先生计划从欧洲招纳一些葡萄种植和红酒制作的职员，让他们定居在那块土地上，把它变成一个葡萄酒之乡。我把合同和其他相关资料寄给奥利安，让他签字，因为他是三个继承人之一。但是那些合同寄的不合时宜：时局动荡，而且，当时他还特别热衷于戒酒。他回信说，自己绝不会和我同流合污，让乡土堕落成葡萄酒之乡。同时，他还说，自己怎么能确定那个坎普先生能公正、诚实地对待那些来自欧洲的可怜人呢。如此一来，还没有搞清这些问题，他就取消了这次交易。那片土地，突然升值到20万美元，又突然缩水到原来的价格——一文不值，无人问津，还得交税。我已经为它缴纳税款和其他费用好几年了，从此以后，我就再也不管那块地了，也不再关心它。

我一直以为奥利安已经把最后一英亩土地都挥霍殆尽了，他自己也觉得是这样的。但是昨天一位先生从田纳西州来，还带了一张地图，告诉我们，在最初的测量经过修订后，我们还拥有1000英亩的土地。它位于一个煤矿区，是我父亲在1847年去世的时候留给我们的十万英亩土地中的一块儿。那位先生带来的一位颇为体面和富有的纽约市民还建议：田纳西的那位先生出面把这块地卖掉，纽约的那位先生支付所有的费用，如果有任何纠纷的话，他负责处理，最后的收益均分三份，一份归田纳西的先生，一份归纽约的先生，一份归萨姆·莫菲特、他姐姐（查尔斯·勒·韦伯斯特夫人）和我——我们是现存的三个继承人。

这一次，我希望能够永远摆脱田纳西那块地，自此再也不用提及它。我父亲当年因判断失误而背上了这个包袱，同样，由于判断失误，他又把这个包袱传递给我们，我非常渴望能把这一次次积累起来的判断失误，连同这片土地，一起尽快处理掉。

1867年1月，我来到东部，奥利安在卡森市住了一年多，之后，以约三折的价格，他卖掉了耗资12000美元盖起来的那栋房子，连同家具，卖了3500美元。他妻子乘坐客轮的头等舱来到纽约，住进一家豪华旅馆，阔绰地在纽约四处观光，之后又身无分文地回到基厄卡特，几乎跟1861年他们搬到那里时一模一样。1871或1872年，迫不得已，他们重返纽约。奥利安离开太平洋沿岸后，一直想靠律师的职业谋生，然而他一共就接了两个案子，而这两个案子他还想试试不收费，但是最终结果如何谁也不知道了，因为双方当事人在没有他的帮助下庭外和解了。

我曾经在基厄卡特给我母亲买了一栋房子，每个月还给她一定数目的生活费，同时也给奥利安一笔钱，他们共同生活在那栋房子里面。奥利安本可以在《门城日报》的排字房做他想做的工作，薪水也还行，但是他曾经做过州长夫人的妻子不允许他自降身份去做这样的工作。在她看来，靠救济过日子更体面一些。

不过，正如我刚才说的，他们来到东部后，奥利安在纽约的《晚邮报》找了份校对的工作，周薪十美元。他们靠这笔钱租了一个小房间，在里边烧饭过日子。不久以后，奥利安来到哈特福德，要我帮他在报社谋一份记者的工作。我觉得可以再试一试以前的那个方法，没想到又成功了。我让他去哈特福德的《晚邮报》试一下，不带任何介绍信和推荐信，自己去，说可以做清洗、打扫以及各种事情，但是不要任何酬劳，理由是自己不需要钱，只是想干活。不到六个星期，他就成了那家报纸的编辑，周薪20美元，他干的活值这个数。很快，别的报社以更高的工资来聘请他。我让他去找《晚邮报》的人，把情况告诉他们，他们接受了加薪的要求，留住了他。这是他此生做过的最愉快的工作了，也是一份轻松的工作，无论从哪方面来说，他都很舒服。但是厄运还是找上门了，厄运注定是要来的。

一些有钱的政客开了一家股票公司，他们想在佛蒙特州的拉特兰市办一家共和党人的日报，请奥利安去做主编，年薪3000美元。他很动心，他的妻子也同样心动——不，是比他还急切两三倍。我百般劝阻，没有任何效果。我说："你为人软弱如水，那些人很快就会发现这一点，他们很快就会发现你根本没有主心骨，之后他们就会像对待奴隶一样对待你。你也许能坚持六个月，但是再也长久不了了。然后他们不会像对待绅士一样辞退你，而是会像丢掉一个流浪汉一般把你扔到街上。"

事情不出我所料。奥利安和他妻子又回到了那个令人感到压抑但却安全的基厄卡特。在那里，奥利安给我写信说自己不打算再从事法律方面的工作了，他觉得自己的身体需要呼吸新鲜空气，所以想找一份户外工作。他的老岳父在距离基厄卡特一英里远的河岸边有一块地，那里还有房子，他想买下那块地开个养鸡场，为基厄卡特提供鸡肉和鸡蛋，还可能供应黄油——但是我不知道养鸡场能否生产出黄油。他说买那块地要花 3000 美元，于是我就把钱寄了过去。奥利安开始养鸡，每个月都向我做详细汇报。从报告上看，两只鸡，卖给基厄卡特人，他收 1.25 美元；从报告上还可以看出，同样两只鸡，他投入的成本是 1.60 美元。但这似乎并没有让奥利安灰心，因而我也就不过问了。同时，他每个月都要向我借 100 美元，从未间断。奥利安做生意非常死板，但他一向以做生意本领高强自吹。每个月月初，收到那 100 美元借款之后，他都马上寄给我以三个月为限的借据，还有按照年利六分计算的三个月的利息。我从来没有保留这些借据，因为对任何人来说，它们都没有任何意义。

奥利安总是把每个月的盈亏账目寄给我，包括当月在养鸡上面的亏损以及各种各样花销：鸡吃的玉米、给妻子买的帽子、给自己买的靴子等等，甚至坐车花的钱以及每个星期捐给牧师的十美分都计算在内。但是后来我发现，租用教堂小包间花费了 25 美元，我就忍不住了，告诉他赶紧改变自己的宗教信仰，把那个小包间退租。

他那个养鸡的事应该是持续了一年，也可能是两年。这花掉了我 6000 美元。我记得奥利安找不到养鸡场的买家，最后还是他好心的岳父做出了牺牲，收回了养鸡场。

奥利安重操旧业，再次干起了律师。我想他在这个行业断断续续地干了有1/4个世纪，不过，据我所知，他只是名义上的律师，几乎没有客户。

1890年夏天，我的母亲去世了。她攒下一些钱，把这些钱都留给了我，因为这些钱都是我给她的。我把这笔钱给了奥利安，他说谢谢我，还说我已经资助他够长时间了，如今要让我卸下他这个负担。此外他还希望能还给我一部分钱，乃至全部。他用那笔钱加盖了房子，希望通过接纳膳宿者来发财致富。他的投资过程我不再赘述，结果又是以失败告终。他的妻子想尽一切办法促成这件事，如果有一个人能干成这件事的话，那个人肯定是他的妻子。那是一个心地善良的女人，深受大家喜爱，可她的虚荣心太强，给这件事带来了一些负面影响，不过他的妻子也有务实的一面，如果不是局势不利的话，膳宿处肯定赚钱了。

为了补偿我，奥利安还作了其他计划，但都需要资金。我没有再投资，因而他的计划也没成。有一次，他想办一份报纸，我立刻否定了这个吓人的计划，甚至都有些翻脸了。后来他又发明了锯木机，亲自组装，而且确实可以用来锯木头。这项发明设计巧妙，同时也实用，如果成的话，他肯定已经赚钱过上舒舒服服的生活了。可惜，时运不济，老天再次捉弄了他。奥利安去申请专利，却发现同样的机器已经申请专利，并且已经开始销售了，生意火爆。

不久以后，纽约州拿出五万美元奖金，奖励能切实保证汽轮在伊利运河通航的办法。奥利安为此干了两三年，找到了一个办法，并完成了设计。当他再次整装待发，准备抓住这笔巨大的财富时，有人指出他的发明存在缺陷，他设计的汽轮冬天没法使用，而夏天舵轮转动时激起的水浪足以把河两岸的纽约州冲走。

为了偿还欠我的钱，奥利安尝试了不计其数的赚钱方法，但是每次都以失败告终。在这30年里，奥利安建立起来的良好声誉让他成为财务托管人。如果有人有钱需要保管的话就会来找他，但是从来没有任何薪水。他是所有慈善机构的财务员，还帮助孤儿寡母保管财产，他认真保管这些钱，从未弄丢过别人一分钱，但也从来没为自己谋得过一分钱。每次改变宗教信仰，新教会总是高兴地接纳他，并立刻让他当财务员，而他也很快就能终结那里的贪腐行为。他能自如地改变自己的政治面貌，让整个社区都为之惊叹。有一次因此发生了一件奇事，他写信把整个过程都告诉了我。

有一天早晨，作为共和党人，他应邀在晚上的共和党成员集会上发表竞选演讲，而午饭过后，他决定改投民主党，并同意写20句鼓舞人心的字幕标语，以便晚上民主党成员举行火炬游行时使用。他花了整个一下午写好了口号标语，因此到了天黑时，他已经来不及改变自己的政治面貌了。于是他便在广场发表共和党竞选演讲，与此同时，民主党游行队伍举着他写的字幕标语在他面前经过，所有在场的人都乐坏了。

他就是一个这么奇怪的人。虽然行为怪异，但是无论到哪里，他都能受到当地人的爱戴。同时，大家也非常尊重他，因为归根结底，他是一个纯粹的好人。

无论什么时候，只要有机会把自己置于一个可笑的境地，他就绝不会让你失望。和妻子住在哈特福德的时候，他是《晚邮报》的编辑，他们住在提供膳宿的一家公寓里，里面住的都是中等收入、和和气气的男女房客。那家有一个公共浴室，大家都在里边洗澡。某个周日的下午，住客们都在睡觉，奥利安就想趁这个机会洗个澡，这想法也没什么问题，但是他没有锁浴室的门。夏天里，他习惯放满满一大浴缸凉水，然后跪在里面，把鼻子伸到浴缸底部，并保持这个惬意的姿势，隔几分钟抬起头来换一次气。碰巧一个打扫卫生的女仆走了进来，又立刻就冲了出去，满屋子大声尖叫："克莱门斯先生淹死了！"

大家都冲出来，克莱门斯夫人也冲出来了，痛哭着大喊："你怎么知道是克莱门斯先生？"

那个女仆说："我不知道。"

大概25年前，我写信给奥利安，建议他写一本自传，我让他尽力描述客观事实，千万不要仅仅用一种赞誉的态度来展现自己，而是要真实地记录下生活中有趣的事情，包括那些他因为惭愧而不想再回忆的事。我说，还从没有人这样写过，这样写出的自传肯定会成为有价值的文学作品。这是一件我无法办到的工作，希望他能取得成功。如今，我意识到，自己是给了他一份根本无法完成的任务。三个月来，我一直在口述自己的自传，有大概1500~2000件让我感到羞愧的事出现在我的脑海中，但是我却一件也不想写在纸上。我觉得，直到我完成整本自传（如果我能写完的话），这些往事还是会原封不动地留在记忆深处。我相信即使自己把这些事写进去了，等到校稿的时候，我肯定还会把它们删除的。

奥利安完成了自传寄给了我。看完后，我很失望，也很生气。在自传里面，如我自己以往和现在一样，他仍然一如既往地把自己塑造成了一个英雄人物，而那些不光彩的事情，一件也没想起来。我就知道他有好几次让人痛心的不光彩的事，但是当我在他的自传中读到这些内容的时候，这些事都已经被他修饰美化过，摇身一变，成为让人无比自豪的事情。

1898年，我们还住在维也纳的时候，我收到了一封来自基厄卡特的电报，得知了奥利安的死讯，享年72岁。在12月份的一个寒冷的清晨，他一大早起来到厨房把火生起来，然后就在桌子边坐下来想写点什么。他就坐在那里停止了呼吸，手里握着笔，人趴在桌子上，字写了一半——至此，他终于摆脱了那漫长而忧愁、凄惨而潦倒的生活枷锁，以这种快速而没有痛苦的方式，解脱了。

第 27 章
我的理财经——出版与投机

大概是1872年,我写了另外一本书《艰苦岁月》。我之前出版《傻子出国记》时要价是版税的5%,算下来是每册书22美分。如今,几个不错的出版公司都计划出这本书,其中一家愿意支付15%的版税,另外一家则愿意把所有利润都给我,而他只要求在书中为出版社做广告。我把布利斯请到了埃尔迈拉。如果当时我跟现在一样了解出版行当的话,我就会向布利斯索要除去成本后75%或者80%的利润,这样就比较公平合理,可惜当时我对此一无所知,也懒得去研究里面的猫腻。我和布利斯说自己还想在他的公司出版,也不想提过高的条件,我说自己觉得除去成本我应该拿到利润的50%。他很热情地说那样很合适,非常合适。

回到旅馆,他拟好合同,下午就送到了我家。我发现里面有点问题,合同上并没有写明我将获得"利润的50%",却写成给我7.5%版税,我说那不是我们之前商议的办法,要他解释。他说:"是,之前是不是这样说的。"实际上,他把这个问题简化了:在书的销售量达到十万册之前，7.5%的版税意味着我可以获得利润的50%，甚至还要更多一些；但是，一旦超过了这个销售量，公司拿到的利润就会超过我。

我还是有些疑惑和怀疑，就要求他发誓保证自己所说的都是事实。他很快举手起誓，一字不差地把刚才说的话重复了一遍。

我花了9～10年的时间才弄明白那个誓言是谎话，7.5%的版税意味着我拿到的钱还不到利润的1/4。但是，就在这段时间里，我还跟布利斯一起出版了好几本书，都是按照版税的7.5%或者10%的报酬出版的，因此被他们骗走了不少钱。

1879年，从欧洲回来后，我又完成一本书准备出版，就是《国外漫游》。我把布利斯请到家里和我一起讨论那本书的出版问题。我说自己对版税的收益很不满意，我不相信所谓的"一半利润"的说法，这一次，他必须把"一半利润"写进合同里面，不要再提什么版税了，否则，我就另找出版社出版这本书。他说他十分乐意把这条要求写进合同，因为这非常正确，非常恰当，如果公司老板们反对，他就离开公司，自己来出版这本书——说得真好听。但是我知道他是公司这方面事务的主管，只要是他签署的合同，公司肯定都会接受。如今这份合同就放在台球桌上，并且他已经在上面签了名。从《傻子出国记》出版以后，他已经开始对老板为所欲为了，他不止一次告诉过我，他让老板做了一些不愿意做的事情，因为他威胁他们，如果不让步，他就带上我的业务离开公司。

我真不知道一个成年人如何竟能如我当年那般单纯无知。我本应该想到，对我说这样的话的人，要么是一个傻瓜，要么就确定我是个傻瓜。事实上，我才是那个傻瓜。我的脑子连这么简单、这么基本的判断都作不出来。

我提醒他,他签订的合同,公司一般是不会有什么意见的。之后，他微微一笑，指出我忽视的一个细节，那就是，这个合同是和以利沙·布利斯签的，是他个人，而美国出版公司压根儿就没有出现。

之后，他还告诉我，自己会把合同拿到公司董事们面前，要求公司把卖书利润的1/4分给他，并给他和他的儿子涨工资，这样才会把合同转交给公司，如果不满足这些条件，他带着合同离开公司，自己来出版这本书。老板同意了他的要求，接下了合同。布利斯亲口告诉我这些事，他的这一行为本身就无可争辩地证明，他所说的都不是真的。在书发行前的第六个星期，布利斯和我说了实话，想体验一下说真话的滋味，但是说真话让他紧张过度，他死了。

书出版三个月后，我作为那本书的半个合伙人，参加了股东年会。会议在我的邻居牛顿·凯斯的家里召开，公司创立之初他就是董事之一。会上通报了公司业务报表，我才了解到事情的真相。那本书卖了64000册，我拿到一半利润。在1872年，布利斯给我的合同写的是7.5%的版税，按此计算，每册书我得到20美分多一点，以此充当他所谓的一半利润，在刚开始，这些钱还不到利润的1/6。现在形势已经没有以前那么好了，但即使这样，每册书我都要抽50美分，才能达到利润的50%。

好吧，既然布利斯已经死了，我没法再跟他算这十年来欺诈我的这笔账了。到现在，他死后又已过去了25个年头了，我对他的怨恨也逐渐淡化，消失了。如今心中只剩下对他的怜悯，如果能给他寄去一把扇子让他缓解地狱之火炙烤之苦，那么我肯定会的。

公司的财务报表让我看清这么多年来自己在美国出版公司手中所遭受的这种卑鄙行径。我忍无可忍，站起身来，对牛顿·凯斯和其他合谋者，也就是那些董事，大声斥责。

当时本该是一个绝佳的机会，让我能够从公司那里拿到应得的利益，但是，显然，我没有发现这一点，当机会存在时，我极少能适时发现，只有当它已经逝去的时候，我才能注意到。当时我已经熟悉了那个出版社，应该继续跟它合作，直到版税与我应得的利润50%之间的差额从出版公司转入我的腰包，让掠走的财富重新回到我的手中了。但是当时我不可能想到这么明智的点子的，并且，我根本都没有往这方面想，我只想能尽快设法从那个肮脏的地方脱身，保全自己的尊严。我想把书从那个公司拿回来，带到别的出版社。过了一段时间，我又去找牛顿·凯斯，提出和公司中止合同，并要求他们把书的版权无条件地归还给我。作为补偿，公司从《艰苦岁月》、《镀金时代》、《新旧杂记》和《汤姆·索亚历险记》这些书中骗到的钱财仍归公司所有。

凯斯先生不同意我的要求，但是我告诉他自己一个字也不会改变，我还告诉他我敢肯定，他和他的"圣经班"对布利斯1872年对我的欺骗行径是完全知情的，而他们默许了他这么做。他反对我把董事会称为圣经班。接着，我又说，他们应该停止在开会前祈祷，特别是当他们准备欺诈作家的时候。我本以为凯斯先生会否认我关于事先知情的说法，并对这一行径深恶痛绝，但是他并没有否认，因而证明了我的指控是有根据的。因而，我又重复了一遍自己的话，并对他的神学院说了一些不敬的话。我说："你已经往那个神学院投了75000美元，然而你对其中我捐助的那部分只字未提。但是，我的的确确是出了份子的，因为你投进去的每一美元里面就有从我口袋里偷走的一部分。"对我的这些"赞誉之词"他并没有表示感谢，他是个迟钝的人，是个根本不知道感恩的人。

最后，我想尽办法要我买断合同，但是他说董事会是不可能接受这样的提议的，因为公司维持生计的钱90%都源自我的书，所以，如果我把合同带走的话，那么他们就没有什么生意了。再晚一些时候，一个叫什么什么的法官，也是一个董事，告诉我说我是正确的，对当时布利斯对我实施欺诈这样的卑劣行径董事会是完全知情的。

正如我刚才说的，我本应该继续留在那家公司，跟他们算清这笔账，但是我并没有这样做，我从那个肮脏的环境中抽身而出，保全了自己的尊严，并把自己的下一本书给了波士顿的詹姆斯·勒·奥斯古德，也就是过去的菲尔德·奥斯古德公司。那本书是《密西西比河的旧日时光》，由奥斯古德来出版，而费用由我承担，通过征订的形式发行，同时我向他们支付专利权税作为服务费。

奥斯古德是这个星球上最可敬、最可亲、最可爱的人之一。但是他对预订出版一无所知，把事情搞得一团糟。他善于交际，我们在白天和夜晚打了很多次台球，相处非常愉快。同时，我们的事务交由他的手下人处理，我想我们俩谁也没有询问过他们的办事方法，也不知道他们都做了些什么。那本书的制作花了很长时间，当支付完最后一笔费用时，我才意识到自己已经花了56000美元。这笔钱交给布利斯的话，他都能建一个图书馆了。直到一年以后，我才得以收回这56000美元的成本，而从此以后，就再也没有几个钱进账了。因此，我首次尝试独立出书最终以失败告终。

奥斯古德又试了一次，他出版了《王子与贫儿》，这本书制作得十分精美，但是所有都加起来，我一共才从中获益17000美元。

再之后，奥斯古德觉得自己能够通过零售出书的方式赚到钱，他曾经学过相关的知识，同时，征订出书的失败也让他有一些难过，因而想试一下别的方法。我把《被偷走的白象》这本书交给了他，这是本随笔集。我们两个打赌，我赌他六个月之内卖不出一万册，赌注是五美元。最后他赢得了那笔钱，但是过程很艰难。然而，我觉得那不应该是奥斯古德为我出版的最后一本书，我应该把它看作是第一次尝试，而不是第三次。在他出版《被偷走的白象》失败之后应该再让他试一下，因为我太喜欢他了。但是他再次失败了，我只好另谋出路。

与此同时，我正在外边的大千世界进行投机活动。

我的一位很特别的老朋友以15000美元的价格，把他的一项专利转让给了我。其实这东西没有任何价值，在过去的一两年里面，他一直都在为此而亏损，但是我不知道，因为他忘了告诉我了。他和我说如果我能买下来他就替我生产、销售，所以我接手了，然后就开始了每个月500美元的现金支出。这只大乌鸦每个月都从诺亚方舟里面飞出去，但是回来时两爪空空，而鸽子却也不来应征报道。过了一段时间，又过了半段时间，又过了一段时间，我终于从朋友替身的角色中解脱出来，把那个专利交到了查尔斯·勒·韦伯斯特的手中管理。他娶了我的外甥女，看上去是一个很有能力、精力充沛的年轻人，我给他每年1500美元的薪水。他仍旧每月把大乌鸦放出去，同样也是颗粒无收。

最后，在那个专利上面损失了42000美元之后，我把它转让给了一个自己十分憎恨、希望他家破人亡的一个人。之后，我又四处搜寻其他投机机会。还是那位老朋友，又为我准备好了另外一项专利，在接下来的八个月里，我再次为这个专利损失了一万美元。后来，我再次尝试把这个专利转让给那个讨厌的人家，他很感激，不过这次已经有了经验，开始提防我这个恩惠施予者了。他不肯接受，我只好任由专利期满失效了。

这期间，我的另外一个老朋友给我带来了一个很了不起的发明，是个引擎一类的东西，能够获取一磅煤99%的蒸汽量。我找到柯尔特兵工厂的理查德先生，就此事向他咨询，他是这方面的专家，非常熟悉煤炭和蒸汽，他对这台机器表示了怀疑。我问他原因，他告诉我，一磅煤中蕴藏的蒸汽数量已经100%地被计算出来了，我那个朋友提出的99%的比例肯定是错的。然后他拿一本满页都是数字的书给我看，那些数字都把我弄得晕头转向了。他指出，那个人的机器连预期效果的90%都达不到。我带着些许失落离开了。不过我想，可能是那本书错了，所以我就聘请了那位发明家来制造那台机器，周薪35美元。每隔几天，发明家就来找我一次，向我汇报机器的进展。没多久，通过呼吸和步伐，我发现发明家每个星期在威士忌上就要花36美元，我都不知道另外一美元他是从哪里弄来的。

最终，这项事业花了我5000美元，机器终于造好了，但是却根本达不到预期效果，它的确能将一磅煤所产生的蒸汽节约了1%，但是那算不了什么，就是用个茶壶，你也能做到这一点。我又要把这台机器转让给那个我痛恨的家伙，结果还是没有成功。因而，我就把它扔在一边，另外寻找其他事情来做。但是我变得对蒸汽非常热衷，买下了哈特福德一家公司的部分股票，因为那个公司宣称要生产、销售一种能够引起革命的新型蒸汽滑轮。那个蒸汽滑轮又从我的口袋里面拉走了32000美元，仅仅六个月后就化为泡影了，我再一次形单影只，无所事事。

然而，我又发现了一个。我发明了一种剪贴簿，如果让我来说的话，那么它就是世界上迄今为止唯一合理的剪贴簿了。我申请了专利，并把它交给了我那个特别的老朋友，是他最初引发了我对专利的兴趣，他从中赚了不少钱。后来，当我正准备收取自己那部分利润时，他的公司倒闭了。我不知道他的公司要倒闭，他也没有说起过这事。有一天，他以7%的利息向我借5000美元，还用自己那家公司的票据做了担保，我让他找个担保人，他大为诧异，说如果那么容易找担保人的话，哪都能弄到钱，他就用不着来找我借钱了。这听起来很有道理，因此，我就给了他5000美元。就三天的功夫，公司就倒闭了。在两三年后的年底，我的那笔钱要回来了2000美元。

1872初，乔·古德曼从加利福尼写信来说，我们的一个朋友，参议员约翰·彼·琼斯，要在哈特福德创办一家公司，跟"旅游意外保险公司"竞争。琼斯希望乔能买下12000美元的股票，说绝不会让他赔钱的。乔提出要把股票转让给我，并且说，如果我投资的话，琼斯也不会让我有任何损失的。所以，我就买了股票，成为这家公司的一名董事。琼斯的姐夫莱斯特，曾经在旅游意外保险公司做过多年统计员，转到了我们公司，然后我们就开业了。公司一共有五个董事，我们中的三个一次不落地参加了一年半以来所有的董事会议。

公司维持了不到18个月就垮掉了，我掏出了23000美元。琼斯在纽约，在他买下的圣詹姆斯旅馆里逗留了一段时间，我就派莱斯特去找他，想要回那笔钱。莱斯特回来后，告诉我说琼斯现在用钱的地方很多，所以手头有点紧，最好我能再等一等。我并没想到这些都是莱斯特自己编造的，他压根儿就没有向琼斯提起我的事。不过莱斯特所说事情合情合理，因为我知道琼斯建了一系列人造冰生产工厂，横跨南部各州，这花了他将近100万美元。但是那里的人并没有接受过喜爱冰的教育，因此根本就不需要，也根本不会买。

我还知道琼斯的圣·詹姆斯旅馆已经不再赚钱了，因为琼斯是个十分大方的人，他身上99%的部件都是由纯粹的慷慨细胞组成的。他的旅馆，从屋顶到地下室，装满了来自四面八方的穷亲属——水管工，泥瓦匠，还有不如意的牧师，而且，实际上都是没有任何旅馆经营知识的人。我还知道，旅馆里根本没有房间留给客人住，因为所有的房间都被这群来自五湖四海的穷亲戚挤满了，他们都是琼斯邀请来的，等着他给他们找好差事。我还知道，琼斯在加利福尼亚买了一大块地，上面预留了大片的城市地基，还有一个非常宽敞而且又有价值的港口预留的空间，琼斯为此而负债。因此，我同意再等一等。

一个月一个月地过去了，莱斯特不时自告奋勇要求独自去见琼斯，而他的拜访也没有任何成果。事实是，莱斯特担心琼斯，看到琼斯肩上有这么多负担，他总是担心我这点小事会让琼斯分神，他宁可自己谎称已经见过琼斯，并把我的事情向琼斯说过了。但实际上，他根本就没有提起过这事。两三年后，埃尔迈拉市煤炭公司的斯里先生提出，由他去跟琼斯先生说一下这事，我同意了。斯里去拜访了琼斯，十分得体的、用很婉转的方式把话题引到我的事情上来，可是还没等他完全说开，琼斯看了他一眼，说道："你是说那笔钱还没有支付给克莱门斯先生？"说罢，琼斯先生立刻开出一张23000美元的支票，并说这笔钱早就应该支付了，如果他知道的话，肯定早就在款子到期的时候还给我了。

当时是1877年的春天，我口袋里揣着这张支票，再次筹划寻求暴富的机会。读者们啊，你们肯定受我所讲的这些投机活动误导，马上就认为我很快又找了投机机会，而实际上不是这样的。一朝被蛇咬十年怕井绳，我已经受过伤了，所以再也不想搞什么投机了。一天，霍利将军派人请我去哈特福德新闻报办公室，我揣着那张支票就去了。那里有一个年轻人，说自己曾经在普罗维登斯报做过记者，如今改行了，在为贝尔·格雷姆工作，为其称为电话的新发明作代理。年轻人说自己相信电话将能带来巨大财富，希望我能买一些股票，我拒绝了。我说自己再也不想做任何不可靠的投机了。之后，他又提议以25美元每股的价格把股票卖给我，我回答说多少钱也不买。他就变得焦急起来，坚持说我应该买500美元的股票，他说只要我出 500 美元，想要多少股都行。他让我自己用手抓，把股票放在礼帽里，只要我出 500 美元，就给我满满一帽子的股票。但是那个时候，我刚被烫过，所以抵挡住了所有的诱惑，并且根本没费什么劲儿。我完好无缺地把自己的支票带回了家，并于第二天在没有担保的情况下把 5000 美元借给了我的朋友，而三天之后，他就破产了。

大概到了年底，我从哈特福德新闻报办公室扯了一根电话线，那是当时城里的唯一的一根电话线，也是世界上私人住宅使用的首根电话线。

那个没能把股票卖给我的年轻人，最后将其卖给了哈特福德一个纺织品厂的职员，5000 美元，卖了好几礼帽。那是那个老职工所有的钱，是半辈子的积蓄。当人有了暴富念头的时候，就会愚蠢地冒着万劫不复的风险，这多么奇怪啊！听说老人的事后，我着实为他难过。我想，如果事前有机会告诉他我的经历的话，那么我或许能挽救他。

1878 年 4 月 10 日，我们乘船前往欧洲，一待就是 14 个月。回来之后，我们就是看到那个职员乘坐豪华的双马四轮大车四处闲逛，一帮穿制服的仆人围在四周服侍着他——电话股票为他带来了滚滚财源，他不得不用铁锨来处理这些钱。看到那些无知而没有经验的人往往能得到不应该得到的成功，而那些有知识、有经验的人却屡屡失败，真是一件怪事！

第 28 章
自己来做出版商

如今，我做了自己的出版商，因此就让年轻的外甥女婿韦伯斯特来负责这项工作。他认为，在这一行当学徒的时候，他应该获得2500美元的年薪。我用一两天的时间来考虑这件事情，并认真地研究了一下。在我看来，这是一个新见解，我记得印刷学徒工是没有工资的。经过查询之后，我发现诸如石匠、砖瓦匠、锡匠等也都是如此，还有，即使是律师或者实习医生在学徒期间都没有工资。我还记得，在河上的时候，领航员学徒不仅没有工资，还要交给领航员一笔钱，甚至他拿不出也要交——很大一笔钱，我之前就如此，支付给比克斯比100美元，而且是借来的。一个正在学习以成为牧师的人告诉我，即使是诺亚在前六个月里也是没有工资的，一方面是因为天气，另一方面是因为他正在学习航海。

经过这些思索和调查，我相信，自己在韦伯斯特身上所做的一切可是说是史无前例的；我相信，一个来自偏远山区的年轻人，来纽约挣生活，没有任何技能，不具备任何被证实的长处，也没有什么让人看好的潜力，却能连眼睛也不眨一下就提出要别人出钱让他学徒，数目比美国任何一届总统薪水中所能节约下来的钱还多，而总统却要管理这个星球上除爱尔兰之外最难对付的国家，这样的人肯定值得你去争取，并且还得动作快点，否则他就走掉了。我也相信，如果他能把对第一个项目的巨大兴趣转移一部分给第二个项目，那么我就赚大了。

我为韦伯斯特创建了一家公司——韦伯斯特出版公司，位于联邦广场附近一座大楼的二楼上，租赁了几间办公室，租金不贵。还给他配了一个女秘书，可能还有一个男职员，年薪都在800元上下。曾经有一段时间，韦伯斯特还有另外一个帮手，这个人曾长期在征订出版界工作，十分了解这一行，能教教韦伯斯特，这个人也确实这么做了，学徒费都是我出的。

我现在正说的是1884年初的事情，我给了韦伯斯特一笔充裕的资金，同时还给了他《哈克贝利·费恩》的手稿。韦伯斯特的作用相当于总代理，他的工作是将代理商派往全国各地。当时，一共只有16个代理商，他们手底下还有推销员，做具体的推销工作。纽约市的代理工作由韦伯斯特自己负责。

在我所说这些具体事务落实以前，细心的韦伯斯特就建议在开始行动之前先拟好合同，签上字，然后盖上章。这看上去是非常明智的做法，因为我自己不可能想到这一点。我的意思是，因为我自己没有想到，所以觉得它是明智的做法。因而，韦伯斯特就让自己的律师草拟合同，我开始十分欣赏起韦伯斯特来了。就在这个时候，我突然兴起，过分慷慨起来，还没想清楚就提出要给韦伯斯特10%

的公司收益，白给的，而且工资照发。但是韦伯斯特立刻就拒绝了，当然照例向我表示了感谢，这让我对他的欣赏再攀上一个台阶。我很清楚，自己送给他的这份合伙人收益能让他的工资在未来的九个月内翻两到三番。但是他并不清楚，他冷静而明智地对我所预言的《哈克贝利·费恩》的高经济收益打了折扣。这又是新的证据，说明我发现了韦伯斯特这个宝石，一个不会轻易激动的人，一个不会失去理智的人，一个谨慎的人，一个不会在自己未知领域冒险的人，我的意思是，花别人的钱除外。

合同拟好了，是由一个从纽约州敦刻尔克来的年轻律师惠特福德拟的，一方水土一方人，那里养育了他，也养育了韦伯斯特，完全符合那句老话。惠特福德拥有特权，能够标榜自己来自"亚历山大和格林公司"。亚历山大和格林公司生意做得很大，利润很高，为了不损坏公司的利益，他们宁可牺牲良知，上个月突然发生的那场地震就足以证明这一点。当时那场地震把三家大人寿保险公司的五脏六腑都震出来了。"亚历山大和格林公司"的办公室设在互助保险大厦，他们雇佣了25位律师，都是拿工资的，惠特福德就是其中之一。他脾气好、乐于助人，但极端无知。他的愚蠢程度，如果拉线的话，能绕着地球转四圈，不用使劲拉，还能打上一个结。

第一个合同很正常，没有任何问题。合同规定，所有的承诺、花费、负担和一切责任都由我承担。

韦伯斯特和惠特福德是一对绝妙的组合。对我来说，这两人的无知加在一起，简直是最恐怖和惊人的奇观，简直比看到银河毁灭、碎屑碎片漫天飘浮的情景还可怕。说到勇气，无论是精神上的还是身体上的，他们连一丁点儿也没有。在没有得到律师的确认之前，韦伯斯特在业务方面不敢有一点的冒进，生怕自己会吃官司。频繁的律师咨询，使得惠特福德差不多成了公司名副其实的一员，就跟那个女助手和征订售书专家一样。但是无论是韦伯斯特还是惠特福德，谁在管钱方面都没有什么亲身经历，惠特福德的律师费用并不算高，虽然他自己也许会以为很高。

秋天一到，我就跟乔治·凯布尔一起去东部和西部作了四个月的旅行诵读，这是我在美国做的最后一次旅行演讲。那时，我下定决心以后再也不在讲台上压榨公众了，除非是经济所迫。没想到11年之后，我真的受经济所迫，举行了全世界巡回演讲。

这也过去十年了，在那段时间里，我只为公共慈善事业演讲，不收任何报酬。上个月的19号，在为罗伯特·富顿纪念碑基金募款演讲中，我向大众正式宣布离开讲坛，这是我以前从来没做过的。

我似乎跑题了，离韦伯斯特和惠特福德的事有点远了，不过不要紧，距离会让景致更加迷人，这就是一个例子。韦伯斯特在《哈克贝利·费恩》的操作上是非常成功的。一年以后，他交给我一张公司的支票，一共是54000美元，其中包括我刚开始支给他的15000美元启动资金。

我又重生了一次。我猜想，除了克利须那神以外，再没有人比我经历的重生次数更多了。

韦伯斯特觉得是他为整个世界发现了我，但是他对此还是比较谦逊的。他下蛋后为邀功而咯咯咯的叫声，比起韦伯和布利斯来少多了。

除了我自己的书以外，我从来没想过出版别人的书，直到后来发生了一件事，让我改变了这个观念，那便是格兰特将军著名的回忆录。1884年11月份第一周的一个晚上，我刚结束在齐克林大厦的演讲，正步行回家，天上下着小雨，路上没有几个人。两盏路灯之间的黑影处，两个模糊的身影从一个大门里面出来，走在我的前面，我听到其中一人说："你知道么，格兰特将军真的下决心了，要写回忆录出版，他今天这样说的，已经明确表态了。"

这便是我所听到的。就这几句话，我觉得自己无意中能听到这些话是极大的运气。

第二天一早我就出发去拜访格兰特将军。我在他的书房里见到了他和他的儿子弗雷德·格兰特上校。将军说："坐下待一会儿，等我把这份合同签完。"那是他即将要写的一本书的合同。

显然，弗雷德·格兰特正在对合同做最后的审阅，他觉得没什么问题并转告了格兰特将军。将军走到桌子边，拿起笔，准备签下合同。对我来说，如果当时让他签了可能会更恰当一些，但是我没有这样做。我说："先别签，请弗雷德上校先读给我听一下。"

弗雷德上校朗读了一遍。我说自己非常高兴能及时赶到，还来得及进行干涉。合同的另一方是世纪公司，它提议支付给将军版税的10%作为报酬，当然，这是无稽之谈。不过，这个建议完全是因为无知，倒不是因为欺骗。世纪公司是一个大公司,精通杂志出版，在这一方面，没有人有资格对他们指手画脚。不过，当时他们还没有订阅出版的经验，他们可能只知道销售出版，而且也并没有太多有价值的经验。不然的话，他们也不会按照那种支付标准来要求格兰特将军写书，跟对待那些不知名的、没有声望的作者没什么两样。

我解释说这些条款完全不合适，完全都是错误的、不公平、不公正。我说："划掉10%，改为20%，或者，改为纯收入的75%更好些。"

将军坚决反对，他觉得他们绝不会出这个价。我说这完全没问题，只要是有名望的美国出版社都会很高兴地支付这样的报酬。将军还不相信，他仍然希望签署原来的合同。

我指出原来的合同中还有一条让人不能接受的条目，这份合同不仅对格兰特将军这样一个影响巨大的人物仅付了10%的版税报酬，而且还规定从这10%中扣除书本出版所需的诸如员工薪金、房屋租赁、办公室清洁以及其他一些杂七杂八的费用。我说格兰特将军应该要利润的3/4，而这些日常开支则完全应该由出版商从剩余的1/4中支付。

这让格兰特将军感到忧虑，他觉得这样做就将他置于强盗的位置上了——他在掠夺出版商。我说，如果他认为这是不光彩的事，那是因为他缺乏对这方面的了解，这并没有什么不光彩的。即使是在天堂，这样做也是会被奖励两道神圣的光环的，如果天堂有这样的事的话。

将军还是不为所动，他要我指出具体有哪个出版商会如此高尚，愿意跟他签署这样的合同，我说哈特福德的美国出版公司就愿意这样做。他要求我证实我的说法，我说我可以通过电报在六个小时之内证明。我发报到哈特福德用三小时，布利斯欣喜地接受这一建议然后回电需要三个小时。如果将军需要更快的答复，我也可以亲自到哈特福德跑一趟，取回电报。

将军仍然坚持己见。不过弗雷德·格兰特已经逐渐被说服了。他建议把世纪公司的合同先往后推迟24小时，同时，再仔细研究、讨论一下这件事。他说，这不是一件带有感情色彩的事，是纯粹的生意，应该单纯地从商业角度来考虑。他关于感情色彩的说法切中了要害，原因是这样的，格兰特与沃德经纪公司——由格兰特将军、沃德先生（一度被称为"金融界的小拿破仑"）以及沃德的同伙菲什合作组建——将格兰特将军所有的钱诈骗个精光。曾经一段时间，格兰特将军的生计无以倚仗。世纪公司的负责人罗斯韦尔·史密斯请他为公司杂志写四篇关于内战的某些著名战役的文章，每篇支付给他500美元，这对于这位绝望的老英雄来说无异于溺水者的救命稻草。他非常感激，同时写好文章交给了公司。实际上，每篇文章都至少值一万美元。但是格兰特将军并不清楚，他觉得，自己轻松写成的一篇小文章就可以换取500块钱，实在是令人难以置信。

如今，他非常不愿意遗弃这些给自己提供过经济帮助的恩人，以他军人的思维和受过的训练理解，这简直就是不忠诚。如果我没记错的话，他的第一篇文章就使世纪公司杂志的征订册数从10万册增加到22万册，世纪公司当月从广告中的获利比过去任何一个月都要多一倍。据我估算，这使他们公司那个月多收入了8000美元，这还是保守估计。

那个月增加一倍的征订用户肯定会持续征订很多年，这肯定会使这家杂志的广告收入在未来六年内每月增加8000～10000美元。

我曾经说过，格兰特将军的每篇文章都值一万美元，而不是500美元。如今，我甚至可以说，他这四篇文章，每篇可以值25000美元，而且一点都不过分。

我开始为美国出版公司游说。我说这家公司是同行里第一个要求出版格兰特回忆录的公司，因此理应具有在世纪公司前竞标出价的机会。对于这个消息，格兰特将军一脸茫然。我提醒他说，在格兰特与沃德公司外表看起来生意兴隆的那些日子，有一天我曾到他的私人办公室去拜访他，与他共进午餐，还请他写回忆录并交给美国出版公司，当时他非常坚决地谢绝了，说自己并不需要钱，而且自己也不是个文人，不会写回忆录。

我记得我们把合同的事暂时放在了一边，直到第二天早晨再次开始讨论。期间，我做了深入的思考。我非常了解，美国出版公司会非常乐意以利润3/4作为报酬获得格兰特将军回忆录的版权。实际上，我也非常了解，全国没有哪一个出版商——我是说具有征订出版业务经验的出版商——会不愿意以这样的条件把书接下来。我原本全心全意地想立刻把这本书交给弗兰克·布利斯和美国出版公司，让这窝奸诈之徒能发点财，不过一个更加理智的念头马上闪现了出来，我回想起这家公司已经剥削我好多年了，用那些钱造了神学工厂，如今该是我出出长久以来受的他们的怨气的时候了。

到我第二次与将军和弗雷德一起商讨的时候，将军表现得相当谦虚，这是他本性一个非常大的特点。谢尔曼将军已经在司克利卜纳公司出版了回忆录，共上下两卷，这本书的出版成为当时非常有影响的一件事。格兰特将军说："谢尔曼告诉我，他因那本书收入两万五千美元，你相信我的书也能赚那么多钱么？"我说我不仅相信，而且确定他肯定会赚得更多。谢尔曼的书是出版后代销的，但是，像谢尔曼和格兰特将军这样杰出的名人的回忆录尤其适宜征订发行；如果一本书中的内容适合于征订方式出版的话，那么，就可以得到相当于销售方式 8～10 倍的收益。

将军还是不相信自己的回忆录能够赚到 25000 美元，我问他为什么还不相信，他说他已经尝试过了，而且得到了证明和定论。我不知道他从哪里得来的这些证据和结论，他解释说，他曾想要把回忆录以两万五千美元的价格卖给罗斯韦尔·史密斯，这个提议着实吓到了史密斯，让他甚至连拒绝的力气都没了。

这时，我突然意识到自己就是一个出版商，我之前根本没有想到这一点。我说："将军，把回忆录卖给我，我是一个出版商，我会出双倍的价钱，我随身带着支票簿，我给您五万美元，我们现在就签合同。"

格兰特将军立刻就拒绝了，就如同罗斯韦尔·史密斯拒绝他的建议一样迅速。他说他不想听我再这样说，我们是朋友，如果我无法从这本书中收回成本的话——他就此停住了，他说没有必要再深入讨论了，自己绝不会让朋友冒这样的风险。

既然如此，我说："那就按照刚才我建议您与世纪公司签订合同的条件把书交给我——您获得版税的 20% 或者出版后所得利润的 75%，所有日常支出，诸如薪水等，由我所得的 1/4 部分支出。"

听我这样说，他大笑起来，问我这样一来我还能剩多少利润呢？我说六个月可以得到十万美元。

他正在跟一个文人谈生意，他知道，传统观念认为文人浮躁，爱幻想，不切实际，在生意方面不懂得如何躲避风雨。他仁慈宽厚，不说伤人的话，所以没有说我的空想没有任何价值。其实，他还不如说出来，因为，他已经十分坚定地这样认为了，而且他的这种看法显而易见。我觉得，也许是为了找话说，他问我这样的幻想有什么根据——如果它有根据的话。

我说："我之所以这样认为，是根据你的文学作品与我的作品之间商业价值的差异。我的前两本书分别卖出了15万册，布装本每册3.5美元，精装本更贵一些，平均下来每册四美元。我知道，您的作品的商业价值轻轻松松就能达到我的四倍，所以，保险估计，您的书很容易就能卖出60万册，那么，您可以得到50万美元的纯利润，而我可以净赚10万美元。"

我们就这件事讨论了很久，最后，格兰特将军发电报给他的好友——《费城纪事》的乔治·威·蔡尔兹，请他来纽约提供意见。蔡尔兹来了，我使他相信，韦伯斯特公司的印刷机数量足够，并且都运营良好，终于，蔡尔兹给出了定论："把书交给克莱门斯吧。"弗雷德·格兰特上校也支持这个决定，说："把书交给克莱门斯。"于是，我们拟定并签署了合同，韦伯斯特马上得到了他的新业务。

第 29 章
与格兰特将军的交往

1866年秋冬时节，在华盛顿的一次招待会上，我第一次见到了格兰特将军，当时他还是美国陆军上将。我同很多人一道，只是见了他一面，和他握手，但是没有机会说话。也是在那里，我第一次见到了谢里登将军。

在格兰特将军担任总统的第一个任期内，我们再次碰面了。内华达州参议员比尔·斯图尔特提议要带我去拜访总统。我们看见他穿着工作服装，外面披着一件又旧又短的亚麻布外套，上面溅满了斑斑点点的墨迹。在乘"贵格市"号周游世界期间，我曾给纽约论坛报写过几篇旅游通讯，这给我赢得了一点名气。但是，握手之后，我们两个就陷入了沉默。因为我不知道该和总统说些什么，所以只是默默地望着将军那坚毅严肃的面容。片刻沉静之后，我和他说："总统先生，我有点儿尴尬，您呢？"他微微一笑，表情依然如钢铁般坚毅。之后，我就告辞离开了。

之后大约有十年我没有再见过他，同时，在这期间，我的名气已经很大了。

后来，在1879年，格兰特将军刚刚结束欧亚之行，从旧金山赶往东部的旅程中不断受到人们的热烈欢迎，如今他要在芝加哥接受田纳西陆军退伍军人的宴请，那是他所指挥的第一支陆军。宴请前的准备工作非常隆重，晚宴筹备组专门给我打电话，请我参加，并在晚宴的香槟酒会上向女士们敬酒致辞。我回电说，宴会的这一安排已经落伍了，在酒会上关于女士们的话题已经都被说尽了，不过还有一个社会群体在这种场合基本没有被提到过，那就是孩子们，如果他们赞成的话，我可以在宴会为孩子们举盏致辞。他们同意了，所以我带上准备好的发言，动身前往芝加哥。

这里将有一支规模庞大的队伍列队通过，格兰特将军要在主席台上检阅这支队伍。这个主席台是专门为这次检阅修建的，从帕尔默大厦二层的窗户延伸出来。主席台上铺着地毯，旗帜随风飘舞，光彩夺目。

当然，主席台是检阅这支队伍的最好位置，因此，我趁台上还空着的时候便溜了上去，希望自己也能被批准坐在上面。这真是一个相当耀眼的位置，下面数不清的民众目光都在这里聚焦。过了一会儿，两位绅士从旅馆窗口的平台走了上来，直接走向正前方，下面顿时爆发出雷鸣般的欢呼声。我认出，其中一位正是格兰特将军，另外一位我也认识，是芝加哥市市长卡特·哈里。市长看到了我，向我走来，问我是否愿意见一见格兰特将军，我说好。他就把我带过去，说："将军，请允许我给您介绍，这位是克莱门斯先生。"我们握了握手，又照例陷入了片刻的沉默，然后，将军说："我没觉得尴尬，您呢？"

这说明将军对小事和大事都记得很好。

这无疑是我所参加过的最特别的一次宴会，有大约600人到场，大部分都是田纳西的退伍军人，仅这一点就足以使它成为我的经历中最与众不同的时刻。更何况，这次宴会还有其他诸多特别之处。谢尔曼将军，实际上，几乎所有在内战中幸存下来的伟大的将军们都坐在主席台上，围在格兰特将军身边。

所有致辞的人都是声望和才能卓绝的人。

那天晚上，我还听到一句已经相当流行的俚语，但是在此之前我却从来没有听说过。

晚上十点左右致辞开始了。我离开自己的座位，走到宴会大厅的正前方，在那里全场尽收眼底。在要致辞的人当中，有拥有雄辩口才的非基督徒英格索尔上校，他从伊利诺斯起家，在那里非常受大众爱戴。还有维拉斯上校，来自于威斯康星州，是非常著名的演讲家，他为这次宴会做了非常充分的准备。

一共有15个致辞人，维拉斯排在第一位，鲍勃·英格索尔排在第九位。

我在军乐队前面的台阶上选了一个位置，那里很高，我的视野十分开阔。不久，我注意到，一个穿着二等兵制服、戴着田纳西陆军袖章的年轻人斜靠在离我不远的墙上，他的样子很朴实，但是看起来有点紧张，像是为什么事忐忑不安。不久，第二个人开始致辞，这个年轻人问我："你认识维拉斯上校么？"我说有人介绍过我们。他默默地坐了一会儿，然后说："他们说他一旦开始就变得非常可怕！"

我说:"怎么一个可怕法？你指的是什么？"

"演讲！演讲！人家说他就如闪电一般。"

"是的，"我说，"我听说他是个了不起的演讲家。"

那个年轻人很不自在地转来转去，过了一会儿，他说:"你觉得他能侥幸胜过鲍勃·英格索尔么？"

我说:"我不知道。"

我们的谈话又停了一段时间。有时，如果有演讲者站起来发言，我们两人也会随着观众们一起鼓掌，不过，这位年轻人鼓掌的时候心不在焉。

过了一会儿，他又说:"在伊利诺斯州，我们认为没有人能胜过鲍勃·英格索尔。"

我说:"真的？"

他说:"是的，我们认为没有任何人能胜过鲍勃·英格索尔。"然后，带着些许沮丧，他说，"但是他们也说维拉斯真的非常可怕。"

终于，维拉斯站起来要致辞了。这位年轻人振作起来，整个人也紧张起来。维拉斯开始慷慨激昂，人们都开始鼓掌；他说到精彩处，人们大声叫道:"站到桌子上！站到桌子上！站到桌子上去，我们看不到你！"于是站在他附近的一些人围了上来，把他推到了桌子上，这样全场所有听众都能清楚地看到他，接着，他继续演讲下去。那个年轻人与别人一样为维拉斯鼓掌，我听到他的嘴里同时在嘟囔着什么，只是内容听不清楚。但是过了一会儿，当维拉斯讲到更为精彩的地方时，雷鸣般的掌声响彻整间屋子，于是这位年轻人用一种绝望的腔调说道:"没办法了，鲍勃达不到这个高度了！"

在接下来的一个钟头里,他一直失魂落魄地靠在墙上,显然已经意识不到自己身处何处,也感觉不到其他任何东西了。最后,当英格索尔踏上那个餐桌开始演讲时,这位崇拜者还是站直身子关注着,但是显然没有抱太大的希望。

英格索尔皮肤白皙光洁,长相英俊,风度优雅,给人的第一印象就是十分好看。

他为宴会致辞的主题是"志愿军"。一张嘴,他就展露了自己的才华;他的第三句话刚出口,全场就爆发出热烈的掌声。这位二等兵变得高兴起来,首次露出了充满希望的神情,但是刚才他太害怕了,所以一时都忘记跟着大家一起鼓掌。过了一会,英格索尔讲道,为了让母亲们不失去自己的孩子,志愿军们在战场上抛头颅、洒热血,虽然具体内容我已经记不清了,不过这段讲得太精彩了,再加上演讲的方式又是那么的恰到好处,因此,全场群众不约而同地站了起来,欢呼雀跃,纷纷挥舞着餐巾纸,大厅里就像雪花在到处飞舞。这壮丽的场面一直持续了一两分钟,英格索尔静静地站在那里,等待大家平息下来。这时,我恰好瞥了一眼那个士兵,他正跳跃着,拼命鼓掌,就像疯子一样吼叫、挥手。最后,他终于安静下来了,他看着我,眼中充满了泪水,说:"上帝啊!他并没有被击败!"

我的演讲被安排在了最为荣耀同时又最充满危险的位置,最后一个。这可能是任何一个人都不想追求的荣耀,直到凌晨两点钟才轮到。不过,当我站起来准备演讲的时候,我知道无论如何有一点对我是有利的:我的演讲肯定能得到挤在大厅各个门口站着的90%的男人和100%的女人的同情,不管是结婚的还是单身的。我期望自己的演讲能够顺利结束，结果如我所愿。在演讲中，我用谢里登将军的新生双胞胎和其他各种精心设计的事情作为契机，让演讲顺利进行。里面只有一点我很担心，但是即使冒着演讲失败的危险，这句话也决不能删除。

它是演讲的最后一句话。

我描绘了50年后美国人口达两亿这样一个画面。我说，光辉的未来的总统，海军将军，以及其他要员，如今一个个都正躺在不同的摇篮中，分散在美国辽阔疆土的各地，"美国未来的最显赫的总司令如今正在国旗下的某个地方，躺在自己的摇篮中，并没有为未来的高贵与责任感受到任何负担，而是正在把他所有战略性的思想全部都放在寻找把大脚趾塞进嘴巴里去的方法上——而我们今晚上最显贵的客人在56年前也是如此，但是我这么说绝无任何不敬之意——"

如我所料，讲到这里，所有的笑声戛然而止，整个屋子一下子鸦雀无声。因为，显然这样说太过火了。

我停顿了一会儿，让寂静来得更为深沉，然后转过来面对着格兰特将军，接着说道："如果说儿童是成人之父，那么对于这位孩子的成功，没有人可以怀疑。"这让屋子里紧张的气氛一下子轻松了下来，格兰特将军忍不住大笑起来，大家见状，也都跟着尽情地欢笑起来。

在美国的历史上，只有一位军官配得上"将军"那崇高的、庄严的称号。当然也许是两个，对此我记不太清楚了。从美国革命到美国内战的这段历史长河中还没有这个称号，这是一个有着特殊本质的职位，并不在于我们的军衔范围之内。它只能由国会法案授予，同时只能授予法案指定的特殊人群，不能继承，也不能通过升职获得。

格兰特将军就被授予过这一称号，不过，后来他当上了总统，因此已经归还了将军的头衔。他现在生命垂危，全国人民都向他表达怜惜、哀悼之情，希望能满足他所表达出的一切愿望，以表示他们对他的感激。他的朋友们都知道，他内心的最大愿望就是希望能作为一名将军死去。在阿瑟先生任期的最后一天，也是国会进行的最后一天，在最后时刻，通过了授予这一称号的议案。时间刻不容缓，递信员立马飞往白宫，阿瑟先生用最快的速度赶到国会大厦。那里充满焦急、兴奋的气氛，但毕竟这艰巨的任务开始得太晚了，在人们对这条议案投票的过程中，国会的任期已经到了。不，是要到了，但是某位有心人把时钟往回拨了半个小时，法案顺利通过了！阿瑟先生马上签署这份议案，这一天终于保住了。

格兰特将军收到这一消息的电报时，我也在场，还有另外几个人，每个人的脸上都流露出难以抑制的激动和兴奋，只有一个人除外，就是格兰特将军自己。他读着电报，他如钢铁般坚毅的面容上没有流露出任何一点激动之情。他内心的激动肯定比在场的所有人加起来还要强烈，但是，他竭力控制住自己不表现出来。

我之前曾经见识过一次格兰特将军这样隐藏自己的感情，只是场合没有今天这么值得纪念。那次是在芝加哥，当时他刚胜利完成环球巡游，芝加哥各界人士和他指挥的第一支军队——田纳西陆军——为他欢宴庆祝三天。我坐在剧院的舞台上离他很近的位置，舞台上挤满了幸存下来的英雄和他们的夫人们。当格兰特将军在其他一些战功卓著的将军们的陪同下来到前排就座的时候，屋子里的人全都站了起来，爆发出震耳欲聋的欢呼声，持续了两三分钟之久，台上的战士没有一个不为之感动，只有一个人除外，就是那个被欢迎的格兰特将军，他脸上的表情并没有发生任何变化。

然后颂扬就开始了。谢尔曼来了，谢尔登也在场，斯科菲尔德，洛根，还有五六个军界名人都来了。发言者通常在开始阶段用尽各种华丽的语句对格兰特将军的荣耀大加赞扬。他们总会走过来，站在他身边，然后把这些赞美之词一股脑全都加在他的身上，但是他就像一尊铜像，没有受到任何影响。这些发言者轮流从格兰特夸到谢尔曼，然后再夸到谢里登以及其他人，把一桶桶滚烫的赞美之词倒在每个人身上。每次，发言者都像是在把一团团火倒在别人身上，受害者是那么苦恼、烦躁、纠结和痛苦。用一个望远镜，你在三英里以外，就可以挑得出那正在受难的人，在这如烈焰般的颂扬泛滥中，没有谁能坐着不动，只有一个人除外，那就是格兰特。在两个半小时中，每 15 分钟，这些如尼亚加拉河水一般的称颂就会迎面扑向他，可是一直到这场折磨结束，他仍旧保持着刚来坐下时的姿势，手、脚、头或是身上其他任何部位，都从没有移动过。看到一个人能在这么长时间里，没有挪动任何位置，一直这样坐着，头脑中的任何想法都没能让他移动一下，什么事都不能使他兴奋，真是让人太惊异了。一个人在受到这种残忍的虐待情况下能够一直像这样坐着，坚持两个半小时，如果不是我亲眼所见，是无论如何也不会相信的。

每次格兰特将军拿到印刷校样或者修改稿，我就也会拿到同样的一份，格兰特将军清楚这件事。有时候，我会随便翻翻校样，但不会特别关注里边的内容。后来，他的一位家属告诉我，因为我没有对他自传的文学性发表任何的意见，将军感到非常的不安与失望，同时，家属还建议我鼓励一下将军，那对他将是一个巨大的帮助。我感到非常诧异，就像哥伦布的厨师得知哥伦布想要听他的关于如何航行的意见一样。我从未想到，格兰特将军所做的任何工作会需要别人的帮助、得到别人的鼓励，我以为他什么都能做好呢。他正在尝试一项新的行当，探索一片未知的海域，此时正需要听到鼓励，如同普通人一样。他居然想听我的意见，这对我来说无疑是最大的褒奖。我便利用最快的机会巧妙地把和他的交流引向这个方向，提出意见和鼓励，又不会显出生拉硬拽往上靠的样子。

一次偶然的机会，我把将军的回忆录与恺撒的《内战记》进行了比较，以便能给出一些中肯的意见。诚实地说，这两本书都有与众不同的优点：表述清晰，行文直率，语言朴素，不矫揉造作，直面真相、公平而公正地对待朋友和敌人，勇于直言不讳，而且不堆砌华丽的辞藻。我认为两本书的水平都非常高，而且不相上下，至今我都这样认为。我后来得知，格兰特将军知道我的这些看法后非常高兴。这说明，他也是一个普通的男人，一个有血有肉的人，一个作者，作者非常看重别人的赞扬，哪怕这赞扬是来自于一个资格并不充分的人。

虽然病情一天一天加重，但是格兰特将军却超人般地坚持写作，整部书终于都完成了。他被转移到了迈克乔治山，在那里他一天天虚弱下去，到后来他已经不能说话了，只能用铅笔和一小片纸来表达他的想法。

在他临终前，我曾去那里看望过他一次，他用写的方式问了我一个他十分关心的问题，就是他的书是否能为他的家庭挣到一些钱。

我告诉他，书的宣传工作正如火如荼地进行着，征订的人越来越多，钱很快就到位了，现在宣传活动搞了还不到一半。但是，就算是现在停下来的话，也至少能为他的家人赚20万美元。他对我表示了感谢。

当我进屋的时候，碰到南部联邦的支持者巴克纳将军正要离开，巴克纳和格兰特是西点军校的同学，那是在1840年左右。我想后来他们一起参加了墨西哥战争，之后格兰特（那时是正规军的一名上尉）被派往俄勒冈任职，不久以后他又辞去了职务前往东部。到纽约时他身无分文，他在街上遇见了巴克纳，并向他借了50美元。1862年2月，巴克纳是南部联邦多纳尔森堡的指挥官，格兰特将军攻占了这个要塞，俘虏了15000人。此后，他们两人再没有碰过面，直到这次，23年以后，在迈克乔治山。

当时还有几位来看望将军的客人，大家便开起了玩笑，其中也有取笑巴克纳的。

最后，巴克纳将军说："我们在军官学校当学生的时候，我就非常钦佩和尊重格兰特，他有很多优点和美德，就像我认识的其他人那样。但是他还有一个致命的缺点，就是总也改变不了喜欢向别人借东西的习惯。当他想借的时候，他只知道一点，那就是不管你有什么他都要借来。当我很穷的时候，他从我这里借走50美元，而当我富了以后，他从我这里借走15 000个人。"

7月23日，格兰特将军在迈克乔治山过世。九十月间，他的回忆录开始印刷，制了几个版，分给几家大的印刷厂印刷。多台蒸汽印刷机日夜转动，多台大型装订机不停地装订。书分为上下两卷，大的八开本。布面装订本每套九美元，因为精装本价格更高一些，所以只出版了2000套树状花纹小牛革面装订本，每套25美元。

12月10日，书公开发行，结果不出我所料。我曾和格兰特将军说书能卖到60万册，结果正是如此。首期销售30万册，格兰特夫人第一次收入了20万美元，几个月以后，又收入了15万元，再后来的钱数我记不清了，不过我觉得，因为这本书，格兰特夫人总收入大约有50万美元。

韦伯斯特为此非常自豪。在他失意的时候，他的帽子是六又四分之一号的，在后来他得意的时候，拿木桶都装不下这个脑袋了。他喜欢一遍又一遍地重复这本书的奇迹，他喜欢不停地列举统计数字，他喜欢说，书皮上的烫金字用去了13英里长的金箔，他喜欢说30万册书要重多少万吨。当然，老一套自然也来了，韦伯斯特认为把这些书卖掉的那个人正是"他"。他觉得格兰特将军的大名是有点帮助，但是，书之所以取得巨大成功主要原因还是他本人。这说明，韦伯斯特也仅仅是一个平常人，一个出版商。所有的出版商都像哥伦布一样，成功的作家便是他们的"美国"。至于他们——就像哥伦布一样——并没能发现他们原本想要发现的东西，并没有发现他们出发时想要去寻找的东西。诸如此类的反思对他们毫无影响，他们只记得自己发现了"美国"，而忘记了他们原本是想去探寻印度的一片土地或者一个角落的。

在早期，挑选总代理的时候，韦伯斯特就把西部最好的总代理之一交给了以前是传教士的一个人，一个信仰复兴的专家，是上帝安置在内华达州处理州内所犯的这样或者那样不当言行的人。所有其他代理候选人都警告韦伯斯特不要用这个人。他们郑重地告诫他说，不管是惠特福德还是其他别的什么人，他们再聪明，也敌不过这位信仰复兴专家天生的偷盗倾向。他们的劝说没起到任何作用，韦伯斯特还是选择了他做代理，我们把书给了他，他生意做得很红火，一共收入了36000美元，但是，韦伯斯特却连其中的一分钱也没能拿到。

格兰特夫人能因为这本书获利50万美元，为此我并未感到奇怪，相反，她没有因为这本书负债累累我倒觉得真是一个奇迹。她很幸运，因为我们只有一个韦伯斯特。没有再找一个像他那样的人，可以说是我最过人的眼光了。

第 30 章
公司倒闭

根据我跟韦伯斯特目前的合同，他只领取 2500 美元的年薪。因为他是个谨慎的人，不喜欢承担任何风险，所以他曾拒绝接受无偿送给他的公司业绩分红。如今，我要白送给他公司业务 10% 的份额，而合同的其他部分保持不变，这次，他却态度谦逊地提出一个不同的建议：他每年的薪水提高到 3500 美元，同时享受格兰特的书发行利润的 10%；同时，所有资金则由我提供，大约为利润的 7%。我说我对这样的安排没什么意见。

然后，他请来了他的好朋友惠特福德来起草了这份合同，我弄不懂这份合同——我从来都弄不懂任何合同，我就请我的大舅子兰登将军，一个经验丰富的生意人，替我看了一下这份合同。他读了以后说没什么问题，因此，我们签署了这份合同，盖上了印章。后来我才发现，通过这份合同，韦伯斯特获得了格兰特书发行所获利润的 10% 以及公司所有业务 10% 的利润，但是，他却不必承担这些业务可能带来的任何损失。

很快消息就传出来了，说格兰特将军要写回忆录，由查尔斯·勒·韦伯斯特公司出版。这条新闻在全国引起巨大轰动。全国人民都为此感到高兴，所有的报纸都在热忱地传达这种快乐的情绪。昨天，年轻的韦伯斯特还像一个尚未出生的婴儿一样不为人知，而今天，他一跃变成了大名人，美国的每家报纸上都有他的名字出现。他年轻，也有人之弱点，自然而然地误以为这暂时的虚名就是公众声望了，并且认为自己必须让头上的光环越来越大。他对自己刚刚获得的高贵地位所表现出来那种幼稚的喜悦真是一幅浮华的滑稽的景象。他从原来那间朴素的办公室搬了出来，找到一个能配得上他作为国内最杰出的出版商地位的新办公室。

他的新办公室位于联合广场正前面的一座高楼的第二或三层，在一片豪华的贵族商业区。他原来的办公室有两个相当大的房间，如今这个新的占据了整整一层楼。韦伯斯特真正需要的不过是后街的一个小房间，只要屋子能让一只长长的猫随意地摇尾巴，就足够当作办公室了。他根本不需要储藏室、地下室，格兰特将军伟大的回忆录的印刷商和装订商会为我们照管那些书稿并装订成册的，他们会收取保存费和保险费，对于这本非凡的书来说，豪华的办公室是没有任何必要的。你不能把格兰特将军回忆录的出版商藏到代理商和推销员找不到的地方。一间小屋足以满足我们所有的需要了，几乎所有的业务都要通过通信方式处理，而且这些联系的对象只有那 16 位代理商，根本涉及不到代理商手下的上万名推销员。

不过，那里是个非常好的广场，仿佛没有边际、望不到头，人们看了就感觉光秃失去了尽头。我是觉得，尽这里的风格可能会让乡下人产生误会，以为是什么也没有呢，所以会转身离开。因此，我建议在门外边立一块声明牌，上边写上："请进，这里并不是走过场，而是有办公室。"

我这样讽刺挖苦韦伯斯特是不对的，这深深刺痛了他的虚荣心，而且，在他的武器库里根本没有什么知识武器可以用来反击。我这样使用软武器来攻击一个没有任何软武器可以回击的人，实在有失侠义之道，我曾努力尝试着改变，结果还是改不了。我本应该更加大度地忍受他这些虚荣心，可惜我也失败了，实际上，我连自己的虚荣心都容忍不了。而且他还有一个弱点特别容易激怒我，当他遇到一件自己不懂的事的时候，他不但不会说自己对这个不了解，甚至都不能稍微慎重一点，保持缄默，他总会说些什么，让听者误以为他自己对这个问题是懂得一些的——这是最让人受不了的，因为他的无知就像一张地毯一样把整个地球都盖得严严实实，而且上面连个孔都找不到。有一次，一群朋友坐在客厅里，有人提到乔治·艾略特以及她的作品，我发现韦伯斯特又准备发表议论。当时实在没有办法，不然我就用一块砖头、一本《圣经》或是别的什么东西打他一下，让他昏迷过去，以避免他出洋相。但是那样做太惹人注意了，所以我只能眼睁睁地等着"大山产下小老鼠"这样的事发生。当谈话略有停顿，他立刻填补空缺。他带着洋洋得意的神情插嘴说道："因为个人偏见，所以我从来没有读过他的书。"

新办公室还没有安置妥当时，韦伯斯特曾建议废除原有的合同，改签一份新的，我们就这样办了。我可能连看也没看，也没有找别人帮我看，就签了字，省得给自己添麻烦。根据之前合同的规定，韦伯斯特是我的雇员，而根据新的合同，我变成了他的奴隶，一个彻彻底底的奴隶，而且没有任何薪水。我拥有公司90%的股份，同时要提供全部资金，承担全部损失，所有的责任都由我一个人承担，而韦伯斯特是唯一的雇主。这种新的关系，以及我喜欢讽刺的特点，使公司氛围变得完全不一样了。我无法再像以前一样发号施令了，我提出的建议甚至再也不可能被采纳了。

韦伯斯特在那个"给人走过场感觉的地方"开始了自己的职业生涯，他把所有16位代理商从美国16个不同的地方召唤过来签订合同。他们都来了，聚在一起。韦伯斯特就仿佛置身于西奈山之上一般向他们颁布法令，代理商们都很出色地捺住了性子，表现得很不可思议。他们按要求签署了合同，然后就离开了。按常理来说，韦伯斯特那种年少轻狂、无礼的做法一定会让他们发怒，但是这次却不太一样，因为对于每一个代理商来说，这份合同都值好几千美元，他们很了解这一层，所以都压下了心头的怒火。

惠特福德也在场，他总是在韦伯斯特的身边。如果没有律师建议，韦伯斯特是不敢做任何事的，如今，韦伯斯特能够得到想要的任何法律建议，因为他常年雇佣了惠特福德，每年从我的口袋里掏出一万美元支付给惠特福德。实际上，惠特福德也确实值点儿钱——大约值200美元，第一次，他赚到的钱数能说得出口，能让自己满意。"数目还说得出口"实际上都没必要说，因为他从来没有赚到过什么钱，他注定就赚不到什么钱，这一万美元或者里面的任何一分钱都不应该是他所得的。在之前所说的两次事件中，他所提供的服务最终都给公司造成了经济损失，而他的其他工作都是些无关紧要的事，只要是会计都会做。

虽然现在不是谴责韦伯斯特的恰当时机和场所，但是，还是必须要谴责他，这是义务，我们继续。讲述这段历史的本意并非是故意伤害任何人，我已经不在世上了，我已经进了棺材了，我希望读者能牢记这一点。如果我还活着的话，我会按照常规做法来写自传，虽然我对韦伯斯特仍旧会像现在一样满怀怨恨——现在我已经死了——但是却不会像现在一样自如而诚实地讲出这些话，而是会尽力将它们掩盖起来：想方设法向读者隐瞒这份感情，而且可能也不会成功，读者会体会到字里行间的怨恨，而且也不会尊敬我。所以，坦诚地讲出这些怨恨，是再好不过的事情了。我之所以以死者的身份写自传，就是希望能把心里话都讲出来，而不是将其中的乐趣都封藏起来自己独享。躺在坟墓里，我能够比大部分历史学家更加坦白，因为无论多么努力，他们都无法体会到死亡的感觉，而我可以。他们可能假装自己已经死了，但是，对我来说，在坟墓中保证这一切都是真的。任何时候，他们总是会较为清晰地感觉到，他们在坟墓中仍然有一种意识存在，能够清楚地意识到自己说出的关于别人的话，仍然能感觉到羞耻，仍会畏缩坦白地说出所有的实话，因为他们还认为有不朽的名声。他们认为死亡不过是一场梦，可能还会突然醒来，他们的精神仍然能一直意识到世界上在发生着什么，还会与他们所喜爱或者憎恨的生者的欢乐与忧愁长久地紧密联系在一起。

但是，我早已经不再相信灵魂不灭了，甚至根本都不关注这个说法了。所以，如今，我能够说出活着的时候会让人们震惊的一些事，因为我清楚这种震惊肯定会让别人受折磨，自己也因而会感到难过，所以活着的时候不愿意说出来。如果我们相信灵魂不灭说，我们就找到了一个理由，这个理由并非基于事实，也不是基于道理，因为我们根本就没有这些根据。我们之所以相信这种说法，是因为我们总是因为这个或那个原因渴望灵魂不灭，我也不清楚具体是什么原因。不过，我没有这样的渴望，我已经切实地经历了今生，这已经足够了，如果再来一次，那可能是另外一次经历，也许还和这次的一样，我也不对它抱太大的期望。如果能免于再一次经历，那我就谢天谢地了。毁灭对我来说并不可怕，因为出生之前我早已体验过了——一亿年前——而且，我觉得自己在今生的一个小时内所遭到的痛苦比之前一亿年中遭受的痛苦加起来还要多。那一亿年充满了和平与宁静，也不用承担什么责任，也没什么可以忧虑的，更没有烦恼、痛苦和困惑，只有深深的满足感和由此而生的快乐。每次我回顾那一亿年的假期，那种期盼都让我触动心弦，无限地渴望它再次来临。

所以，可以理解，当我说以死人的身份讲话的时候，并不是灵魂在说话。死人是不存在，是空白，是虚无，既没有感情也没有意识，并不知道在说什么，因为根本没有意识到在说什么，所以才可以坦诚地、无所保留地畅所欲言，并且也不会想到会刺痛某些人，冒犯某些人，或引起他们的不舒服。

我无所保留，讲出韦伯斯特的事，因为我期盼本书未来的编者能够英明决策，并大发慈悲，能够在早期的版本中不发行相关章节，并在接下来的不断再版中也隐去这些章节，直到这些内容所要刺痛的那些人也都入土为安了，然后再发表它们。我希望如此，而且，在遥远的未来，这些文字不会伤害任何人。

让我把这让人讨厌的出版书籍的事写完吧。日夜折磨着韦伯斯特的就有一件事，是这么一种恼人的情况：他，伟大的出版商查尔斯·勒·韦伯斯特，是最伟大的出版商，而我的名字甚至都没有出现在公司的成员名单中，但是公众却总认为我是这家公司的实际行为人，而韦伯斯特不过是个影子而已，谁要出版书总是把它给我，而不给韦伯斯特。我接下了几本非常不错的书，可是韦伯斯特每次都会拒绝，他才是掌权的人。然而，如果有人把书直接交给他，他就会非常享受这样的恭维，看也不看就会把书接下来，他根本无法得到任何一本能够传世的书。

乔·杰斐逊写信给我，说他写了自传，想交给我出版，当然，我想出版这本书，我把他的信转给韦伯斯特，请他来安排出版的事。韦伯斯特没有拒绝这本书，他只是把它放在一边，置之脑后。他接收并出版了两三本战争类的书，但根本没有赚到什么钱。他还接收了另一本书，把代理合同配发给零售商，规定了价钱（布面本3.5美元），还同意提前两三个月就把书印好。有一天我到纽约去，到了他的出版社，要求看一看那本书。我问韦伯斯特这本书有多少万字，他说不知道，我请他粗略估计一下，他估计了一个数字。我说："书的字数根本满足不了价格和规格的要求，差4/5呢，非得垫一块砖才行。我们必须马上办一个砖厂，因为我们自己生产砖要比在市场上买便宜得多。"

这让他十分恼火，任何这样一桩小事都能让他很恼火，他是我所见过的最敏感的人之一，他天生就是这样的。

他手上还有几本书，都没什么价值，因为这些书是直接交给他而不是交给我的，所以他接了下来。我发现，他没有计算过任何一本书的字数，他没做任何检查就接下了这些书。韦伯斯特是一个优秀的总代理，但是他对出版一窍不通，这方面的本事他一点也学不会。不久，我发现他已经批准重新出版亨利·沃德·比彻《基督生平》这本书，我建议他应该试试拉扎勒斯的书，因为有人已经试过一次了，我们知道能把它做好。他再次被激怒了。比彻先生当时经济状况不佳，他还提前支付给比彻先生5000美元的版税。比彻先生要修订这本书——或者，还不如说他要写完这本书。他过去发表的是两卷书中的第一卷，后来发生了毁灭性的丑闻，出版计划遭到破坏。依我看，第二卷当时根本没有写，比彻先生现在正在写，如果他不能在规定的时间内完成书稿，他必须把钱退回来。最终，他没能完成，钱也被退了回来。

韦伯斯特把我的一本书也扣下了，《康州美国佬在亚瑟王朝》，扣在手中不出版，最后终于偷偷摸摸地出版了。两三年后，人们才发现原来还有这样一本书。他还禁止发行由我和豪威尔斯合编的《幽默丛书》，过了很久，最终也是秘密出版了。我都怀疑，是否有美国人曾经发现还有这么一本书。

威廉·姆·拉芬告诉我，巴尔的摩的沃尔特斯先生准备出一本华丽的书，详细介绍他那些高贵的艺术收藏品，他将从巴黎请来最优秀的画家作图解，他自己亲自负责制作，确保制作出来的书能真实地体现他的艺术风格,为此他准备在上边投资25万美元,他希望发行时也定个高价——这个价格要与书的华丽程度相匹配。至于书的收益他分文不要,出版商只需配发书,便可以获得所有的利润。

拉芬说:"马克,你可以不费任何力气,不冒任何风险,不用任何开支,就发一笔财。"

我说我准备立刻派韦伯斯特去巴尔的摩,我努力想把这件事做好,但最终还是失败了,韦伯斯特根本就没碰一下这件事。如果沃尔特斯想出版的是二手蹩脚货。那么他只需要交给韦伯斯特就行了,韦伯斯特会亲自去巴尔的摩收获这个蹩脚货,但是沃尔特斯先生找错人了,这使韦伯斯特的自尊心受到了伤害,所以沃尔斯特先生的那本书他连看也不看。韦伯斯特傲慢有余,但是才能不足。

韦伯斯特有剧烈的神经头痛病,他服用一种叫作非那西汀的德国新药来止痛。医生规定了他服药的数量,但是韦伯斯特想办法弄到更多的剂量:在我们自由的制度下,只要自己愿意,谁都能花钱毒害自己。他提高了服药的频率和剂量,药物麻醉了他的神经,他办事就像做梦一样。他就不再坚持来上班了,只是偶尔才来一次。他一来,肯定就要发号施令,危害生意,像他这种情况,是没有能力为自己的行为负责的。

必须要想办法解决这个问题。惠特福德认为没有什么办法能够消除他这个危险因素,除非买断他的全部股份。但是,要买什么呢?韦伯斯特总是及时地收走属于他的那部分钱,而且,很久以前就挥霍掉了那本书中我应得的部分——十万美元。生意已经奄奄一息,公司马上就要垮掉了，全部生意还值不了1.5美元，那么，以股权1/10计算的话，我应该支付给他多少钱才算公道呢？经过反复磋商和联系，有人带话，说韦伯斯特能够接受12000美元，然后辞职，我便开了支票。

韦伯斯特的副手，也是公司的业务经理，是一个叫弗雷德里克·杰·霍尔的年轻人，又是一个来自敦刻尔克的人，我们所有的人才都是从敦克尔克的那个种马场请来的。可怜的霍尔用心是好的，可惜他完全不能胜任这个职位，他凭借年轻人的无畏和乐观干了一阵子，但是有一项障碍导致他或早或晚肯定会失败。

几年前，诗人斯德曼曾编撰了一本集子——《美国文学丛书》，是九卷或者十卷的八开本。辛辛那提州的一个出版商曾试图把它接下来，结果出版商本人以及全家的钱全都赔光了。如果斯德曼让我来做这本书，我会说："以订阅的方式发行，分期付款的方式支付，这本书版税如果超过4%，我们几乎剩不下什么。但是，实际上，无论版税是多少，我们都得给拖垮，因为这样一本书必须要有几十万美元的资金投入，但是我们连十万美元也没有。"

但是，斯德曼并没有把书拿给我，他拿去给了韦伯斯特，这让韦伯斯特非常高兴，很自以为是地接下了这本书，版税8%，从而导致了查尔斯·勒·韦伯斯特和公司的慢性自杀。我们背着这致命的包袱挣扎了两三年，在韦伯斯特之后，可怜的小霍尔开始为其挣扎，去惠特福德担任董事的一家银行去借钱，凭我签名的期票借钱，并要不时更新。这些期票通常会给我寄到意大利进行更新，我也不检查就签上字，然后再寄回去。最后，我发现借款的数额增加了，但是并没有告诉我，也没有征得我的同意，我预感到要出麻烦了。我写信给霍尔先生询问情况，要求他给我一份关于业务状况的详细报告。详细报告在第二封信就寄来了，报告显示，业务资产超过债务92000美元，看到这样，我还觉得放心些。但是，却没有机会感觉更好些了，因为报告应该倒过来读，可怜的霍尔不久来信说，我们需要更多的钱，而且立刻就要，否则，公司就会垮掉。

我乘船赶往纽约。我把靠笔杆子赚来的24000美元全都拿了出来，然后四处搜寻可以借钱的地方，但是一处也没找到。当时正处于1893年可怕的经济恐慌时期。我赶往哈特福德去借钱，一分也没借到。我提出，用我们的房子、地皮和家具作抵押，借贷一小笔钱，这些一共花了我167000美元，应该可以借贷一小笔钱吧。亨利·鲁宾逊说："克莱门斯，我告诉你，你用这些房产3000美元都贷不到。"我明白了，要是这样的话,即便我拿着一篮子的政府债权也借不到钱。

韦伯斯特和公司都倒下了。公司欠我大约六万美元，是向我借的钱，欠克莱门斯夫人65 000美元，是向她借的钱，还欠96位债权人平均每人大约1 000美元。经济恐慌断绝了克莱门斯夫人的收入来源，也断绝了我从书中获得的收益，我们只剩下在银行里的9 000美元，我们再没有一分钱去偿还韦伯斯特的债权人。亨利·鲁宾逊说："把韦伯斯特公司所有的东西都交给债权人，请求他们同意接收并以此清偿欠债吧，你会发现他们会同意的。他们知道，不应该让一个人承担这些债务，这应该是公司的责任。"

我没有太多考虑依靠这种方式来摆脱困境，当我和克莱门斯夫人提起的时候，她根本都不想听。她说："这是我的房子，我要把它偿还给债权人，你的书是你的财产，把它们也偿还给债权人，要想尽一切办法尽量多地偿还债务，然后努力工作赚钱，偿还剩下的债务。留得青山在，不愁没柴烧。不用担心，我们会还清每一分钱的。"

这是很准的预言。这个时候，罗杰斯先生站出来规劝那些债权人。他说他们不能要克莱门斯夫人的房子，她实际上是第一债权人，而且，她还要放弃韦伯斯特公司欠她的 65 000 美元。他说他们不能要我的书，我的书并不是韦伯斯特公司的资产，债权人可以拥有属于韦伯斯特公司的任何东西。我借给公司的 6 万美元也会一笔勾销。接下来，我的任务是去赚钱以偿还韦伯斯特公司剩余的债务。如果我能赚到这么多钱，我会一分也不少地偿还给债权人——不过这不能被当作一个承诺来对待。

第 31 章
罗杰斯

罗杰斯先生去世已经几个月了，可是直到现在，我仍旧无法用语言来表达我对他的感情和对他的评价，因为我们之间的距离是那么近，他的精神仍然那么强烈地影响着我。

一生之中，我非常容易成为那些卑鄙的投机商的手下猎物。这样的人来了一个，说一堆谎言，对我掠夺一番，然后走了，紧接着，又来了下一个，开始搜刮剩下的。16年前，我就中了这样一个人的圈套，正是罗杰斯先生将我救了出来。我们碰到的时候还是陌生人，但是半个钟头后，等我们分手的时候已经是朋友了，这不过是一次偶然的相遇，谁也没有预料到，但是对于我，却是具有重大意义的，是非常幸运的。他把我从那次的困境中拉了出来，又把我从第二次类似的困境中搭救出来。第二次是在一两年以后，比之前的那次还可怕，但是罗杰斯在救助我的时候并没有牺牲我的自负，也没有伤害我的自尊，实际上，他做得那么巧妙，就像一门艺术，就像是我自己完成的。他没有露出任何迹象、任何暗示或者任何一句话，让我觉察到有恩于我的意思。我自己从没有这么伟大过，也从没见过另外一个这么伟大的人，我从来没有接近过这个水平，这是人类最崇高的品质。

罗杰斯先生是个伟大的人，任何一个人都不会否定这样的评价。而且，他的伟大是体现在多个方面的。不过，我要尝试展现给大家的是他不为人知的胸怀。

90年代初，当韦伯斯特出版公司倒闭的时候，公司负债超过资产的66%，虽然不是在法律上，但是在道义上我对此负有责任。当时正值经济恐慌期间，到处有企业破产，债权人纷纷瓜分资产，有多少分多少，其余的先不管。我行内的一些老朋友对我说："生意是生意，感情是感情。把资产交给债权人，就这样了结了，别处的债权人也都拿不回投资的1/3。"罗杰斯先生站在了我妻子的一边，他是唯一能看清形势的，他看出了这件事和其他一些类似的情况并不相同。他的观点实际上是："生意有生意的法则和惯例，这些都是合理的，但是文人的声誉就是他的生命。在金钱上面他可以贫穷，但是，在人品上绝对不能。你必须赚回每一分钱，然后偿还债务。"我的外甥，已故的塞缪尔·伊·莫菲特，也是一个文人，也这样认为。不过，我在这里提到他，只是为了再次说起他那句传遍了全球的名言："荣誉不受法令管辖。"

事情就这样定了。我不能再懒惰下去，必须重新开始奋斗了，我必须写书，必须重回演讲台。我的妻子说四年内我就能还清所有的债务，罗杰斯更加谨慎和保守，给出的时间更加宽裕，说我愿意多少年还完便多少年还完。开始时可以定七年，这是他开的玩笑，要是他没开玩笑的话，那么他肯定是说的梦话。而我个人认为，他说的七年比克莱门斯夫人的四年更接近目标。

有一天，我被吓了一跳，而且让我十分不安。我无意中听到罗杰斯先生和另外两个有经验的实业家的一段对话。

第一位实业家："克莱门斯多大年纪了？"

罗杰斯先生："58岁。"

第一位实业家："在58岁垮掉的人，有95%的比例再也翻不了身。"

第二位实业家："98%可能会更准确些。"

好些天，这些话都一直萦绕在我的心头，让我烦闷、忧郁。不良的预感总是困扰着我，我怎么也无法摆脱，并且，我也看不到任何能摆脱的希望。如果，100个人中有98个人在58岁失败再也不能重新爬起来的话，那么我怎么可能成为那第99个人，第100个人呢？然而，这种失落感并没有持续太长时间，因为当克莱门斯夫人知道我的烦恼后，拿起她随身携带的笔和纸，清晰地、让人信服地算出我们四年的收入，结果是我们肯定能还清债务。这样我的忧虑也就烟消云散了，因为我知道她是对的。实际上，她总是对的，她有远见，智慧，计算精确，判断恰当，而且能够全面地看到问题的各个方面。在我认识的人中，除了罗杰斯先生以外，没有人能赶得上她。

我们必须要花上一段时间来筹划全球巡回演讲的细节和安排，最终，我们完成了，然后我们就在1895年的7月中旬开始了我们的旅程，并安排好了未来12个月的行程。

与此同时，有关债权人的事就全部托付给罗杰斯先生了，当然，从一开始就已经这样了。一共有 96 个债权人，他跟他们会谈，和他们一起讨论，甚至会辩论，还需要劝说，不过从不争吵。克莱门斯夫人想把她名下的哈特福德的房子抵给债权人，但是他不同意这样做，他也不同意我把自己的版权抵给他们。为了挽救韦伯斯特公司，克莱门斯夫人在公司垂死的时候拿出 65 000 美元的期票，如今，罗杰斯先生坚持认为她是优先债权人，因此版权给她抵期票折现的钱。他态度坚定，债权人们最终同意了他的做法。

除了放弃版权的事情，罗杰斯先生还对另外两件事态度明确。债权人务必以韦伯斯特公司现有的资产为限；债权人务必给我时间去赚钱以偿还公司剩余的债务。他给出的理由清晰、透彻，他的举止优雅，语调温和，眼睛里闪烁着仁慈、诚恳的光芒，足以打动任何有血有肉、有思想有灵魂的人，所以，他说服了他们。这 96 个债权人当中，只有三四个人还主张对我采取严厉措施，拒绝让步。其余的人都说我可以自由安排自己的时间和活动，他们绝不会阻挠我，也不会起诉我，他们信守了自己的诺言。至于那三四个人，我从来没有抱怨过他们对我的敌视态度，除了在我的自传中以外。即使是在这里，我也并没有恶意，也没有怨恨，只是如实地说出实情，而且，这也绝不会伤害到他们，因为我确信，还没等这本书出版，他们肯定已经进地狱了。

罗杰斯先生的肩膀上长了一个多么有远见的脑袋啊！当他不遗余力地争取把我的版权留在家人手中的时候，我还不能理解，他为什么把这件事看得这么重要。他坚持说，那将是一大笔财产。我说这根本算不上财产，我甚至都没法把它们送掉。他说，要等待，等经济恐慌平息下来，生意复苏的时候，我就会发现，这些版权比之前的任何时候都会值钱。

这就是一个了解金融的金融家的观点。一名商业投资者可能会深入了解铁路、石油、银行、钢铁、铜材、电报等行业，熟悉这些事情，但是，他又怎么会懂书呢？如果他关于版权价值的观点与有经验的老出版商的观点冲突的话，那么他还对么？实际上，他对了。韦伯斯特公司的失败让我的七本书又交回到我手里，我曾尝试把它们出售给三家一流的出版商，但是他们都不想要。如果罗杰斯先生让我和克莱门斯夫人按照自己的想法处理这些版权的话，那么这些书的版权早就被我们转让给出版商了。

我非常感激他对我们的种种好心好意，次次大力帮忙，不过，最让我感激不尽的还是他帮我保住了书的版权。他这样做，帮助我们一家能够免受贫困之扰，让我们能够一直过着比较舒适、富裕的生活。

当那些专门从事交易、受过训练，不断锻炼和提高自己专业眼光的人都无法预测，看不到未来的一丝端倪，他如何能看得那么长远，并把一切都看得清清楚楚的呢？这不过是他非凡才智的一个例子罢了，他的至交们能举出无数个关于他闪光的智慧的例子。

在金融方面，我什么也教不了他，尽管我努力试过，尽了自己的最大努力，但是我根本无法说服他。一次，我都看到了一点希望了。标准石油公司宣布了一项激起众怒的分红政策，公司拿出其一亿元本金的40%～50%作为红利，人们的愤怒马上爆发出来。对于这些局外的公众来说，一亿本金的40%～50%作为红利只意味着一件事，即这一商业巨鳄正在从那些无助的老百姓身上无条件地、穷凶极恶地榨取不正当的利润。事实上，这个商业巨鳄所做的是只在其实际投资总额中提取5%～6%作为红利，而投资总额要有8～10亿。作为没有受过什么培训的金融专家，我极力主张名义本金提高到十亿美元，然后第二年的红利下调到4%～5%，那么当年的利润基本就能保持不变，而且也不会引起人们的暴怒了。如果我记得没错的话，他提出了反对意见，认为由此税收增加十倍，企业的负担太大。但从他眼睛中掩饰不住的狂喜我知道他认为我的建议有非常大的价值，他不过在绞尽脑汁想法子逃避支付给我佣金，所以我继续说了下去。我常常会自告奋勇地给他提出一些金融方面的新颖想法，而反过来，他也常常会自告奋勇地给我提一些写作方面的建议，但是，效果并不明显，我们两人都仍然像以前一样贫穷。

潜意识里，我们都有一套衡量别人的标准，如果我们仔细思考一下，就会发现其实这个标准非常简单。我们钦佩他们，我们嫉妒他们，都是因为他们具有我们所不具备的优秀品质。英雄崇拜就是如此。我们看作英雄的那些人往往完成了我们自己完不成的事情，这让我们感到遗憾，甚至有时是暗暗羞愧。我们在自己身上并没有发现太多值得钦佩的东西，在内心深处我们常常希望自己能像别人那样。如果人人都对自己非常满意的话，那么英雄就不会存在了。

罗杰斯先生天生就有很多优秀的品质，但是其中有一项是我最钦佩的，我常常因为缺乏这种品质而自责，那就是，对他所关心的朋友或者事件，他总是给予无私的帮助，总是义无反顾地挺身而出，魄力十足地接过困难，然后解决它。而我则天生懒惰闲散，办事拖拉，态度冷淡，天生就拥有偷懒者的缺点。所以，对我来说，他就是一个传说，是那么讨人喜欢。他这个人从不逃避任何事，每天他那高明的头脑都在不停地思考，能干的双手都在不停地劳作，而且，他最忙的时候也总是他最快乐的时候，他的担子和责任越重，就越觉得内心轻松。

他敢于承担麻烦，而我却不敢承担，无论是自己的还是别人的。我害怕所有可能破坏我安逸舒适生活的事，遇到这些事，即使会招来羞辱，我也总是远远逃开。因此，看到他帮我承担了这个大麻烦，一天一天永无休止的麻烦，而他还这么耐心，这么平静，这么上心，我感到非常惊讶和不可思议，又感到这是多么美好的一件事。也许他自己从来没有觉得这值得钦佩，不，他心里想的肯定是别人所拥有的而他又缺少的那些优秀品质。

我、克莱门斯夫人和克拉拉于1895年7月15日开始了我们的环球巡讲。我们不停地演讲，掠夺金钱，四处侵扰，整整持续了13个月。我完成了一本书，把它出版了。写书和演讲得到的钱一到手，我就寄给了罗杰斯先生，他把钱存在银行里，给债权人攒起来。我们请他立即偿还那些小户债权人，因为他们等钱用，但是他不同意。他说，要等到我把这个世界挤干了，我们攒够了钱，他才会把这些钱按比例分给韦伯斯特公司的那些债权人。

1898年年底，或者是1899年初，罗杰斯先生发来一份电报，电报上写道："所有债权人的每一分钱都已还清，还剩下18 500美元，我该如何处理？"

我回电说："投入联邦钢铁公司。"他照办了，但是还留了1000美元，两个月后再取出，得到了125%的收益。

啊，真是太感谢了！千百次，我曾试图把这桩难受的事写出来，但从未成功过，每次还没写到一半，就感到十分难受。但是这一次，我咬紧牙关，走出了牢笼，将这件事彻底倒出来了，而且，我希望再也不要提及这件事了。

第 32 章
我作品背后的故事

过去的35年中,在我文学创作的船坞里,常常停着完工一半的船只,闲置在那里晒太阳。一般来说,总有3～4艘,而现在,却有5艘。这看上去就像我不好好干事一样,实际上我并不是故意这样的,我是没有办法不得不这样。只要一本书我能够顺利写下去,便会一直坚定地、兴趣十足地给它做书记员,绝不会偷懒,但是,一旦故事需要我动脑子,设置情境,构想冒险活动,设计对话,我就会把它放在一边,暂时不再去想它。然后,我就会重新检查那些没完成的书稿,看看经过多年的搁置以后,是否有哪个故事再次鲜活丰满起来,可以让我再次拾笔给它做书记员。

我偶然发现,一本书进行到一半的时候就会感到厌烦,不愿意继续下去,但是,休息一段时间后,故事会重新爆发出力量和兴趣,原本已经消耗殆尽的素材又再次丰满起来。我在《汤姆·索亚历险记》写到一半的时候遇到这个问题。书稿写到400页的时候,故事突然停下来,坚决不肯再前进一步,一天天过去,仍然没有任何进展。我十分失望，苦恼，同时也大为诧异，因为我十分清楚故事并没有完成，但是我却不明白为什么自己没办法再继续下去。实际上道理很简单，我的储备库干了，里边空空如也，没有素材，故事无法继续下去，没有东西支撑故事是无法完成的。

手稿就这样在文件架上躺了两年，有一天，我把它拿出来，读了读我写的最后一章，我突然有了一个重大发现。当储备库耗干的时候，你只能先把它放在一边，它将来会再次补充满的。当你睡觉的时候，或者是忙于其他事情的时候，在你无意识的状态下，这种不自觉的、有益的思考都在有条不紊地进行着。现在素材充足了，故事又可以顺利地进行，而且不费吹灰之力。

从此以后，我在写一本书的时候，只要储备库干了，就会毫不犹豫地把它束之高阁，因为我相信在两三年之内，不用我费事，储备库就会再次填满的，那时再完成这本书就会轻而易举了。因为储备库干了，《王子与贫儿》写到中间的时候便停滞了，两年间我再没碰过它；《康州美国佬在亚瑟王朝》也同样经历了两年的干涸停滞期；类似停滞的状况在其他书的写作中间也出现过。写《究竟是什么？》这个故事时曾发生过两次停滞，事实上，第二次停滞了很长时间，到如今已有四年的时间了。如今，我确定储备库已满，可以重新开始完成剩下的部分了，不用再停顿，也不用歇气——但是，我不会这么干。我已经厌烦提笔了，我天性懒惰，口述已经把我宠坏了。我可以肯定地说我不会再动笔了，所以那本书将永远也完不成了。这真是遗憾，因为书中的观点很新颖，会在结束的时候让读者大吃一惊的。

还有一本书未完成，我估计会把它命名为《破舟避难记》，书写了一半，也不会完成了；还有一本叫作《细菌历险记——一个细菌的三千年》，同样也是完成了一半，不会再写了；还有一本《神秘的陌生人》，已经写了一大半，我很想把它写完，一想到它不能完成，我就像当头挨了一棒似的。如今已经有几个储备库满了，这些故事都可以顺理成章地完成了，如果我提起笔将不再会遇到什么困难，但是我实在已经厌烦提笔了。

另外还有一个写了一半的故事，四年前我已经写了38 000字，然后，因为担心将来有一天也许我会写完它，我就把它撕掉了。哈克贝利·费恩是故事的叙述者，汤姆·索亚和吉姆是书中的英雄，但是，我觉得他们三个人在这个世界上干的事已经够多了，应该长久地休息了。

1893年，在鲁昂的时候，我毁掉了价值15 000美元的手稿；1894年初，在巴黎的时候，我又毁掉了价值一万美元的手稿，当然，我是按照杂志上的文章估的价。我不敢把这些手稿留在身边，怕自己禁不住诱惑把它们卖了，因为我深知这些手稿水平达不到要求。通常情况下是没有什么诱惑，我也不会想要去出版这些没有把握的文章。但是，那时我还身负巨债，我要改善自己条件的诱惑是那么强烈，所以我只好烧掉手稿，让它们彻底消失。我的妻子不但没有反对，她还鼓励我这么做，因为她把我的名誉看得比我们其他任何困难都重要。

大致就在这个时候，她又帮助我拒绝了另一项诱惑。有人愿意连续五年每年出价16 000美元，让我署名作一家幽默刊物的编辑。

她帮我抵制了这个诱惑,让我对她大加赞扬。当我想象力状态很好的时候,我能构思出非常怪异的、夸张的事物,但是做幽默杂志的编辑,这样怪异、夸张的想法我却想象不出来,我认为那对我来说是所有职业中最让人沮丧的。如果我承担这份职业,我必须还要额外承担殡仪员的职业,以在一定程度上减缓这种职业带来的不快。我可以饶有兴致地担任一份严肃杂志的编辑,但是却从来没有想过自己足够幽默,能够承担幽默杂志的编辑,或者对幽默发表评论。

有些书我拒绝写下去,年复一年,它们原地不动,这并不是因为书不值得写,只是因为适合故事表达的方式还没有出现。每则故事都只有一个恰当的表达方式,如果没能找到这个方式,故事就讲不出来。你也许会尝试十余种错误的表达方式,不过每次都不会持续很久,然后,那个故事通常会停滞下来,无法再前进一步。在写《圣女贞德》这个故事的时候,我写过六个不恰当的开头,每次给克莱门斯夫人看,她的反馈都是致命的批判——沉默,一个字也不说,但是她的沉默对我而言就如同一声惊雷。后来,当我发现了恰当的表达方式时,我马上就意识到这次是正确的,而且,我也知道她会说什么。果然,她没有任何犹疑,说了那些话。

我曾在12年中六次尝试讲一个简单的小故事,我知道如果能找到恰当的出发点,只要四个小时,我就能把它讲完。但是,六次我都失败了。后来有一天在伦敦,我把这个故事的背景讲给罗伯特·麦克卢听,并请求他把这个登在杂志上,悬赏征求能把它完美地讲出来的人。我突然来了很高的兴致,一直围绕着这个背景讲了半个钟头,然后,他说道:"你已经自己讲述这个故事了,不用再刊登了，你只要像刚才那样把它写出来就行了。"

我知道这次对了，我只花了四个小时就把故事写好了，而且我自己非常满意。完成这样一篇小故事，我一共花了十二年零四个小时的时间，我把它命名为《丧饼》。

好的开头非常重要。我已经太多次证明了这一点。25年或者30年以前，我要开始写一个类似电报的心灵感应的一个灵异故事。一个人要搞一个发明，能让距离千里之遥的两个人的大脑同步思考，从而可以在没有电线帮助的情况下，通过空气自由地交谈。有四次我都没有找到恰当的开头，故事写不下去。有三次我都是在写了大约100页左右的时候发现错了，第四次我写到400页的时候又发现错了，然后，我放弃了，把所有的手稿都扔进了火堆里。

《一六〇一》是我写给推切尔的一封信，大概是在1876年，我在夸里农庄的书房里面写的，而当时，我本应该把心思放在正经事上。我还清楚地记得这件事。当时，我一直在为我要写的一个故事勤奋地阅读，这个故事的名字叫《王子与贫儿》。我正在阅读一些英文古籍作品，了解旧时英语的表达方式，在写作时可以毫不费力地模仿。在其中的一本古籍中，我读到一小段对话，给我留下了深刻的印象，因为我很少遇到能让我如此印象深刻的东西，在那古老的年代，妇人与绅士之间可以竟可以如此露骨地说粗话。而且，这些对话看上去非常真实，所以给我留下深刻印象。以前我总感觉这样的对话都不是真实的，感觉就是拉伯雷式的，夸张、矫揉造作，只是作者为行文需要杜撰的。我一直认为莎士比亚笔下那些让人面红耳赤的话并不是他真的听到别人那么说过，而是他凭了诗人的身份虚构的。

但是，在这本书里，这些让人震惊的对话让我感觉非常真实，虽然过往岁月一去不复返，但是这些对话活生生地再现了古代的男男女女纵情的那些快乐和忧伤的日子。我立刻就充满了实践古体风格的欲望，想亲自构思一段这种撩人心弦的对话，我想在推切尔身上试验一下，从39年前开始，我就总是在推切尔身上实践那些不确定的事。

因此，我便设计了一个重要人物在伊丽莎白女王密室里会面的场景，在他们之间安排了一段栩栩如生、骇人听闻、风流不羁的谈话。女王的司酒官，一个在场的干瘪的贵族老头，把这些谈话都记录了下来，并不是他自己要这样做，而是奉了女王的命令，他只能遵从。他憎恶这些人，他们出身低贱，除了脑子灵活一点以外，别无可取之处。他尽职尽责地把他们每一句谈话都记录下来，并附上自己的评论，对他们的言行和举止表示无情的斥责和强烈的愤慨。在拉伯雷作品以外的任何地方都找不到的粗鄙的话从女王和其他那些人的口里说出来，我让他们严肃庄重的评论变得奇丑无比。对我来说，这一切都是那么让人沉醉、让人愉悦、让人快乐。不过，那位愤怒的老司酒官的评论带给我的欢乐，是前者所不能企及的。

自从我见到《一六〇一》的第一份备份以来，已经过去了很多年。我有时候会好奇地想，要是我现在再看见这封信的话，会不会还像我年轻时写这封信时一样觉得那么有趣。那真是一封长信，我把它捆扎好，寄给在哈特福德的推切尔牧师。到了秋天，我们回到哈特福德的家中，根据多年的习惯，每周六我和推切尔步行十英里，去塔尔科特塔，然后再走回来，多年来我们已经形成习惯。在六英里远的地方，路边有一片山胡桃树林，树林的边上是这一带唯一种植流苏龙胆的地方。从塔尔科特塔转回来的路上，我们总是捡一些龙胆，然后躺在草地上面，落下的山胡桃树叶像在上面铺了一条金色的地毯。我们掏出那封信，在这充满诗情画意的地方朗读起来。我们总是为那司酒官的狼狈处境笑弯了腰，笑得肚子痛。我们那时是么么的年轻，不知道如今我们还会不会笑成那个样子。也许，信里并没有我们当时所感觉到的那么多好笑的东西。

不过，冬天的时候，迪安·塞奇来拜访推切尔的时候，推切尔把信给他看了，只要推切尔认为一个秘密应该公开，他就没办法保守这个秘密。塞奇把信带走了，他很想知道别人看了这封信是什么感觉，因为他自己觉得太有趣了。他已经答应要保守秘密了，所以不能把信给任何人看，但是他还是忍不住要牺牲别人试一下。就像舞台剧一样，他假装不小心把信掉在了吸烟车厢的过道上，然后就近坐下来，等着看会发生什么。信在车厢里传了个遍，最后走的时候，他深信这封信大有文学价值。所以，他就私自在布鲁克林复印了十多份，一份寄给布法罗的戴维·格雷，一份寄给在日本的一个朋友，一封寄给英国的霍顿勋爵，一封寄给奥尔巴尼的犹太教拉比，这是一位博学之士，对古代文学很有研究的评论家和爱好者。

《一六〇一》就这样在日本和英国被私自印刷了。不久，我们就开始听到有关它的议论。那位博学的拉比说，这篇文章堪称是真实地模仿伊丽莎白时代古英语方面的杰作。诗人戴维·格雷给我的赞扬非常宝贵，他说："署上你的名字吧，不用为它感到害羞，这是一篇伟大的文学杰作，理应存世，而且一定会的。你的《傻子国外旅行记》可能不久就会被遗忘了，但是这一篇会一直流传下去的。不用为此感到害臊，不用担心。你在自己的遗嘱里要求后人在你的墓碑上刻下这些字，而且，仅仅这几个字就够了——'他写了不朽的《一六○一》。'"

1891年，当我们乘船前往欧洲的时候，我把那些华丽的"西点"抄本藏在我书桌的抽屉里，我觉得这样就安全了。我们这一走就是接近十年的时间，在这期间，如果有人向我说要一份抄本，我都应承下来，说等到我们一回到美国便可给他。在柏林，我答应给外交部的鲁道夫·林道一份，他现在还活着，可惜我没能兑现这个承诺。我答应给蒙森一份，给我们在德国法院的公使威廉·沃尔特·费尔普斯一份，他们都过世了。不过，在他们所在的地方他们可能不会再想着《一六○一》了。我作环球巡讲时，曾相当慷慨地送出很多许诺，说一旦回国就寄给他们《一六○一》。

1890年，我在《哈泼斯月刊》上发表了一篇名叫《运气》的短篇小说，故事中的一些细节是一位来美访问的英国军中牧师告诉推切尔的。第二年，在罗马，一位英国绅士在路上向我作介绍说："你可知道《运气》这篇小说的主人公是谁？"我说："不，我不知道。"他说："哇哦，那是沃尔斯利勋爵，而且，不要到英国去，否则他会削掉你的头皮的。"在威尼斯另外一位英国绅士也对我说了同样的话。这些绅士说："当然，自从沃尔斯利以这么让人意想不到的成功方式在英国陆军官校飞黄腾达以来，巨大的运气就一直跟随着他。这不能怪他，但是，他会认出那篇小说中的主人翁就是他，而别人也会认出来的，所以，如果你胆敢去英国的话，他肯定会杀死你的。"

1900年，在伦敦，我去参加7月4日的庆祝宴会，我赶到时已经是晚上十一点多了。客人们正在陆续离开，乔特在主持宴会。一位英国海军上将正在讲话，还有两三百人在场，该轮到我讲话了，我便从座位后边慢慢向乔特的方向挪动。座位上坐满了客人。在我离乔特还有三把椅子远的地方，一位英俊的男子伸出他的手，说："停一下，坐这儿，我想认识您一下，我是沃尔斯利。"我一下就倒了下去，他扶住了我，我解释说，这是我的老毛病了。我们坐下来，一起聊了起来，两个人都非常高兴，他说要一份《一六〇一》，我很高兴能如此轻易脱身，和他说我一回到家就寄给他。

我们是在第二年回到家里的，然而，在房子里的任何地方都找不到这些杰作的影子，因此，所有承诺至今都未能兑现。两三天前，在纽约的家里，我又发现了这些复印件，但我不想再把它们寄给任何人了，除非我能够有机会重新检查一遍，看它究竟是不是杰作。如今，我有了更多的疑虑，虽然25年以前我一点都没有，在那时，我觉得《一六〇一》就是我的灵感之作。

《康州美国佬在亚瑟王朝》是一种尝试，试图在设定风格之后，想象出英国过去的时代里艰苦的劳动生活状况和极度贫穷状况，并同时将这种状况与当时那些拥有特权和大笔财富的国内教会宠儿的生活状态进行对比。我想我的目的不仅仅是对比亚瑟时代的英国生活状况，而是整个中世纪的英国生活状况，与现代基督教国家和现代文明国家的生活进行对比。当然后者更有优势，这种优势如今在基督教国家里仍然处处都真实地存在着，除了俄罗斯和比利时的皇宫以外。

如今，比利时皇宫仍然还是14年前的老样子，那是野兽国王利奥波德二世的贼窝。这个人为了得到钱，每年都在刚果损伤、杀害、饿死50万孤苦伶仃、无依无靠的当地人。除了英国以外，所有的基督教国家都对此表示了默许，他们没有采取任何行动或者发表任何言论来制止这一暴行，尽管他们中有13个国家通过了神圣的条约，发誓要保护和拯救这些悲惨的土著。14年来，利奥波德蓄意谋害的生命比这个星球上过去1000年以来在所有战场上战死的人还要多，要有几百万条生命，而且，我一点也没有多说。奇怪的是，在我们这个开天辟地以来最进步、最文明的世纪里，应该绝不可能诞生出这样一个如腐尸般、长着虔诚嘴脸的伪君子，这样一个人类历史上从未发现其任何同类的嗜血怪兽，即使到了地狱，连魔鬼都为他的品行感觉羞愧。他很快就会到那里去，我们希望，我们坚信。

在中世纪，穷人的生活极其艰苦，不过和过去14年刚果穷人的生活比起来，那简直是天堂。我还提到了俄罗斯，尽管在中世纪所有基督教国家的生活都很悲惨，都让人觉得可怜，但是，如果和如今俄罗斯的生活状态相比，那就不会觉得那么悲惨，那么可怜了。在俄罗斯，三个世纪以来，广大人民一直被踩在脚下，这都是因为那些戴着皇冠的杀人凶手和盗贼要为自己获取肮脏的利益，这些人都该被绞死。比起我们同情的那些中世纪的穷苦人，今天俄罗斯的一亿三千万悲惨的臣民更加可怜。如今我们仍然习惯称俄罗斯为中世纪式的国家。说它仍然停滞在中世纪,实际上,这简直就是对它的恭维,因为中世纪还远远走在它的前面,而且,只要沙皇制度存在,它就永远不可能赶上去。

第 33 章
几个与写作相关的问题

出版公司的达尼卡听到了谣传，说西部盗版商已经出版了他的书，我的版权律师给我发来了这本书的样本，一个相当臃肿、粗俗、鄙陋不堪的本子。上边没有把我作为编者，但是却在封底上贴上了一张我的大幅照片，十分扎眼。显然，是为了表明我是这项罪行的始作俑者。从某种意义上来说，这本书也算是一件十分有趣的东西，它表明了一个有趣的事实，也就是在过去 40 年中，我一直在公众面前扮演了一个职业幽默作家的角色。在我的时代，一共有 78 位美国幽默作家跟我同行，我目睹了他们每个人从崭露头角，到逐渐成名为大众所喜爱，到最后逐渐销声匿迹。在他们出名的日子里，很多人就像今天的乔治·艾德和杜利那样为大众所熟悉，但是如今，他们全部都淡出了人们的视线，现在大概没有任何一个 15 岁大小的青年，听到这 78 人中任何一个人的名字会在眼睛里显现出似曾相识的光芒。

这本书简直就是一座公墓。我扫了几眼，就联想起了四年以前我到密苏里州的汉尼拔公墓的情景。在那里，几乎每一块墓碑上都写着一个我已经遗忘了的名字，而在50年前，我十分熟悉、喜欢这些名字。在这本死亡名单上，我看到了纳斯比、阿蒂马斯·沃德、约柯布·斯特劳斯、德比、伯德特、伊莱·珀金斯、"丹伯里新闻界名人"奥菲厄斯·克·克尔、史密斯·奥·布赖恩、乔希·比林斯，还有其他20个人，也许是40个人，这些人的作品曾经在人们的口中广为流传，然而如今已经很少被提及了。40年间产生了78个著名的幽默作家，这让人有点难以置信，我已经想不起他们的名字了，也没有提到其余那十几个曾经闪耀的过客。他们曾经多么的风光，只不过在几年以前，他们已经渐渐暗淡下去了。

他们为什么会渐渐消失了呢？因为他们仅仅是幽默作家，这种"纯"幽默作家是不可能长久。幽默只是如香味般让人愉悦的味道，只是一种装饰，往往只是说话或者拼写的一种技巧，譬如沃德、比林斯和纳斯比以及"解散了的义勇军"，如今当时的那种时尚已经过去了，所以他们的声望也随之消散了。有人说，小说就应该是纯粹的艺术品，不应该在里边传教布道，小说也许是这样，但是幽默绝不是这样。幽默绝不能专门用来说教，也不能专门用来布道，但是，如果幽默要永久流传的话，它必须两者兼而有之。所谓永远，我的意思是说30年。在30年中，不论你传什么教，布什么道，无论它们是多么新奇的事物，都会逐渐失去新鲜感，变得平凡，那么这些传教布道就不可能再吸引人的注意了。

我总是在传教布道，这就是我能够坚持30年的原因。如果幽默是不请自来的，那么我就在我的传教布道中给它留有位置，但是，我绝不会仅仅为了幽默而传教布道。其实，不管是否有幽默，我都应该一如既往地撰写布道文字。我之所以可以这么坦白地讲这些自负的话，因为我现在是作为一个躺在坟墓中的死人讲话，如果我还活着，我一定会非常谦虚，不会这样讲的。我想，只有我们死了，而且是死了多年以后，我们才能真正毫无伪装地展现自己的全部。人生应该以死亡开始，那么诚实就会来得更容易了。

我认为，针对文学、音乐或戏剧进行评论这个行当是最低级的，肯定没有什么大的价值。当我和查尔斯·达德利·沃纳要出版《镀金时代》的时候，每日写真报的编辑请求我先给他一本，并用名誉担保说，在《大西洋月刊》的书讯短评刊登以前，他绝不会在他的报纸上写我的这篇作品的书讯短评。这个卑鄙的人在三天后就发表了这本书的书评，我实在没办法控告他，因为他只是用名誉担保，我本应该要求他留下实物证据的。我相信他的书评绝不是真的在评价书的优劣，而是谈论我对于公众的道德问题。评论中指责我利用自己的声望欺骗公众，沃纳先生完成了书稿的一半内容，但是，我却用我的名字出版它，以增加销路，如果不是我的名字绝不会有这样的销路，说我这种行为对民众是严重的欺诈。每日写真报在任何问题上都不是权威，唯一与众不同的是，它是世界上第一份、也是唯一一份有插图的报纸，但是没有特点，编辑粗劣，成本低廉，它对于书的评论或者对其他艺术品的评价都没有什么意义，谁都知道这一点。然而全美国的评论家却一个接着一个地全都抄袭每日写真报的这份批评文章，仅仅更换些措辞，结果使我落个不诚实的罪名，甚至连中西部最重要的杂志，大名鼎鼎的芝加哥论坛报也都没有任何新意，只是照抄了卑劣的每日写真报的观点，说我不诚实等。不过，还是随他去吧，我们必须拥有评论家、传教士、国会议员和幽默作家，这是上帝的意志，所以，我们也必须背负这些担子。

我说这些是想说明一点，那位曾经描述我的外貌的第一个评论家犯了愚蠢的、不可原谅的错误，描述得乱七八糟，最终我被描写成一个粗俗难看、让人反感的一个人。这一描述在全国各地的报纸上传播，竟然被使用了 1/4 个世纪。我感觉非常奇怪，全国显然找不到任何一位评论家能够看看我的长相，鼓起勇气拿起他手中的笔，揭穿那个谎言。1864 年，这个谎言在太平洋沿岸出现，把我的长相描述得像佩特罗廉·维·纳斯比。他曾到那里去演讲，25 年过去了，没有一个评论家能不用对照纳斯比的样子描绘出我的长相。我很了解纳斯比，他是一个好人，不过在我的一生中，有三个人让我非常生气、想要对他们进行无情鞭挞，因为他们说我像纳斯比。这让我伤透了心，直到今天我还是感觉很受伤害。有很长一段时间，这件事让我的全家都非常难过，包括苏西在内，因为这些评论根本没有任何根据，但是这无聊的错误竟然还能年复一年地不断重复。即使有的评论家想对我额外友好一些，给我特别的称赞，他所说的话也绝不敢超出我的衣服，他不敢冒险跨越那个界限，当他描述完我的衣服以后，他已经冒险说完了所有好的方面，让人高兴的方面，褒奖的方面，接着，他又回到纳斯比这个老套路上面去了。

昨天，我在过去的一个备忘录里发现了这样一份剪报，日期是 39 年前，纸和上边的墨水已经泛黄了。当年我将其剪下来保存起来的时候，忿恨不满，伤心欲绝。我将其抄录下来，以作个证明：

费城报的一位通讯记者，在报道斯凯勒·科尔法克斯的招待会，说起我们的华盛顿通讯记者："优雅得体的幽默作家马克·吐温出席了宴会，他当之无愧为社交场合的名流，名不虚传。马克尚未结婚，品位无可挑剔。他身穿雪白的背心，足见他和华盛顿的洗衣妇有过不少争执。但是马克的英勇是不容置疑的，足以扫平一切，因为这么一尘不染而整洁的衬衫从未见有人穿过。他淡紫色的手套尺寸那么纤小，也许是从土耳其的闺房偷来的，不过，偷的东西可能不止这些吧。他的体型和面貌与那不朽的纳斯比有些类似，不过佩特罗廉是地道的褐色头发，而吐温的头发则是金黄琥珀色的，是柔软的金发。

口述自传会面临一个大麻烦。当你坐下来，张嘴准备开始的时候，大量的内容就会涌现出来，有时候，思绪会同时从20个方向向你涌来，突然之间，你会感觉像是被尼亚加拉瀑布淹没了一样，一下沉入水底，喘不上气来。你一次只能用一篇内容，而且你又不知道该从这20篇中挑选哪一篇，但是，你必须要挑选，别无他法。同时，在挑选的时候，你明明知道剩余的19篇可能再也不会涌现出来了，所以可能永远也用不上了、消失了。

不过这次有篇文章硬是浮现在我的脑海中，这主要是因为它15分钟前刚涌现出来，还没有机会完全冷却下去，因此还是热乎乎的。这是两个业余文学爱好者交给我的作品，根据多年的经验，我知道业余作者表面上是要求得到对作品真诚而严厉的评价，请求完全真实的评判，而实际上内心并非真的这样想，他们真正希望得到的是称赞与鼓励。同时，我的经验告诉我，如果真的要实事求是的话，称赞与鼓励跟业余作品几乎是不搭边的。

我今天早晨刚读完两篇别人送来的作品，颇感烦恼。如果这两篇作品是由陌生人寄来的话，我就不会那么费心劳力地去读它，而是按照我的惯例直接将它们返还回去，推说自己没有受过编辑训练，因而没有资格去评判除了自己以外任何其他人的文章。但是，今天早晨的作品都是从朋友那里拿过来的，所以情况就不一样了。我读了，但结果如故：它们根本不是文学作品。文章中有些血肉，依旧是半生不熟的，如果能经过名厨之手，里边的血肉会变成一道令人满意的菜肴。今天早晨的作品中有一份已经很接近文学作品了，不过作品中业余作者容易犯的致命错误出现的频率太高，这就毁了这件作品。作者的想法是，如果我能给予积极的反馈，他就把手稿提交杂志社。

这种天真的无畏精神不得不让人钦佩。我认为这种大无畏的、不顾一切的勇敢，只会出现在一个领域，那就是文学领域。在战争中，我们也会发现类似的情况，不过，还是相差甚远。没有接受过专门训练的普通士兵在战场上表现出来的希望令人绝望，他们欢呼着准备着去冒任何危险，不过，我们只能说到这里。虽然没有受过任何训练，但是那些士兵却无比自信地随时准备做陆军准将候选人，连他们都如此，何况那些业余作者呢？他用未受过训练的笔将那些拙劣的作品拼在一起，寄给各家杂志，一个接一个，也就是说，他企图推举这些作品去占据专门留给文学将军们的职位，而这些将军们都是凭借几年、甚至是几十年，一步步艰苦踏实的磨炼，赢得自己的位置的。

我相信，这样的冒险只发生在我们这个行当里。没有经过制鞋培训的人不会向商店工头推荐自己当鞋匠。即使是最无知的文学爱好者也不至于糊涂到这个程度，他会懂得这是多么荒谬，多么不合适。他会懂得这样一个起码的常识，即一个人想当锡匠、搬砖工、石匠、印刷工、兽医、屠夫、车夫、售票员、接生员，以及其他人们赖以谋生或者出名的任何职业，都必须先从学徒做起不可。然而一到文学创作这里，他的常识便突然全部不见了，他以为如今所处的这一行不需要当学徒，不需要经验，不需要培训的，而只需要主观的才智和狮子般的勇气就行了。

除非找到一个具体的实例，否则我们没法体会这件事是多么新奇古怪。我们必须设想一个类似的例子，例如，有追求歌剧荣誉和金钱的野心的人，向管理人员申请第二男高音的角色，管理人员同意了，谈好了条件，把他的名字写在薪金名单上。请注意，这是一个假想例子，我并没有说这真的发生过。我们继续。

第一幕演过以后，管理人员把第二男高音叫来问个究竟，他说："你学过音乐么？"

"是的，一点点，自学的，有时间就学一点儿玩玩儿。"

"那么也就是说，你从没有在名师指导下在歌剧方面受到过正规的、艰苦的训练？"

"没有。"

"那么，是什么让你觉得可以在洛亨格林中担任第二男高音呢?"

"我觉得自己可以,我想试一试,我嗓音似乎不错。"

"是啊,你的嗓音是不错,在名师指导下,经过五年勤奋的训练,你可能会取得成功。但是,我确信你现在还不适合做第二男高音。你的嗓音不错,外表庄重,而且如孩子般自信,你有惊人的勇气,甚至是超人的勇气,这些都是必不可少的,都是对你有利的。不过,在这个伟大的行业里,还需要其他一些必要条件,而那些条件你还不具备,如果你不能付出时间和劳动来获取这些,那么请离开歌剧行业,去试试其他一些不需要培训和经验的工作。现在就去,去外科手术室去找份工作吧。"

第 34 章
有趣的朋友

39年前，我认识了韦克曼船长，我们曾共同航行两次。很快，我们就成了朋友。他体格健壮、长相英俊、饱经风霜、身材匀称、强健有力，头发和胡子乌黑浓密，眼睛里闪烁着让人难以抗拒的光芒。他天性仁慈，是世界上最善良的人。跟很多人一样，他热情，富有同情心，对人诚实，充满爱心。但是，当他发起脾气来的时候，就如同地震爆发一般，只是动静稍微小点罢了。

他水手出身，因为出生在海上，就顺理成章成了水手。在他65年的生命旅程中，他走遍了所有大洲和群岛的每个角落。甚至可以这样说，除了偶尔意外情况，他几乎没有登上过陆地。他一生中没有上过一天学，他不过是从别人那里东一头、西一头得来二手知识，而且，没有什么是正确的。他说话无拘无束，妙趣无穷。他在世的时候，在亵渎天主教方面，更无人能及，听他讲这些冒犯的话是我莫大的快乐。他熟读《圣经》，非常虔诚，轮到他到船舱值班的时候，他总是研究《圣经》，而且时常会发现新鲜事物，会发现其中意想不到的乐趣与惊奇。他喜欢谈他的新发现，将它们解释给不知道的人听。他觉得自己是这个地球上唯一真正懂得《圣经》中神迹的人，他将自己认为是合理而睿智的解释讲给每一个人听，他喜欢将他的这些知识传授给那些不是那么幸运的人。

我曾在我的作品中不止一次地讲过他的事儿。其中一件是他在钦查群岛当着各位船长的面如何审讯杀害他的黑人同伴的凶手，当最终的审判通过时，他又是如何摆明立场的。他原本计划完全由自己一个人捉拿和处死这个杀人犯，不过，他还是听从了船长们的劝告，由他们按照正当的程序依法进行审判。虽然很不情愿，不过，他还是做出了最大让步。但是当船长们还要执行判决的时候，韦克曼再也接受不了了，他亲自动手把凶手绞死了。他将绳索套在杀人犯的脖子上，把绳子的另一端绕在一根大树枝上，然后在《圣经》中随便挑选了一些无关的章节，让将死之人在生命的最后时刻痛苦不堪，为此差点提前死过去。

他是个讨人喜欢、给人带来快乐的家伙。53岁时，他作为一艘大的快速帆船的船长，从新英格兰的一个港口启航，绕过合恩岛，前往旧金山。他当时并不知道船上还有个乘客，但是那是他自己搞错了。他从未有过爱的旅行，不过这一次他很快就会经历了。离开港口几个星期以后，他在船上巡查，在一个不经常去的角落，遇到了一位美丽的姑娘，大约二十四五岁年纪，穿着漂亮的衣服，枕着自己一只丰腴的胳膊，正在熟睡。他就在那里停了下来，站着，一直凝视着她，被她迷住了，然后说道："天使，她真是一个天使。如果她睡醒了，睁开眼睛，我看到的是一双蓝色的眼睛，那么我一定要娶她为妻。"

姑娘睁开了眼睛，果然是蓝色的。他们一到旧金山就结了婚。姑娘原本是要去教书的，她口袋里装着聘书，但是，船长设法让这件事化为泡影。他在奥克兰市建造了一所小屋，外表上看起来是一所小屋，而实际上是一条船，里面全是船上的设备，罗盘箱，甲板上的排水孔，还有其他一些东西。在他航行的间隙，他就回到那里，和妻子过着梦幻般的生活。他们互敬互爱，后来又生了两个小女儿，从此，这船舶就真的变成了天堂。

韦克曼船长想象力异常丰富，有一回他告诉我曾经去天堂走了一圈，我记住了这件事，并写下来，形成一本四万字的小册子，我给它取名《斯托姆菲尔德船长天堂漫游记》。五六年以后，我把手稿拿给豪威尔斯，他说："出版。"

但是，我并没有把它出版，而是把它改编成了一个滑稽戏剧《天门尚未敞开》。里边虚构了一个如罗得岛10%大小的小小的天堂，这个天堂足以容纳过去19个世纪中去世的亿万基督徒中的1‰。我又提高了限额，又建立了一座更为合适的大天堂，把基督徒的人口增加到当今墓地总数的10%。此外，我还额外开恩，又将过去多年来死去的异教徒的1‰放了进来。异教徒本没有权利住进来，我也并不是因为什么正当的理由，而是完全出于好心，我只是出于对他们的怜悯与仁慈才准许他们住进来的。到书的末尾，天堂在我的手里已经增大到难以置信的程度，它广袤无垠的版图早已不是小小的百万英里所能度量的了，而只能用光年来测量了！不仅如此，还是一百万个光年的面积连接在一起的。

38年过去了,其间,我多次拿出这份发了霉的旧手稿,重温里边的情景,心里想把它出版了,然而每次我都是重新把它搁置起来。但是,如今,我要把它写进自传里了,50年后,它可能就能见天日了,到那个时候,我已经长眠地下,不太会关心这件事的结果如何了。

三十多年前在哈特福德我曾和推切尔讲起过韦克曼,不久以后,就发生了一件奇事。有一次,推切尔出去旅行,像往常一样,他使用了一个假名,这样他就可以和各色人物混在一起,享受旅行的快乐,不会因为他是个牧师让别人感到局促不安。他搭上一艘太平洋邮船,向南朝巴拿马地峡行进,这条航线的旅客运输几乎全都停止了。在船上,推切尔发现船上只有另外一名乘客,他还注意到这位旅客不是教徒,当然,他立刻就走上前去和那个人攀谈起来。当这位旅客大义凛然而又绘声绘色地发表了六篇亵渎神明的大论之后,推切尔(化名为彼得斯)问:"难道你就是旧金山的奈德·韦克曼船长,不会这么巧吧?"

他猜对了,那个人正是韦克曼。在之后的旅途中,这两个人便形影不离。有一天,韦克曼问彼得斯(推切尔)是否读过《圣经》,推切尔在回答时讲了一些漫无边际、含糊不清的事,总的来说,给人的印象就是推切尔——哦,不管什么印象吧,足以让韦克曼觉得有责任劝说推切尔读《圣经》,他还决定承担教推切尔如何理解里边的神迹的任务。此外,韦克曼还向推切尔详细解释了以撒和巴力的先知们之间的斗法历险故事。推切尔可能曾经告诉过他那不是以撒,但是对韦克曼来说这毫无意义,他根本没有纠正。这实在太有趣了,特别是听到推切尔把这件事讲给我听,这真是一个有趣的故事。我曾经在我的一本书中把这件事完整地记录了下来，不过我已经记不得是哪本书了。

穆拉特·霍尔斯特德死了。他特别讨人喜欢，活到了将近80岁。他如奴隶一样勤勤恳恳地献身于辛苦的编辑工作大概60年。我们两个人的生活方式形成鲜明对比。1847年3月24日，我11岁的时候，父亲去世了。从那时起，我就开始工作，一直到1856年底或者1857年初。不过我一点都不勤快，工作不积极，经常偷懒，还很焦躁。我讨厌干活，不停地发牢骚、抱怨，并且，只要趁人不注意我就偷懒。都算起来，我一共当了大概十年的工人。如今我已经将近73岁了，在我印象中，1856年底或1857年初之后我再没有干过什么活，除非在太平洋沿岸当记者的那两三年也算上。那时虽然顶着一个荣耀的记者头衔，但是我工作懒懒散散，不怎么出力。所以，我觉得自己完全可以说，在50年或者51年前，当从印刷厂逃走的时候起，我就不再是一个工人了，而且永远不再是了。

在密西西比河上当领航员对我来说并不是工作，而是娱乐，是各种样式的玩儿，快活地玩儿，精力充沛地玩儿，惊险刺激地玩儿。我很喜欢这差事。在洪堡山开采银矿也是玩儿，纯粹玩儿，因为活全是我那些要好的伙计们干的，我只是坐在边上称赞他们；同样，在埃斯梅拉达银矿里也并没有干活，因为开采的活都是希格比和罗伯特·豪兰干的，我也是坐在边上称赞他们。只有我在那边的石英厂干的铲矿渣的活儿才算得上是真正的体力活，而且必须我自己干，不过，到第二个星期末我就辞职了，我和老板都认为我应该辞职。

这些开矿经历加起来共十个月，到1862年9月底结束。

之后，我就到了内华达州弗吉尼亚市，作新闻记者。再后来，又去旧金山作新闻记者。领着薪水、慵懒地生活了两年之后，在老板的恳求下，我辞去了《晨报》的工作，又作了两三个月的弗吉尼亚《企业报》的驻旧金山通讯记者。再之后，我和吉利斯家的伙计们在杰卡斯·古尔奇的小矿洞里开了三个月的矿。之后我去了夏威夷群岛，给萨克拉门托《工会报》作了五六个月的通讯记者。1866年10月，我摇身一变，又成了一个演讲家。从以前到现在，我一直不用干任何活就能维持生活。我写书，为杂志写稿，那些都是我的娱乐，根本不能算是工作，带给我的是享受，与带给我快乐的台球没什么两样。

三十多年前的4月10日，我们全家搭乘"霍尔萨希亚号"轮渡前往德国——至少是准备起锚了，但是最后一刻轮船决定暂时在港湾里抛锚，要看看天气是如何变化的。很多人都乘拖船过来和船上的乘客告别，天黑时分，轮船决定起航，他们才告辞离去。

那些拖轮都走光了，我们才发现，来给夫人和女儿送行的穆拉特·霍尔斯特德仍然留在船上，没办法，他只好留了下来。很快我们就出海了。除了身上穿的，霍尔斯特德没有带其他任何衣服，未来14天的旅程他可怎么过呢？幸运的是，船上有一个人和霍尔斯特德一样，也十分魁梧，当然，再别无他人，只有这个人的衣服他能穿上，别人的都不行。我们碰巧遇到的这个人是贝阿德·泰勒，贝阿德·泰勒高高的个子，刚好和霍尔斯特德差不多，而且有的是衣服，也愿意借给霍尔斯特德，他们是多年的老朋友了。

我们三人一直在吸烟室里待到半夜。他们已经有十年没见面了，看到对方这么大块头，这么活力四射，还这么健康，都十分惊讶。多年以来，他们都在等待着对方的死讯。因为分开之前医生就宣判了他们的死刑，他们都有心脏病，按常理都活不过两年。医生要求他们生活中必须尽量保持安静，只能走路，不能跑步，非必要情况不能爬楼梯，特别是要尽可能避免受到惊吓，避免突然激动。他们都知道，一次突发事件或者一次过分激动就足以叫他们马上完蛋。因此，十年来，这两个人一直是轻手轻脚地走路，从不敢快走，更不敢跑，上楼梯慢得像蚂蚁爬。长期以来，他们一直十分小心地提防兴奋，而且，一直以来，他们健康得像一对大象，也搞不明白为什么还能一直活着。

后来，意外发生了，而且是几乎同时发生在两个人身上。都是极其突然，让他们大受惊吓，接着他们又大吃一惊——奇怪自己为什么没死，不应该这样啊！那大约是"霍尔萨希亚号"启航之前的一个星期，霍尔斯特德担任辛辛那提《商报》的主编和老板。一天午夜，他坐在办公大楼高层的主编办公桌旁，不远处突然一声巨响，爆炸震得大楼的楼基都摇晃了起来，玻璃窗全被震碎了。霍尔斯特德来不及多想，也来不及告诫自己不要过分紧张，仅仅用了35秒，就飞快跑下六层楼。他站在街上大口喘气，心想"这下可要完蛋了"，害怕预言马上就要实现了。但是，结果什么也没有发生。从那时起，他就彻底放开了，整整一周，他都在弥补过去十年的损失，追求各种兴奋和刺激，就如同一个要饿死的人狼吞虎咽吃美食一般享受着它们。

贝阿德·泰勒的经历也类似。有一次,他在乡下要横跨铁路转弯的时候,一列火车快速开过,把他裤子的后裆刮破了,他被火车带起的飓风卷到旁边的土地上。他一边呻吟,一边哀叹,心想这要命的惊吓终于来到了。他用手摸摸胸口的心脏。结果让他大吃一惊,心脏仍然在跳动。他站起身来,掸掉身上的尘土,然后就开始欢呼雀跃,赞美仁慈的上帝。此后,他就如霍尔斯特德一样,开始寻求各种刺激,以弥补十年来的损失。

贝阿德·泰勒正要去柏林担任驻德部长。他和蔼可亲,惹人喜爱,是个十分单纯的人。他就像世界诞生以来的任何一位新上任的全权大使一样,对自己得到这个职位非常高兴。他是诗人,写过很多诗。他翻译的《浮士德》是英译本中最好的一个版本。不过,除了两首十分优秀的诗以外,他创作的其他诗都被人们淡忘了。其中的一首描述的是苏格兰士兵在塞瓦斯托波尔外的战壕里唱《安妮·劳里》这首曲子的情形,另一首写的是一位阿拉伯人为自己的心上人唱一首极为动人的情歌。直到现在仍然没有人整理他的作品,也没有为他的作品建立纪念馆。要是他现在还能思考和说话的话,他肯定会非常乐意这样干。

泰勒随身带了个黑人男仆。这个男仆上船时穿着时髦,看上去就像一道彩虹。之后,男仆就消失了,大约十多天我们都不曾见到他的影子。再后来,他来到甲板上,形色憔悴,耷拉着脑袋,就像一朵已经完全枯萎、破败不堪的观赏花一般。很快谜底就揭晓了。原来上船的第一天,大海就让他身体失调了,他便请船上的医生给开了一副泻药。医生给他 14 颗大药丸,告诉他每三个小时服一颗,直到治愈为止。但是医生说的是德语，而他根本不懂德语，所以就一次把 14 颗药丸全都吃了下去，结果，就发生了上面描述的情况。

1890年,我们很多人一起去拜访在翁特奥拉住的玛丽·梅普斯·道奇。随行的同伴都是一些欢快活泼的人：劳伦斯·赫顿、查尔斯·达德利·沃纳、卡罗尔·贝克维斯以及他的夫人。这些人中，有些仍然健在，有些已经过世了，例如克莱门斯夫人、沃纳先生、玛丽·梅普斯·道奇、劳伦斯·赫顿，还有迪安·塞奇——愿他们安息吧。

我们是在夜幕降临的时候抵达的，旅途劳顿。不过萎靡的情绪很快就一扫而光，道奇夫人为我们准备了家庭晚宴，我们二十几个人坐下来以后又兴高采烈了。接下来，大型晚宴上常常出现的让人不高兴的情况自然而然地发生了，每个人都在和旁边的人说话，所有人都在说话，而且声音越来越大，大家想要对方听见自己的声音都要拼命了。当时的景象就像是一场骚乱，一次暴动，噪音大得让人难以忍受。这时，我对旁边的一位女士说：

"我要镇压这场暴动，要让这骚乱安静下来。现在只有一种办法能奏效，而且，我知道怎么做。你必须把头侧向我，并假装被我说的话深深吸引，我会用一种极低的声音说话，那样一来，正因为周围的人听不到我说什么，他们就会想弄清楚。如果时间够长，大约两分钟吧，我一直嘟囔的话，你就会发现，他们的对话会一个接一个地停下来，然后就能安静了，除了我嘟哝之外你再不会听到其他任何声音。"

然后，我开始了，用非常小的声音说话。

"11年前，我去芝加哥，出席了格兰特将军的庆典，当晚安排了一场豪华的盛宴，大约有六百名退伍军人参加。坐在我边上的那位绅士是某某先生，他的听力很差，几乎和聋子差不多，喜欢吼着和人说话。他能够五六分钟一句话也不说，一直摆弄他的刀叉。但是，突然，他会大吼一声，把你的魂儿都能吓得跳出美国。"

这时，道奇夫人餐桌上的骚乱渐渐平息下来——至少紧挨着我坐的人是这样的。然后，一对一对说话人挨个安静了下来。我继续用越来越小的声音嘟哝，故作玄虚地继续说：

"在某某先生保持沉默的间隙里，在我们对面坐着的一个男人正在给紧挨着他的人讲故事的结尾。他的声音非常小声，周围实在太吵，我非常好奇，翘着耳朵，费劲地听他说话，拉长了脖子，屏住了呼吸，把耳朵侧过去，把全部心思都放在他那个有趣的故事上，把周围的一切都忽略了。我听到他说：'就在这时，他抓住她的长头发，她不停地尖叫、哀求，而他则用膝盖抵住她的脖子，只见一道恐怖的剃刀刀光划过——'

'你觉得芝——加——哥——如——何？！！！'"

某某先生突然喷出这句话，声音大得足够传到30英里开外。这时，我的嘟哝已经取得了明显的效果，道奇夫人的客厅极其安静，几乎能听到呼吸的声音，即使随便向任何一个方向掷出一个想法，你甚至都可以听到它撞击地板的声音。我突然喊了这么一嗓子，晚宴中所有的人同时都跳了起来，就如同一个人一般，头冲破天花板顶篷上面的石膏板，石膏板碎块掉了下来，砸在食物上，食物里全是碎砂。不过没有人受伤。之后，我向大家解释自己为什么玩了这样一个游戏，并请大家能牢记这个游戏的寓意。从此以后，能够理性一些，温和一些，不要再同时大声说话，一个一个地说，而此时其他人则要静静地倾听，不要喋喋不休地争论。大家都同意了我的请求。那天晚上我们过得非常愉快，我想它是我一生中最快乐的时候了。这是因为，我的新规定让我掌控了话语权，我终于得到说话的机会了，并且一直都是我在说个不停。我真的很喜欢听自己讲话。

迪安·塞奇是一个讨人喜欢的家伙，他非常爱他的朋友，所以总忍不住拿他们开玩笑。当我们和别人无所顾忌地开玩笑的时候，那个人必须是关系相当好的。迪安·塞奇是我所认识的最好的美国公民之一，要成为一个好公民需要巨大的勇气，而他就有数不尽的勇气。他不允许任何人或者任何公司侵害自己的权益之后逃脱惩罚。他十分富有，十分慷慨，乐善好施，一掷千金。但是如果有任何人或者任何公司侵害了他的利益，哪怕只有十美分，他也会为之花上相当于成千上万美元的时间、体力和金钱，并且永不让步，直到最终赢得胜利，或者失败。

他和哈里斯先生是大学同学，一直到塞奇去世，他们都像一对订婚的恋人那样喜欢对方。不用说，只要有机会，塞奇必然要捉弄哈里斯，而哈里斯每次都逃脱不掉遭殃。

大约是1873年，塞奇得了一场病，变得骨瘦如柴，医生们的各种努力都功亏一篑。他前往阿迪龙达克斯，并请哈里斯陪他一起去。塞奇一直是个活跃分子，永远不会虚度任何一天，他每天不停地走路，直到耗光所有力气。有一天黄昏，他们来到一座小破木屋，墙上挂着一块不大的招牌，上面写着："招待男人和牲畜"。他们是被迫在那里落脚的，因为塞奇已经没有力气了。他们走进屋子，发现了木屋的主人，也是这里唯一的居住者，是一个满脸皱纹、身体健壮、淳朴敦厚的中年人。他把晚餐做好放在客人面前：咸牛肉、炒豆子、玉米面包还有黑咖啡。塞奇的胃只能容忍烹饪精致的食物，这样的饭菜他无论如何也吃不下去，所以当哈里斯狼吞虎咽、心满意足地吃个不停的时候，他只能在桌子边干坐着，眼看着他狼吞虎咽。哈里斯曾经在战斗联队中当牧师，一直到战争结束，那四年的艰苦生活不但让他体力充沛，还给他造就了一个任何食物都能吃下的好胃口。塞奇没有吃任何东西就上床了，躺在用玉米穗做的床垫子上，翻来覆去睡不着。第二天早晨，哈里斯又狼吞虎咽地吃掉了难吃的早餐，就像上一顿晚餐后一样的满足和快乐。塞奇坐在门廊上，腹中空空，沉思苦想整个过程，想着该如何报复一下。然后，他把房主招呼过来，拉到一边，窃窃私语起来。他说：

"我来付账，一共多少钱？"

"两份晚餐，50美分，两张床，30美分，两份早餐，50美分，总计1美元30美分。"

塞奇说道："回去写个账单拿到走廊来给我，总计要13美元。"

"13美元！为什么，不可能啊！我可不是抢劫犯，我只是向你收取和其他人同样的费用，一共1美元30美分，就这么多。"

"我的伙计，我和你一样，也有我的道理，一共是13美元，快去写好你的账单，你会拿到13美元的，否则你一分也别想得到。"

那个男人显然是被搞懵了，说："我不明白为什么这样，我没法写出这个账单。"

"好吧，我理解。我知道自己在做什么，13美元，我希望账单加起来是13美元，没有别的要求。你把它准备好，拿到这里来，我会仔细检查账单，然后假装被激怒，你明白么？我会对账单提出质疑，但你一定坚持要这个数，一定不能答应减少钱数。然后我就开始生气，你也要生气，我会对你说难听的话，你必须要回应更难听的话，我会提高自己的嗓门，你也照样提高嗓门，并且还要装成暴怒的样子——满嘴泡沫，如果不行的话，就弄点肥皂泡帮忙。现在快去按照我说的准备。"

那个男人按照指示演了戏，而且演得很好。他拿来账单，站在那里等结果。塞奇的脸一下子就沉下来了，眼中寒气逼人，鼻子像马一样喷着粗气，吼道：

"13美元！你的意思是说你的这些该死的没人性的招待要13美元？难道你的职业是强盗？难道你的习惯是——"那个人迅速插话道："现在，我不想问你要更多，这已经足够了，就是13美元，你必须给钱，就是这样。两个没人品的投机商在这个国家坑蒙拐骗，还像绅士一样发号施令！一个绅士接待了你们，还把你们当绅士待，我他妈的真是——"

塞奇插话道：

"给我闭嘴！我绝不给钱，你这个低贱的窃贼——"

"你敢再说一遍！我——我要抓住你的脖子，然后——"

哈里斯冲了出来，发现两个人正要扭打在一起，他赶快挡在两人中间，然后开始祈求：

"噢，迪安，别，别——好了，史密斯先生，控制你自己的情绪！

噢，迪安，想想你的家人！想想别人怎么说——"

但是，他们还是互相咒骂，诅咒，从受过教育的头脑中搜罗出存储的各种脏话互骂，只听那个男人嚷道：

"绅士来到这个屋子，我就会把他们当作绅士对待；要是普通人来，而他的胃口跟一个绅士相当，我只收他们 1 美元 30 美分；但是如果一个饿鬼来，两顿饭就吞进去一桶猪肉，四桶豆子……"

塞奇打断中年人，深深地懊悔自责道："我从未想到过这一层，我请求您的原谅，我为自己和我的朋友感到羞愧，请收下这 13 美元以及我的歉意。"

第 35 章
晚年的哈特

早些时候,我和很多人一样,很喜欢布勒特·哈特,但是,慢慢地,又同其他人一样,改变了看法。他无法与人保持长久的友谊,他为人很差,实在是太差了,不知感恩,没有良心。他的夫人算得上是一个好女人、好妻子、好母亲和好朋友了,可是他到欧洲去做领事的时候却把妻子和孩子都抛弃在家里,之后再也没有回来过,一直到死,整整 26 年。

哈特总是借钱,向所有的朋友借钱,并且,从未偿还过任何一次借款。他总是给人开借条,但仅此而已。1878 年 4 月 10 日,我们一起搭船前往欧洲,在出发前一晚,有人为欢送贝阿德·泰勒赴任驻德公使职务举办宴会,泰勒要和我们搭同一艘轮船。在这个宴会上,我遇到了一位绅士,我们相处愉快,并成了朋友,聊起天来。这位绅士谈起布勒特·哈特,很快我就发现,这位绅士对他颇有微词,虽然曾经那么推崇哈特的作品,曾经那么渴望能与哈特结识。

后来他们真的相识了。而哈特也随之开始向绅士借钱。这位绅士很富有，也很乐意借钱给他。哈特总是写借据，而且别人根本没有要求他写，都是他自己主动要求这样做的。他在东部待了大约八年，其中的几年一直在向这位先生借钱，总计大约有3 000美元。那位绅士和我说，哈特的借据叫自己感到难过，因为自己觉得哈特肯定在为了这些借据而苦恼呢。

后来，绅士出了一个自认为很妙的主意，把借据包成一包，在1877年12月24日作为圣诞礼物寄给哈特，还附了一张便条，请求哈特允许自己这样做，因为这是自己作为兄弟的一份心意。第二天哈特便把这包借据退了回来，同时还寄回一封信，言辞激烈，说绅士这样做侮辱了他的人格，并正式宣布永远和绅士绝交，但是绝口不提还钱的事。

1870年，哈特完成人生的壮举，跨过大陆，在罗德岛州的纽波特市定居下来。这里简直就是一个种马畜牧场，换句话说，就是贵族的繁衍地，但是是美国式的贵族。那里也是英国贵族用世袭头衔来换取美国女孩儿和金钱的交易中心。在12个月之内，哈特花掉了一万美元，然后，很快就离开了纽波特，还欠了屠夫、面包师以及其他一些人的债。之后他回到纽约妻子和小孩那里去住了。还需要说一句，哈特住在纽波特和科赫塞特期间，经常参加时尚人物的宴会，而他是这些宴会上唯一一个不带夫人的男客。我们人类的语言里面是有些措辞颇为尖刻的话，但是我实在找不到一个足够尖刻的词能够充分刻画这样一个为人处事的丈夫。

哈特曾来过我在哈特福德的家，并住了一个晚上。他说自己没有钱，没有前途，还欠着纽约的屠夫和面包师250美元，他们再也不给他赊账了，他还欠着房租，房东威胁说要把他一家赶到街上去。他来找我借250美元。我说，这样只能解决屠夫和面包师的问题，房东还会逼他的，因此劝他最好借500美元。当然，他借了。在来访的其余时间里，他极尽能事地挖苦我们的房子、家具和室内的其他陈设。

豪威尔斯昨晚说，哈特是他所遇到的最可爱的、最机智的人，说他有一种魅力，能叫人家暂时忘记他的卑劣、他的落魄、他的狡诈，甚至还能宽恕这些缺点。豪威尔斯说哈特聪明是正确的，但是大概豪威尔斯可能并没有深入研究这种聪明的性质，正是这种性质糟蹋了他的聪明。他只有小聪明，没有任何视野和深度，只知道讥笑和嘲讽，如果实在没有什么值得挖苦的了，哈特的灵感也就不再迸发出来，水平变得和我们差不多了。

有一次，他写了一个剧本，里面完美地刻画了一个讨人喜欢的中国人。这个剧本，如果是其他人写的，无论是谁都会获得成功。不过，哈特已经和纽约的戏剧评论界结了怨，因为他总是随随便便对他们横加指责，说他们就是那种从来不会给一个新剧本说好话的人，除非已经提前给他们塞了钱。评论家们早就等着他了，他的剧本一搬上舞台，他们便言辞激烈地对其猛批一顿，无情地践踏、讥讽和嘲弄。戏剧失败了，哈特认为评论家们应该为失败负责。不久以后，他提议由我们两人合作写一部戏，每人负责构思几个角色，并丰富它们。他来到哈特福德，在我这里待了两个星期。他这个人，不到信誉扫地、身无分文、饿狼横拦在门口的地步，是从来不会好好做事的，只有挨到了那个时辰，他才肯坐下来努力工作，而且，比我所见到的任何人都努力，直到自己的窘状暂时得到缓解。

暂且把这件事放一放待会再谈。如果我没记错的话，有一次，圣诞节前夕，他到我家暂住一天，以便完成给纽约《太阳报》写的一个短篇小说。如果我没记错的话，名字是《忠实的花丛》。写这篇小说至少可获得150美元，不过达纳先生说，如果文章能早点完成，在圣诞节前刊登，便可以得到250美元。哈特已经写了一半了，不过时限太紧迫，再也不能有任何打扰了，所以他跑到我们这里，以躲开那些不断光顾的债主们。

他大约在晚饭时间到的。他说时间太紧张了，晚饭后必须立即开工。然后，他就开始闲聊，舒舒服服地吃完晚饭后，就在书房的火炉边聊天，一直到晚上十点，克莱门斯夫人睡觉去了，我的热威士忌潘趣酒 被送来了，也给哈特拿来了一份。聊天并没有停止。我通常只喝一杯热威士忌，十一点之前喝完。但是哈特不停地倒啊，不停地喝啊，一直喝到凌晨一点钟，然后我请求告辞，道了晚安。他问能不能再送一瓶威士忌到他房间去，我们叫醒了乔治，他送去了威士忌。我当时认为他喝了太多的威士忌，已经无法工作了，但事实绝非如此，而且，没有任何现象表明威士忌让他头脑迟钝。

他进入自己的房间，写了整整一晚上，一边喝威士忌，一边在炉火边取暖。清晨五六点钟，他又把乔治叫醒，他的瓶子空了，又要了一瓶。从那时到九点，他又把新要的那一夸脱酒全喝了，然后过来吃早饭，没有一丝醉意，仍然十分清醒，机敏而精力十足。小说完成了，并且在规定的时间内完成，也获得了额外的100美元。我一直在好奇，这样写出来的小说会是什么样子。一小时以后，我就知道了。

十点钟，姑娘们的"星期六早晨俱乐部"在我的书房集合，原本计划请我给小姐们讲一讲的，不过我请哈特代我讲了，请他读一读他的小说。他开始读了起来。我很快就发现，他根本不懂得怎么朗读，所以就从他那里拿过书，自己来读。小说的后半部分正是在我上面所描述的那种看来结果不会太好的状态下完成的，直到现在，我从未见过哪份出版物中提到过这篇小说。我想它没什么名气，但是我确信，它是哈特最好的作品之一。

我们再回过头来说他另外一次拜访吧。他抵达之后的第二天早晨，我们来到台球厅，开始写那个剧本。我设定好了自己的人物角色，然后开始描写他们，哈特也一样。然后他开始拟定剧情梗概，一幕一幕，一场一场，他写得很快，似乎毫不费劲，没有什么可以犹豫或者难以决断的。他一两个小时完成的内容足够我艰苦地写上几个星期，而且我写完之后，还很可能还没有利用的价值。但哈特完成的质量非常高，直接可用，在我看来，这实在不可思议。

然后就开始配台词。哈特很快就配上了对话，我基本没有什么事做，除非轮到我构思的角色要说话了，这时候，哈特就告诉我这个角色该说些什么特征的话，我照此填上台词，他记录下来。就这样，我们每天干两三个小时，或者四小时，持续工作了两个星期，完成了一部不错的喜剧，之后就准备上演。他写的那部分是最精彩的，可批评家们才不管这些。剧本上演时，对于我写的那部分，他们极力赞扬，简直让人不敢相信，而对于哈特写的那部分，则用尽所有的刻薄话，就这样，这部戏被葬送掉了。

这两周里，在我的家中，无论是早餐、中饭、晚饭，或是在台球厅里——我们的工作室，哈特总是要聪明，讽刺他所见到的一切东西。出于克莱门斯夫人的缘故，我一直忍耐，直到最后那一天。那天在台球厅，他又开始了表演，虽然并不是明目张胆地，但还是能感觉到是对克莱门斯夫人的挖苦。他辩解说，这并不是针对克莱门斯夫人的，如果当时心情稍微好一些，我也许就接受了他的谎话，但是恰好我心情不好。我被激怒了，不可能平静地听他辩解。我反击道：

"哈特，你的妻子的确非常好，受人喜爱，也很漂亮，我觉得她应该得到最高的赞美，就像克莱门斯夫人一样。但是，无论从哪方面来讲，对她来说，你都是一个卑劣的丈夫。你不仅喜欢嘲笑她，还总是挖苦讽刺她。对其他女性，你也总是这样，但我决不允许你这样说克莱门斯夫人，因为你根本就没有任何资格到处嘲讽别人。你睡在这张床上，不花一分钱，但是你却耍小聪明，不停地挖苦它。实际上，你根本没资格这么高调，别忘了，十年来你连一张属于自己的床都没有。你嘲讽我们卧室的陈设、桌子上的摆设、佣人、车子、雪橇，甚至是车夫的服饰——事实上，这房子里所有的东西、超过半数的人都被你嘲讽过。你提起它们的时候，完全是一副不屑的口吻，只是为了耍小聪明，满足自己这种不健康的欲望。但是，你根本没有这个资格。以你的处境，你根本不配对它们进行批评。你聪明，有名望，这些足够你赖以支撑家庭、过更体面的生活，而无须依赖他人，但是你天生就是一个无赖、乞丐、流浪汉、游手好闲。你穿得破破烂烂，除了那条血红的领带以外，身上再没有一条完整的布条，而且，这些也都是没有付钱的。你的所得，90%都是借来的，本质上，都是偷来的，因为你从来就没有打算要还给人家。你榨取自己那含辛茹苦的寡妇姐姐，在她经营的技工宿舍里吃住，后来，你在她家附近都不敢露面，因为债主们在四处搜寻你。你住在哪儿谁都不知道，你自己的家里人都不知道，但是我知道。你住在泽西的森林和沼泽地区，像其他流浪汉一样到处游荡。你自己说出这些的时候竟没有一丝羞耻感。你嘲笑这间屋子里的所有东西，但是，你说话应该小心一点儿，要知道，这里每一样东西都是规规矩矩买来的，是付了钱的。"

当时，哈特还欠我 1 500 美元。后来他又欠我 3 000 美元。他要写借据，被我拒绝了，我可不想开借据博物馆。

像哈特那样不在乎合同和承诺的人实在少见，即使是毁约，也丝毫不会影响他的好心情，他甚至还可以拿来当笑话讲。谁也没有见过他为此感到尴尬。他与我在哈特福德的出版商布利斯签了合同，要写小说《大天使加百列·康罗伊》，这本书计划按照订阅的办法出版。到履行合同的时候，布利斯的苦难就开始了。宝贵的时间白白浪费，布利斯在哈特那里得到无数的承诺，但是却始终不见手稿，至少在哈特有钱或者可以借到钱的时候是看不到的。只要饿狼不咬到他的后腿，他就绝不会动笔。实在没钱了，他就会猛干两三天，把手稿交给布利斯，然后提前预支版税。

每个月哈特总有一次要搞得山穷水尽。到了那时候，他便会匆忙赶出一些稿子，拿去给布利斯，预支一些版税，好暂时摆脱困境。像这种索取未来收益的做法并不多见，但布利斯却不这样认为。在布利斯如望远镜般有远见的眼睛看来，不应该给的200美元，或者还没有挣得的200美元，可是一件了不得的事。慢慢地，布利斯变得越来越警醒了。开始，他认为与哈特签订一份合同，请他写一本长篇小说，实在是一个相当有价值的战利品，他非常草率地在全国宣扬起他的好运气来。如果遇到的是个信守合同的人，那么这样的宣传对布利斯来说自然是非常有利的，可惜，他遇到的不是这样的人。因此，在哈特还没有写到一半的时候，宣传的效果便已烟消云散了。而人们的兴趣一旦死去，是永远也不会复活的。

最后布利斯终于认识到《大天使加百列·康罗伊》是没有任何价值的累赘之物了。书快写完了，但是作为预先订购然后印刷的书来说，它几乎已经没有价值了。到那时，他已经预支给哈特3600美元了——我想这个数字是可靠的。他知道，在未能设法弥补这笔钱之前，自己是睡不好觉的，因此他把《大天使加百列·康罗伊》的分期刊载权以可怜的3 600美元卖给了一家杂志——这是一笔好生意，因为连载版权其实都不值这些钱，书的版权还不值复印的钱。

在我看来，哈特已经没有羞耻心了。有一次，他曾跟我讲起一件事，这件事在他看来微不足道。早年在加利福尼亚的时候，他还是一个意气风发的少年才俊，正在挣黄油面包的时候，整个世界都踏在他的脚下。他养了一个年龄大他一倍的女人，不，应该是这个女人养着他。25年或者30年以后，当他担任驻英国领事的时候，曾先后有两个女人养着他，这些关系，连同这些女人的名字，如今都已成为历史。他住在她们的家里，后来他就死在了其中一个女人的家里。

我想起的与哈特交往期间的这件小事，又让我想起在太平洋沿岸逗留期间发生的另外一件类似的事。当时由于奥利安的小心谨慎，导致我在黑尔和诺克罗斯的股票投机失败，我的钱都赔进去了，只剩下300美元，连个住处也没有。于是，我就去了杰卡斯古尔奇，与几个露天矿工朋友挤在一起待了几天。他们都是些可爱的家伙，从各方面说都是让人留恋的伙伴。他们为人诚恳，可敬可佩，不管是买咸肉，还是买豆子，他们都有好信誉，这是非常难得的。因为像他们这种开矿工作是非常没有保障的，这种矿叫作"矿穴"，迄今为止，根据我的观察，在这个星球上，只有很小一片地区有"矿穴"，就在杰卡斯古尔奇附近。

所谓的"矿穴"，就是山腰处埋有金砂的一小块区域。它离地面很近，在雨水的冲刷下，金沙颗粒顺着山坡向下形成一个扇形区域，并变得越来越大。挖矿工人挖出一盆沙土，然后用水淘洗，得到一两粒金子，之后向左或向右跨一步，再挖出一盆沙土，淘洗，又得到一两粒，然后再继续向左或向右，直到他根据经验和周围的环境状况，判断认为到了扇形矿穴两侧的尽头为止，也就是再也淘不出金粒为止。剩下的活儿就简单了，沿着山腰往上淘，通过淘洗摸索那个狭长的扇形矿的源头，最后找到矿床。有的矿床可能几铲子就挖光了，只值几百美元，而有的矿床里边可能蕴藏着足以发大财的宝藏，工人要找的便是这样的聚宝盆。只要心脏还在跳动，他们便会永远满怀希望不停地搜寻。

我的这些朋友们每天都在寻找这宝藏，已经找了整整十八年。

虽然从未探测到，但他们丝毫不气馁，始终坚信终有一天会找到。在我与他们在一起的那三个月里，他们一无所获，但是，这段苦苦搜寻的日子对我们来说却是一段让人快乐的时光。我走后不久，一个墨西哥人逛荡到那里，发现了一个矿穴，里边的财宝价值125 000美元。这个矿穴在一个斜坡上，而那里正巧是我的那些同伴们发掘时遗漏的。这就是运气！这就是老天的安排！诚实、善良、坚持总是得不到公平、圆满的回报。

我们穿着破烂，不过这没什么，因为大家都穿成这样，矿区人数不多，大家都穿得和我们一样。我们在一起的几个人几个月来连一分钱都没赚到，大家也不需要，因为他们信誉非常好，可以赊账买到咸肉、咖啡、面粉、豆子、糖蜜。要是说我们中间有谁不太一样的话，那就是吉姆了。在我们三人中，他穿的最糟，如果衣服有老幼之分的话，那么吉姆的破衣服是年龄最长的了。不过，他长得英俊挺拔，器宇不凡，凭他的气质风度，穿什么衣服都照样英俊潇洒。有一天，我们正待在一个破败不堪、摇摇欲坠的小客栈里，来了两个搞音乐的流浪汉。他们其中一人弹五弦琴，另一人一边跳木屐舞，一边唱滑稽歌曲，但是让人听着十分心酸。他们拿着帽子，向在场的矿工收钱，这12个一贫如洗的人一共给了三四角钱。当帽子传到吉姆那里的时候，吉姆看上去如同百万富翁一般，优雅地对我说："给我一美元。"

我给了他两张五毛的。他并没有安稳地把钱放进帽子，而是从一码外抛了进去，就像古代小说里的英国贵族公爵给乞丐布施一样，并不递给他，而是"丢"给他，扔到他的脚下。在小说里，这些布施往往是"一小包金子"。看到这一场景，周围的人总是大声叫好。吉姆的气派与小说里的公爵一样，这两张五角钱对他来说就相当于一袋金子，而且，他也娱乐了观众。但是，相似点就这么多了，因为，对公爵来说，周围的人都知道他付得起这袋金子，对公爵能如此优雅地随意抛出一袋金子，他们所表现出来的更多的是一种嫉妒。矿工们同样钦佩吉姆能如此慷慨大方，但是他们知道，他根本无力支付这么多钱，因此，这让他们的钦佩降低了一级。在稍微表现一下虚荣心方面，吉姆有点像哈特，但是他们也仅有这么一点相像的地方。吉姆抵得上100个布勒特·哈特，因为他是一个男人，一个真正的男人。

我再回过头来讲哈特的事。当我们的戏剧要交给承租人帕斯洛的时候，我恰好赶着要去纽约。如往常一样，我住在圣詹姆斯旅店。哈特又耽搁了这件事。剧本原本应该在一两天前就交到帕斯洛手上，但是哈特并没有送去。大约在晚上七点的时候，他跑到旅馆休息室，身上穿着一件破旧的灰色外套，裤脚都磨成穗儿了，鞋子也破了，上面沾满了雪水和泥巴，头上向右斜戴着一顶皱皱巴巴的小软帽，还小了一两号，那条鲜红的领带依然飘荡在胸前，甚至红得更加热烈，更加耀眼。他手里拿着剧本，帕斯洛的剧院离这不到三分钟的路程，我原本以为他会说："走，我们一起把剧本送给帕斯洛去。"但他并没有这样说，而是走到柜台边，把一包东西递给了办事员，一副伯爵的派头，说："这是给帕斯洛先生的，把它送到剧院去。"

办事员看了他一眼，显得很为难，难受的表情就仿佛下棋将要输了一样，说："送信员要一毛钱的报酬。"

哈特说:"叫他来。"

办事员把小男孩儿送信员叫了来,孩子拿着包裹,等候吩咐。办事员站在那里,幸灾乐祸地看着接下来会发生什么。哈特转向我,对我说:"给我一美元。"

我递给他一美元,他扔给小男孩,说道:"跑着去。"

办事员说:"等一下,我找钱给你。"

哈特挥了挥手,仿佛公爵一般,说道:"算了,给小孩儿了。"

爱德华·埃弗雷特·黑尔曾写过一本书,引起了轰动,激起了人们的同情之心。这本书是在内战爆发前夕出版的,当时,南北双方如同困兽般,随时准备着突然一跃而起,直击对方的喉咙。这本书的名字是《一个没有祖国的人》,如果委婉些说,哈特就是这样一个人。也就是说,他是一个没有祖国的人,不,他算不上是个人——"人"这个称呼他根本配不上,他只是一个没有祖国的无脊椎动物。他对祖国没有任何感情,就如同牡蛎对河床没有感情一样,实际上,他还不及牡蛎,我得为拿牡蛎跟他作对比而道歉。哈特身上没有任何高尚的地方可言,他所了解的高尚情操完全是从书本上看到的,他把这些写进自己的作品中,但那只是赝品,那些模仿很像的高尚情操往往能骗到一些不了解哈特的人。这种模仿就像是一个演员在舞台上表演假的情感一样,根本不是出自于自己的内心,只不过是在按照某些既成规则进行艺术上的复制罢了。

1876年11月7日,他突然跑到我在哈特福德的家中,第二天一整天，他都待在我家中，而那天是选举日。他仍然如往常一样，平静而镇定，无疑，他肯定是美国唯一一个平静而镇定的投票人。而其他人——我们国家的那些普通人，正在因为选举而极度兴奋，因为一场政治大火正炽烈地燃烧着，并即将以共和党无情地诈骗美国人民结尾。也就是说，共和党人从已经获选的蒂尔登先生那里偷走总统宝座，让已被击败的海斯先生坐了上去。

我是非常拥护海斯的，对于当时年轻的我来说，那是十分自然的事。到了后来，我坚信，一个民族的政治观点几乎是没有什么价值可言，如果说稍微有一丁点儿，那也得在老年人中的观点中去寻找，而不是年轻人的。与其他选民一样，我也十分兴奋和激动。听到哈特说准备留在我们这里，直到选举结束后才回去，我感到有些诧异，但也说不上十分奇怪，因为他本就是个粗心的人，很可能把日子搞错了。他还有充裕的时间来弥补这个错误，我劝他回到纽约去，别把投票选举的事耽误了。可他却说，他根本不关心选举，并且，他是特意走开的，专门为了躲过投票，同时还能找到一个正当的理由来应对批评者。

接着他又告诉我不想参加投票的原因。他说，在一位有势力的朋友的帮助下，他已经得到了蒂尔登先生的承诺，任命他做领事，并且，他在海斯先生那里也搞到了同样的承诺，因此，不论谁胜谁负，他都能得到关照。他关注选举的目的，仅此而已。他还说，他不能给任何一位候选人投票，因为如果被调查出来的话，他们就有充分的理由不履行承诺。对我们的政治制度，这是多么大的一个讽刺！为什么总统要关心未来的领事如何投票呢？领事人员并非政治官员，领事是否选任，按道理来讲应该看他是否胜任这个职务，而与其政治倾向没有任何关系。但是，被全国人民抛弃的人竟然被安置在总统宝座上，而一个没有祖国的人却捞到了领事的职位！

哈特没有感情，因为他没有感受的机能。悲剧家约翰·麦卡洛是一个品格高尚的人，慷慨豪爽，值得敬爱，一个最为诚实的人，他十分推崇哈特的作品。早些年在旧金山，他也曾非常喜欢哈特本人。但是到了后来，随着时间的推移，这份喜欢逐渐冷却结冰，而这一切都是哈特造成的。在哈特担任领事的那段时间，麦卡洛对他的感情还只是稍微有些减退，并没有完全消失，但是后来不断发生的一些事让仅剩的感情也消失殆尽了。约翰·麦卡洛把一切都告诉了我。

一天，一位自称是布勒特·哈特的儿子的年轻人来到麦卡洛在纽约的家中，他说自己刚从英国回来，身上带着父亲的介绍信。他把信交给麦卡洛。麦卡洛诚挚地欢迎他，说："我的孩子，我正盼着你来呢。之前我收到了你父亲的来信，了解你此行的目的。很巧，现在我正好能满足你的愿望，我已经替你安排好了一个职位，从今天，从现在开始，你就可以上班领工资了。"

小哈特非常感激，他说："我知道您事先应该清楚我要来，因为爸爸答应我会提前给您写信的。"

哈特的信就在麦卡洛的口袋里，只是他并没有读给小伙子听，信的内容是这样的：

"我的孩子痴迷于当演员，他想到你那儿寻求帮助，因为他知道我们是老朋友了。为了摆脱他的纠缠,我不得不送把他送过大海，给他带上一封强烈请求你关照他的信，恳求你为了我的缘故尽最大努力帮助他实现抱负。我没有办法，不得不写这封信。不过，我现在写的这封信是要事先提醒你，别把那封信当回事。我的儿子一心想当演员，但是他没什么优点，也不会有什么成就，因此不要为他费心，为他浪费时间和精力是不值得的。"

约翰·麦卡洛为那个孩子提供支持，帮小伙子在舞台不断追求成功，他才是这个孩子所拥有过的最好的"父亲"。

之前，我曾不止一次说过哈特没心没肺，道德败坏，而且卑鄙低劣，可能我还没有说过他背信弃义，不过，如果漏掉了这一条，我想现在补上。

我们每个人都会偶尔犯一些低级错误，做出不明智的事，说出轻率的话。我自己也不例外，也曾这么做过。大约12年前，一天晚上，我逛进了一家游戏吧，看到有五六个小伙子正挤在一个僻静的角落里舒舒服服地一边喝潘趣酒，一边聊天，我也凑了进去。一会儿，有人提到了布勒特·哈特的名字，这立马引起了坐在我边上的一个年轻人的兴趣，接下来的十分钟，他一直在滔滔不绝地讲，就像这些事就一直装在他的心里一般。所有人都兴致勃勃地听着，没有人打断他。他的话充满了真挚而强烈的热情，大部分是在称赞，称赞哈特夫人和她的女儿。他讲到她们是怎么生活在新泽西的一个小镇里，她们多么辛苦地工作，如何踏实、快乐、满足地自食其力。哈特夫人教音乐课，女儿们则作些画画、刺绣一类的活。我和其他人一样，也认真倾听着，因为我知道，他说的都是实情，没有一点夸张。

可过了一会儿，他就把话题一转，开始给这个被抛弃的家庭的名义上的家长布勒特·哈特歌功颂德。他讲到，这个幸福的家庭的唯一缺憾就是哈特先生不在家，她们对哈特先生的爱与尊敬听起来那么美好，对于哈特先生被迫离家，她们都很同情。他还说，哈特先生自己忍受流亡之苦，想起来是多么高尚，每艘回美国的汽船必定会忠实地为哈特先生带回家书，这多么让人钦佩。哈特先生总是渴望休假回家，但是薪水实在是太少了，花不起这笔钱。尽管如此，哈特先生总是在自己的信中许愿能坐下一班轮船回家，或者再下一班，再下一班。每逢家人看到信中说的那艘轮船抵达，而哈特先生却并没有出现时，她们的失望实在让人看着可怜。哈特先生自我牺牲的精神是多么高贵的举动。他还讲到，哈特先生真是一个十足的男人，一个高尚的人，忍受着思乡之苦，就是为了每个月把钱省下来汇给家里，补贴家用，如果稍微自私一点的人，都会把这些钱用来横渡大西洋的。

在此之前，用打牌中的话说，我一直是"跟进"，就像扑克游戏中常说的，我要看看那个年轻的家伙手里是什么牌。但是，讲到这里我就忍不住要站出来了，因为我发现有人向他传达了很多虚假的信息。我觉得自己有责任纠正他的错误。

我说："噢，打住吧，根本不是这么回事。布勒特·哈特抛弃了他的家庭，事实就是这么简单。他也许给她们写信了，但是除非真的看到了信，否则我不会相信的。说他可能渴望回到他抛弃的那个家庭，了解他的人是绝对不会相信的。但是，我知道至少有一件事是确信无疑的，那就是，他从没有给家里寄过一美元，甚至都从来没有打算这样干过。布勒特·哈特是如今这个星球上最卑鄙的、最渺小的、最无情无义的牛皮大王——"

说这些话时,我能从周围人的面部表情上,隐隐约约地意识到,非常模糊地意识到,似乎这里面有什么事,而这事就要发生在我的身上,可是我一点都不知道那是什么。

不过,当我最后一句话刚说到一半的时候,有人用力抓了我一下,在我的耳朵边轻声地,但是很清晰地说:"看在上帝的面上住嘴吧!那个年轻人叫斯蒂尔,他和哈特的一个女儿订婚了。"

我相信,人的性格被某种法则约束着,这是一项铁的法则,无论你是否喜欢,都必须遵守;我相信,性格显然就是上帝的旨意,超越人所制定的一切规则;我相信,人类制定的每一条规则都只有一个明确的目的,那就是对抗上帝的旨意,打败它,压制它,嘲笑它,践踏它。蜘蛛通过背后设伏捕杀苍蝇,但我们并不责备蜘蛛,不把它称作刽子手。我们承认,蜘蛛不能自己决定自己的秉性,它天性使然,所以这样做就没什么可指责的。我们甚至还进一步承认,没有任何聪明才智能够改变蜘蛛,让它别再伏击苍蝇。我们也不谴责老虎天性凶残,因为这是上帝赋予它的,老虎只能遵从。我们也不责怪黄蜂残酷地用毒刺把蜘蛛刺得半僵,然后拖进洞里,让它的幼儿们每天撕下一小块肉,日复一日地折磨着这个无助的生命,让它的死亡之路漫长而痛苦。我们承认,黄蜂只是严格地遵从上帝的旨意,是上帝赋予了它这样的天性,这没什么可谴责的。我们也不谴责狐狸、松鸟以及其他一些依靠偷窃为生的动物,我们承认,它们都遵从了上帝通过天性施加给它们的旨意。我们并不会对公羊和山羊说"你们不能通奸",因为我们知道这是根植于它们的秉性之中的,也就是说,是它们与生俱来的,上帝已经告诉它们:"你们应该这样做。"

如果继续研究下去,把动物大千世界中每一个独特的秉性都区分、列举出来,我们会发现每一类动物的声誉都是由某一个特别的、显著的特点决定的。那么我们又会发现,所有这些特征,以及所有这些特征的影子,也广泛存在于人类社会。在每个人的身上,都存在一打或者一打以上的这些特征,在很多人身上,所有特征的痕迹和影子都存在。在我们称呼为低级动物的身上,性格通常只是由一两项或者三项这样的特征构成。但是人类却更加复杂,所有的性状都适合于人类。一提到兔子,我们总是认为它是柔弱的,怯懦的;一讲到家蝇和跳蚤,我们就会想到,在非凡的勇气方面,即使是束了腰带的骑士和老虎也比不上它们,在粗野和傲慢方面,在整个动物界,它们堪称第一,甚至把人类都能比下去,要是它们还有其他特质的话,也都被上面这些特征遮掩得严严实实,让我们很难想起来;一提到孔雀,我们想到的只是虚荣;一提到山羊,我们想到的只有不贞;一提到某些品种的狗,我们想到的只有忠诚;一提到猫,我们想到的只是它的特立独行——这是包括人在内的所有其他动物都没有的特性,除非我们是白痴,或者是笨蛋,才会把背信弃义和猫联系起来,其实,这在很多狗身上十分常见,但是在猫身上却十分罕见。在人类无礼地称之为低等动物的家族身上,我们会发现一两种显著特性,使得动物家族之间相互区别。这些特性如此突出,乃至于成了动物世界中这一分支的特征,永恒不变。在所有这些例子中，我们都认为，多种秉性构成了上帝的法则，也就是上帝的律令，并且，不管如何做，只要遵从上帝的旨意，就是无可指责的。

人由动物演变而来，人类的每种特征都是从动物那里传承下来的，并且，人类把动物的所有特征都集于一身，这每种特征都是上帝法则的一部分。人类和动物有着很大的差别：人类不像别的动物那样共同拥有一种相似的、明显有别于其他动物的特征。但是，人却是例外，你无法单单用某一特性来描述人。人不像兔子一样全都是胆小鬼，也不像家蝇一样全都是勇士，不像羊羔一样全都天真、可爱、温驯，也不像蜘蛛和黄蜂那样全都凶狠残暴，不像狐狸和松鸟一样全都是小偷，也不像孔雀那样全都爱慕虚荣，不像天使鱼那样全都那么漂亮，也不像猴子那样全都精力充沛，也不像山羊那样全都淫荡。

人类这一种族无法用一句话来描绘，每个个体都只能单独描述。这个是勇士，那个是胆小鬼；这个温柔善良，那个穷凶极恶；这个傲慢、虚荣，那个谦虚、朴实。在整个动物世界大家庭中，各类特性是分散开来的，每种动物拥有一两种，而对人类来说，这些特性却集中在每一个个体的天性之中。虽然这些特性的强弱程度有所差别。例如，有些人邪恶的特点微乎其微，让人几乎都感觉不到，而高尚的特点则十分突出，我们便会以这类美好的特性来描述他，赞美他，给予他很高的评价。这看起来有点滑稽，他并未创造自己的特性，也不是从别处学来的，而是天生的，是上帝赋予他的，是上帝加在他身上的法则，即使再努力他也无法违背的。我们原谅所有的地上爬的、天上飞的、水里游的以及其他四条腿的动物干的所有坏事，并且认为理由足够充分，因为它们只是遵照它们的天性法则，上帝的法则，它们本身是无辜的。但是，转过头来看看我们自己，我们人类这些不好的特性都是从这些动物身上传承下来的，可我们却还要温文尔雅地说什么我们却没有同时继承豁免权，并且，还要担负起抵制、移除和打破这些上帝法则的责任。我觉得，这样的论断是站不住脚的，这不仅仅是有点幽默的问题，简直是荒诞无稽了。

出于长久以来受到的教育，以及一些遗传习惯，我把一个又一个抱怨、一条又一条责难，都施加在布雷特·哈特身上，同时，我也想到了上面这些事。冷静下来之后，这些抱怨都也就荡然无存了。因为，天性法则要强于人的规则，所以他只能遵从。我相信，人类不应该成为苛刻责难和激烈批评的靶子，我更应该怜悯他才对，并不是人类创造了自己。所以，哈特所拥有的软弱、愚蠢的特性并不是他加在自己身上的。

第 36 章
在佛罗伦萨的日记

1892年春天，我们前往德国——那个病态世界的浴室，途径佛罗伦萨，我们想在这里租一栋别墅，就请朋友在我们踏上后边的路程时帮我们办理。三四个月以后，等我们再回来佛罗伦萨，一切安排妥当，甚至连仆人和晚餐都准备好了。虽然租房子最后只是嘴上说"租"，但是，单单是想想确定之前的各种寻找、比较以及其他诸多麻烦细节，就足以让一个懒惰的人感到厌烦。挑选和安置一个家远远比埋葬两家人还要麻烦。

别墅的位置十分理想，距离佛罗伦萨只有三英里远。它坐落在山坡上的一块平地上，周围开满鲜花，向前俯瞰着斜坡上葱郁的橄榄树林和葡萄园；右侧远眺，是几座连绵的小山，高低起伏；再后边，就是坐落在峭壁之上的菲耶索莱小镇；别墅的正前方就是罗斯家壮丽的城堡群，城墙和塔楼历尽人世沧桑，被遗忘的历史在上面留下了很多痕迹。佛罗伦萨矗立在远处的平原之上，粉色、灰色和褐色交相辉应，一起装扮着这座城市。大教堂雄踞在城市中央，大穹顶锈迹斑斑，就像一个被系住的大气球。右侧的梅第奇教堂就像是一个小灯泡，左侧韦奇奥宫的塔楼高耸入云。远远望去，四周的青山高耸入云，有如汹涌的波涛翻腾起伏，山上数不清的别墅，如白雪般星星点点。尽管已经在这些美景中生活了九个月，我仍旧如初到一般，觉得这是人世间最美的画卷，沁人心脾，视觉和心灵得到了最大的满足。夕阳西下，洒下粉红、淡紫、金色的余晖，佛罗伦萨沐浴其中，棱角逐渐模糊，周围的一切浸入迷雾，现实之城变成了梦幻之城。此情此景，足以令铁石之人怦然心动，令醉心于美景之人心神荡漾。

1892年9月26日

下午抵达佛罗伦萨后前往别墅，晚上，当地的一个农夫把箱子运来。不知道是否可以这样称呼他，因为他住在农庄，为他的主人，也就是侯爵，打理一切。这个农夫中等年纪，与其他农夫一样，皮肤黝黑、长相俊朗、性格温和、恭谦有礼，虽然很有主见，但是不会让人感到不快。有人和我说，他搬运行李箱要钱太多了，同时这个人又告诉我，这是这里的规矩。

1892年9月27日

早晨，剩余的行李也运上来了。他又多要钱了，但是别人仍旧告诉我这是惯例，那么，这就是应该的，我并不想打破这个惯例。我雇了马车、马和车夫，每个月支付四百八十法郎现金，还会给车夫一点小费，为车夫和马提供住处。马车已经过了最好的时候。车身重30吨，而马儿太过赢弱，根本拉不动它，总是停下来，转过头看车身，眼光中充满了诧异和怀疑。这耽误了时间，但是却娱乐了路人，他们围上来，手插在兜里，互相交流着看法。有人告诉我，他们说这些马承受不了30吨重的车身，它们只能拉两轮车。

在此，我要继续插入十月份的一些记录，也是关于这个别墅的。

这是一幢两层楼。对意大利人来说，这算不上是老房子。显然，公元前1000年以来，在这么一个好地点，人们建了一座又一座好房子，而别人告诉我这一座才不过200年而已。远远望去，这座房子造型简单，就像一个盒子，除了绿色的百叶窗，房子通体被粉刷成淡黄色，坐落在一个宽敞的人造平台上，四周高墙环绕，俯视着远处的疆域。高墙外面的葡萄园和橄榄林一直延伸至远处的山谷。花园里种满了花，一株柠檬树养在大瓷花盆里，还有高贵的石松和无花果树，以及其他一些我不认识的大树。院墙和门柱上的碎石瓮生满了青苔，上面满栽粉红色和黄色的玫瑰花，就像飞流而下的瀑布，又仿佛剧院谢幕时落下的帷幕。在高大的月桂树篱下，一条小沙砾路曲径通幽。平台背光的一角长满了古老的冬青，那里摆着一张石桌，周围四个石凳，太阳光难以穿透那片冬青，因此即使外边烈日炎炎，里边常年都幽暗凉爽。从内门到外边的大路之间有一条八百英尺长的马车路相连，坐着轻便的马车，穿过葡萄园，便可以直接进城，要比30吨重的四轮马车快捷方便得多。房子的东面（也许是南面）安放着石膏材质的维维安尼家族的族徽，旁边是一个日晷，倒是很准时。

这所房子如城堡一般坚固。主墙是用砖砌成的，外边敷了一层灰泥，大约有三英尺厚！各个房屋之间的间壁也同样是砖砌的，也几乎同样的厚度，第一层房子的天花板距离地面的高度要超过20英尺，上面一层的天花板也比一般的房子高。我曾多次想数清屋子的数目，但是它们的排列没有规律，我总是数不清，最终我觉得大约有28个屋子。

天花板上都画了水彩画，墙上都贴了墙纸，所有的地板都是红砖，上面涂上一层闪闪发光的水泥，看上去就像是石头，而且和石头一样硬。所有的表面都按照统一模式粉刷，首先是一层纯色，然后在上边用各种颜色的斑点点缀，模仿大理石和其他石头的样式。有时，地板通体被粉刷成灰色花岗岩的样子，中间描绘出一个巨大的星星或者用奇特的仿大理石的样式装饰，房屋四壁上有一条红色仿大理石彩带，彩带边缘是六英寸宽的仿天青石斑纹。有时，地板通体又仿红色的大理石，边缘是灰色斑纹。窗户很多，阳光充足，在光线的作用下，地板闪闪发光，又变成了反光的镜子，因此到处都是斑驳的影子，就像森林里的湖泊一样，淡淡地映射出所有物品柔美的影像。

一楼有一个小的家庭礼拜堂，里边放着10~12条长椅。小神龛上挂着一幅古老的油画，在情调上，我觉得它就像远处皮蒂宫和乌菲兹美术馆里展览馆中大师们的作品一样美丽、丰富。

这座房子最奇特的地方是客厅。客厅位于房子中心，空间开阔，气势宏伟，其他所有的屋子都围绕着客厅而建，它向上延伸到两层楼么高，屋顶比其他所有的建筑物都要高出几英尺。客厅的空间大得出奇，一进入这个屋子，你马上就会惊叹于它的敞亮，忍不住环顾四方，目测它的宽度和高度。我曾试着给它起了几个名字："室内溜冰场"，"马莫斯洞穴"，"大撒哈拉"，等等，但是，没有一个能贴切地描述出它的特质。客厅里靠墙放着五组长沙发，虽然加起来有57英尺长，但是，房间仍然显得空荡荡的，一架钢琴放在去，也瞬间湮没了。我们曾搬进桌子和其他一些东西，努力想改变这种如沙漠般空旷的感觉，但这不但没起作用，反而让人觉得房间更加空荡。在这么大一个空间，无论是立着的家具还是走动着的人，在高耸的彩绘屋顶下都显得那么渺小。

客厅有六扇门，每扇门上方都有巨大的石膏浮雕，雕刻的是庄重的美男子的像，形象生动，他们都穿着正式的古代官服——是古佛罗伦萨的参议员和法官，很久以前曾经住在这里，是这所房产的老主人。其中一座浮雕作于1305年，主人是一位中年法官，年轻的时候应该就认识意大利艺术的始祖了，他可能与但丁一起散步、交谈，肯定是这样的。另外一幅作于1343年，画中人肯定认识薄伽丘，并曾在很久以前的某个下午在菲耶索尔俯瞰着瘟疫笼罩的佛罗伦萨，听薄伽丘讲那些不雅的故事，他可能真的这样做过。还有一幅上边写着1463年，画中人可能见过哥伦布，当然，他肯定知道伟大的洛伦佐。这些都是塞勒塔尼家的人，或者我可以称之为塞勒塔尼·吐温家的人，因为我的祖先太年轻了，而这个有着悠久历史的姓氏正适合我，所以，我已经把自己当成这个家族的一分子了。

但是，我忘了讲那个奇特的溜冰场的事了，实际上它并非真的那么大，而只是看上去大而已。那是一种奇怪的错觉，很难解释。

用眼睛观测,它得有60英尺宽,60英尺高,但是,用卷尺测量之后,我发现它只有40英尺宽,40英尺高。这些是准确数字,但奇怪的是,这个地方看起来还是让人觉得有未测量之前估计的那么高。

这房子很好,而花费又不高。房子比较原始,水要人工从井里抽上来,然后用手拎上楼,没有排水沟,污水池就在窗子底下,每一个别墅都是这样的。

如意大利的其他大部分住房和旅店的门一样,这所房子的门也朴素而单薄。门板被漆成白色,上边没有镶嵌任何东西,仿佛是历史上最单薄、最没魅力的大门。门把手就像是一个小螺丝刀的手柄,你只能用大拇指和食指捏住它,根本没有门把手的样子。不过即便如此,它也要好于我们美国的门把手。美国的门把手总是变松,不用费力,用手轻轻一转就能动,但是门却打不开。窗户是十分得体的欧式改良品种,也如门一般一推就开,这样晚上插上以后,就不会发出嘎嘎的声响,因而影响不到人们的睡眠。卧室和客厅里的小壁炉十分精巧。后来,在"大撒哈拉"的屋子的南侧边缘,又搭了一个大的、十分醒目的德国炉子。

大理石的楼梯,红砖砌的二楼走廊,让房子十分安全,即使地震也不会倒塌。同时,大火也烧不毁它,因为可以燃烧的家具、窗帘和门几乎没有几件。有一天晚上,我家楼上一个房间的蜡烛烧着了窗帘,我被尖叫声和哭喊声惊醒,不知道发生了什么事,心里非常害怕,直到有人从窗户外告诉我家里的窗帘起火了。在美国,我一定会担心死的,但是,在这里我根本不用担心。我对他们说,不用管那火,去睡觉就行了。等他们上床以后,窗帘被燃光了,也就没什么别的东西可以燃烧了。在美国，我们总是夸耀自己的消防队是世界上效率最高、作用最好的，但是在欧洲，他们有更值得夸耀的东西，那就是通过合理的建筑体系就能让人们免受火灾的威胁，而根本不需要消防队。这样说来，我们所自夸的不过是应该羞于提起的事。

这栋别墅看起来非常敞亮，甚至可以称之为开阔。日光倾泻而入的时候，地面、墙壁以及天花板都闪闪发光，在友好地欢迎着来客。但是，在欧洲大陆，我从来没有发现在各方面都能达到美国家庭的标准的住所。美国的房子会给人一种感觉，就像一个不可传译的外国成语一样，外人难以理解其中的奥妙，无法用语言描述。总之，是一种无法触及的感觉，而正是这种感觉让美国的房子住上去像家，成为人类发明的最舒服的庇护场所。男人和女人共同创造了这个家，当然，女人的功劳更多些。美国的屋子里边涂上各种柔和的颜色，让你的眼睛感觉很舒服，能够得到休息。屋子的墙壁十分光滑，摸上去很舒服，顺滑、优雅。屋子里面的东西很多，又很有趣，能起到修饰的作用。而且到了晚上，屋子会变得更加迷人，人造灯发出若隐若现的粉色光晕，室内的气氛变得最温柔、舒适、迷人，让人留恋。但是在欧洲大陆的家，到了夜幕真的降临的时候，没有天然气或者电可以照明，只能用那丑陋而黯淡的酒精灯，根本奈何不了黑暗。

1892年9月29日

我好像所有事都可以忘记，除了剃头！无论把自己包裹得多么严实，还是感觉凉丝丝的，但是，最主要的麻烦事还是苍蝇。相比于其他地方，它们更喜欢我的头，我觉得是因为它们的视野的问题。以前我从来没有发现苍蝇的脚下有如此装备，它们好像有一双鹰爪，不管落在哪里，一下就抓进去了。它们不停地在我的头上走来走去，对我永无休止地折磨，那里就是它们的花园，它们的俱乐部，它们的夏季游乐场，它们在那里举行花园舞会、集会，以及各种狂欢活动。而且，它们无所畏惧，所有的苍蝇都非常勇敢，而我头上的这些比其他苍蝇更加厉害，你怎么都无法将他们吓走。而且，它们还比其他部落的苍蝇更加勤奋，早出晚归。还好，我也有聊以自慰的事。在这里，蚊子并不烦人。本来就没几只，而且不怎么喜欢喊叫，不是很吵。你只要稍微吓唬一下，它们就飞走了。如果你说英语，也许它们因为不懂，就能一下子印在脑海里，那么到晚上也不会再来了；如果你说话稍微严厉一些，就能听到它们的呜咽之声！我曾拿了一些蚊子蛋回家，如果这些小东西能够在我们的气候环境中养大，那么对于它们来说真是一件大好事。这里好像没有跳蚤，这是我们15个月来首次获得没有跳蚤的空闲期，其他任何地方，跳蚤的数量都超过了你能喂饱的量。

1892年10月1日

我发现那个马车夫正在厨房里吃饭，就重新跟他签订了合同，每个月30法郎的膳食费。这就是我们让他支付给我们的费用，我想这样只用两百美元就能雇他了，可以节省30美元。节约30美元总比一点不节约好。

这页日记让我重新想起了那时这件欠考虑的事，后来我就因此而受到了惩罚。我需要给车夫维多利奥小费，当然，我希望能知道具体的数目，所以我咨询了车夫的包工头，没有问其他人，谁也没问。他告诉我说每个月30法郎就可以了。后来有人告诉我这也有点多了，不过，也符合常理。除了多要钱就没有任何其他常理！但是，那个月末，车夫要求我额外再给15法郎的小费，我问他为什么，他说包工头已经从他那里把其他的小费都拿走了。但是当维多利奥在场的时候包工头否认了这一说法，维多利奥也改口了。包工头后来又说他这样干了，而且，他看起来就是这样做了，但是我还要听信他的话，因为他是车夫的翻译。包工头走了以后，车夫又重新找我要小费，因为我们喜欢他，也相信他，所以从此以后就每个月给他四十五法郎，并从来没有怀疑到包工头拿走了其中的2/3。后来当地居民告诉我们，这是惯例，包工头都会从他的工人那里提取一定份额的小费，而且，包工头也通常不会承认这种说法。那个包工头是最随和的一个人，非常会说话，让人觉得谈话非常惬意，说英语的口气就像天使，因此很难有人会对他有意见。但是，九个月来，他给我们配备了一群不中用的跛马来拉70吨重的马车，他本应该给我们配一辆更轻便一点的车以适合爬坡。如果我们稍微挑剔一些的话，肯定会让他给我们重新配的。

塞勒塔尼家族是共和国时期一个古老、声望显赫的家族，已经住在这个地方很多个世纪了。十月份，我们开始闻到一股从未闻到过的奇怪的辛辣难闻的气味，大家不知道它来源于哪里。不过，我觉得是那只小狗的味道，和家里人解释说，这种狗在迎着风的时候常常会发出这种味道。但实际上我知道，这根本不是狗的问题，而是那些我们新认的塞勒塔尼祖先们在作怪。我认为，他们被埋藏在房子底下的某个角落，实在应该想办法把他们挖出来，放在空气中通通风。但是，我错了。我私底下秘密地搜寻了一番，最后不得不还这些先人清白，因为我发现，这些刺鼻的气味并没有害处，它们是因为地窖某个进不去的地方储存了酿酒用的粮食。这个发现让我们开始有了幻想，那难闻的气味也开始变得令人愉悦了。但是，在这之前，这么久了，我们白白浪费了那么多令人作呕的消毒剂来冲洗房子，还因此赶走了狗，还不得不大部分时间都在院子里安营扎寨。为了清除这些恶臭，我们花了整整两个月的时间。最终大家闻到的不再是往日的臭味，而变成了酒香重新迎面扑来，我们带着泪水欢迎它的回归，并且，再也没有觉得它有什么不合适的了。

10月6日

我发现自己处在一个不利的情形里。屋子里有四个人都只说意大利语，一个人只说德语，其余的人则会说法语、英语或其他语言。对于这些语言，除了一两种之外，我都只懂一些皮毛。安吉洛说法语，他甚至可以为他说的法语申请一个专利，因为这是他自己发明的说法，别人几乎无法听懂，是巴别塔倒塌以来从来没有出现过的一种声音的混杂，一种足以让牛奶都能凝固的法语。比起自己的意大利土语，他更愿意说他的法语，他非常喜欢说它，对他来说，他的法语就是音乐，他绝不会让它孤单的。我们全家都希望用意大利语交流，但是对他根本没有产生任何影响，他不愿意改变，仍然用自己的法语回答问话。他那奇特的法语，刺耳的法语，怪诞的法语，听起来就像在煤矿的斜坡上往下铲无烟煤一样。我只知道少数几个意大利单词和句子。最开始的时候,我总是说得很快,并说一些生僻的词,以刺激安吉洛。但是,他一半是听不懂,而另一半则是根本不想弄懂,所以,我被迫暂时收回它们,但这只是暂时的,我还在练习、准备。总有一天,我要跟他交流,不是他那没用的法语,而是他的母语,我要用他地地道道的母语让他热血沸腾。

10月27日

第一个月过去了,我们都适应了新的生活。大家都觉得在佛罗伦萨的日子很舒适。这里气候宜人,景色秀丽,白天黑夜都静谧平和,仿佛世外桃源,远离尘嚣,如同美梦般让人满足。在这里,不用主持家务,不用作任何计划,不用管理任何生意,所有这些都顺其自然地运转。在这里你都很难注意到有人正在照顾你,就好像一个人不会察觉地球正在旋转,星座正在工作,太阳正在根据计划进行圆周运动一般。但是这里的生活就是这样,没有人感觉到自己受到关注,或有任何的责任。这里没有头头,没有首席执行官,每个仆人都只做好自己的事情,不需要任何管理,而且也没有任何管理。他们每周上交一次详尽的明细账单,然后这种机制又如同往常一样,继续自然而然地运行。楼上没有任何噪音、慌乱、争吵或困惑,我不知道外面有何进展。下午,朋友们从城里过来,在太阳下喝茶,告诉我们外边的世界正在发生着什么。傍晚,当巨大的太阳从佛罗伦萨的天空落下的时候,每天那仙境般的景致再次出现,大家都闭上嘴,屏住呼吸,沉浸在这梦幻中。

第 37 章
苏西去世

1896年8月18日,苏西在哈特福德的家中离开了这个世界。临终时陪伴在她身边的有吉恩、凯蒂·利里、约翰和爱伦(园丁和他的夫人)。当时,我、克拉拉和她的妈妈正在环球演讲旅行途中,我们7月31日抵达英国,在吉尔福德找了一栋房子,苏西、凯蒂和吉恩本该一周后从美国到这里和我们汇合,但是,我们却收到了一封信。

信上说苏西得了一点小病,并不严重,但是我们却有一种很不安的预感,发回电报询问最新消息。那天是星期五,一天都没有得到回音。船在第二天中午要离开索斯安普顿,克拉拉和她的妈妈便提前整理行装,免得来了不好的消息措手不及。之后又来了一封电报,写着"等明晨电报",我们更加担心了。天色已经不早了,于是,我又去了封电报,请他们把回电发到索斯安普顿。当晚,我守在邮局里,直到午夜邮局关门,我期盼着好消息,但是什么也没有等到。我们在家里一直默默守到清晨一点钟,等待,等待,不知道将会是一个什么结果。第二天，我们坐上最早的一班火车赶往索斯安普顿。抵达之前，电报已经到了，说苏西的恢复要花很长的时间，但是肯定会痊愈的。我长出一口气，但是我的妻子仍然很紧张，非常害怕，她和克拉拉马上乘轮船赶回美国去照顾苏西。我留了下来，开始在吉尔福德寻找一处稍大一点的房子。

三天以后，我的妻子和克拉拉刚在海上走了一半的路程，我正站在饭厅里。那时我并没有在想什么特殊的事，一封电报送到我的手上，上边写着："苏西今日病逝！"

人性真的很奇特，遭遇这样的晴天霹雳，没有任何准备，居然还能活下来。只有一个合理的解释，那就是，巨大的打击让他的脑子一下子懵了，剩下的功能只有搜集这些字句的含义。幸好他此时已经没有了完全理解这些字义的能力，脑子里只是模糊地感觉到遭受了巨大损失，就是这样的。大脑和记忆要花上几个月，甚至是几年的时间，才可能把所有的细节都搜集完整，从而搞清损失严重到了什么程度。一个人的房子烧毁了，断壁残垣只能说明多年来一直生活在那里，有着很多美好回忆的屋子成了一堆废墟。逐渐的，一天一天，一周一周地过去。起初，他很怀念这所房子，过一段，又想起这个，接着又想起那个，最后，他四处找寻，终于发现东西是在那间房子里。通常，这件东西才是最重要的，而且也是唯一的、无法取代的，恰恰就在那间房子里，但是却已经失去了，无法挽回了。拥有这件东西的时候，他还意识不到它的珍贵，如今失去了，才发现没有了它自己便什么都干不成，才意识到它是不可或缺的。必须要到很多年之后，失去重要东西这件事才能完全搞清楚，直到那时，他才能真正了解到自己的损失有多大!

8月18日,我得知了这个噩耗,而那母女俩正在大西洋的航行中,还不知道发生了什么,也不知道自己快速奔向的是一个惊天噩耗。此时,能够保护她们不要被这巨大的噩耗击倒的唯有亲人和朋友了。船半夜时分到港,直到清晨,亲戚朋友们才去码头接她们母女,而且也只见了克拉拉一个人。克拉拉返回船舱后,什么也没有说。她也不需要说什么,她的妈妈看着她,说:"苏西死了。"

当晚十点半,克拉拉和她的妈妈才彻底结束了这趟环球旅程,坐着一年零一个月一个星期之前带我们西行时的同一班火车和汽车,回到了埃尔迈拉城。而且,苏西也和我们走的时候一样,还在那里,只是,再不会像13个月以前向我们挥手告别时一样,在耀眼的日光中欢迎她们了,而是静静地躺在棺材里,躺在她出生的那个屋子里,面容苍白而美丽。

苏西生命中的最后13天是在我们哈特福德自己的房子里度过的,那是她少女时代的家,是她最心爱的地方。她最忠诚的老朋友们陪伴在她的身边。当她还在襁褓中就已经认识了她的牧师——推切尔先生,特地很快赶来陪她,还有她的姨父西奥多·克兰先生和姨妈,马车夫帕特里克,从苏西八岁起便开始为我们服务的凯蒂,以及跟随我们多年的约翰和爱伦,还有吉恩。

当妻子和克拉拉启程返美的时候,苏西的病情还很稳定。但是三个小时以后,脑膜炎发作,病情突然恶化,并马上就出现了死亡的征兆。那天是星期六,8月15日。

"那天晚上,她吃了最后一顿晚餐(吉恩给我的信中写道)。"

第二天，脑膜炎发作起来，她强忍着疼痛走了几步，精神有些错乱。最后，她实在太虚弱了，不得不回到床上。之前，她还发现壁橱里挂着一件妈妈穿过的睡袍，以为那是妈妈死去留下的，她亲吻着这件衣服，痛哭起来。大约中午的时候，她哭着告诉姨父，她的眼睛失明了（疾病导致的）。

我从吉恩的来信上摘抄下这句话：

"大约下午一点，苏西最后一次说话。"

她最后只说了一个字，表达了她深深的思念之情。她用手摸索着，抓住了凯蒂，爱抚着她的脸，叫道："妈妈……"

上帝多么仁慈宽厚啊，在她面对死亡，孤独绝望之际，还能赋予她这么美丽的幻觉，在黑暗的乌云过后，她的脑子中最后时刻剩下的是妈妈的身影，她最后体会到的是那美丽的幻觉所带来的快乐和安宁。

大约两点钟，她平静了下来，仿佛睡着了一般，从此以后就再也没有动一下。她进入了一种无意识状态，后来又一直这样过了两天零五个小时，一直到星期二晚上七点零七分，她终于解脱了，年龄定格在二十四岁零五个月。

23号，她的妈妈和姊妹们亲自送她下葬——她是我们生命中的奇迹，是我们的骄傲。

第 38 章
失去妻子

明天就是 6 月 5 号了，这是我人生中最惨痛的一天 —— 我失去了妻子。那是两年以前，在意大利的佛罗伦萨，我们把她带到那里，希望她的病体能够恢复健康。

这本自传是 1904 年初，我在佛罗伦萨的时候开始写的。由于后来愁肠百结，很快就停滞了下来，直到 1906 年 1 月，我才又重新拾起来写。这期间我没有写过一个字，因为我不知道自己如何能够详细地描述出那件悲哀的事，那段伤心往事，那悲伤的 22 个月。我希望能够粗略描述一下自己记忆中的那段空缺，这已经是我所能承受的极限了。

克莱门斯夫人生来就不是很强壮，以她那个身体，能否坚持环球旅行演讲 13 个月，我们都没有把握，不过，最终还算平安。1895 年 7 月 15 日，我们从埃尔迈拉城乘车西行，顶着夏季酷热的高温，踯躅前行，穿过那如火焰般炙热的森林。我每天晚上都要发表演讲，连续 32 天。虽然艰苦如斯，但是，抵达温哥华时，克莱门斯夫人的健康仍旧如出发时一般。并且，从那天开始，她的身体显现出好转的迹象，虽然炎炎夏日一直延续了五个月。从夏威夷群岛出发时是夏季，当我们10月份来到赤道南34°，抵达澳大利亚的悉尼时仍然是夏季，在新西兰和塔斯马尼亚时也都是夏天，1896年1月1日从墨尔本起航时仍旧是夏天，印度的锡兰（如今的斯里兰卡）常年是夏季。虽然孟买的英居民说那里算是冬天，但是，当1月份到了那里的时候发现，气候与我们7月中旬离开埃尔迈拉城时没什么不同，对我们来说，在印度时一直是夏天，直到我们3月17日离开为止。那时在杰伊布尔，一个英国医生告诉我们应该立即离开印度，前往加尔各答，因为热天随时可能光顾，那对我们来说是非常危险的。所以，我们在他们所谓的"冷天"里，强忍酷热，穿过拉瓦尔品第，赶往加尔各答，然后乘船转向南非，这期间，克莱门斯夫人的健康持续改善。在南非演讲期间，她和克拉拉一直陪着我，除了去比勒陀利亚那次，她从未生过一天病。

最后，我们终于在1896年7月14号结束了这波演讲，并于第二天乘船前往英国，于31日在南安普顿登岸。两周以后，听说苏西生病了，克莱门斯夫人和克拉拉乘船赶回国去照顾，结果却发现苏西已经躺在外祖母房间的棺材里了。

如今，家里其他人都到英国和我会合。我们先后抵达伦敦、瑞士、维也纳、瑞典，然后再次回到伦敦。一直到1900年10月，当我们乘船返回故里的时候，克莱门斯夫人的健康和体力都很棒，是她16岁遭受意外以来最好的状态。

我们在第五大街外西十街十四号住了一年。在这里，克莱门斯夫人开始透支自己的体力。那所房子很大，家务管理很耗神，实际上，在纽约她就一直这样，而她又不同意找一个管家。她总是坚持，再坚持。自从结婚那天开始，我就一直劝她找个管家，但从来都没有成功。社交应酬也严重透支了她的体力，让她不堪重负。在纽约，我的书信数量大幅增加，我和秘书已经处理不过来了。我发现，克莱门斯夫人一直在尽力帮助我们减轻负担。一天，写了 32 封简短的回信之后，我沮丧地发现，克莱门斯夫人也写了这些信。她原本就负担很重，如今又额外承担起这些任务，这对于她来说实在是超过了极限。

在欧洲九年半的日子，平静、清闲，可是如今她却一直要这样超负荷劳动，到了六月，负面影响就显露出来了。我让她在阿迪朗达克修养三个月，她的身体有了改善。后来，我们住进了在哈得孙河边地区租的一套房子，房子实在太大了，事务管理非常沉重。1902 年初期，她开始显露出神经衰弱的征兆，不过没多久，这次危机表面上也过去了。

到了六月底，我们在约克港近郊租了一套带家具的房子用以消夏。罗杰斯先生把他那全美水域中最快的汽艇"卡那华号"开了过来，停在我们住所附近的河边。我、克莱门斯夫人和吉恩一起走上汽艇之后，我才发现克莱门斯夫人并没有带佣人，因为她怕给罗杰斯先生添麻烦。这实在是一个错误的决定，因为罗杰斯先生原本就想把船直接交给她的。吉恩身体不好，克莱门斯夫人要照顾她，因为我什么也不会做，几乎没有任何用处，完全可以被忽略。如今说什么都晚了，她已经把全部家什和行李托运到约克港了。

那天天气真好，我们就像鸟儿一样掠过金光闪闪的海面，追上眼前能看到的所有船只，然后把它们一个个甩在身后。可惜，这些乐趣克莱门斯夫人都享受不到，因为她必须待在下面照顾吉恩。当夜幕降临的时候，天气恶劣，我们就到新伦敦港暂避。为了照顾吉恩，克莱门斯夫人没怎么休息和睡觉。第二天一早，我们开往费尔黑文，上岸去拜访罗杰斯先生的乡间别墅。原本克莱门斯夫人正好可以趁这个机会躺在汽艇的甲板上休息两三个钟头，可她非要一起去。她总是这样，把自己搞得精疲力竭。在前往约克港的途中，她仍然一路辛苦地护理吉恩。

她再次得到机会可以休息一下，但她再次放弃了。她不能休息，她从来不想休息。虽是血肉之躯，可是她却如蒸汽引擎一般，总是无休止地工作，超负荷劳作，损害着自己的身体。她的心脏很快拉起了警笛。12年之前，两个很有威望的哈特福德医生就曾要求她去法国萨瓦省泡温泉，并且告诉她，如果精心照料，她还能再活两年。两个萨瓦省的医生说如果照顾得当，她还能活更长的时间。罗马、佛罗伦萨以及柏林的名医都曾预言她有两年的时间。在德国的瑙海姆，一位医生给克莱门斯夫人诊断，检查后对我说，她并没有太重的病，估计能活很多年，而这位医生竟然是温泉官方公布的医生名册中排名最后的一位。我当时很恼火，感觉受到了侮辱，这样无知的初学者竟然拿人命当儿戏！我付过钱，当场就把他辞退了，没有给他说任何好话。但是，在这些看过的医生中，只有他的预言最准确，当我们在约克港住下来的时候，克莱门斯夫人已经活过了11年，这远远超过了其他所有医生的预言。

但是，正如我所说过的，在约克港，七月初的时候她的心脏已经开始发出危险的信号了。很快这警报就急剧恶化，不到两周，她便害怕驾车外出，任何快一点的动作都会让她感到心慌。她怕走下坡路，即使是那种在夏季暮色中几乎觉察不出的小坡也会让她害怕。她请求车夫勒着马一步一步地走过那些几乎察觉不到的小山坡，即使这样，她还会感到恐惧，一直紧张地看着车夫。如果马走得稍微快一点，她会立刻用一只手抓住我，一只手抓住车身，整个人极度恐慌。整个七月，她一直都是这个样子。

如今，又发生了一件离奇的事。豪威尔斯住在基特里角，距离我家坐电车要 45 分钟。在七月或者在八月初的一天，他第二次来看望我们。那是个下午，克莱门斯夫人正在她楼上的房间里休息。我和豪威尔斯坐在游廊上，望着下边的小河，聊天。没过多久，他就自然而然地转而讲述他一个朋友在生活中的悲惨遭遇，很快我们就发现，其中一两个感人的事件竟然很快重现在克莱门斯夫人身上。

那天下午，他坐在那儿讲述那个离奇的故事，我们谁都没有想到那竟是个预言。但是，它却在现实中应验了，我立刻把它整理成一个故事，用笔名寄给了《哈波斯月刊》。

约克港由分散各处的很多独立的小村子组成，这些小村子的名字都带约克：约克港、约克村、约克中心、西约克、东约克、南约克……我以为这些都是名字，但是不太确定，不过这并不重要，它们都被绑在一个简单明了的名字下——约克。大约 8 月 6 号，在这堆蜂窝般的村子里举行了一次庆祝活动，纪念美洲大陆上的自治政府成立250周年。在两三天里，白天举行奇特的边远殖民区游行、群众大会、演讲等活动，夜晚燃放焰火。

克莱门斯夫人就像年轻人一样，对这些事有着强烈的兴趣。对于我的演讲，她比我自己的兴致还高。这三天中，她白天坐车，晚上驾船，尽情地享受举行的一切活动，看不够，听不厌。但是她的体力透支得太厉害，负面影响很快就显露了出来。我费尽口舌才劝服她不赶过去看最后一晚的盛大演出，在两三英里外的游廊上观看焰火。可惜我干涉得太晚了，她的体力过度消耗得太多了。

第二天下午，她人生中最后一次参加了在这个世界上的活动，接待了一位来访的客人。原本这次接待没有什么特别的，也并没有什么值得纪念的，但是由于我天生无知，具有做蠢事让人不快的能力，因此，这次招待变得不一样了。来访的是位夫人，之前我们收到过她的自我介绍信，如今，她又应邀来我家做客，与我们共度下午的时光，共享晚餐。她是个美人儿，和我们说自己30岁了，并已结婚15年。她的仪态和她的英语都会让人误以为她的祖辈是外国人，她那别人念不出来的外国名字更加证实了这一点，任何没有经验的基督徒都不敢去尝试念出这个名字。但她根本不是外国人，她是地地道道的美国人，出生在美国，父母也是美国人，直到15岁，在巴黎嫁给了一个名字念不出来的外国人，之前从没有学过英语以外的任何语言。她说的英语精巧灵动，优雅易懂，但却不像英语。

她之前的介绍信是罗马尼亚的王后寄来的，用的是那种王室专用的大信封。信上说，持信人和她的丈夫——一位罗马尼亚贵族——已在罗马尼亚宫廷待了15年，她的丈夫曾在政府里担任要职。信上热情洋溢地赞美这位妻子，还说她是位造诣很深的音乐家，能胜任音乐教师，她回国后希望能以教学为生，王后陛下希望我能帮她这位在外的朋友介绍音乐课工作。

信是用英语写的，解释了为什么这个15年来一直生活在宫廷、获得宠信的人会突然流亡，过起了流浪的生活，没有朋友，孤独无助，不得不靠一技之长流汗挣生活。但是，当我们正要发现是什么原因导致了这样的灾难的时候——如果可以称之为灾难的话，正当我和妻子迫切地想要找到这个有趣的秘密的关键点时，王后改用法语写出了这个关键点。那是个短语，两三个字，但是合在一起，我们就从来没见过了，而且也猜不出它的意思。王后信上大体说，我已经忘记了原话，她的丈夫被迫辞去职务，退出宫廷，因为……然后便是那可恶的法国短语。当时我是气疯了，我希望自己从来没有学过法语，它只会在紧要关头误事。

下午三四点钟，我，克莱门斯夫人，还有漂亮的美籍外国人一起聚在游廊上闲聊。我刚拿到《北美评论》的最新一期，心痒难耐，十分想打开看看上边的内容，每张纸都散发出墨水的香味，诱惑着我。这位深受宫廷熏陶的贵妇有着敏锐的观察力，善于通过别人的姿势、神态等外在信息看透别人的内心感受和欲望。她看出了我的心思，然后非常可人地请我打开杂志读一下，我打心底里感激她。我翻开杂志，一下就被一位奥地利王子写的《欧洲大陆各国王宫和军方的决斗》吸引住了，我非常感兴趣，便大声朗读重点部分。这位王子是反对决斗风气的，他讲到了奥地利的将军和贵族为了废除这一风气所采取的措施——我认为这特别是指奥地利。在强烈控诉这一风气的过程中，他还专门评论了这样一个事实：在欧洲大陆，没有一个重要官员可以拒绝任何挑战，不管是什么原因，否则，这不仅会使他本人和他的家庭蒙羞，还会使他从此遭受所在社会的唾弃，甚至会被朋友们鄙视。

这时我恰巧抬起头来，发现这可怜的女人的脸变得如大理石般惨白，那句法语已经被翻译出来了！我停止了朗读，我们急忙转移到其他话题。

我说过，这是克莱门斯夫人一生中最后一次社交活动。她原本热衷于这项活动，从小姑娘时期开始，她就一直全身心地投入其中，如今，已经到了最后一次了——最后的篇章结束之后，就揭开了她在这个世界上最后一段时间的序幕。所以，我想就是因为这个特殊的原因，我也会记住这次社交活动，尽管它非常普通，并没有什么新奇，但对我来说，它是那么的不平凡，那么的不平淡，深深地刻在了我的脑海中，永不褪色。

第二天早上七点钟（8月11日），一声尖叫把我惊醒，我看到克莱门斯夫人站在卧室的另一端，靠着墙，喘着粗气，对我说："我要死了。"

我把她扶回床上，请来纽约的伦纳德医生。他说这是神经衰弱造成的，最好的治疗方法就是休息、避免打扰和精心照顾，没有其他好办法。从此开始，在接下来的22个月中，她的社交圈基本上只剩下医生和经验丰富的护士了。

接下来的60天，我们一直处于焦急之中。进入10月，是否能带她回河谷镇都成了一个问题——我们不能冒险动用罗杰斯的汽艇，她受不了海上的颠簸。最后，我们决定尝试用一种更拙劣的方案，叫了一辆专供病人使用的车。我之所以称之为拙劣的方案，是因为尽管车上有很大的空间，能够容下你所需要的所有的朋友、护士和医生，但是它有一项致命缺陷——供病人使用的床是固定的，不能移动。火车的每次颠簸、加速、转弯，效果都会传到病床上。我们搭上了一辆专车到了波士顿，绕过之后，又搭上了一班普通快车，及时赶到了纽约的大中央车站，一辆火车头已经等在那里，只用了15分钟就把我们送回了家。

身材魁梧的英国厨师把克莱门斯夫人接上楼，放在床上，交给经过专门培训的护士。当他关上那扇房门，就把现实永远地关在了那个卧室之外。莫法特医生每天来一到两次，每次待几分钟。他会根据需要向病人撒一些谎，那位经过专门培训的护士值班时也会说一些必要的谎话。克拉拉每天在那里守护三四个小时。实际上，这真是一份苦差事。每天她有十几次都要把危险的事实装在心里，用这些神圣的谎话挽留母亲的生命、希望和快乐，在这之前，她从未向她妈妈撒过一次谎，我可以说，从这以后，她几乎再没有对她妈妈说过一句真话。在妈妈的心里克拉拉的诚实是不容置疑的，这真是一件幸运的事，我们就是依靠它的保护才能每天免受灾难。妈妈从来没有怀疑过克拉拉的话，克拉拉可以讲一个天大的谎话而不会引起任何怀疑。而我，哪怕是说很小的一个谎话，情形也会完全不同，我没有克拉拉那样的信誉。可惜现在才开始努力保护信誉实在是太晚了。因此，在卧室里，我什么消息也不讲。幸好我每天只被允许进卧室一次，而且只有两分钟，护士站在门口，手里拿着表，时间一到马上把我赶出来，这保护了我。

我的卧室紧挨着克莱门斯夫人的卧室，中间隔着一大间浴室。我不能跟她讲话，不过可以写信跟她联系。每晚上，我都会把一封信从浴室门下塞进去，她的床就在门边。信里的内容不会涉及当前的情况，因此不会造成伤害。她也会回信，用铅笔，每天一到两次。开始，还写得很长，但是随着时间的推移，她的体质越来越虚弱，她每天颤颤巍巍地在小纸片上写字传达爱意，她就这样坚持着，一直到去世。

1904年6月5日，星期日，晚，11时15分。她已经去世两个小时了。这不可能。我机械地写下这些文字，没去想它们意味着什么，但是，这一切都是真的，只是我不愿承认。她是我的生命，可是，她却离开了；她是我所有的财富，如今，我变成了一个一无所有的乞丐。

那么突然，那么出乎意料！就在今天下午，我和克拉拉以及吉恩还在走廊里轻松地谈论她。克拉拉说："她今天比三个月来哪一天的状态都好"。接着，她有点儿担心害怕地说："罪过，罪过！"我们也急忙迷信地跟着重复了几遍。

仅仅是四个小时之前，我还坐在她的床边，克拉拉和吉恩正在吃晚饭。她精神很好，显得非常快乐，这可是过去这糟糕的几周中不曾出现过的。而且她要讲话，因为讲话很容易把她累垮，所以是不被允许的。但是她对吉恩和我出去拜访的事非常感兴趣，问到了我们看望的所有人，这和从前的她一样。她还不时地笑，那种发自内心的微笑如同阳光般驱散了数周以来的层层乌云和可怕的恐惧。我的精神也为之一振，甚至都觉得没什么是不可能的了，我觉得她就要能走路了，要重新回到我们身边了。她谈到了乡间的那栋房子，好像她身体强壮到能去那里似的，这可把我吓了一跳，我们一个月前买下那栋房子的时候几乎已经就放弃了这个想法了。这让我再次精神一振，觉得那里寄存着我们的幸福。接着，她感觉到了自己身体的衰弱，说，如果不能去，我们也不必放在心上，安心留在这里，她相信天气不会热得受不了的。我鼓励她说以后绝不会有比今天更热的时候了，她的卧室永远会和今天一样凉快。可怜的给疾病拖垮了的人儿，她是多么热爱生命啊！她多么渴望、多么期盼能熬过这艰难的一关啊！过去整整22个月中，她被缚住了手脚，万般孤独，身体承受着巨大痛苦，她哀婉的眼神不停地在我们的眼中搜寻希望。在这些痛苦的月份中，我们是如何一本正经地对她撒谎，嘴上说她肯定能好起来，但是心里却觉得没有任何希望的啊！仅仅四个小时以前——可是，现在，她却躺在那里，面容苍白，一动不动。

　　她的精神和活力欺骗了我，我待了太长的时间，本来只许说一句话，吻一下，可是我却整整待了半个小时。我不断地责怪自己，说自己不该这样，不过她却说那没关系，用她特有的方式万般地爱抚我，一如过去的34年。她又问道："你会再来吧？"我说："是的，我还会来说晚安的。"意思是在九点半的时候，和几个月来一样，来和她道晚安。像往常一样，我在门口站一分钟，身子探向里边，给她个飞吻，她也回了个飞吻。她的脸光彩照人，露出从未有过的笑容。我做梦也没有想到，这竟是我平生最后一次看这张亲爱的脸。可这却是真的。

很长一段时间，我坐在房间里，陷入了沉思，内心充斥着满足感，压在心头的重负竟然奇迹般地不见了。在这艰辛的几个月中，我第一次感受到了内心的平静。接着，精神竟再次昂扬起来，让我非常兴奋。受此影响，我做了一件自从失去我们的苏西宝贝以来的八年中从未做过的一件事，而她的离去给她妈妈的心灵造成了永远无法治愈的创伤——我走向钢琴，唱起了那首古老的歌曲，那支奇异的黑人圣歌。这支歌，只有苏西和她的妈妈喜爱，其他人都不感兴趣。每逢我唱的时候，苏西总是过来静静聆听，她走了以后，我也失去了唱这些歌的兴趣。没有她在场的鼓励，我缺乏唱起来的力量和感情。但是现在，那力量和感情又重新回来了，我充满了力量，充满了活力，仿佛又回到了八年前。当唱到"我主召唤我，我主用惊雷召唤我"时，吉恩轻轻地走了进来，坐下。我感到非常诧异，也很尴尬，我停了下来。不过，当她要求我继续唱下去时，尴尬不见了，只剩下一点诧异，我感到了快乐和鼓舞。费了好大劲，我一点点回忆起诸多已经忘记的歌词。吉恩一直待在那里，直到一个佣人把她叫了出去。过了一会儿，我回到自己的房间，现在应该下楼去和莉薇说晚安了，因为已经九点一刻了，我不能在九点半以后再去。而那个时刻，莉薇已经要不行了！

在楼梯口，我遇见了莱昂小姐，她来找我。不过我并没有往坏处想，我只是猜测可能我们的老凯蒂认为莉薇累了，应该叫她安静下来，好好睡一晚。下楼的时候，我在路上想好了要和莉薇说的一句话："莉薇，吉恩夸我唱得好了，这是自从我们已故的——不，我决不能这么说，提起苏西，她的心会碎的，那样她就更睡不好了。我永远也想不到，她已经永远地睡着了！

莉薇坐在床上，头向前倾——她已经有七个月没能躺下睡觉了——凯蒂坐在床的这一侧，护士在那一侧，支撑着她。克拉拉和吉恩站在床脚，目光待在滞。我绕过去，俯下身来，望着莉薇的脸，我好像和她说话了，我记不得了，不过她并没有回答我。这让我感到非常奇怪，我还没有明白是怎么回事，我一直望着她，充满了疑问——仍然没有想到已经发生了什么！接着，克拉拉说："这难道是真的么，凯蒂？是真的么？这绝不可能是真的啊！"凯蒂一下子就哭了起来。终于，我知道发生了什么。

时间定格在9点20分，仅仅五分钟前，她还在说话。她听到了我的声音，对护士说："他在给我唱那支祝晚安的颂歌。"她们没有想到她已临近死亡，她那么高兴，还在说话——可是，突然之间，她就走了。我多么感谢她没有忍受太多的挣扎就离开了，那是她一直害怕的。我也一直为此替她害怕。过去四个月中，她曾先后五次，每次都有一个多小时与死神搏斗，维持着一点点微弱的呼吸，她一直害怕会在窒息中挣扎着死去。她能这样静静地、轻轻地因心力衰竭而死，实在是不幸中的大幸，可是——她再也不能知道了，再也不能知道了！

对我来说，她是最美丽的天使，她是最高尚的人。可如今，她离我而去了。

第 39 章
克拉拉的艰难任务

我说过克拉拉这份任务非常艰难，事实也是如此。那些日子，我曾多次在写给朋友们的信中描述克拉拉的艰辛，其中一封信是在1902年底写给苏西·克兰的，那是我们从约克港回来两个半月以后。

圣诞节前几天，吉恩和年轻的道奇夫妇一起，在雪地滑行、坐雪橇，玩了好长时间以后回到家里，坐下来之后身上穿着皮大衣，出了很多汗，没过不久就染上了严重的风寒。我们很快给她请了医生，但是，到圣诞节前夕，她病得更加严重了，已经发展成双叶肺炎了。从那时开始，一直到写这封信，情况一直都非常吓人。这么长时间，她妈妈从没有怀疑过出了什么状况，她每天都向克拉拉询问吉恩的健康状况，精神状况，穿着状况，消遣以及娱乐状况，她玩得高兴不高兴。克拉拉便把这些信息都编好，一项一项地讲给她听。当然，每个字都是编造的，她每天必须汇报吉恩穿什么衣服。她一遍一遍地反复利用吉恩原来那些衣服编故事，当感到厌烦的时候，她就尝试用其他的衣服来制造些新的效果。最后，为了减轻编造的负担，她又给吉恩凭空添了很多新的行头。如果不是妈妈的提醒，克拉拉也许会把吉恩的衣服虚构到现在的两三倍那么多。她妈妈提醒她说，吉恩添置的这些奇怪的衣服和物品已经超出了家庭在这方面的开支预算了。

当然，必须请一个专业的护士护理吉恩，这个护士叫托宾。吉恩卧室的位置正好在她妈妈那房间相反方向的尽头，因此医生和护士们来来去去，她妈妈也没有觉察到。到1月中旬或者1月底的时候，吉恩能四处走了，医生主张给她换个环境，说应该把她送到南方的老康福疗养院去。吉恩走了，凯蒂和托宾小姐陪她一起去的，她们在那里待了六个星期。不过，不管是吉恩还是凯蒂都无法忍受那个护士，她们没待满预期时间就回到了河谷镇。

吉恩离开家的这段时间，克莱门斯夫人一直都以为她在家，健健康康的，跟这一带的那些年轻姑娘们一样，整天快快乐乐的，所以非常高兴。克拉拉每天向妈妈汇报吉恩的动向。某一天，她会报告说吉恩正忙着弄自己的木雕，第二天，她又说吉恩正在努力学语言，第三天，她会说吉恩正忙着帮我打字。一段时间以后，就像之前利用衣服编故事一样，克拉拉对这些陈词滥调也厌倦了。

这里是我给苏西·克兰的一封信。

克拉拉的一天

在床上,晚上九点

河谷镇,1902年12月29日

我亲爱的苏西,两个小时以前,克拉拉给我讲了她今天做的事,当然,因为细节太多了,所以有些我记不清楚了。不过,以你在约克港的经验,知道向病人说谎的难度,你至少应该猜得到,那个可怜的孩子每天过的是什么日子,每天都要小心翼翼地在圈套和陷阱中摸索前进,每小时都有两到三次几乎要露馅了。

[今天,吉恩的另一叶肺发炎了,晚上病情可能会恶化,早晨要去请詹伟医生,他整晚都要待在这里。]

当然,因为吉恩,今天克拉拉没有去纽约上周一的课——不过她故意装作把这件事给忘了。在火车开动前,她走进妈妈的房间(不是原本需要去的时间),身上披着睡衣。

莉薇:怎么,克拉拉,你没去上课?

克拉拉:(几乎露出了破绽)是的,我要去的。

莉薇:穿成这样?

克拉拉:哦,不。

莉薇:哦,你已经赶不上火车了,时间来不及了。

克拉拉:我知道,我准备搭下一班。

莉薇:实际上那也不行——那样也太晚了。

克拉拉：不会的，上课时间推迟了一个小时（原话）。

莉薇：(消除了疑惑，突然间又说)可是，克拉拉，火车赶下一班，课推迟了，那么你赶不上到哈普古德夫人家赴午宴了。

克拉拉：不是的，火车比往常早开15分钟（原话）。

莉薇：(满意)告诉哈普古德夫人……（克拉拉全都应承下来），亲爱的克拉拉，我真不想麻烦你，不过你是否能在中饭以后帮我买两三样东西？真是过意不去，为了这点小事让莱昂小姐跑到纽约那么远去。

克拉拉：哦，不麻烦，我方便（拿了她要买东西的单子，她一会儿要把这单子交给莱昂小姐，请她到纽约去买）。

莉薇：(沉思)叫什么名字的？托宾，托比，不，是托宾，托宾小姐。

克拉拉：(吓得一激灵，觉得寒气入骨，不过并没有表现出什么，托宾小姐是照顾吉恩的那个护士)什么托宾，托宾小姐是谁？

莉薇：一个护士，经过训练的，他们说她非常好，话不多，你见过她么？

克拉拉：(几近绝望，在这不可思议的紧急情况下不知道说什么)见过她？一位叫托宾的小姐？不，没见过，她是谁？

莉薇：(克拉拉长出一口气)哦，我不知道，医生提起她，夸奖她。我猜也许是暗示我们应该增加一个护士了，不过我没有搭腔，他就不再提了。谢莉小姐一个人就够了，我们不需要别人了，如果他和你提起这件事，你也别同意。亲爱的，该穿衣服了，别忘了把我告诉你的话转达给哈普古德夫人。

[克拉拉走了出来，惊魂未定，发现谢莉小姐正在厅里等她。

她们又一起练习了一遍编好的谎话，以便相互保护。克拉拉到吉恩的屋里转了一圈，照例待在了几分钟，但不允许吉恩讲话。到下午三四点钟，菜昂小姐从纽约买回东西，她接过来，想好该说的话，然后走进她妈妈的卧室。]

莉薇：亲爱的，你真是太好了。当然，要是我早知道会下雪，路这么泥泞，我就不会叫你去买了，淋湿了吧？

克拉拉：哦，没事。

莉薇：来回都坐了出租马车吧？

克拉拉：从车站去上课的路上没有坐，一直到课结束，天气都很好。

莉薇：好，那么现在给我讲讲哈普古德夫人说的事。

[克拉拉讲了一大篇谎话，避免讲新鲜事、奇怪的事，以及任何可能引发难以回答的疑问的事。当然，她非常详细地描述了那些菜，因为这顿饭是五千美元，莉薇肯定坚持要问吃的是什么样的面包，什么样的鱼，渐渐的，当讲到其他东西的时候]

莉薇：蛤蜊！在12月底！你确定真的是蛤蜊么？

克拉拉：我没有说是蛤蜊，我的意思是蓝点。

莉薇：（平静了下来）听起来感觉有点古怪。吉恩在做什么？

克拉拉：她说有些字要打。[当然是谎话，吉恩只能勉强活着。]

莉薇：她今天出门了么？

克拉拉：只出去了一会儿，刚吃过中饭以后。她还想再出去，不过……

莉薇：你如何知道她出去过的？

克拉拉：（及时圆场）凯蒂告诉我的，她还要冒着雨雪出去，被我劝住了。

莉薇（感动，感激，羡慕）克拉拉，你真棒！你这样看着她很明智，而且，你还能管得住她。你真是太好了，可我如今躺在这里，不能亲自照顾她。（她就这样不停地夸奖克拉拉，而这些值得夸奖的事都没有发生过，直到把克拉拉夸奖得不好意思起来。）约翰·豪威尔斯昨天看起来怎么样？

克拉拉：哦，他很好。当然，这么大一间餐厅，桌子上只有两个人，显得太孤单了些。

莉薇：怎么只有两个人？

克拉拉：（愚蠢的）嗯，嗯，爸爸不算数。

莉薇：可是吉恩也不算数么？

克拉拉：（几乎露出了破绽）怎么会，是的，她当然算——但是她没怎么说话——一直不说话。

莉薇：她跟你一起散步了吗？

克拉拉：就一会儿，然后碰到了道奇夫妇，她们就出去滑雪橇了。

莉薇：（奇怪地）礼拜天？

克拉拉：（为难了一会儿）嗯，他们并不是每个礼拜天都去，上个礼拜天就没有去。

[莉薇显然满意了。几个星期前，吉恩曾说过，克拉拉是唯一的一个能把难以置信的谎话讲给妈妈，而妈妈会相信的人，因为克拉拉过去从没有对她说过谎话。]

莉薇：马克·杭柏格什么时候来的？

克拉拉：就在约翰正要离开的时候。

莉薇：我一直在等着听钢琴声，没有音乐他不觉得闷么？你为什么不叫他弹弹钢琴？

克拉拉：我曾提过，不过他有点头痛（谎话）。

[钢琴离吉恩太近了，会打扰她休息的。]

苏西姨妈，大概就是这个样子，我省去了很多细节，克拉拉经常会碰到这些几乎就露馅的事情，必须得临场编一些借口和谎言，才侥幸躲了过去，奇迹般地度过危机。如果没有那么让心心碎的事的话，这些事听起来还真有点滑稽呢。

我十分想请您来，但是医生不会让您看莉薇的，如果他让——不，他肯定不会同意的。

12月30日上午六点（大概黎明的时候），我刚去了吉恩的房间，发现那里非常安静，吉恩正在睡梦中。托宾小姐低声地说："她昨晚睡得很好"。医生（和克拉拉）晚上去看过几回，见一切都太平，便回去睡了。

克拉拉这样斗智斗勇地坚持了两个半月，艰难可想而知！而且，还得这样继续斗争一年半，将要有多少困境和危机等待着她啊。下面我再举一个例子：

给约瑟夫·赫·推切尔牧师的信

河谷镇,哈德逊河畔

艰难的公元1902年的最后一天

亲爱的乔:

现在是上午十点,你昨天的问候邮差刚刚送到。昨天下午三点左右,发生了一件让人难忘的事。那时,我跟莉薇一起待在了两分钟(那个经验丰富的护士手里一直拿着表计时),这是三个半月以来头一次让我超过限制待在这么长时间。

莉薇容光焕发!(这么说,我并没有告诉她"七天来吉恩害肺炎一直卧床不起"这件事,没有毁了她的好状态。)

乔,这周中其他时间的细节你基本可以从我的《天堂?还是地狱?》的圣诞节故事(载于《哈珀斯》)中了解到。里边记述的大都是真实发生的,是我八、九月份的时候在约克港写的。

在那个故事中,母女两人都得了病,由两个上了年纪的阿姨照顾,当然还有医生,尽管我压缩了关于他的内容。在河谷镇的家中,医生、克拉拉和谢莉小姐(莉薇的护士)都是说谎者,他们都是整装待发的谎言家。我今天要再见到莉薇两三分钟,她估计会说:"早饭时你在跟谁讲话?我听像一个男人的声音。"(我会不知道怎么回答的)(那个男人是医生,他整晚都在这里陪着吉恩。本来,他在中午之前不会来看莉薇的,他住在两三英里远的地方)。莉薇在早饭期间就派谢莉小姐下楼来问了这件事,商量之后我们三个人决定告诉她是一个陌生人,莉薇很有可能问我是什么样的一个陌生人,所以,我必须要找出一个合适的人来应付过去。

昨天上午九点的时候医生离开了,他要赶到扬克斯出诊,然后再回来看莉薇。但是,今天早晨,在离这儿约半英里远的地方,他还有一个病人。为了缩短行程,他想吃过早饭后直接去看莉薇,所以他派人问莉薇,说自己恰好经过,能否现在就上来看望她呢?莉薇同意了,医生就直接上来了。实际上,他应该别说话的,可惜,不知道哪根筋不对了,医生竟然说:

"克莱门斯先生说你比上次在约克的时候明显好转一些了。"

听医生这样说,莉薇马上问道:

"什么?你怎么见过他了?从昨天下午开始,你什么时候来见过他了?"

幸运的是,医生并没有顺着她的思路说下去,而是冷静地回答道:

"一分钟前我进来的时候在大厅里碰到他的。"

既然这样说了,接下来,他必须把谢莉小姐拉到外边,跟她说好,让她向我解释他是如何碰巧从我那里知道了病人的病情的。为了保险起见,他设法找到我,亲自告诉我情况,然后再找到克拉拉,告诉克拉拉该如何说。因为虽然那时候上午克拉拉并不值班,但是,每天上午谢莉小姐出去跟厨师交代莉薇一天的饮食的时候,克拉拉就要顶替她一会儿。

我们每天下午都会过来看望莉薇,除非她前一天晚上睡得不好。站在那里的时候我总是很害怕,尽管我已经练习过该说什么了,但是我还是担心一旦有什么突发情况，我这个拙劣的说谎者会露馅。然而，在病房中，唯一有用的就是时刻保持警惕，并且能在危急时刻用谎言自圆其说。

啊，乔，你看，信誉是多么的重要。克拉拉平时只对莉薇讲真话，如今她得到了回报：她每天对莉薇讲三个半小时的谎话，而莉薇句句都信以为真！而换成了我，即便说的是真话，在没有确证之前，我也无法赢得莉薇多少信任。

即使不算这项新任务——吉恩的事，克拉拉也早就用脑过度了。当然，我们不想让吉恩知道她自己的病情有多危险，也不想让她知道每晚医生都在离她只有30英尺远的地方休息。昨天早晨，太阳刚刚升起，克拉拉将医生的医嘱交给看护吉恩的护士，克拉拉当时实在太疲倦了，脑子有些迟钝，因此，在告诉护士的时候被吉恩听到了。吉恩马上问道：

"为什么医生会在这里——妈妈病情恶化了么？"

克拉拉一下子反应过来了，回答道：

"没有，这份医嘱是医生昨天晚上打电话通知的，医生说要等到今天早晨六七点钟的时候就照这个办。"

今天早晨，克拉拉又一次疏忽了。她当时正在通往吉恩卧室的一个长长的走廊上，她对凯蒂大声喊道："把这个送到医生的房间里去！"

发觉不对劲，她马上飞奔到吉恩的卧室，打算撒个谎搪塞过去。幸好，吉恩正在睡觉，没有听到。

我真希望克拉拉能别这么过度劳累，那样一来，她就可以拿起笔，把在妈妈房间里某个下午发生的事，一件件全部详细地记下来了。例如，前天（星期一），我们每个人都被吉恩吓死了，为她焦急得要命，她的两片肺叶都感染了，体温达到了104.4华氏度，脉搏剧烈跳动，脸烧得通红。家里人的脸都绷得紧紧的，急得团团转。克拉拉心如刀割，但是却强颜欢笑地坐在那里，和幸福的母亲聊吉恩的那些快乐时光，与道奇夫妇一起在雪上滑行，冬季那些美好而难忘的日子！……

乔，莉薇算是这些人中最快乐的一个了。整整一周，她都很快乐。可这是怎样的一周啊！人生的大悲、大喜都在这一周中发生了！

吉恩昨晚终于睡了一个好觉，她已经按照我们所希望的那样正在慢慢地好起来。

乔，别再让那些人来邀请我了——我实在走不开，我已经取消了所有的邀约，一年之内是不会再接受别的邀请了。

关于我六十七岁生日的那次宴会，会有一个详细的报告，由哈维上校发表，作为纪念。当然了，他会把这份回忆录发给所有的客人，如果他不小心忘了你就告诉我一声——他绝不会忘的。

马上要轮到我去陪莉薇了，刚才起床之后，我去她的门口听了一下。这么多个月以来第一次我又听到了她发出昔日少女般的笑声，但如果我说错一个字，就能让她的血液立刻凝固起来。

附　记

1902年

12月31日下午五点，我坐在莉薇的卧室外等着去看她，可是结果让我大失所望！克拉拉刚刚出来，说莉薇状况不太好，护士这几天不让我进去看她了。说完后，克拉拉就开始低声说一些别的事。为了编造吉恩的消遣娱乐，她谎称已经在下午让吉恩去纽约看了白天举行的一场音乐会。莉薇比较满意，不过马上又问音乐会的名字，克拉拉一下就难住了，她不知道该说哪一个——实际上突然之间她也想不到一个名字。但是，总犹豫也不行，所以她谎称吉恩并没有提到剧名，不过说是很想再次看看法伊·戴维斯。

解释还算合理，这件事到此为止了。然后，莉薇又问道：

"你的爸爸愿意明晚与你和吉恩一起去吗（到卡内基剧院）？"

"哦，是的。你病了以后，他可改好啦，凡是听说你要他干的，他从不抱怨，即使让他做自己最不愿做的事，他也会欣然同意。如今，怕你都要认不出他来了，他现在已经完全变了——他为此非常骄傲，他——"

如此等等争取时间，争取时间来编出一些要说的话。她一周前已经把戏票寄了回去，附了一张纸条，解释我们不能去的原因，这事本来她已经忘了，如今，突然又从陈芝麻烂谷子中冒了出来，这是相当危险的，必须要谨慎再谨慎。（莉薇喜欢我年轻时的作品《丧饼》，十分希望看过的人能讲给她听）

"还有谁去呢？"

"玛丽·富特——伊丽莎白·道奇，恩——我想，就这么多人。"

"哦？为什么吉恩邀请了伊丽莎白却没有邀请她的姐姐呢？"

（克拉拉根本就是忘了还有个姐姐，所以，只好解释道，自己确实记不清了，不过，好像是听吉恩提到姐姐的。）

"嗯，那你再问问她，确认一下。不过，这是她邀请的所有的人么，那个包厢那么大，那个经理也非常好，但是，这样的话，包厢实在显得太冷清了。"

所以，莉薇又开始担心了。

"哦，妈妈，你根本不用担心，吉恩会让包厢塞满人的，她提到一些名字，不过那时我正在做饭，所以没有太注意。"

克拉拉说到这里就打住了，当然，这差事就落到我头上来了，因为她说：

"到后天，她肯定会寻根问底，我实在没法讲出细节，现在我都已经忘了，你明天必须得对我详详细细讲一遍。"

然后，她必须马上回到莉薇的卧室——也许还要解释为什么耽搁这么久。

这实在是个大难题，莉薇记得《丧饼》这个故事，而我却记不得了，那是我三年前写的，甚至更久了。我觉得只好这样给克拉拉讲一讲大致的梗概了：

"先总体讲一下故事，概括性地，讲讲布景，讲讲服装，再讲讲那个老护国公如何直率，如何善良；还有那个小孩又是多么的天真可爱、无所畏惧，那穷困的父母又是多么可怜地弓着腰，多么的无助，如此等等，以及伦敦塔看起来如何自然逼真，制作得多么完美。抓住伦敦塔做文章，莉薇非常了解伦敦塔——让伦敦塔最大程度地发挥效用，一直围绕着它。如果讲不下去，就说"哦，但是伦敦塔！啊，伦敦塔！然后好好竖起耳朵，你的妈妈就会不自觉地给你补充细节的。她会讲，那个小孩怎么冒冒失失地自己爬上克伦威尔的膝盖——这时，你一定要在中间插话，说'哦，您真应该亲自去看看！'她还会说道：'当那个小孩把红色的圣饼放到他爸爸手里的时候——'你就再插话说：'妈妈，实在是太可怜了——我能听到在场的所有人都在啜泣。'她会问：'当那个小女孩飞奔向克伦威尔，把他强拖硬拽出来踩着脚的时候，那个孩子演得怎么？'你就插话进去说：'非常棒！您真该到现场去，实在是演得太好了！'"

1903年1月1日

医生昨晚上没有待在这里。正当我要换衣服准备吃晚饭的时候，莉薇的护士跑来找我。我在莉薇那里待在了四分钟，她精神很好，就像25年前的样子。

今天早晨，她给我送来了新年祝福，并且告诉我昨晚睡得很好。

吉恩昨晚也睡得很好，已经不像前几天看起来那么萎靡、困顿了，她不停地睡觉，体温也在今天早晨下降到正常范围之内了，一切看起来都很顺利。

1月28日

莉薇昨天不太好，所以医生刚刚对我说接下来的几天不要每天都去看望她了。开始的时候，这让她有点担心，对她的病会产生一些负面影响，但是慢慢的，这样决定的明智之处就会显示出来的。

凯蒂和吉恩一起去了老康福疗养院，这又带来了新的麻烦。莉薇每天都要克拉拉给凯蒂传达她的要求，这几个月以来，莉薇的饭菜都是凯蒂专门为她准备的。如今，莉薇希望她能多费点心思——过去几天的饭菜准备得越来越马虎了，达不到莉薇的标准！老天爷啊，我们实在是没法冒充凯蒂的烹饪技术啊！

你永远的朋友
马克

吉恩正在老康福修养，克拉拉已经请朱迪过来帮忙了，我们都热切地盼望着她能来。

10月将尽的时候，我们把克莱门斯夫人抬上了船，同去的还有出色的谢莉护士小姐。11月9日我们到了佛罗伦萨，然后把克莱门斯夫人送到了让人讨厌的迪·夸特别墅。克莱门斯夫人从一开始便注定劫数难逃，只是她一直没有疑心到这一点，我们也没有想到这一层。一生中，她得过几次重病，不过神奇的康复能力每次都帮助她转危为安。我们一直处于恐惧、焦急和忧虑之中，不过，我觉得大家从没有真正丧失过信心，至少在近两三周以前是这样的。她看起来也没有丧失希望，我们从没有想到过她会丧失希望，所以，在最后，当她神色凄凉地看着我，说"你觉得我还能好么"的时候，我这才发现她的情绪不对。她的希望正在逐渐消逝，以前她从来没有这样问过。

在过去的五个月中，我一直在寻找另外一幢让人满意的别墅。我认为，只要把克莱门斯夫人从迪·夸特别墅搬出来，融入更加轻松的环境，让她摆脱那些不好的联想，那么无论她的精神还是身体都会受益的。我发现很多别墅都有很多让人喜爱的优点，但是，却也都缺少一两个必不可少的优点，而这对于病人的康复却是不可或缺的。最后，在6月4日，星期六，我终于听说有一处能满足所有条件的地方。星期天下午，吉恩和我一起坐车去考察，结果我们都很满意，甚至有些兴奋，价格只有三万美元，我们立马就可以买下来。

我们在下午五点钟赶到家，我带着这个好消息一直等到七点。每天我都被准许去病房两三次，每次待在15分钟。而这三次中，最晚一次是在晚上七点，不过，我还被特批在晚上九点的时候进去向她道晚安。那天晚上七点，我来到床边，给她描述我们去看的那座别墅，给她看设计图纸。我说，如果她乐意，我们明天就去把它买下来，如果身体允许，我们立马就让她搬进去。她非常高兴，十分满意，几个星期以来一直如大理石般雪白的脸一下子容光焕发起来。

第 40 章
我们是盎格鲁—撒克逊人

我们一直都在教育着欧洲人。125年以来,我们一直这样做,不管教的是善还是恶。并不是别人选我们这样做的,而是我们自己要这样的,因为我们是日耳曼民族的盎格鲁—撒克逊人种。在名为"地球边缘"的俱乐部去年冬天举办的宴会上,俱乐部主席,一位退休的高级陆军军官,就曾热烈地大声宣告:"我们是盎格鲁—撒克逊人种,盎格鲁—撒克逊人想要得到什么东西,他就去攫取什么。"

当时,那里大概有75个老百姓和25个海陆军人,大家为之热烈地鼓掌,为之疯狂,雷鸣般的欢呼声持续了将近两分钟。与此同时,从肝脏里,或肠子里,或食道里,不管从哪里吧,迸发出这感情的那位受到神祇的先知,屹立在那里,神采飞扬,容光焕发,满脸笑容,每一个汗毛孔中都放射出快乐的光芒。

军人那番慷慨激昂的讲话,已经被他自己的那帮伙伴诠释得最明白不过了,翻译出来就是:英国人和美国人都是小偷、拦路抢劫犯、海盗，而我们，则因为是这三种身份的结合体而感到骄傲。

在场的所有英国人和美国人，没有一个人敢体面地站起来，说自己以是以盎格鲁—撒克逊人而感到羞耻，甚至是以作为人类的一员而感到羞耻，此后，人类就不得不忍受盎格鲁—撒克逊人所有的污点。而我也做不到这一点。我也不能发脾气，不能彰显自己的正义感和高尚情操，不能搬出礼法的基本教条来教训这群外表体面、内心无知的人，因为他们领会不了，也理解不了。

看到人们对那个军人先知如臭屁般的言论无知地抒发来自心底的欢快之情，实在让人感到惊讶。从另一个角度来看，这就是一个昭示，民众心里的秘密昭然若揭。因为这是一次代表集会，所有推动民族文明前进的机器的重要部件都在场，律师、银行家、商人、制造商、记者、政客、军人、水兵，他们都在。显然，这可以看作是美利坚合众国举行的宴会，有资格代表全民族，昭示出暗藏的道德准则。

人们对这一奇怪观点的拥护，绝非出于一时失误而流露出内心的真实想法，也不是稍微思考之后就可以悔改的，后边发生的事清晰地证明了这一点。在这之后，聚会上的演讲者一旦发现自己的讲话根本不能引起人们的兴趣、让人们感觉乏味的时候，他只需要重申一遍那个盎格鲁——撒克逊的伟大格言，马上就会引起一阵暴风雨般的掌声。毕竟，这不过是人类举行的一次展示会。人类拥有一个与众不同的特点，那就是能保有两套道德法则，一套是私下而真实的，一套是公开而虚假的。

我们公开的格言是"我们信赖上帝"。但是，当我们看到这些高尚的格言被刻在用于交易的一美元钱币上时，这些词常常是带着虔诚的感情在颤抖和呜咽。这就是我们公共的格言，它与暗藏在我们心底的格言形成鲜明的对比："盎格鲁——撒克逊人种想要得到什么东西，他就去攫取什么。"我们的公共道德法则不但堂而皇之，而且友善仁慈，它暗示着我们是一个优雅的民族，是由千千万万亲如兄弟的人结成的一个"合众国"，而我们私下的道德准则却在这神圣的语句下散发出另一种光芒："快来及时行乐吧！"

我们从专制的欧洲引入了帝国主义思想，同时也引入了我们奇怪的爱国主义观念。也就是说，如果我们拥有一个任何人都可以清晰明确定义的爱国主义原则，那么它一定就是公平。反过来，我们也应该用这些以及从欧洲获得的其他准则来教导欧洲人。

大约一个多世纪以前，我们曾赋予过欧洲曾经拥有过的自由观念，从而大大地推动了法国大革命，这份硕果也有我们的一份功劳。从此以后，我们又教会了欧洲人很多事情。如果不是我们，欧洲人也许永远不会知道新闻记者；如果不是我们，某些欧洲国家也许永远都不会知道重税带来的好处；如果不是我们，欧洲食品信赖委员会可能永远也学不会通过毒害全世界获取金钱的艺术；如果不是我们，欧洲保险信赖委员会可能永远也找不到从寡妇和儿童身上榨取利益的方法；如果不是我们，在欧洲被叫停的黄色新闻业，也许要过好几代才能恢复。一步一步地，坚持不懈地，我们正在推动欧洲美国化，而且要有耐心，我们一定能把这个工作做得更加完美。

第 41 章
荣誉学位

三周前，一份来自英国的电报邀请我下个月 26 日到牛津大学去接受颁发的荣誉学位，当然，我立刻欣然接受。在过去的两年中，我一直斩钉截铁地说，我出外旅行的日子永远结束了，无论什么事都不能诱使我再次横跨大洋了。但是，当我收到这让人受用的邀约时，立马爽快地把那个原则抛诸脑后了。我一点也不感到奇怪，如果让我去伦敦接受一块封地，我可能会毫不犹豫地拒绝，但是，大学的学位就完全不同了，这份奖赏是我在任何时候都愿意跑老远去领取的。我就像孩子般喜欢新学位，仿佛一个印第安人获得了一块新头皮那般愉快，同时，也如印第安人一般无法掩盖内心的这份快乐。

我记得，当自己还是一个孩子的时候，在路上捡到一枚破旧的西班牙旧时小钱币，由于是不劳而获，我一下子就觉得这枚小钱币的价值猛增了好多倍。我还记得，在那十年之后，在基奥卡克，我在大街上捡到一张面值 50 元的钞票，由于是不劳而获的，我一下子觉得这张钞票价值猛增了好多倍。我还记得，再过了八年以后，在旧金山，当时我已经失业三个月赚不到钱了，而在商业街和蒙哥马利街交叉的十字街头，我捡到一枚一角钱的钱币，由于是不劳而获，我一下子就感觉到比赚来一百个银币还开心。我一生中，赚过几十万美元，但由于是努力付出赚来的，所以除了票面价值外并没有让我感觉到更多的意义。至于赚钱的细节和赚到的日期，在记忆中都十分模糊了，甚至很多都已经完全不记得了。与之相反，上面提到的那三次不劳而获，却都如旗帜般鲜明地印在了我的脑海中！

如今，对我来说，大学学位正是意外之财，如那些不劳而获的钱财一样，给我带来了快乐。迄今为止，钱财不劳而获和学位不劳而获的数目正好一样，都是三次：两次耶鲁大学的，一次密苏里大学的。当耶鲁大学授予我艺术硕士学位时，我兴奋不已，因为我对艺术一窍不通。耶鲁大学后来又授予我文学博士学位，我再次喜不自禁，因为除了我自己的作品外，我不能医治(doctor)任何人的文学，而且，我自己的作品都很难保持一种健康的状况。密苏里大学授予我法学博士学位时，我又一次喜出望外，因为那是无本生利，我对法律一无所知，只知道如何规避法律，不被捉到。如今，要到牛津大学去接受文学博士学位，显然又是意外之财，因为如果把我对文学不懂的地方都换成现金的话，那么我绝对是一个千万富翁了。

牛津大学医治了让我多年以来一直极度痛苦的一处秘密创伤。我自己非常清楚，在近一代人的时间里，我一直被推崇为美国培养的一个文坛巨子，我自己也很清楚，在自己这个特殊的行业里，在这段时间里，我一直是领军者，没有人和我争夺这个位置。因此，每年，我看着我们的大学把多达250个光荣的学位授予那些名不见经传的人物——那些偶然出现在当地的所谓名人，那些在十年内便会销声匿迹、淡出人们视线的人物——但是却没有一个学位是给我的，心如刀割！在过去35～40年中，我眼睁睁地看着我们的大学发出去了9 000或者10 000个荣誉学位，可是每次都没有我。在这成千上万人当中，闻名于美国国外的，还不到50个，在美国国内仍有名望的，也不到100个。如果我身体不是这么强壮的话，他们这样无视我，我肯定早就被气死了。还好，这没有摧毁我，只能叫我的寿命缩短两天，让我体质受点损伤，不过，我的气力还是会恢复的。在那些被授过学位，同时又被遗忘了的成千上万人中，由牛津授予学位的人不超过十个。我非常清楚，美国非常清楚，其他基督教国家同样非常清楚——牛津大学的学位比大洋两岸的其他大学的学位享有更高的声望，抵得上其他大学颁发的25个学位，不管是国外的还是国内的。

现在，这积聚在我体内35年的愤怒与屈辱已经一扫而光，我可以把这事儿搁在一边儿了，平息一下心情，说点别的事吧。

第 42 章
三个讨厌的女人

15年前,在德国的一个小型晚宴上,我认识了玛丽·科雷利。首次见面,我就不喜欢她,每上一道菜,这种不喜欢就会扩大一圈、加深一层,等到晚宴结束离开的时候,我对她的不喜欢已经升级为强烈的厌恶了。后来,当我抵达英国布朗旅馆的时候,收到了她的一封来信,信写得很热情,人情味十足,十分生动感人,看完这封信,我对她15年来的厌恶一下就烟消云散、不见踪影了,好像当年的那种厌恶是我搞错了,我觉得自己肯定错怪了这个女人,感到有些懊悔。我立刻给她写了回信——她的信应该被称为情书——我也回了一封情书,她的家就在莎士比亚的故乡斯特拉特福德。她马上就再次来信,用最具诱惑力的语言极力劝说我在29日前往伦敦的途中在她那里停一站,与她共进午餐。看起来这是小事一桩,我觉得离的也不远,不会增加太多的路程,所以就回信欣然接受了。

如今,不是第一次,也不是第一千次,我没有重视自己那个明智的、严苛的一贯的行为准则——假设很好,但是通过调查发现事实更好。我已经假设过了，信也已经发出去了，但就是没有调查。秘书阿什克罗夫特核查日程安排，发现我必须在29日上午十一点钟从牛津动身，在下午三点钟离开斯特拉特福德，然后才能在大约六点半钟抵达伦敦。也就是说，我得有七个半钟头一直在外面马不停蹄地赶路，没有丝毫的休息，然后立刻就要在市长大人那里发表演讲！我一下傻眼了，我想自己只能躺在灵车里去参加市长大人的宴会了。

接着，我就和阿什克罗夫特一起开始履行一项看不到希望的任务——劝说那位没有良心的傻子，希望她能慈悲为怀，准许我取消她所热衷的那个自我宣传的计划。但是，她坚决不同意，任何了解她的人都知道，她肯定会这样干的。28号，她来到了牛津，进一步落实她手下的其他猎物。我求她放我一马，我恳求，我哀求，我甚至搭上了我的满头白发、72岁高龄以及可能发生在我身上的意外来恳求她。我说，这火车每300码就要停十分钟，这么长时间的火车旅途会把我累垮的，非得进医院不可。可是，没有任何效果。天啊，我还不如向夏洛克本人求情呢！她说，她不能取消我原来的约定，那是不可能的，还说，"稍微替我想一想嘛，我已经邀请了露西和另外两位夫人，还有三位绅士，如今取消午宴会给他们造成太大的不便。毫无疑问，为了接受这个邀请他们已经谢绝了别的邀请。就拿我来说吧，为了这件事，我就取消了其他三个社交活动。"

我说："究竟哪一件损害更大些，是给你五六个客人带来不便，还是给市长大人300位客人带来不便？既然你已经取消了三个约会，从而给三波客人造成了不便，那么，取消约会对你来并不是件麻烦事,只不过是多取消这一次而已,可怜可怜你这个受苦受难的朋友吧。"

但是,毫无效果。她坚硬得像根铁钉。我觉得,监狱里的任何犯人都没有玛丽·科雷利那样一颗不可锻造、无法融化、坚如磐石的心,我想如果打一锤子上去,肯定会迸出火花来的。

她50岁上下,没有白头发,胖胖的,没有任何曲线。长着一张粗俗的兽脸。她穿得就像16岁的小姑娘,想要扮那个年纪最可爱、最讨人喜欢的小姑娘的清纯,可惜扮得十分拙劣,十分失败,又十分可怜。所以,她的外形和内在十分协调,但是整体感觉,我看就像那最让人讨厌的伪君子,从内到外,简直是人类最失败的一个代表,是对人类的最大讽刺。这个早上,我实在想找出更多的恶劣词汇来描绘她,但所有的形容词在她面前都显得那么苍白无力、功效全无。

所以,我们坐着火车来到了斯特拉特福德,路上换了一两次汽车,我们当时并不知道可以走路来节约时间和体力。她坐了马车到火车站接我们,准备把我们送到莎士比亚教堂去,但是我坚决拒绝了。她坚持要去,但我说今天的行程安排已经满满的了,即使不加也已经够累的了。她说教堂那儿聚集了很多人欢迎我,如果不去,他们会失望的。但是,我对她满肚子的憎恨已经到了嗓子眼了,我像孩子一般急切地想让她感到不快。所以,我态度十分坚决,特别是因为如今我已经非常了解玛丽的为人,知道如果去了教堂,我一定会落入要做一个演讲的圈套。不停地讲话已经害得我牙齿松动了,一想到还要莫名其妙地乱讲一阵,我就感到十分痛苦。此外,玛丽从不放弃任何自我宣传的机会，一定会把这件事搬上报纸，而我，决不能放过任何让她不爽的机会。因此，我自然要尽最大努力顶住。

她说自己买下了哈佛学院创始人曾经住过的房子，并准备把它赠送给美国政府——这又是她的广告。她想要在这座房子那里停一停，领我看一下，说那儿有一群人等着呢。我回答说不想去看那让人讨厌的房子，虽然原话不是这样，但是语气足以表明我的态度。她明白了，就连她的那些马匹也都明白了，并被吓到了，因为我看到马在发抖。她恳求我，并且说只停一小会儿。可是，如今我已经知道玛丽所谓的一小会儿要多久，特别是能宣传她的场合，我坚决拒绝了。我们经过的时候，我看到了那所房子，也看到屋子侧面的小路上挤满了人——显然，玛丽已经安排了另一次演讲。可惜，我们直接驱车过去了，仅对欢呼声鞠躬致谢。很快，我们来到了玛丽那座既漂亮、又十分宽敞的英式房子。

我说自己累坏了，想马上躺在床上休息一下，哪怕是只休息15分钟也好。她嘴巴上说得很体贴，说我马上就能休息了。但是实际上，又巧妙地把我带到客厅里，向她的客人介绍。在此之后，我恳请她让我休息一下，可是她要我看一看她的花园，说只要一会儿。我们观赏她的花园，我一边称赞，一边咒骂——嘴上称赞，心里咒骂。接着她说还有一个花园，就又把我拖去看了一番，我简直累得要倒下来了，我像先前那样一边称赞，一边咒骂，我真希望一切可以就这样结束，然后自己太太平平地死去。但是，她又把我骗到一扇带铁格子的大门前，把我推过铁门，来到一片空地，那里站着50个军事学校的学生，校长带队——又是她安排的一次广告。

她要我作一次简短的演讲，说孩子们正期盼着。我简单地说了几句，跟校长握了握手，又寒暄了几句，然后总算回到了房子里。我休息了15分钟，然后下来吃了午餐。快吃完的时候，这个让人深恶痛绝的女人站了起来，手里拿着一杯香槟酒，开始做演讲！自然以我为主题，当然，又是一次广告，而且肯定要上报纸。待她讲完之后，我说"非常感谢你"，并且坐得稳稳的，我这样的举动完全是被逼出来的，因此也是不可避免的。一般我讲话，出于礼貌和习惯，都要说上一些感谢和恭维的话，但那时，我实在找不出一句这样的词。

晚上六时半，在倾盆大雨中，我们抵达了伦敦。半小时以后，我躺在了床上，累成了一摊泥，但是这一天终于结束了，不管怎样，这都是一件让人欣慰的事。这是我72年以来度过的最让人痛恨的一天。

如今，你会发现，我也会拥有，并偶尔暴露出灵魂中低级、如野兽般丑陋的一面，这样的自我剖析是为了给我自己，还有我的读者作一个交代。尽管如此，我坚决认为，在跟玛丽·科雷利以外的人打交道的时候，我的灵魂都是最善良不过的了，那是从我的祖先——也就是天使们那里继承来的。

我当晚在市长大人宴会上做了讲话，而这次讲话实在是最拙劣不过的了。

两三周以前，埃莉诺·格林在一个下午来拜访我，我们在书房里进行了一次很不同寻常的长谈。但是等这章文字出版的时候，她可能就没有现在那么出名了，所以我在这里插几句话，对她简单介绍一下。她是一位英国作家，报纸上报道，她计划写一个浪漫的爱情故事，而她到美国来就是想为故事找一个恰当的主人翁。她来美国的时候正是她声名大震的时期。

格林因一本名为《三个星期》的小说而一夜成名。在小说里，主人公是一个出身名门的英国青年绅士，善良、聪明、有教养，他觉得自己爱上了一个教区长的女儿，而这个女孩儿却天资平庸、相貌平平、十分普通。有一次，他去欧洲旅行，邂逅了一位聪明伶俐、魅力十足的异域女孩儿，她身上散发出神秘的光芒。后来他才知道，原来她是一位小国国王或者君主的妻子，还没有子嗣，但是她并不爱自己的丈夫，因为那个国王是一个粗俗不堪、薄情寡义的禽兽。

她和年轻的主人公一见钟情。这个英国男人对教区长女儿的爱情虽然不能说是毫无生气，但也十分苍白无趣，在他与神秘女郎那如干柴烈火般的情欲面前，之前的爱情很快便化为灰烬，消失殆尽。这里用"情欲"这一词是最贴切的，这就是这对陌生人之间的感觉，也是他们所认为的真爱，能够称得上"真正的爱情"这高贵的头衔。而年轻人对教区长女儿的感情则不过是一时的私欲而已。

小王后和英国人私奔到山里，在一个偏远孤僻的房子里面开始了奢侈的风花雪月生活，然后，剧情逐步铺开。他们认为自己是天生一对，地造一双，他们之间的这种情欲应该被认为是神圣的，是上天把他们系在一起的，所以他们应当遵从神的旨意。因此，他们立即遵从了，并且一而再、再而三地遵从着，这激起了某些读者强烈的喜爱和另一些读者强烈的不满。作品多次描写了遵从的细节，甚至是毫无遗漏，实际上也不完全是，每次违背律令的最后，总有一些小的细节留待读者去想象，读者可以根据文中信息的提示发挥自己的想象力，来填补留白的故事情节。

这本书所隐含的主旨是：自然法则是至高无上的，理应凌驾于人类律法对人类所进行的干预和礼仪的限制之上。

格林夫人来拜访我。她真是如画般美丽的美人，高挑，年轻，体态优美，美得无与伦比——一个金发蓝眼的美女，配上英国人特有的好肤色，特别是那满头的红发，尤其光彩夺目。她穿着上等的服饰，品味极其高雅。她给人的第一印象就是一个最美丽的小姑娘，可是她已经有一个14岁的女儿了。她不谄媚，不娇艳，但她的美丽、青春、优雅、聪慧和活泼让人深深着迷。她的言谈举止高贵优雅，完美无瑕，带给你的只是内心的平和与理智，而不会让你产生不良的想法，不会让你血流加速，不会让你心潮澎湃。她笔下的那个英国主人公肯定会无比地爱慕她，他肯定愿意坐下来望着她，听她讲话，但是如果他想这样做，那么他就需要带着一颗纯洁的心离开那座孤零零的房子。

我和她的谈话十分直率，有什么说什么，绝不转弯抹角，她也一样，非常坦白。这是与这样美丽的陌生女性进行的最失败的一次谈话，很多话本不该这样说。她请我谈谈对她那本书的看法，我提供了一些参考建议。我说，这本书在文学技巧方面是非常优秀的，同时，我也非常同意她的观点，在性关系方面，人类强加的规定是对更高的自然法则明显的干预。在人类任何时代所制定的法律条文，无论是在法典中还是在圣经中，在规定人类行为方面，从谋杀到不信守安息日，没有一个不是对自然准则的违背。而我把自然准则看作是最高的法则，是一切法规中最不可侵犯、最绝对的法则——我相信，自然法则也是上帝最单纯、最朴素的法律，因为这是他制定的。他本人及其规定的准则，凭借其神圣起源所赋予的权威，凌驾于所有的人类法律之上。我说她创作的那对不合礼法的爱人实际是在遵循他们的天性的法则，所以，他们是在遵从上帝所创造的法律。那么，在上帝的眼里，他们显然是没有罪过的。

她当然希望从我这里得到支持与维护，这我了解，但是，我说自己没办法那样做。我说我们都是传统的仆人，失去了传统，无论是在野蛮时代或者文明时代，我们都没办法维系生存，所以，即使我们对传统有什么异议也必须接受它，支持它。对于自然法则，也就是上帝的法则，仅仅是给每个人制定了一条自己的法则，我们必须坚定地拒绝遵守这些准则，必须坚定地站在与其对立的传统法则这一派，因为人类的法律赋予我们和平、相对较好、稳定的政府。所以，对我们来说是好于上帝的法则的，上帝的法则会很快让我们陷入混乱、无序和无政府的状态。我说，她的作品是对某些古老的、根深蒂固、明智的传统的挑战，因此这样的书不会得到太多人的认同，实际上也不值得太多人去认同。

她说我很勇敢，是她见到过的人中最勇敢的（彻头彻尾的恭维，再年轻一些，我肯定就上当了），她恳求将我的这些见解公开发表。我说："不，这是想都不能想的。"我说，如果自己，或者其他明智、聪明、有经验的人，突然放弃我们的保护伞，把对所有问题的真正的观点都公之于众的话，那么，我们立马就丧失了睿智和理智，应该被送进疯人院去。我说我跟她谈的是私底下的感受，可不是要公开的感受，我跟世界上所有的人一样，暴露在世人面前的观点都是修饰过、美化过、精心剪接过的，而实际上，我的个人观点被谨慎地、小心地、明智地隐藏起来了。

我解释说，自己所谓的"公开的观点"这种说法是指能公开发表的观点。我说自己跟很多人一样有一个习惯，那就是与朋友的私人谈话中会提出我对宗教、政治和人性的一些私人观点。但是，我从未想过要把这些公之于众，因为无论是其中的某个观点，还是所有这些观点，几乎都与每个人的公开的观点格格不入，而与每个人的私人观点都一拍即合。为了让她理解，我问她是否曾遇到一个私底下相信"纯洁受胎说"的聪明人。她当然没有遇到过。我还问她是否曾看到一个胆敢公开反对这种学说并将之公之于众的聪明人。当然，她也没有遇到过这样的人。

我说，我对世间的很多大事的看法都十分有趣而具有影响力，但是，它们是不能公之于众的。我又提醒她说，我们每个人在一生中都曾经有过两三次例外，把自己不中听、不受欢迎的私人看法公之于众，但是，只要能控制得住，我们永远也不会这样做，除非要这样做的想法实在太强烈，能够击败我们冷静的、明智的判断。她提到我曾几次公开站出来，为不受众人欢迎的主张辩护，她说我刚才对自己的那些评论就没有像上边行为那样勇于公开。但是我说，这些事例恰恰证明了我刚才说过的那些话，当我公开攻击在中国的那些美国传教士以及其他一些邪恶的人和事的时候，只是为了一个原因：非做不可的心理超过了自己具备的世故的能力，所以我没有办法不这样做，因此也只能承担这样做的后果。但是我又说，自己并没有觉得应该要公开对她的书进行评论，这种欲望还没有达到不可控制、不计后果的程度，因此，我能够正常应对，并且也应该这样。

这位女士太年轻，也缺乏足够的经验，认为一个人如果有任何可能对诸如汤姆、迪克、哈里这些大众人士具有一定教育意义的意见，就有责任将它公之于众，并拥护它。我无法说服她放弃这种幼稚的想法，也无法让她相信，我们完成一件事并不完全是因为它是责任，更多的是因为完成它能够带给我们满足感。实际上，她在成长的过程中，也和其他人一样，对"为了责任而有责任"这样的事有着根深蒂固的盲目的崇拜，所以，我只能让她停留在自己错误的想法中。她认为，如果一个人的私下看法虽然不受人喜欢但是却具有教育意义，那他即使冒着被绞死的危险，也应该将之公之于众，否则，他就是一个懦夫。总的来说，那是一次愉快的谈话，而且，也是显然不能公开的，特别是那段含糊其辞的暗示，我还没有勇气光明正大地把这些公布出来。

几天以后，我再次遇见她。她带给我一条惊人的消息，说她已经把我说的那些话，一字不差地写了下来，未加任何修饰以缓和语气，也没有任何调整，她还一个劲儿地称赞那些话"真完美、棒极了"。她说已经将这份手抄稿发给了她在英格兰的丈夫。我个人真的不认为这是个好主意，但是，我相信，这会让她的丈夫感到高兴的。她求我同意她把这些话出版，她说，这将大大有益于社会。但是我说，在我没死之前，这些话会毁了我的，我可不想为了有益于社会而付出这么大的代价。

上个星期一，艾伯特·比奇洛·佩因亲自带我去波士顿，然后去新罕布什尔州的朴次茅斯，出席托马斯·贝利·奥尔德里奇的纪念馆落成仪式。

我先介绍一些基本情况。已故的托马斯·贝利·奥尔德里奇在72年或者73年之前出生于祖父家中，新罕布什尔州朴茨茅斯的一个小镇上。他的遗孀后来买下了那座房子，用它来存放奥尔德里奇孩童时代、上学时代以及后来的诗人时代各个时期的杂物，最后房子变成了一座纪念奥尔德里奇的博物馆。这位遗孀曾经依照新罕布什尔州法律创办了一个奥尔德里奇纪念馆的公司，并把纪念馆也移交给这个公司管理，为朴茨茅斯城服务，它是捐赠的最终获益者。她把朴茨茅斯市长和其他要员吸纳进公司做主管，同时也是为了宣传。她真是怪胎，嫉妒虚荣，实在让人讨厌，我永远也不会喜欢她，除非在汪洋大海中的皮筏上，只剩下她一个女人。

前来瞻仰的人都是带着崇拜之情去参观、朝拜奥尔德里奇纪念馆的，这是合情合理的，但是对于我却不是这么回事。奥尔德里奇从来没有太出名过，他的书流传得不广，他的散文缺乏主题，浮夸，风格单调。在散文方面，他名气不大，散文诗的影响力也十分有限。不过，尽管如此，他还是一点有值得称颂的地方，这并不是因为他所作的大量诗歌，而是仅仅因为五六首小诗。这几首诗优雅细腻、优美动人，语言表达至今无人能及。而这些珍贵的诗篇却没有几个人了解、推崇和热爱，真正欣能赏其价值的顶多万分之一。

如果纪念馆建在交通便利的位置，这零星的几个人也许会虔诚地前往参观；如果这个纪念馆位于波士顿或者纽约，那么每个月肯定能有一人次参观。但可惜它没坐落在这些地方，而是位于新罕布什尔的朴茨茅斯。从波士顿坐火车到那里还需要 1 个小时 45 分钟，那条线路上还在使用 50 年前刚开通时用的车厢，还是用茶壶和铅皮茶杯为旅客分水，还在烧烟煤，煤灰从那老旧的车厢的每个窗户、每道裂缝、每个接头处向外喷射。即使是乔治·华盛顿的纪念馆坐落在那么破旧的城市里，那也不会吸引太多人的兴趣，因为参观者必须要穿过波士顿和缅因州才能抵达那里。

如果要对愚蠢、荒唐、捏造、谬论加以取笑，那么奥尔德里奇的才智、讽刺、反语和无情都能让他成就为大师。世界上最可惜的事就是，奥尔德里奇没能亲临在朴茨茅斯的歌剧院举行的纪念庆典，对其进行调侃，没有任何一个人能够像他那样鞭挞它、摧残它、辱骂它、亵渎它。但是，我还漏掉了一个细节：如果这个愚蠢的庆典是为别人举办的，那么这些他都做得出来，而且肯定会抱着满腔热情去做；但是如果庆典是为了纪念他，他是不会嘲讽的，因为他是如此欣赏自己的才华，几乎可以和已故的埃德蒙·克拉伦斯·斯特德曼相媲美了。这个人觉得太阳升起来仅仅是为了赞美他的诗，而且，因为如果落下去就看不到他的诗了，所以太阳总是流连徘徊，迟迟不肯离开，时间就这样一点点拖下去，所以日落月升总是难以准时。斯特德曼不是个坏人，奥尔德里奇也不是，只是有点虚荣，但是我的虚荣有他们两个加在一起那么多，所以说，奥尔德里奇会这样做也是合情合理的。

为了保护读者，我必须承认，自己可能有点偏见。可能是奥尔德里奇夫人从来没有做过任何一件在我看来值得赞许的事。第一次见面，她就让我感到厌恶。那是 39 年前，从那以后，这种厌恶就一直停留在我的脑海中。她表面上对人极度热情，但是行为举止却很是让人反感。对于她的话你绝不会相信，只会觉得那是谎言，觉得那些话的背后都隐藏着自私自利的动机。奥尔德里奇先生是一个令人愉悦的朋友，但是我们见面很少，因为我们不能只请他而不邀请他的夫人。

如果还需要什么事让我对奥尔德里奇夫人的厌恶进一步加深，变得坚定不可动摇，直至永不磨灭的话，那么三年前发生的事就达到了这个效果。那时候，我要去波士顿待在上六天，并且，实在没有找到合适的理由不去奥尔德里奇在"本卡蓬湖"边上的家中拜访。他们的房子只有几英里远，房屋和田产都是在可怜的老皮尔斯绅士过世之前诱骗过来的。11 年前老绅士要死的时候，这个女人就已经在他的遗嘱里面为奥尔德里奇家搭建了一个舒服的安乐窝。很久之前，老绅士就把弗农山街五十九号的一座住所赠予了他们，并在海边还给他们盖了一栋小房子，还花了不少钱买了不少华而不实的古董，以满足奥尔德里奇夫人的嗜好。而且，她随心所欲地买任何她想要的漂亮东西，并命令商人将账单寄给老绅士。这些老绅士早就习以为常，同时，也习惯了满足奥尔德里奇旅行的意愿，亲自出钱让他们到地球上任何人迹可及的地方去旅行。他们拿着老绅士的钱，过着奢华的生活。一次，在欧洲，正值我破产的时候，入不敷出。奥尔德里奇夫人招待我和克莱门斯夫人，趁机大肆炫耀了一下她的各种虚荣心。当时奥尔德里奇和可怜的老皮尔斯也在场——显然他们也默许了这种做法。这个女人已经为皮尔斯先生、奥尔德里奇先生和她自己安排了去日本的行程，但是，又被迫将其推迟了一段时间，因为她只能买到一等船舱的票，没办法弄到更好的舱位。对于那样的船舱她百般鄙视，并且告诉那些蒸汽船主人，如果想留住她这个主顾，必须要有更好的表现。她一直等着，直到轮船公司把散步甲板边上价值750美元的套间给她，这个套间里面只有两张床，但是她没有解释如何处置皮尔斯先生，估计她要把皮尔斯先生安排在下等舱里面。然后，她拿出五六件华丽的长袍，每件都值几百美元，大谈自己如何指点巴黎那个著名的女装设计师沃斯制作长袍。她告诉沃斯，自己花了太多的时间试衣服，对他们非常不满意，另外她还说自己从来没有问过价格，因为根本不在乎要花多少钱，她只是不想浪费时间试衣服，以及被沃斯轻浮地调戏。最后，她十分直白地告诉沃斯，自己已经失去耐心了，以后再也不会光顾了。

想想这些！天啊！她一生都是一个穷光蛋，可是却趾高气扬，不可一世地炫弄。

我必须尽量回过头来，讲讲为什么自己对奥尔德里奇夫人的成见越来越大、越来越深、越来越彻底。三年前，在"本卡蓬湖"发生了一件小事，前面已经捎带提过了，我去波士顿拜访一个朋友，要待在上一个星期。我并不想去"本卡蓬湖"，但是，实在找不到一个好的借口，无论真的还是假的，都没有合适的借口。所以，接受了紧急邀请后我就去了。我知道将会发生什么：谈的一定都是"社交"的事——也就是富人的社交活动——就像在英格兰，如果与有爵位的人待在一起，那么谈话肯定是紧紧围绕着有爵位的人，内容肯定是谈话者上次遇到这些人的时候他们在干什么，或者听别人说他们正在干什么。我知道她肯定会借此机会炫耀一番她的那些珍宝，那都是利用已故的皮尔斯先生的仁慈之心弄到手的；我知道，我们还会不时欣赏一下汤姆·奥尔德里奇年轻时的可爱、迷人；我知道夫人肯定又会故伎重演，依然如以前那般自我中心、自我标榜、自我满足，满嘴甜言蜜语，假惺惺的让人既觉得好笑又气愤。

我知道这肯定会发生的，当然它也真的发生了。他们有一辆小汽车，那个时候，小汽车还十分新潮，买小汽车是十分光鲜的事，除非是买得起的人才能享有它。当然，还有另外的情况，那就是或者花别人的钱去买的人。这辆汽车价格并不高，但是却非常炫目，颜色靓丽。他们还有一个蒸汽快艇，但却不能秀给我看，这已经无关紧要了，因为七月份的时候在巴尔港他们已经秀给我看过了。汽艇也很便宜，很小，只容得下三位乘客，但是，它就是有钱的象征，就是无声的炫耀。所以，他们肯定会有蒸汽艇，因为它是经济实力的标志。他们的儿子是个马球手，我被带到球场去看这个孩子与另外六个人一起玩这项贵族运动。"本卡蓬湖"的这家人必须迷恋马球，因为它又是财富的一大象征和标签。那些人都穿着时髦的马球服，但是他们每人只有两匹小赛马，所以，游戏非常简单——初级、不完整、不熟练，也不得法，所以，除了那个球以外，每个人还都冒着危险。没有人能够打到球，可怜的奥尔德里奇一直在痛苦地解释，以掩盖整场表演中的让人觉得可惜的多次失误。

直到现在，那件要说的事我还没有开始讲，不过我想马上就要讲了。我一直被带着在老农场附近参观，一路上，我厚着脸皮说了很多虚伪的赞扬之话。不过，有两个地方是必须要真诚地称赞的，我赞扬的时候也没费什么力气。其中一处就是起居室，实在是太舒适、太漂亮了，颜色和家具的品味，以及所有的其他方面，都是那么吸引人，让人觉得舒服。另外一处，就是一间独立的客房，宽敞明亮，布置得体，装饰恰到好处，里边还有一张富丽堂皇的大床。他们让我在那个屋子里休息，我非常感激。可惜，一个20岁的女孩儿在下午三四点钟的时候出乎意料地来了，我被迫移了出来，将屋子让给了她。我被转移到远处的一间屋子里，狭小，拥挤，实在太小了，人在里边几乎都无法转身。里边有一张桌子，一把椅子，一盏小煤油灯，一个洗脸盆和一个带柄水罐，一个圆柱形的铁皮火炉，此外没有任何设备。这是我从监狱出来以后住过的最窄小、最破败的小屋子。时值10月，夜间寒冷刺骨，小火炉烧白色的松木段，每次只能添一小块，在火炉中噼啪作响，火苗升腾三分钟之后，火炉就空了，保暖不超过十分钟。燃烧的时候，小小的煤油灯在墙上投下模糊暗淡的光，但是熄灭之后，就会不停地散发出刺鼻的恶臭。

为什么要把我转移到那个让人讨厌的小鸟窝很快就有了答案。年轻的奥尔德里奇是一个37岁的单身汉，小女孩儿是本州前任州长的女儿，社会地位很高，为牵线搭桥，奥尔德里奇夫人设置各种圈套，挖空心思，想为自己的儿子抓住她。她的意图非常明显，并且认为自己有十足的把握能取得成功。当然，她失败了，那个小女孩儿逃脱了。

我终于说出了这件让人恼怒的事，每次想起它，我就气不打一处来。当我抵达的时候，那个女人主动跳起来，亲吻我的脸颊。之后，就把我这样一个70十岁的老头子扔到了地牢里，只不过是为了给一个小州长的女儿腾房间，这是对我最最彻底的侮辱。

我们再接着说纪念仪式的事。

我并没有问路途有多远。肯定很远，因为我原本以为我们必须先去纽约，然后在那里换船去波士顿，这样的话，这一天就够累的了，特别是天气还那么不好。这可真是漫长的一天啊，十分漫长，从在家里起床到踏进波士顿的旅馆，整整用了十二个小时。但是，我突然发现，我们原本可以在南诺沃克倒车的，那样可以节约四个小时。经过尘土飞扬、酷热难耐、精疲力竭的旅行之后，我们最终在下午两点抵达波士顿。第二天，6月30日，我们要去朴次茅斯，根据寄给各位嘉宾的邀请卡的旅程信息指示，九点钟开往朴茨茅斯的快车将会专门为嘉宾提供两节车厢。

除了我以外，任何一个思维正常的人，一个对他们不存在偏见的人都会认为，富裕的奥尔德里奇家为大家提供专车是一件非常自然的事，也是应有的礼节——实际上，这非常必要，而且在礼节上必不可少。如果真是那样的话，我也就没什么可说的了，而只是作为理所当然的事默默地接受罢了。但是，偏见总是存在，使我们的思想、感情和观点不再那么纯洁。我心存偏见，所以打心眼里憎恨这种专车。我告诉自己，这不合常规，如果是别人准备的，普通人，人类中的大部分人，在这个时候出于最单纯的考虑提供专车，并支付它的费用，那很正常。但是，奥尔德里奇夫人是不会这样做的，尽管奥尔德里奇夫人富可敌国，但是她绝对不会把钱浪费在对宾客表示礼貌上，这不是她的风格。

看见她在一个高贵家族的影响下有所长进，我为此感到生气、失望和愤怒。我在内心深处研究着她这种行为的原因，希望能把她的这点善行抵消掉。因此，我对自己说，她是热衷于自我宣传，为此顽固不化、不知疲倦、无孔不入，她做这样招摇的事无非是想在报纸上大肆宣传，提高知名度。这看上去像是一个说得过去的理由。但是，我的偏见太深了，所以这个理由也并没能平息我的怒气。看到她一反常态掏腰包以显示礼貌，我实在难以忍受——而且，她击败了我，我承认，所以我只得忍住不去说她。但是，带着强烈的憎恨，我对自己说，我绝不会允许她用2美元40美分就从我这里买得荣誉，所以，我要让佩因购买我们往返于朴次茅斯的车票。这个想法让我很高兴，实际上，做一件恶事所得到的快乐远比做30件高尚的事所得到的快乐多得多。

但是，我和佩因还是上了两部专车中的一部，因为我们想和那里的乘客聊天，他们都是男作家或女作家，其中有些是我的朋友，其余的都是熟人。很幸运，我们去了那里，结果也让人很高兴。我找了一个地方坐下来，以便能和列车北边所有的男男女女们一起高谈阔论。这时候，售票员上车了，摆出这一物种一贯的高贵严肃的姿态，而且，竟然开始查票了！我知道坐在我旁边的几位并不富裕，我看见——此时我没有任何的愉快感——他们大吃一惊，喉咙都有些梗塞，脸上自然流露出一副忧虑的表情，他们从口袋中或者包中拿出制作精美的请柬，连同标明专车的卡片一起递给面无表情的售票员，说他们是被邀请参加葬礼的，是不需要付钱买票的。这个表情冷酷、如恶魔般的售票员用波士顿——缅因铁路职工所特有的犬吠声冷冷地说道，他并没有得到通知说任何人可以不买票，所以，他请他们掏钱买票。

这个意外一下子又让奥尔德里奇夫人在我的头脑中归位到她原来的形象，她还是那个老东西，没有任何信誉可言，一点儿也没有变。她有钱，提供专车会让她赢得所有的荣誉，这对她来说实在是最实惠的宣传了，但是，接下来，她却让六十位还在辛苦工作养家糊口的客人为她支付车票钱，所有这些荣誉一下子就跑光了。我意识到自己已经重新找到了失去的宝藏——那个真正的奥尔德里奇夫人，就像俚语说的，她"一点也没头脑发昏"。

这次悲惨的经历中还有一个细节让人感到难过。有些乘客习惯了乘坐平民普通车，没有乘坐过豪华型列车，平时总是把票粘在座椅的背后，以方便乘务员在经过的时候检查。在新英格兰铁路上，乘务员每五分钟就检查一次，并在上面打孔，一整天下来，到最后票面只剩下孔儿，已经看不到任何内容了。这样，持票人就清闲了，用不着每隔两三分钟就把票从包里拿出来。

这些专车宾客自然而然地认为他们印花精美的邀请卡可以当作车票使用，都把它粘在自己前面座位的后背上，以方便检票员在上面不断地打孔，把它变成一个过滤器，从而省却了坐车人的麻烦。现如今，当他们自信地、稍带些许得意和一点不满地拿出这些卡片给检票员的时候，检票员脸上流露出强烈的嘲讽，虽然没有直接说出来，但是，这些乘客都羞红了脸，感觉受到了极大的侮辱。我想，奥尔德里奇夫人自己也会对此感到一丝歉意吧。我还是比较高尚的，为他们感到难过——我甚至希望自己没有看到这一幕。里边一共60位客人，其中有10～15位来自纽约，其余的来自波士顿及其周边地区，旅程费用一共150美元左右，但是那个富有却又吝啬的女人竟然不知羞耻，让这些满怀奉献精神而经济上又不宽裕的文人自己掏腰包。她吊在可怜的老皮尔斯先生的脖子上，拥抱、抚摩、亲吻他的双颊，叫他"亲爱的"——我实在描述不下去了，以前看到她的这些行为，害得我得了现在的陆地晕船症，任何一点这样的小事都会让我觉得恶心。

在其中的一站，马萨诸塞州的州长和他的职员们走上车。他们都穿着端庄的制服，除了其中的两个人以外，这两个人的穿着如极乐鸟般炫目，其中之一是年轻的奥尔德里奇，死者的儿子和继承人。他看起来正派、谦恭，是一个讨人喜欢的年轻人，但是他的谦恭毫无用处，他只是妈妈的工具而已，如同他爸爸一样。他肯定要成为政府官员，或者她妈妈喜欢的其他可以进行操纵的身份，果真如此，那么这里面可有不少广告效应了。

时不时的，在这趟专列里，会有一些待宰的羔羊问其他羔羊这趟列车有没有人负责。然而，没有一个羔羊能够回答这个问题。显而易见，没人负责这辆专车。到波士顿车站的时候，没有人告诉客人们怎么走，或者专车在哪里。天气如此酷热，火车上也没有伙计端茶倒水，照顾乘客。到了朴茨茅斯，除了州长一伙人和十几位来宾之外，应邀而来的客人没有受到专人接待。我听说，奥尔德里奇家那辆豪华而昂贵的汽车已经停在那里迎接州长大人，而且是免费的。

在剧院，专车上的宾客大约有 3/4 被安排在普通观众席上，而政府官员和他们的职员以及几个多少有些名声的作家被安排在舒适的房间里，一直到屋子里坐满人、一切准备就绪的时候才出来。朴茨茅斯的市长也在里边，他身材魁梧、精神焕发、浑身的肌肉，正是这个肮脏世道的官员的理想材料。很快，我们也走上舞台，接受应得的喧闹的欢迎。我和豪厄尔斯跟随着市长、州长和他们的随从，一群文人又跟着我们。我们在舞台上坐成一排，我与豪厄尔斯一起坐在靠中间的小柳木沙发上。

他瞟了一眼坐着的一排人，小声和我说："这看起来多么熟悉，多么有趣啊！如果我们都穿着尖衣领的黑衣服，把衣领翻向上，就像铁轨一样窜过我们的眉毛，那就太完美了。如果奥尔德里奇在这儿，他肯定会按照记忆中那让人愉快的开场白模式，轻松活泼地说：'伯恩斯兄弟，你感觉如何？坦博林兄弟，你在海上航行时还晕船吗？'"

过了一会儿，市长走上前来发表了一段热忱、自信的讲话，声如雷鸣。他讲了很多关于奥尔德里奇值得称道的事迹，提到了 60 年前奥尔德里奇童年时代的那个秀美的、遥远的、如梦般的朴茨茅斯，并将其与今日的繁荣进行了对比。他并没有直接说"繁荣"这个词，因为那样很不明智，他只是暗示了一下。实际上，如今的朴茨茅斯并不繁荣，它很安静，特别安静，仿佛熟睡一般。市长还谈到了奥尔德里奇纪念品的收集，部分物品放在他少年时住的房子里，其他东西则保存在院子中那栋防火建筑物中。所有这些都由奥尔德里奇博物馆公司掌管，由政府出资，以为子孙后代保留一份遗产。

吉尔德州长从容不迫地做了一个优雅而生动的演讲，非常切合这个场合。州长把演讲内容记得十分熟练，因而，演讲的时候非常流利，没有任何磕磕绊绊或者犹豫。只要一个人要发表演讲，无论在何时何地，他都应该找时间将演讲的内容写下来并牢牢记住，他这样做不但是为了自己，也是为了观众。在我还能记得住演讲稿的时候，我总是一丝不苟地完成这项任务——但是我纯粹是为了自己，而不是听众。那些背诵下来的演讲，辅以技巧和方法，就能让听众彻底信服，被你的才能所折服，认为你不需要任何准备，就能站起来出口成章，并措辞巧妙，就像普通人拉家常那样轻松自如而又充满自信。

接下来，葬礼开始了。哀悼者轮流爬上讲坛，谦卑地、轻轻地、畏畏缩缩地朗读为此刻准备好的诗。因为真正的诗人，读诗的声音几乎很难传到大厅中间的听众的耳朵里的，即使是三流诗人也是如此，所以大家不约而同地遵守着这条规则。很快，我就为自己穿了黑衣服而暗自庆幸，在家里他们就给我准备好了，说这不是过节，而是葬礼，我必须穿深颜色的衣服，以适应悲痛的情绪。但是，在这悲伤的讲台上，穿着这身黑衣服热死人，让人胸闷，不停地出汗，全身都湿透了，实在是不舒服。不过，它们却非常适合这些诗，非常适合悲恸的演讲，也非常适合疲惫而燥热的观众，我很庆幸自己的着装与这里悲痛氛围十分协调。

一个又一个诗人站起来，爬到讲坛边，拿出手稿，进行悼念。这样不断地重复，这项庄严的事就变得有些滑稽了。我一生中从未听到过这么多人朗读手稿。我并不否认这些都是优秀的手稿，里面没有一个拙劣的，但是，诗人们，除了第一流的，往往不懂得如何朗读诗歌，因此，当他朗读的时候，除了自己以外，周围的人都觉得这是一种折磨。

就连希金森上校也来了。他已经老得超乎人们的想象了，看来他已经习惯于为一代又一代的人做演讲了。站在那里，整个人已经被岁月压成了圆括号，像吹哨子一样念出手稿上的内容。当年他声音洪亮如钟，指挥着自己的军团前进，在血雨腥风中赢取胜利，而如今，那副嗓音只剩下可怕的吱吱嘎嘎声。豪厄尔斯的演讲精炼自然，措辞巧妙，因为敏锐的思想和完美的措辞是他的天赋，他把演讲词记得很熟，但是他也是照着讲稿朗读的。他朗读得优雅得体。之后就把讲稿放在那一大摞讲稿上面，坐回到我的身边。任务完成了，他看起来就像一个被赦免的犯人一样。接下来轮到我了。我事先准备好的悼词已经模模糊糊大致记住了，但是，我临时改变了主意，即兴发挥讲了12分钟的废话，既不合常规，又不着边际，还大有亵渎之意。

纪念仪式结束了，这真是一个沉闷、如恶魔般让人难以忍受的仪式。虽然它在酷暑中只进行了两个小时，但是，波士顿——缅因之行让我遭受了两次酷热和劳累之苦，而且，还吸进去那么多的煤屑！

第 43 章
吉恩离世

1909 年圣诞节前夕，上午 11 时，斯托姆菲尔德

吉恩死了！

是否有人曾经把自己和所爱的人在一起时的所有细节都写下来——在她突然离世前 24 小时之内发生的所有的事？一本书能容得下么？两本书？肯定写不下，它们会如潮水般涌上心头。但是由于天天发生，人们就忽略了它们的重要性，因而迅速就遗忘了。但是，现今，现今情况变得多么的不同啊！它们变得那么珍贵，那么亲切，那么难忘，那么悲怆，又是那么的神圣和庄重！

昨天晚上，吉恩还好好的，满面红光。从百慕大度假归来，我也和她一样很健康，我们手挽着手，离开饭桌来到书房，坐下来，热烈而幸福地谈论、规划和讨论（没有一丝的疑虑！），一直谈到九点钟，对我们来说已经很晚了，然后我们又一起上楼。吉恩那条温顺的德国狗一起跟了上来。在我的房门口，吉恩说道："爸爸，今晚上我不能吻你和你说晚安了，我感冒了，不能传染你。"我弯

下身子，亲了她的手，她有些激动——我从她的眼神中看到了——她动情地回吻了我的手，然后，像往常一样，愉快地彼此互道"亲爱的，晚安"，就各自回屋了。

我在早晨七点半的时候醒来，听到门外有人在大声喧哗，我自言自语道："吉恩又要像往常一样骑马到车站去寄信了。"紧接着，凯蒂进来了，站在我床前，微微发抖，大口喘气，过了好一会儿，才艰难地说道：

"吉恩小姐死了！"

现在，我终于能体会到战士被子弹打穿心脏时是什么感觉。

她躺在浴室里，那么年轻美丽，平躺在地板上，身上盖了一幅床单，看起来那么安宁，那么自然，仿佛睡着了一般。我们马上就知道发生了什么，她患有癫痫症，洗澡的时候发生痉挛，心力衰竭。医生从几英里外赶来，他用尽各种办法，但是，就像我们之前的努力一样，也没能让吉恩活过来。当时已经中午了，她看起来是那么可爱，那么甜美，那么宁静！面容又是那么高贵！她带着一颗善良的心静静地躺在那里，一动不动。

13年前，在英国的时候，一封电报仿佛匕首一般刺进了我和妻子的心脏，电报上说："苏西今日病逝！"今天早晨，我也必须给在柏林的克拉拉发一封电报告诉她这个噩耗，不过，还要加上一句强制她执行的话："你绝不能回家来。"克拉拉和她的丈夫在这个月的11号坐船去了那里。克拉拉怎么能忍受得了这种痛苦呢？吉恩从孩提时代就开始把克拉拉看作是偶像啊！

四天前，我刚结束在百慕大一个月的度假，身体健康地回来了，意外的是，记者们没有注意到这件事。从前天开始，我陆续收到了一些来信和电报，有朋友的，也有陌生人的，看样子他们好像都以为我病得很严重。昨天，吉恩请求我通过美联社发布自己的健康状况。我说，没关系，这个没那么重要。不过，她很难过，说我该替克拉拉想想，克拉拉会在德国的报纸上看到新闻的。她日夜护理丈夫已经四个月了，已经累得那么虚弱了，实在受不住这样的打击。她说的有道理，所以我给美联社打电话，幽默地否认"我正在死去"的说法，并且说"在有生之年，我都不会这样干的。"

吉恩还是有点儿不安，不喜欢我对这件事如此随随便便！不过我说，这是最好的处理方式了，因为这件事并没有那么严重。今天早晨，我把今天发生的这场灾难通报给美联社，这两条消息会同时出现在今晚的报纸上么？——一件轻松自如，而另一件却痛彻心扉。

13年前，我失去了苏西，五年半之前，我失去了她的妈妈——她那无人可及的妈妈！接着，克拉拉搬到欧洲去了，而如今，我又失去了吉恩。我是一个多么可怜的人啊，我曾经那么富有！七个月之前，罗杰斯先生也去世了——他是我这一生中最好的朋友之一，是我的一生中认识的几近完美的一个男人，一位绅士。在过去的六个星期中，吉尔德去世了，还有拉芬——我多年的老朋友。现在，吉恩就躺在那边，我坐在这边，虽然同在一个屋檐下，我们却阴阳两隔。就在昨天晚上，在这个房间的门口，我们还亲吻对方的手，互道晚安，然而我们都没想到，这竟成了永别。她躺在那儿，我坐在这儿——我不停地写，一刻也不让自己停下来，尽量防止自己的心碎掉。在阳光照耀下，周围的小山灼灼生光！而这一切又那么的讽刺。

24天以前，我74岁，昨天，我74岁，而今天，谁能看出我的年龄？

我再次看了一眼我的女儿，真不知道自己怎么受得了啊，她现在的样子，正跟她妈妈许久以前在佛罗伦萨的别墅里死后的样子一模一样，洋溢着那种死亡所带来的甜美和安静，甚至比睡眠中看上去还要美丽。

当年，看着她妈妈下葬，我曾说过，自己再也无法忍受这种惨痛了，再也不想看到任何心爱的人下葬了。我坚持这么做了。明天，他们将把吉恩带到纽约的埃尔迈拉城去安葬，我们家中去世的人都埋在那里，不过，我不会跟着去的。

仅仅四天前，船进港时，吉恩还站在码头上。第二天傍晚，我抵达这座房子的时候，她站在门口，微笑着欢迎我。我们一起玩牌，她还尝试教我一种新的名为"马克·吐温"的玩法。昨天晚上，我们坐在书斋里高谈阔论，她不许我向二楼的阁楼里张望，因为她正在那里筹备圣诞节。她说第二天早上就可以准备好了，那么，等她那个法国小朋友从纽约来到这里的时候会是一个惊喜，她已经为这个惊喜筹备了那么多天。趁她出去的间隙，我不顾信义偷偷地向里边看了一眼，阁楼的地上铺上了地毯，摆好了椅子和沙发，还未完成的惊喜也摆在那里：一棵圣诞树，挂满了银色丝线，装扮得无比漂亮。桌子上摆放着各种光彩夺目的物件，她正准备今天挂到圣诞树上去。哪只亵渎神明的手能把这些没有完成的、让人看着心疼的惊喜从这里移走呢？我是绝对做不到的。所有这一件件小事都是过去四天内完成的,是的,那时候确实是"小事",但现在绝对不是了!她所说过的任何话,她的任何想法,做过的任何事,如今都不再是小事了。这样的幽默是多么的过分!如今它都变成什么了啊?如今只是悲伤,是悲伤啊,一想起就让人泪流不止。

所有这些小事都不过发生在几个小时以前,而如今她躺在那里,躺在那里,再也不用为什么事操心了。奇怪,惊奇,真令人难以置信!我曾经有过这样的经历,但是,即使再经历一千次,我也仍旧无法相信。

"吉恩小姐死了!"

这是凯蒂说的话,当我听到床后的门没敲就打开了,我以为是吉恩早上来亲吻我,给我请早安来了,她是唯一的一个不打招呼就进门的人。

可是——

我曾经去过吉恩的房间,房间里乱糟糟地堆着送给仆人和朋友们的圣诞节礼物,到处都是,桌子上,椅子上,沙发上,地板上——所有的角落都堆满了。多年以前,我曾经见到同样的场景。多年以前,我和克莱门斯夫人经常在圣诞夜溜进婴儿室,看一看那里存放的礼物,那时孩子还小。而如今,吉恩的卧室,看起来仍然像当年的婴儿室,礼物还没有贴好标签——原本计划今天贴标签的手如今永远不会再动了。吉恩的妈妈常常会因为准备圣诞礼物而累倒,而在昨天和之前的几天,吉恩也是这样,劳累夺去了她的生命。今天早晨,疲劳导致她发生痉挛,这样的痉挛,她已经几个月没有发生过了。

吉恩总是这样不停地忙碌,总是在冒着过度透支体力的风险。

每天早晨七点半,她都要骑着马赶往火车站处理邮件。她核查信件,我来配发,有些交给她,有些交给佩因先生,其他的交给速记员,我也分一些。她派遣完自己的那一部分,然后又骑上马,在当天剩余的时间里,四处巡视农场和家禽。有时候吃了晚饭以后,她和我一起打打台球,但是常常因为太劳累了,她坚持不住,早早就上床休息了。

昨天下午,我告诉她,我在百慕大度假时制定了一些计划以减轻她的负担,我们要聘请一个管家,然后她的那份秘书工作移交给佩因先生。

"不行。"她不同意这样。她自己已经做了计划,最后,这件事以折中方案告终,我让步,我总是让步。她不愿审核账单,不愿佩因先生填写支票,她还要继续自己来管。此外,她还要继续担任管家,由凯蒂做助手,还有,她要继续替我给朋友们回信。这些就是折衷方案的内容,虽然我们俩都称其为"折中方案",但是,我实在看不出这和过去有什么太大的区别。

不过,吉恩十分高兴,这对我来说就足够了。她以担任我的秘书而自豪,我没法说服她放弃这些让人厌烦的工作。

昨天晚上谈话时,我说我发现一切都进行得非常顺利,如果她乐意的话,我准备在2月份回到百慕大再待上一个月,摆脱生活中的这些嘈杂混乱。她极力赞同我这样做,还说,如果我把行程推迟到3月份的话,她会带上凯蒂和我一起去。我们击掌为誓,就这样说定了。我原计划第二天写信让那班轮船带去百慕大,预订一幢带家具和佣人的房子,我本想今天早上写这封信的,可是这封信永远也不会再写了。

因为她正躺在这里，踏上了另外一个旅程。

夜幕降临，夕阳西下，仅在山顶的天际留下了落日的余晖。

我又看了看这张脸，每天她都变得越来越可爱。这九个月来，我越来越了解吉恩，她长期在外四处流荡，九个月前才回到我们这儿来。之前，她一直被禁闭在很多英里外的疗养院里，如果她能再次跨进爸爸房间的门槛，那会让人多么快乐啊！

如果有这能力，我是否愿意让她复活过来呢？我不会。如果只说一个字能实现这个目标，那么我就要竭尽全力卡住这个字，我肯定会有这个力量的，我确信这一点。失掉了她，我几乎就一无所有了。我的命运充满苦难，但是，我十分满足，因为，她已经获得了所有礼物中最珍贵的那个——这个礼物足以使其他礼物都显得渺小而拙劣——那就是死亡。自从长大成人之后，我就再没有期盼过已经死去的朋友复活过来，苏西去世的时候我是这么想的，后来是我的妻子,再后来是罗杰斯先生。当克拉拉去纽约的火车站接我，告诉我罗杰斯先生突然在那天早上去世时，我脑海中闪现的是，哦，真是幸运的宠儿，其漫长的一生一直都是那么快乐，直到生命的结束，这是多么幸运啊，幸运到生命最后一刻！记者们说，我眼中包含着悲痛的眼泪。这是真的，不过，眼泪并不是为他流的，而是为我自己。他再也不用经历痛苦了，与此相比，他以往所创造的所有财富都相形见绌。

两年前，我为什么要造这座房子呢？难道是为了庇护这无边的空虚？我多么愚蠢啊！但是我要住在这里,亡者的灵魂就在房子里,它对我来说变得如此神圣，而家里的其他成员却都没有在这里。苏西是在我们哈特福德的房子里去世的，自此，克莱门斯夫人再也不愿踏进那所房子，但对我来说，那所房子变得更加亲切。我去过一次，那时里边没人居住，凄凉孤寂，但对于我来说，它却是那么神圣和美丽的一个地方，好像所有死者的灵魂都围绕在我的周围，都想要开口和我说话，欢迎我，莉薇、苏西、乔治、亨利·罗宾森，还有查尔斯·杜德雷·沃纳。他们活着的时候，都是多么善良，多么可爱啊！他们又都出现在我的脑海里，我似乎又看到了他们，把他们都叫回来，再次听到他们和乔治顽皮嬉戏。乔治是我之前那个最好的黑人奴隶，有一天他来我家帮我们擦玻璃，后来就一直留在了这里，待在了18年，直到死去，他是孩子们的偶像。克拉拉和吉恩再也不想进入她妈妈早年常去的那个纽约旅馆，她们无法忍受伤痛。但是，我要留在这间房子里，对我来说，今晚它比任何一晚都亲切，有吉恩的灵魂陪伴着我，房子也变得那么美丽。她孤独而悲惨地离去——但是，我如今不会再去想这些了。

吉恩的妈妈通常要花两三个星期置办圣诞节礼物，等到圣诞节前夜时，她总是累得精疲力竭。吉恩真是她的女儿，最近几天，吉恩一个人在纽约到处搜寻采办礼物，整个人都累垮了。佩恩在吉恩的桌子上发现一长串名单列表，估计得有50个，这些都是昨天晚上吉恩已经送了圣诞礼物的，显然，吉恩没有落下任何一个人。凯蒂发现，那里还有一卷计划分给仆人的钞票。

今天，我从窗户望见，她的那条狗一直在庭院里游荡，孤独，悲戚。这条狗是吉恩从德国带回来的，长着一对长长的耳朵，看上去就像是一只狼。它在德国受的训练，只听得懂德语训词。吉恩给它的命令也是用德语说的。因此，两个星期以前，半夜里报警器突然鸣响起来，那个不懂德语的法国男管家试图让狗查看是否有盗贼，但是费尽力气却没有任何效果。吉恩写信到百慕大，告诉我这件事，这是我收到她的最后一封信，这是从她那个聪明的大脑和能干的手里写出的最后一封信，连那条狗她都没有忽略。

没有哪个人比吉恩更心地善良了。从孩提时代开始，她就把大部分零用钱用于一项又一项的慈善事业。她成为秘书以后，收入增加了两倍，她把这些钱都花在这上，毫不吝惜，甚至把我的也贴进去了。说起这些，我感到非常荣幸，也感到十分快乐。

她是所有动物的忠诚的朋友，飞禽走兽，什么都喜欢，连蛇也不例外，这是我遗传给她的。她了解所有的鸟类，在这方面的知识无人可及。还是一个小姑娘的时候，她就参加了几个慈善组织，既有国内的，也有国外的，她一直是其中的活跃分子。她还在当地以及欧洲组织了两三个保护动物的慈善团体。

她有时候真是一个让人尴尬的秘书，她会从废纸篓里取出我的信件，并且给人家写回信。她认为，所有的来信都应该得到恭谦的回复，她妈妈错误地培养了她这种为人厚道善良的品质。

她的信写得好而且快。虽然她对音乐不是很敏感，但是，她在语言方面却有极好的天赋，她从不会让学过的意大利语、法语和德语变得荒疏。

哀悼的电报从四面八方飞来，就像五年半之前这孩子的妈妈在意大利结束自己无可挑剔的一生时的情景。它们无法治愈创伤，但能减轻一些痛苦。吉恩昨晚和我在门口互相亲吻对方的手道别的时候，我们怎么也不会想到，22个小时之后，会收到这样的电报：

"我最亲爱的朋友，我们从心底的最深处向您致哀。"

自此，不管我走到这个房子的任何角落，那些熟悉的场景和物品都在无言地向我述说着我的吉恩，谁能帮我数清它们的数目啊？

为了治病，两年来，她一直都在外飘荡。没有任何语言能表达出我的感激之情，她没有死在陌生人手里，而是死在了自己心爱的家里。

"吉恩小姐死了！"

吉恩是真的死了。

一个月之前，我还在给杂志写一些轻快热闹的文章，可如今，我却在写这些东西：

圣诞夜，中午。昨天晚上，每隔一会儿我就到吉恩屋里去一趟，掀起被单，看着那宁静的脸，亲吻那冰凉的额头，回忆起很久以前在佛罗伦萨的那个让人心碎的夜晚，在那个如洞穴般寂静的别墅里边，我无数次轻轻地走下楼，掀开被单，看着如这张脸一样的一张脸——吉恩妈妈的脸，亲吻那个如这个一般的额头。昨天晚上，我再次看到了以前的那一幕，这是多么神奇而让人欣喜的奇迹啊，死亡的仁慈之手，又让她恢复了昔日少女甜美、温柔的面容。当吉恩的妈妈去世的时候，在她的脸上，所有的担心、忧虑、痛苦以及岁月留下的痕迹全都消失了，我再次看到了多年前我所熟知、爱慕的那张年轻美丽的脸庞。

大约在清晨三点钟，周围死一般的静寂。我在房屋的周围游荡，默默地感觉到要失去什么东西，再也找不回来了。可是我就是不甘心，明知徒劳，却还是要四处找寻，内心的无助难以言表。在大厅的楼下我碰到了吉恩的狗。它并没有像往常一样，跳起来，友好地向我打招呼，而只是慢慢地走着，带着悲伤。我又突然记起，吉恩去世以后，它从没有去过吉恩的房间。可怜的狗，难道它也知道发生了什么？肯定是这样的。通常，吉恩到外面去，它都跟着，吉恩在屋里，它也跟着，不管是白天还是晚上，她的客厅就是它的卧室。每逢我在一楼碰到它的时候，它总是跟在我的后面，而我要上楼，它也会跟上来，并且还会兴奋地窜来蹦去。但是，如今，它却并不这样，我抚摸了它几下就往书房走去，但它并没有跟过来，我上楼，它也没有跟着，只是用那双忧郁的眼睛望着我。它的眼睛非常漂亮，大大的，满眼的善良，就像通人性一样，能和人说话。它长得很漂亮，是纽约警犬的后代。我并不喜欢狗，因为它们总是不分场合地乱叫，但从一开始我就喜欢上了这条狗。一方面因为它是吉恩的，另一方面，除了一些特殊时刻它从来不会乱叫，通常一周不会超过两次。

我游荡到了吉恩的客厅，在书架上，看到了一堆自己的书，我知道这意味着什么，她正等着我从百慕大回来后亲自签上名字，然后她就会把它们寄出去。如果我能知道她想寄给哪些人那该多好啊！但我永远也不可能知道了。我要把它们保留下来，因为她的手曾经摸过这些书——就像被授予了骑士爵位一样——让它们变得庄重起来。

她在壁橱里藏了一样东西，要给我一个惊喜。那个正是我梦想着要拥有的，一个高贵的大地球仪。看见它，我的眼泪止不住地流了下来，她永远不会知道，我此刻是多么的自豪和高兴。今天，所有的邮件都是送给她的充满深情的问候，里边都写满了她挚爱的那些古老的语言："吉恩，圣诞节快乐！"如果她能再多活一天该多好！

到后来，她的钱用光了，但又不愿花我的钱，所以，她就把多余的衣服全寄给纽约一家救济院的女孩儿们。

下午，他们把吉恩移出了她的房间，我飞快地跑到楼下的书房，看见她躺在棺材里，身上穿的正是今年10月6日她作克拉拉的首席伴娘时的衣服。那时她就站在这个书房的另一端，脸上洋溢着幸福的光芒。而如今，还是这张脸，上面却只有死亡的庄严与宁静。

第一个来致哀的是那条狗，它是自己跑来的，后腿站起来，前爪搭在支架上，最后一次久久地凝视那张挚爱的脸，然后就像来时一样，默默地走开了。它懂得的。

下午三四点钟，开始下雪了，可惜，吉恩再也看不到了，她是那么的喜欢雪啊！

雪一直下。到下午六点钟，灵车来到了门前，准备把我可怜的吉恩带走。当他们抬起棺材的时候，佩恩开始弹奏舒伯特的管弦乐《即兴曲》，这是吉恩最喜爱的曲子，然后他又开始弹奏《间奏曲》，献给苏西，然后是广板乐章《缓慢曲》，献给她们的妈妈。是我请他这样演奏的。

透过窗户，我看到仪仗队和灵车沿着大路蜿蜒前行，在飞舞的雪花中渐行渐远，逐渐模糊，最终消失不见。吉恩在我的生活中消失了，永远也不会回来了。孩提时就和她一起玩耍的堂兄杰维斯，还有吉恩喜欢的老凯蒂，一同把吉恩送往那遥远的故乡，让她与苏西、兰登一起，睡在她们的妈妈身旁。

12月26日。今天早上八点钟，那条狗来看望我，可怜的家伙，它是那么的有情有义，从此以后，我的房间就是它的卧室了。

暴风雪彻夜不停，咆哮了整整一个上午。乌云之下，雪花飞过田野，大地银装素裹，可惜，我的吉恩看不到。

下午两点半。这是定好的时间，葬礼已经开始了。虽然在四百英里以外，但是我还是能看得清清楚楚，就如同在现场一样。在兰登家的书房里，吉恩的棺材停放在40年前我和她妈妈结婚时曾经站立的地方，也是13年前苏西的棺材停放的地方，也是五年半前她们的妈妈的棺材停放的地方，还是不久之后我的棺材要停放的地方。

下午五点。全都结束了。

当克拉拉两周前搬到欧洲去时，我感到非常难过，但是我还能忍受，因为我还有吉恩的陪伴。我说我们还是一个家庭，我们会是最亲密的朋友，会非常快乐，仅仅是我们两个。上个星期一，吉恩到轮船上接我的时候，我又想起了这甜蜜的梦。上星期二晚上，她在门口迎接我的时候，我依然这样想。只要我们在一起，我们就是一家人！梦想终于实现了，多么珍贵、多么惬意、多么让人满足！但是，美梦仅仅成真了两天！

而如今，如今吉恩已经躺在她的墓穴之中了！

在墓穴之中——我不敢相信！恳求上帝让她美丽的灵魂安息吧！

译后记

自传文学在中国和西方都有着悠久的历史。中国最早的自传作品可以追溯到《史记》中的最后一篇"太史公自序",罗马时期奥古斯丁的《忏悔录》则开启了西方传记文学的先河。奥古斯丁将自传作为表达自己宗教信仰的载体,因此,西方自传文学从开始就打上了浓厚的宗教信仰和道德教化的烙印,同时"忏悔"式也成为西方自传文学的主要形式。到了18世纪,法国思想家卢梭发表了《忏悔录》,成为西方现代自传文学的奠基之作。但"autobiography",也就是"自传"一词,直到1797年,才第一次出现在英语词汇中,再之后,西方现代自传的不朽之作不断涌现,例如歌德的《诗与真》、富兰克林的《本杰明·富兰克林自传》、萨特的《话语》。

作为一种独特的文学形式,在自传文学中,作者更多的是通过文字表达出个人的感情与身心历程,而读者更加期待的也是一个独特生命的非同一般的个性发展轨迹,因而"真实性"便成了自传文学的灵魂。通常,这种"真实性"都是通过作者各种各样的宣言和誓言来获取的,但马克·吐温却独辟蹊径,为了能够"无所顾忌地说出自己想说的话",他宁愿把他的自传尘封百年,让自己变成"在坟墓中讲话",来换取内心叙述的"真实性",因为吐温坚信,"直言不讳…对任何一个活人来说都是不可能完成的任务",这是何等的胸襟和气量!拜读这位伟大文豪的自传,真乃人生之一大幸事。

在《哈克贝利·费恩历险记》中,马克·吐温让那个"红脖子"的男孩用自己的方言讲述了自己的故事,现在轮到他自己了,吐温却不知从何开始。从1870年开始,马克·吐温就开始尝试写自传,但总觉得找不到一种正确的叙述方式。自传大都是按照时间年代撰写的,吐温觉得这简直就是"从摇篮直通坟墓,完全没有机会欣赏旅途风光",直到1904年,吐温才终于找到了合适方式,"选取的起点并非必须是你生命中的哪个特殊时间",而是"回忆过去,任思想自由驰骋,尽择开怀尽兴处,不痛不痒之事毅然弃之",他觉得"自己发明的这种写自传的方法史无前例"。马克·吐温就是这样一个在文学上勇于打破传统的作家,这种大胆的尝试创新了自传的叙述方式,因而,威廉·福克纳说他是"第一位真正的美国作家,我们都是继承他而来"。

口述式传记也成为马克·吐温传记的一大特点。在离世前的四年里,吐温口述了自传的大部分内容。吐温评论自己的这种方式时说道,"只有在开始口述自己的传记之后,你才会发现以前自己失去了多少乐趣","口述传记时你会惊奇地发现这种感觉竟然像聊天,会带给你巨大的真实感。"众所周知,马克·吐温不仅是一位伟大的作家,而且还是一名卓越的演讲专家,可以想象,他妙语连珠地口述自己的自传会是一种什么样的情形。他的自传编辑负责人罗伯特·赫斯特曾这样评价这部自传:"仔细想来,马克·吐温使用的这种幽默的口语化的方式才是真正的精彩之处,你可以在他的任何一本书中发现这种发散式叙事方法,即便是在《费恩历险记》中也不例外,通过这种方式,他将人生旅途上的沿途风景呈现给我们,就如一粒粒珍珠,颗颗耀眼,同时又恰当地镶嵌在他精心布置的整体中。"吐温就这样家长里短地讲述自己的过去,娓娓道来,真实而真诚。

马克·吐温的自传还有另外一个特点,那就是并未遵循西方忏悔式自传文学的传统,极少描写内心的道德挣扎。他提到:"这一生中,我想有1500~2000件事让我感到羞愧,不过我还没打算把它们写出来。"从马克·吐温对宗教的态度我们不难发现原因,在作品中,他经常批判和讽刺宗教,在自传中,他更是毫不留情地写道,"基督教突出的特点就是邪恶、血腥、无情、敛财和掠夺……"措辞如此尖锐,他又怎么会沿用带有宗教烙印的传统的忏悔式自传模式呢?恐怕他是避之不及呢。此外,我想,这还和吐温对自己传记的定位有关。他曾经说:"我希望这本自传出版以后,能够得到人们世代欣赏和诵读,其形式和方法能够成为后世自传者的模板——这种形式与方法能与当前流行的传统的自传模式形成鲜明对比,就像铁锤打在燧石上,对撞出火花。"因此,在选材方面,吐温希望其不仅仅只是一种回忆,而应该对现实具有一定的推动性作用,有点类似于中国传记所倡导的"忆古思今"。正如许汝祉先生所说,马克·吐温为自传选材的原则就是:"挑选平头老百姓生活中活泼且具有生命力的,仿佛可笑的,甚至不无奇特、怪诞,而又含有深意、值得玩味的,往往有意无意中闪烁着智慧的火花,甚至大智大勇的非凡识见的,也就是马克·吐温式幽默情趣的东西。"

但是，马克·吐温这种即兴创作的方式，思维跳跃性强，跨度大，因而在内容的连续性和逻辑性方面会有所欠缺，再加上里面夹杂着很多奇人轶事、时事评论、宗教批判、政治剖析以及人生思考，所以，后人在整理自传时会根据个人的想法进行删减，从而导致出现了很多不同的版本。1924年，佩恩删除了一些他觉得不得体或者言论过激的内容，把剩余部分编纂成册后出版，不过，这本自传并没能引起人们太多的注意；1940年，作家和历史学家博尔纳特·特·伏特大量修订了原有内容，出版了名为《马克·吐温的愤怒》的版本；1959年，查尔斯·奈德按照常规的年代顺序的方法编排材料，出版了一个版本，在这版中，同样删除了一些不合适的内容，不过文本的编排更加注意逻辑关系，因而读起来会更加亲切，思路也更加清晰；2010年，马克·吐温逝世一百周年之后，美国加利福尼亚大学出版社出版了未删节自传，该版本完全按照作者叙述的顺序来安排全书内容，马克·吐温的声音终于得以完全再现，正如他自己所期待的那样，自己终于可以躺在坟墓里面清晰地说出自己的所知所想。本书的翻译是基于奈德的版本，虽然本版删除了马克·吐温很多尖锐的观点，例如关于宗教、政治、性以及对某些人的评判，让人感到有些遗憾，但即便如此，我们仍然能够从这些文字中看到那个机智幽默、可爱风趣的马克·吐温，那个古怪暴躁、尖酸刻薄的马克·吐温，以及那个正义善良、坚强温情的马克·吐温。

最后，作为译者，我首先要感谢吐温，能够留给我们这么优美的文字作品和宝贵的人生思考，能够让我有机会欣赏这部伟大的作品并尝试将它展现给各位中文读者；其次我还要感谢中国书籍出版社及安玉霞女士，译本的面世离不开这些幕后英雄；最后我还要感谢我的合作者楚春礼先生以及其他给予我帮助的人，我们每一次讨论、每一次争执、每一次斟酌所收获的所有成果都在译本中灼灼生光。

诵读可以因作者哀而哀，随原文乐而乐，而翻译之苦，却是苦于无法将原文的思想和情感原原本本地展现给读者。虽不才绞尽脑汁，并借他山之石，望可以还原给众读者一个真实的马克·吐温，然终究个人的眼界、学识、水平有限，终有不能尽兴甚至纰漏处，万望海涵。

图书在版编目（CIP）数据

马克·吐温自传 /（美）马克·吐温著；姜贵梅，楚春礼译.
—北京：中国书籍出版社，2017.8
ISBN 978-7-5068-6344-5

Ⅰ.①马… Ⅱ.①马… ②姜… ③楚… Ⅲ.①马克·吐温（Mark Twain 1835-1910）—自传 Ⅳ.①K837.125.6

中国版本图书馆CIP数据核字（2017）第189356号

马克·吐温自传

（美）马克·吐温著；姜贵梅，楚春礼译

策划编辑	安玉霞
责任编辑	安玉霞　王星舒
责任印制	孙马飞　马　芝
版式设计	中尚图
出版发行	中国书籍出版社
地　　址	北京市丰台区三路居路97号（邮编：100073）
电　　话	（010）52257143（总编室）（010）52257140（发行部）
电子邮箱	chinabp@vip.sina.com
经　　销	全国新华书店
印　　刷	北京振兴源印务有限公司
开　　本	880毫米×1230毫米　1/32
字　　数	400千字
印　　张	15
版　　次	2017年8月第1版　2018年1月第1次印刷
书　　号	ISBN 978-7-5068-6344-5
定　　价	39.00元

版权所有　翻印必究